ENTRETIENS,
FRAGMENTS ET SENTENCES

DU MÊME TRADUCTEUR
À LA MÊME LIBRAIRIE

Les Mégariques. Fragments et témoignages, 1985
La doctrine platonicienne de la liberté, 1997
Les Stoïciens. La liberté et l'ordre du monde, 2006
Textes clés de philosophie de la musique, sous la direction de Robert Muller et Florence Fabre, 2013
JULIEN L'EMPEREUR, *Contre les Galiléens*, texte, introduction et notes par Robert Muller et Angelo Giavatto, 2018

BIBLIOTHÈQUE DES TEXTES PHILOSOPHIQUES
Fondateur H. GOUHIER   Directeur E. CATTIN

ÉPICTÈTE

ENTRETIENS, FRAGMENTS ET SENTENCES

Introduction, traduction

par

Robert MULLER

LIBRAIRIE PHILOSOPHIQUE J. VRIN
6, Place de la Sorbonne
PARIS Ve

© *Librairie Philosophique J. VRIN*, 2015
Imprimé en France

ISSN 0249-7972
ISBN 978-2-7116-2616-8

www.vrin.fr

AVERTISSEMENT

Épictète est connu principalement à travers deux textes, les *Entretiens* et le *Manuel*. Ce dernier ouvrage a bénéficié d'une large diffusion, et il est disponible en français dans plusieurs traductions de qualité ; c'est la raison pour laquelle il ne figure pas dans ce volume. Si le *Manuel* contient plusieurs éléments importants de la pensée du philosophe, c'est sous une forme abrégée, qui nous prive des nombreux développements, exemples et explications que le maître donnait dans son enseignement. Ce qui manque au *Manuel*, nous le trouvons dans les *Entretiens*. Beaucoup plus étendus mais plus rarement traduits, ils constituent pourtant une pièce essentielle de la littérature stoïcienne. On y a joint, pour la première fois en traduction française, les *Fragments* et les *Sentences* qui complètent sur plusieurs points les *Entretiens* et, à ce titre, méritent d'être mieux connus.

Les abréviations suivantes sont utilisées pour les ouvrages cités à plusieurs reprises (on trouvera les références complètes dans la Bibliographie située en fin de volume) :

Cic., *Des termes extrêmes* : Cicéron, *Des termes extrêmes des biens et des maux* (ouvrage appelé aussi en français *Des fins des biens et des maux*)

D. L. : Diogène Laërce, *Vies et doctrines des philosophes illustres en dix livres.*

D. Ph. A. : *Dictionnaire des philosophes antiques*, sous la direction de R. Goulet, Paris, CNRS, 1989 et suivantes.

S.V.F. : J. von Arnim, *Stoicorum Veterum Fragmenta*, 3 vol. et un vol. d'Index.

INTRODUCTION

ÉPICTÈTE : VIE ET ŒUVRE

Avec Sénèque et Marc-Aurèle, Épictète est un des représentants majeurs du Stoïcisme impérial[1]. Ces philosophes sont aussi les seuls pour lesquels nous disposions d'un ensemble substantiel de textes suivis, par opposition aux « fragments » et aux « témoignages » auxquels nous en sommes réduits pour les périodes précédentes, fait qui suffit à expliquer l'importance de cette période pour notre connaissance de la philosophie stoïcienne. La figure d'Épictète se distingue néanmoins des deux autres en ce que sa vie et son enseignement ne nous sont connus qu'imparfaitement, et qu'il n'est pas à proprement parler l'auteur des écrits rangés sous son nom.

Ce que nous savons de sa vie se réduit à peu de choses et comporte une part importante de conjecture. Nos informations remontent pour partie aux *Entretiens*, et pour le reste à

---

1. Le Stoïcisme est un courant philosophique resté vivace pendant une durée exceptionnellement longue, puisque l'école a été fondée vers 300 av. J.-C. par Zénon de Citium, et que son dernier représentant d'envergure, Marc-Aurèle, a vécu au IIe siècle de notre ère. Par convention, on y distingue habituellement trois grandes périodes : l'ancien Stoïcisme des fondateurs Zénon, Cléanthe et Chrysippe, le Stoïcisme moyen de Panétius et de Posidonius, et enfin celui de la période impériale. Pour plus de précisions sur cette histoire, voir R. Muller, *Les Stoïciens*, Paris, Vrin, 2006, rééd. 2012.

quelques notices, parfois de brèves allusions, dues à un petit nombre d'auteurs anciens[1]. Épictète était originaire de Hiérapolis, ville de la Grande Phrygie en Asie mineure, et serait né vers l'an 50 ; encore cette date résulte-t-elle de calculs sans base assurée, certains savants voulant la placer une vingtaine ou une trentaine d'années plus tard. Il a été esclave, mais on ne sait s'il l'était de naissance. Toujours est-il qu'il fut emmené comme tel à Rome, assez jeune apparemment, et qu'il y eut pour maître Épaphrodite, l'affranchi et secrétaire de Néron. C'est à cette période, sans autre précision, qu'on situe la célèbre anecdote relatée par Celse dans son écrit *Contre les Chrétiens* et dont on ignore si elle recouvre une vérité historique. Épaphrodite l'ayant maltraité en lui tordant une jambe, Épictète l'aurait calmement prévenu : « Tu vas la casser » ; la jambe s'étant en effet brisée, il aurait ajouté : « Je t'avais bien dit que tu allais la casser[2]. » Il est avéré qu'Épictète boitait (il y fait lui-même allusion dans les *Entretiens*), mais selon d'autres sources il devait cette infirmité à des rhumatismes ou encore à une malformation congénitale.

Avec l'approbation d'Épaphrodite, semble-t-il (peut-être ce dernier avait-il reconnu les qualités morales et intellectuelles de son esclave, et songeait-il à en faire le pédagogue de son fils), Épictète commença à fréquenter le philosophe stoïcien Musonius Rufus, qui jouissait en ce temps d'une célébrité

---

1. Deux écrivains du IIe siècle, un latin, Aulu-Gelle, et un grec, Lucien ; Simplicius, commentateur d'Aristote du début du Ve siècle, mais aussi auteur d'un commentaire sur le *Manuel* d'Épictète. À quoi il faut ajouter la *Souda*, un lexique byzantin du Xe-XIe siècles. Les données anciennes sur la vie d'Épictète sont placées en tête de l'édition de H. Schenkl, p. III-XV. Sur cette question comme sur les suivantes, on trouvera des informations plus complètes dans l'article « Épictète » du *D. Ph. A.*, III, p. 106 *sq.*

2. D'après Origène, *Contre Celse*, VII, 53.

certaine, et qui a exercé sur lui l'influence décisive, à en juger notamment par la manière dont Épictète parle de lui dans les *Entretiens*. On ne sait pas quand cette fréquentation a commencé : pendant le règne de Néron ou peu après sa mort (en 68), voire après l'avènement de Titus (en 79). Il ne semble pas avoir eu d'autre maître de philosophie. Ce qui est sûr, c'est qu'il fut affranchi et enseigna à son tour, et ce avant l'an 94, puisqu'il était compris dans le décret de l'empereur Domitien qui, à cette date ou autour de cette date, bannissait de Rome les philosophes. Il se réfugia à Nicopolis en Épire, où il continua à enseigner jusqu'à sa mort. Son enseignement le rendit vite célèbre et lui attira de nombreux élèves ou auditeurs de passage[1]. Il aurait même rencontré l'empereur Hadrien, à Nicopolis ou à Athènes, où Épictète s'est peut-être rendu, selon certains témoignages. On ne lui connaît pas de disciple à proprement parler, si l'on excepte Arrien de Nicomédie[2], l'auteur véritable des « œuvres » d'Épictète. La date de sa mort reste elle aussi incertaine : on la situe généralement vers 130, mais quelques historiens estiment qu'il vécut jusqu'au début du règne de Marc-Aurèle (161-162).

L'activité philosophique d'Épictète était purement orale et nous n'avons aucun écrit de sa main. Ce qu'on appelle improprement son œuvre se réduit pour l'essentiel à ce que nous a transmis son disciple Arrien, à quoi s'ajoutent quelques fragments et témoignages puisés chez d'autres auteurs, connus

1. Voir par exemple *Entr.*, II, 14, 1 ; III, 7, 1.
2. Arrien (vers 85-vers 165) est un auteur connu comme philosophe et comme historien. Il a voyagé à travers tout l'Empire, et a exercé une activité politique et administrative importante. Sa rencontre avec Épictète et son séjour à Nicopolis, décisifs pour sa future orientation philosophique, ont dû se situer autour de l'an 108. Voir le *D. Ph. A.*, I, p. 597-604.

ou anonymes. Cet héritage se compose, plus précisément, de trois ensembles inégaux :

1) les *Entretiens* (Διατριβαί), rédigés par Arrien à partir des leçons entendues à Nicopolis ; c'est l'ensemble le plus important, en quantité et en qualité d'information ;

2) le *Manuel* (Ἐγχειρίδιον), une sorte d'abrégé de l'enseignement d'Épictète composé par le même Arrien, peut-être à partir des *Entretiens*[1] ou d'écrits du même genre, et censé contenir le plus significatif de la pensée du maître dans un format plus maniable, « de poche » ;

3) un ensemble de « fragments » issus de sources diverses :

– la principale de ces sources est l'*Anthologie* de Jean Stobée, dans laquelle on trouve des passages d'Arrien provenant d'ouvrages qui ne nous sont pas parvenus ;

– deux morceaux assez importants viennent des *Nuits attiques* d'Aulu-Gelle ;

– six fragments plus courts sont empruntés aux *Pensées* de Marc-Aurèle ;

– il existe enfin une série de *Sentences*, extraites de divers florilèges plus tardifs, sentences dont l'origine est incertaine et l'attribution à Épictète parfois controversée. En dehors de ces Sentences, dont on trouvera la traduction dans le présent volume, on dispose encore d'autres recueils du même type, mais non retenus en général par les éditeurs parce que leurs témoignages sur de prétendues « pensées » ou « propos » d'Épictète sont regardés comme peu fiables[2].

---

1. Sauf exception, les textes du *Manuel* ne recoupent pas littéralement ceux des *Entretiens* que nous possédons (sur ce point, voir ci-après).
2. Sur ce point et sur les fragments en général, voir le *D. Ph. A.*, III, p. 119.

LES *ENTRETIENS*

1) Les *Entretiens* constituent donc la part essentielle de l'héritage d'Épictète. Ils se présentent sous la forme de « chapitres », répartis en quatre livres de longueur à peu près équivalente : on a 30 chapitres pour le premier livre, 26 pour les deuxième et troisième, 13 pour le quatrième (mais avec un premier chapitre très long). Ces chapitres sont en fait des morceaux indépendants, et non les étapes d'un ordre systématique ou pédagogique (Arrien semble bien avoir procédé ici ou là à des regroupements partiels, ou placé en tête d'un livre tel développement important à ses yeux, mais cela ne va pas au-delà) ; il en va de même pour la succession des quatre livres. La longueur des chapitres, enfin, est très inégale : le plus court fait 8 lignes, le plus long occupe plus de 30 pages.

Parmi les questions que cet ensemble suscite, la première est celle de la signification du titre. Les manuscrits nous livrent le texte sous le nom de Διατριβαί (*Diatribes*), pluriel de Διατριβή. Dans cet emploi, le terme désigne un passe-temps, le plus souvent une occupation sérieuse et en particulier les conversations entre gens de lettres ou entre philosophes [1] ; d'où l'idée d'entretien philosophique. Or ce que nous offrent les différents chapitres, de prime abord, c'est en effet une succession de « discours » adressés par un maître de philosophie à un ou plusieurs interlocuteurs, réels ou fictifs, et plus rarement des conversations ou des dialogues entre les mêmes. La traduction de notre titre par *Entretiens* n'est donc pas une trahison, et elle demeure préférable à *Dissertations* (d'après le titre latin

---

1. Platon emploie le mot pour parler des entretiens de Socrate avec ses interlocuteurs (*Apologie de Socrate*, 37 c ; *Charmide*, 153 a).

Dissertationes[1]), ou à *Diatribes*, simple décalque du grec[2].
– Cette question du titre recouvre une autre difficulté, qui vient
de ce que nos sources utilisent en réalité plusieurs termes pour
désigner les écrits d'Arrien, à savoir : outre διατριβαί, λόγοι
(*Discours, Propos*), ὑπομνήματα (*Souvenirs*), διαλέξεις
(*Entretiens* ou *Discussions*), σχολαί (*Traités*). On s'est
donc légitimement demandé si l'auteur n'avait pas composé
d'autres ouvrages que les *Entretiens*, du même genre qu'eux
et ayant à peu près le même objet. Sans qu'on puisse l'affirmer avec certitude, on admet généralement que tous ces titres
renvoient à un même ouvrage, mais probablement plus étendu
à l'origine que les quatre livres que nous possédons (Aulu-
Gelle par exemple parle d'un cinquième livre, voir Frag. IX).

2) Les chapitres qui constituent les *Entretiens* prétendent
être l'écho fidèle des leçons du maître, à en croire la lettre
dédicatoire placée en tête du livre I. Ce qu'étaient exactement
ces leçons demande donc à être précisé. L'enseignement de la
philosophie a connu plusieurs formes dans l'Antiquité[3]. En
simplifiant, on peut distinguer une méthode dialoguée sur le
modèle de la pratique socratique, et une méthode plus rhétorique, discours continu du maître en réponse à la question d'un
élève. À la période qui nous intéresse (à partir du Ier siècle

1. C'est le mot qu'utilise Aulu-Gelle au début de notre Frag. X, et qu'on lit
dans le titre de notre édition de référence.
2. Conformément au sens ancien, mais dans le français d'aujourd'hui le
terme désigne une critique violente, voire injurieuse, ce qui risque d'induire
en erreur, même si Épictète adopte plus d'une fois un ton qui rappelle cette
signification.
3. Les lignes suivantes sont en partie inspirées de P. Hadot, Introduction
à Arrien, *Manuel d'Épictète*, Paris, Le livre de poche, 2000, p. 77. Voir aussi,
du même auteur, *Qu'est-ce que la philosophie antique ?* Paris, Gallimard,
2e éd., 1999, p. 163 *sq.* et 231 *sq.* ; H.-I. Marrou, *Histoire de l'éducation dans
l'Antiquité*, I, Le monde grec, Paris, Seuil, 1948, rééd. 1964, p. 84 ; 307 *sq.*

av. J.-C.), la tendance, chez les continuateurs et héritiers des maîtres anciens, était de revenir aux textes fondateurs des différentes écoles et de les commenter, sans abandonner vraiment les deux méthodes précédentes. D'après ce que les *Entretiens* eux-mêmes laissent entrevoir, il est à peu près assuré que les leçons d'Épictète comprenaient deux parties : la première était celle de la lecture commentée des textes anciens, par le maître ou par un élève, la seconde celle de l'« entretien » entre le maître et ses élèves, où les problèmes soulevés dans la première partie étaient approfondis ou librement développés, dans l'esprit de l'exhortation morale, c'est-à-dire des enseignements à tirer des textes pour la pratique actuelle de la philosophie.

Dans la première partie, les auteurs privilégiés par Épictète, toujours d'après les *Entretiens*, semblent avoir été Chrysippe, Archédème et Antipater. Peut-être utilisait-il aussi des auteurs extérieurs à la tradition stoïcienne, car il mentionne encore Platon, Xénophon, Diogène, Épicure, sans parler des citations d'Homère et des Tragiques ; du moins le maître les avait-il lus, pour les utiliser ensuite dans son cours. Cette première partie paraît avoir inclus des exercices d'élèves : interrogations sur ce qu'on venait de lire, essais ou petites compositions sur les sujets abordés dans ces textes. Divers indices indiquent par ailleurs que, contrairement à une opinion répandue, Épictète ne s'intéressait pas uniquement à la partie éthique, mais assumait tous les contenus traditionnels de la philosophie stoïcienne, par exemple à travers la lecture des textes classiques sur les différentes thèses de la physique ; on voit également qu'il attachait de l'importance à la formation logique de ses élèves, fidèle en cela à l'enseignement des fondateurs qui ont toujours considéré cette discipline comme une base indispensable à l'éducation de la raison et donc à l'éthique. Ce qui a pu faire croire qu'Épictète était un pur moraliste, c'est que, mis à part les quelques indices dont il vient d'être question, nos *Entretiens* n'ont rien conservé de cette partie du cours. Sans doute Arrien la jugeait-il moins originale, moins caractéristique de la manière de son maître ; peut-être estimait-il aussi qu'en toute hypothèse la reprise de la première partie l'aurait contraint à répéter simplement les thèses du système stoïcien et à paraphraser Chrysippe et ses successeurs.

Le texte dont nous disposons correspond donc à la seconde partie du cours, dans laquelle il s'agissait pour le maître de tirer les leçons pratiques des travaux précédents. Il est clair, à la lumière de ce qui nous reste, qu'Épictète jugeait cet aspect essentiel – comme les philosophes anciens en général, certes, mais il y mettait une insistance particulière : en témoignent ses mises en garde répétées sur les dangers d'une pratique de la philosophie qui se réduirait à des exercices de virtuosité logique ou à des recherches stylistiques. La philosophie est vaine si elle ne change pas la vie de ceux qui s'y adonnent, si, comme le dit la lettre initiale d'Arrien, elle ne les entraîne pas « vers le meilleur ». Du point de vue de la forme, on a le plus souvent affaire à des « discours », à des propos adressés à une assistance anonyme ou à des interlocuteurs presque toujours anonymes eux aussi, propos entrecoupés parfois de parties dialoguées. La composition est généralement claire, facile à suivre en tout cas, même si en quelques rares occasions elle semble un peu décousue (il est difficile de savoir, dans ce cas, si cela est dû au style improvisé d'Épictète, au désordre des notes d'Arrien ou à quelque accident de la transmission). Les termes techniques ne sont pas absents, mais en petit nombre et de toute manière ceux qui intéressent l'éthique sont ordinairement aisés à entendre ; de sorte que dans la grande majorité des cas la pensée ne pose pas de graves problèmes de compréhension, si l'on excepte quelques courts passages, peu nombreux, où d'ailleurs il semble qu'il faille chercher la cause de la difficulté dans l'expression plutôt que dans la pensée. Enfin, ce qui frappe le plus le lecteur qui découvre ces textes, c'est peut-être l'élan et la variété du ton : souvent chaleureux, fortement empreint d'un sentiment d'urgence et de la conviction qui animait Épictète de l'importance de sa tâche, il peut être sarcastique parfois, voire brutal (rappelant en cela le style de la *diatribe* cynique), et même lyrique en quelques occasions. Que cette manière ne ressemble ni à celle de Sénèque ni à celle de Marc-Aurèle s'explique assez par la différence de genre et de destination, sans aucun doute, mais révèle en même temps une personnalité peu ordinaire, et destinée à marquer tous ceux qui ont été à son contact.

3) Étant donné les conditions dans lesquelles les leçons d'Épictète ont été transmises, la question qu'on ne peut éviter est celle de la valeur du témoignage d'Arrien. Question délicate, qui a donné lieu à diverses hypothèses entre lesquelles le choix reste difficile[1]. Arrien lui-même apporte sur son travail les précisions suivantes (ci-dessous p. 39) :

– il n'a pas voulu faire une œuvre littéraire, « composée » selon les règles de l'art ;

– il a transcrit ce qu'il a entendu, et ce dans les termes mêmes de son maître, autant que cela est possible ;

– il n'a cherché, ce faisant, qu'à se constituer pour lui-même des souvenirs de ces leçons ;

– ensuite néanmoins, ces textes étant devenus publics à son insu et contre sa volonté, il a décidé de les publier lui-même (implicitement : dans une version « autorisée »).

Il s'excuse en outre pour les imperfections de cette publication, que les lecteurs risquent de juger médiocre parce que,

1. Voir notamment l'article du *D. Ph. A.*, III, p. 121-123.

justement, il a cherché à lui conserver l'aspect oral des leçons d'Épictète, lequel n'avait pas pour but de susciter l'admiration pour son talent mais d'exciter les auditeurs au bien.

Même si l'on ne veut pas douter de la sincérité d'Arrien, cette fidélité proclamée (jusqu'à la littéralité) suscite malgré tout quelques interrogations, car les conditions de la réalisation de son opération ne sont pas claires : a-t-il sténographié (ou fait sténographier) ce qu'il entendait ? A-t-il pris des notes à la volée, en laissant forcément perdre des phrases entières ? A-t-il travaillé après-coup en s'appuyant sur des souvenirs plus ou moins frais ? Quelques historiens estiment que les déclarations liminaires de l'auteur ressemblent trop à un artifice rhétorique bien connu, destiné à donner du prix à l'ouvrage. Certains soutiennent l'hypothèse qu'Arrien a rédigé ses chapitres à partir de notes provenant d'Épictète en personne. Même l'argument de la langue des *Entretiens* est à double tranchant : l'auteur y emploie la langue commune (*koinè*) utilisée dans le monde hellénistique à partir du IVe siècle av. J.-C. et que pratiquait Épictète, alors que dans ses autres œuvres [1], dans un souci de pureté et de classicisme, il écrit dans la langue littéraire antérieure (l'attique) : mais si ce fait plaide à première vue en faveur de l'authenticité, il s'explique aussi très bien par une volonté délibérée de pasticher le langage de son maître. On doit enfin souligner qu'Arrien n'a assisté aux leçons d'Épictète que pendant un temps relativement court, aux environs de l'an 108, et que son témoignage, en toute hypothèse, reste partiel.

---

1. En dehors des *Entretiens* et du *Manuel*, Arrien a écrit des ouvrages historiques et des œuvres philosophiques. Nous avons notamment conservé une *Anabase d'Alexandre* suivie d'une description de l'*Inde*, ainsi qu'un *Périple du Pont-Euxin*.

Mais partiel ne signifie pas nécessairement partial, et le plus raisonnable est sans doute d'adopter une position moyenne : les *Entretiens* ont peu de chances de nous offrir une transcription sténographique littérale des propos d'Épictète (celui-ci ne parlerait pas si souvent de lui à la troisième personne), mais tout aussi peu d'être une pure création d'Arrien. Ce dernier a sans doute remanié le texte de ses « souvenirs », pour en corriger les imperfections de langue, opérer des sélections, répartir de façon équilibrée les leçons entre les différents livres, etc.[1] Mais le ton et le contenu des *Entretiens* reflètent bien la vivacité d'une leçon et la doctrine d'un authentique Stoïcien ; même s'ils sont réécrits, nous n'avons pas de raison sérieuse de douter qu'ils constituent un témoignage authentique de la manière et de la pensée d'Épictète.

LA PHILOSOPHIE DES *ENTRETIENS*

1) Une étude systématique de la philosophie des *Entretiens* excède les limites de cette Introduction[2]. On voudrait seulement signaler ici ses traits les plus marquants et éclairer quelque peu la question de son originalité. Pour en juger équitablement, on n'oubliera pas, d'autre part, que nos *Entretiens* ne donnent que la seconde partie des leçons du maître, et donc

1. P. Hadot fait un rapprochement éclairant avec le médecin Galien, qui se plaint lui aussi de ce que des notes rédigées pour ses élèves et ses amis circulent dans le public sans son consentement, ce qui l'a poussé à livrer sa propre version, probablement remaniée (voir P. Hadot, *Le Manuel d'Épictète*, Introduction, p. 33).

2. On trouvera dans la Bibliographie plusieurs études qui lui sont consacrées. L'article du *D. Ph. A.* (III, p. 128 *sq.*) passe en revue les principaux aspects de la philosophie d'Épictète. Pour ce qui est des éléments constitutifs du système stoïcien qui vont être évoqués, on peut se reporter à R. Muller, *Les Stoïciens.*

que l'enseignement dispensé s'appuie (implicitement, pour nous) sur la lecture commentée des classiques du Stoïcisme. Cela dit, la première chose à remarquer est la fidélité en quelque sorte de principe d'Épictète à la tradition stoïcienne. S'il peut lui arriver d'exprimer des réserves sur certaines pratiques en usage dans l'école (tout comme Sénèque, mais plus discrètement que ce dernier), jamais il ne remet en question son attachement au Stoïcisme. Les interprètes font tout au plus remarquer que les *Entretiens* se réfèrent toujours à la première période de l'histoire de l'école, plus particulièrement à Chrysippe, et qu'ils paraissent ignorer la deuxième. On n'y trouve en effet aucune mention de Panétius ni de Posidonius, bien que certains contenus soient fort proches des positions de ces derniers.

Cette fidélité aux fondateurs ressort aussi de la manière dont Épictète se situe par rapport aux autres traditions philosophiques. Le personnage le plus souvent cité, Socrate – celui de Platon ou celui de Xénophon – apparaît plus de cinquante fois, et toujours comme un modèle, celui du philosophe véritable qui a mis sa vie en harmonie avec ses convictions. Aristote est absent. Quant à Platon, la tradition stoïcienne ne lui est pas toujours favorable, mais Épictète n'en fait jamais mention pour le critiquer ou prendre ses distances (il le défend même sur la question de la communauté des femmes, bien que lui-même en juge autrement[1]). Ceux dont il se sent le plus proche sont incontestablement les Cyniques, du moins les Cyniques tels que les Stoïciens aiment à se les représenter : comme le montre le chapitre intitulé « Du Cynisme » (III, 22), c'est autant (sinon davantage) la figure du sage stoïcien que celle du Cynique que l'on y donne en exemple ; toujours est-il

1. Voir Frag. XV.

qu'Épictète, tout en critiquant certains excès ostentatoires du comportement cynique, fait de Diogène l'autre modèle (à côté de Socrate) du philosophe authentique[1]. Pour ce qui est des adversaires, tant d'Épictète que des Stoïciens en général, deux d'entre eux sont désignés sans ambiguïté : Épicure tout d'abord, à qui Épictète reproche essentiellement son inconséquence (les Épicuriens peuvent bien mener une vie honnête, mais en contradiction avec leurs principes[2]). L'hostilité envers les Académiciens n'est pas moindre, en raison de leur critique de la connaissance, laquelle les entraîne au scepticisme : même modéré, ce dernier les contraint eux aussi à nier dans la pratique ce qu'ils affirment en théorie[3].

2) Épictète reprend manifestement – de façon discrète si l'on veut, mais sans ambiguïté – tout ce qui relève de la logique et de la physique[4]. Pour ce qui concerne la première, plusieurs occurrences des termes techniques de la théorie du raisonnement, sans parler des renseignements précis sur le fameux

1. Diogène figure 25 fois dans les *Entr.*, Antisthène 6 fois. On sait que Zénon, le fondateur du Stoïcisme, a été l'élève du Cynique Cratès, et l'influence que le Cynisme a pu exercer sur la philosophie stoïcienne est une question importante.

2. Par exemple *Entr.*, I, 23 ; III, 7, 18. Cette manière de combattre Épicure, en n'attaquant pas de front ses principes mais les contradictions auxquelles ils conduisent, a quelque chose d'original (dans Cicéron et Sénèque, c'est la thèse du plaisir qui est violemment contestée), et rappelle la manière de Platon face aux sophistes.

3. Voir *Entr.*, I, 5 ; II, 20.

4. La question de savoir si Épictète a, *dans son enseignement*, respecté la répartition traditionnelle en Logique-Physique-Ethique divise les interprètes. À plusieurs reprises, en effet, les *Entr.* mentionnent trois « thèmes » ou domaines (τόποι), qui de prime abord ne recoupent pas cette répartition (voir un résumé de la discussion dans le *D. Ph. A.*, III, p. 129). Il suffit de constater ici que rien ne nous interdit *à nous* de l'y retrouver, pour la commodité de l'exposé.

argument Souverain[1], ne s'expliquent que par référence à la logique anciennement développée dans l'école. Mais c'est surtout la doctrine de la représentation et le couple représentation-assentiment, élément clé de notre rapport au monde et lieu originel de la liberté, que les *Entretiens* mettent à contribution : les représentations nous assaillent sans cesse, mais nous disposons vis-à-vis d'elles d'un pouvoir, celui de leur donner notre assentiment ou de le leur refuser ou de suspendre le jugement, selon que nous y discernons ou non les marques de la vérité. L'usage de nos représentations et le jugement (δόγμα, ordinairement) qui résulte de l'exercice de ce pouvoir deviennent ainsi le fondement de notre existence, dans la mesure où ils déterminent à la fois la vérité de la connaissance et la rectitude des actions. Cela explique naturellement qu'Épictète y revienne très souvent ; et si, en un sens, son enseignement ne fait que confirmer ce que nous apprennent sur le sujet Cicéron ou Diogène Laërce, la variété des exemples et le talent pédagogique qui s'y manifeste contribuent grandement à l'intelligence de cette théorie ; en outre, les nombreux passages qui lui sont consacrés offrent l'avantage inestimable d'être la seule source incontestablement stoïcienne qui ne se réduise pas à de brèves citations fragmentaires.

3) La physique est moins bien représentée pour ce qui est des détails de la théorie, mais elle est loin d'être absente : y figurent notamment la conception du monde comme cité commune des dieux et des hommes, la conflagration, la transmutation des éléments (Frag. VIII), la psychologie ou doctrine de l'âme. Le premier point est pour ainsi dire constamment à l'arrière-plan de la réflexion d'Épictète, et explicitement mis en lumière en plusieurs occasions. Le monde est gouverné par

1. *Entr.*, II, 19.

le dieu (ou la raison universelle), et les hommes ont reçu de la divinité une mission spécifique, celle de connaître et de célébrer l'ordre et la beauté de l'œuvre divine. Le rapport entre ce gouvernement divin, la providence, et la liberté de l'homme ouvre une des problématiques les plus intéressantes de l'ouvrage : la liberté absolue de l'homme, à laquelle la divinité elle-même ne peut faire obstacle, reste-t-elle purement « intérieure » ou s'accompagne-t-elle d'une action sur le monde ? Épictète ne répond pas à la question sous cette forme, mais quelques précieux indices plaident pour la deuxième hypothèse [1].

Pour ce qui concerne l'âme, les *Entretiens* peuvent donner l'impression que le maître ignore la doctrine habituelle des « parties » et des facultés [2]. Ce qui frappe d'abord, c'est la fréquente opposition entre la chair (ou le corps) et l'âme prise comme un tout, opposition souvent aggravée par une franche dépréciation du corps (appelé σωμάτιον, « pauvre » ou « misérable » corps). Certains y décèlent une influence platonicienne, d'autres voient un point de vue aristotélicien dans la distinction du corps, de l'âme sensible et de la raison. Sans entrer dans cette discussion, on notera qu'Épictète utilise couramment les principales notions de la psychologie stoïcienne : le principe directeur et la raison, les facultés qui président à la connaissance (représentation, assentiment) et à l'action (propension).

---

1. Voir plus loin, p. 28. Sur ce point, *cf.* R. Muller, *Les Stoïciens*, spécialement p. 262 *sq.*

2. Diogène Laërce énumère huit « parties » (mais le terme convient mal, l'âme étant essentiellement une) : les cinq sens, la faculté de parler, la pensée (appelée aussi principe directeur), la faculté génératrice (VII, 110). Les facultés, c'est-à-dire les pouvoirs de l'âme, sont au nombre de quatre : la représentation, l'assentiment, l'inclination (ou propension), la raison, *logos* (*S.V.F.*, II, p. 226, 12).

Il le fait sans s'y attarder, parce qu'il s'agit d'une chose connue qui ne demande pas de nouvel examen[1]. Ce qui est original, c'est le recours fréquent au terme προαίρεσις (*prohairesis*): littéralement, c'est le choix préalable (sous-entendu: à l'action), mais les traducteurs préfèrent généralement recourir à des notions considérées comme voisines: «volonté», «personne morale», «décision», voire «libre-arbitre». Il ne s'agit pas à proprement parler d'une innovation, le mot paraissant avoir été utilisé par Zénon[2], et il ne désigne pas une nouvelle faculté, mais la raison elle-même[3] en tant qu'elle a le pouvoir de choisir, de se déterminer et donc d'agir. Si Épictète privilégie ce point de vue, c'est parce que les *Entretiens* traitent presque exclusivement de la conduite et des choix que l'apprenti philosophe doit opérer, et qu'il doit donc porter la plus grande attention à la raison en tant que faculté de choix, véritable centre de la personne et lieu de la liberté.

4) La théorie de la représentation et la *prohairesis* appartiennent déjà, on le voit, à l'éthique. Ce chevauchement illustre une particularité du système stoïcien, que les auteurs eux-mêmes revendiquent comme une originalité, à savoir la solidarité étroite des trois parties de la philosophie et le caractère artificiel de la division, imposée par les nécessités du discours et de l'enseignement: on ne peut se conduire droitement si l'on ne connaît pas la nature et si l'on ne maîtrise pas

---

1. Et qui a peut-être été étudiée à l'occasion des lectures de la première partie de la leçon.

2. *S.V.F.*, I, p. 52, 35.

3. Ou le principe directeur, qui en est la «partie» ou l'aspect affecté au commandement. C'est bien la raison (*logos*) qui, «selon une direction plus parfaite» que celle des animaux, gouverne la conduite des êtres raisonnables (Diogène Laërce, VII, 86).

l'art du *logos* (discours et raison[1]). Cette particularité, rien ne la manifeste mieux que les *Entretiens*, où les éléments de physique et de logique sont toujours subordonnés à l'action droite, mais en même temps jugés indispensables. On pourrait en effet penser que les nombreux conseils et règles pratiques (dont la fameuse distinction entre « ce qui dépend de nous » et « ce qui ne dépend pas de nous »), le ton si fréquent de l'exhortation, les invitations répétées à l'exercice (*askèsis*), relèguent Épictète parmi les simples moralistes, voire parmi les prédicateurs. Mais c'est méconnaître leur inscription dans un système philosophique ambitieux et cohérent.

Épictète est foncièrement rationaliste. Vivre droitement consiste à suivre la raison[2], qui distingue les humains et en fait les parents des dieux. La raison est capable de connaître les objets du monde, mais aussi de se connaître elle-même[3] et donc d'être en position d'instance ultime ; elle permet de former des jugements corrects, fondements de toute action. Rien d'extérieur ne saurait la contraindre ou lui faire obstacle quand elle juge ; les passions elles-mêmes, conformément à la doctrine de Chrysippe, sont des jugements ou dépendent étroitement de jugements. Une fois que l'homme a acquis une connaissance exacte de sa nature propre et de l'étendue de son pouvoir, et pour peu qu'il se tienne dans ses limites, rien n'est en mesure de s'opposer à son bonheur, ni les hommes ni le monde, et pas davantage la souffrance ou la perspective de la mort. Ces thèses qui forment le cœur de l'éthique sont

---

1. *Cf.* Cic., *Des termes extrêmes*, III, 21, 72 - 22, 73.

2. Ou la nature. Selon les Stoïciens, suivre la nature, pour les hommes, c'est suivre la raison (Diogène Laërce, VII, 88).

3. Pour désigner cet « accompagnement de soi » et en souligner l'importance, Épictète use spécialement des termes de la famille de παρακολούθησις (voir *Entr.*, I, 6, 13).

exprimées parfois avec une brusquerie déconcertante, et les objections repoussées sur un ton étonnamment tranchant[1]. Épictète est un moraliste intransigeant. Mais, s'il est sans concession sur les principes, il se tient à distance des solutions extrêmes dès qu'on aborde les obligations de la vie quotidienne. En cela il n'innove guère, certes, car la théorie des « devoirs » (καθήκοντα) est une partie importante et bien connue de l'éthique stoïcienne, mais le contraste peut étonner. Par exemple, les fameux « exercices » qu'Épictète recommande avec insistance ne doivent jamais devenir des tours de force gratuits, mais toujours être orientés vers le bénéfice intellectuel et moral. D'autre part, l'homme est un être vivant, et un être vivant social ; dès lors il a des obligations : envers son corps (l'entretien, la propreté), envers les autres hommes, en tant qu'il est père, fils, frère, citoyen. Ces devoirs n'ont rien d'arbitraire et ne sont pas facultatifs, puisqu'on peut montrer qu'ils viennent de la raison (ou de la nature), ils donnent pourtant lieu à une difficulté si l'on ajoute qu'ils portent néanmoins sur des matières indifférentes[2], ce qui veut dire que le bien ne réside pas dans le résultat mais dans l'usage que nous faisons de nos facultés. Concilier les deux points de vue est une gageure, reconnaît Épictète : ne rien négliger dans l'accomplissement des actions correspondantes (se défendre sérieusement dans un procès, tout faire pour se réconcilier avec son frère), mais avec la conscience que le but véritable n'est pas le succès, qu'il est tout entier dans le soin apporté à la

---

1. Manière qui rappelle la scène de la jambe brisée, ci-dessus p. 10 (voir par exemple I, 1, 18).

2. Se reporter notamment à *Entr.*, II, 5.

manière d'agir [1]. Conciliation délicate mais non impossible, et décisive pour le bonheur.

5) Le sérieux impliqué par les actions constitutives des « devoirs » éclaire en même temps la théorie de la liberté, préoccupation majeure d'Épictète dans les *Entretiens*. Les termes associés à la notion y abondent : *eleutheria* (liberté) et *eleutheros* (libre) reviennent une centaine de fois, le chapitre de loin le plus long (IV, 1) lui est consacré, et le vocabulaire de la non-entrave, du non-empêchement, de l'absence d'obstacle se rencontre avec une fréquence impressionnante. À première vue, les raisons de ce privilège ne sont pas difficiles à percevoir : sans liberté, pas de morale ; tout le discours d'exhortation à la vertu et au bonheur serait dépourvu de signification s'il s'adressait à un individu mené par les nécessités de sa nature ou par un destin inexorable. Mais ce constat ne vient qu'après coup, la liberté est d'abord un attribut essentiel de la raison. Sans le pouvoir de donner ou de refuser son assentiment, il n'y a pas d'acte rationnel, pas de raison : ce ne serait qu'un mécanisme comme un autre. Pour que ce pouvoir ne soit pas illusoire, il doit être absolu : si le soupçon pesait à chaque instant sur la moindre de nos affirmations, rien ne pourrait être affirmé. Certes, pour être assurée, l'affirmation ne se profère pas à la légère, elle exige un examen rigoureux ; mais ces conditions remplies, aucune force extérieure, aucune autorité étrangère, fût-elle divine, ne peut contraindre la raison à donner ou à refuser son assentiment. La liberté est intimement solidaire de l'usage de la raison.

---

1. Comparer avec l'image de l'archer dans Cic., *Des termes extrêmes*, III, 6, 22 : « Le tireur doit tout faire pour atteindre le but ; et pourtant, tout faire pour l'atteindre, c'est là en quelque sorte sa fin suprême. » (trad. Bréhier)

Cette absolue liberté est donc d'abord « intérieure », si l'on entend par là qu'elle n'intéresse que la formulation du jugement. Mais ce jugement détermine aussi le comportement : accepter ou refuser que la souffrance, que la mort soient des maux, que le plaisir soit un bien, cela entraîne des réactions différentes qui, inévitablement, ont des effets « extérieurs » (la colère d'Achille au début de l'*Iliade*, mon acquittement dans le procès qu'on m'intente, déterminent pour une part la suite des événements). Discrètement mais de façon explicite, les *Entretiens* suggèrent que l'activité humaine exercée dans le domaine des « devoirs » est susceptible, sinon de changer l'ordre des choses (cela Zeus lui-même ne saurait le faire), du moins de l'infléchir et par là de contribuer à le réaliser[1]. Les techniques humaines (la médecine, la navigation) participent de la rationalité et méritent d'être prises au sérieux[2].

Cet aspect de la philosophie des *Entretiens* contraste avec les développements – plus fréquents et plus connus – sur la retenue face aux événements ou sur la soumission à l'ordre providentiel, mais il ne les contredit pas si l'homme est aussi un acteur, en tant qu'il participe à la raison universelle et porte le dieu en lui[3]. La façon dont la soumission s'exprime en ces passages a conduit les interprètes à attribuer à Épictète une sensibilité originale de nature religieuse : le philosophe,

---

1. Épictète n'est pas aussi précis ni aussi enthousiaste que Cicéron dans le traité *Des devoirs*, où le travail humain figure parmi ces devoirs (II, 3, 11 *sq.*), ou que le Stoïcien dans *La nature des dieux* du même Cicéron, qui compte les activités techniques parmi les arguments en faveur de la providence (II, 39, 98-99 ; voir aussi II, 60, 150-152). Néanmoins, les *Entretiens* eux aussi mentionnent des techniques humaines dans un chapitre sur la providence (I, 16, 8 ; *cf.* II, 23, 5).

2. *Entr.*, I, 11 ; II, 5, 10.

3. *Entr.*, II, 8, 11.

observent-ils, s'adresse plus volontiers à un dieu personnel et unique qu'à la raison universelle ou aux dieux en général, et il le fait parfois avec les accents d'une piété personnelle[1]. Mais on doit ajouter que son obéissance au dieu n'a rien d'une soumission servile à un maître, encore moins à des commandements issus d'une tradition religieuse : l'obéissance au dieu est toujours obéissance à la raison, et les commandements viennent de la raison, qui est tout autant le bien propre de l'homme, présent à l'intérieur de lui, et lui permettant de «participer à la sagesse de Zeus», comme disait déjà Cléanthe[2].

Il ressort de l'ensemble de ces observations qu'Épictète n'innove guère du point de vue du contenu doctrinal : sur les différents points du système stoïcien qu'il aborde, il apparaît comme un maître convaincu et fidèle à son école. Cette fidélité constitue d'ailleurs un fait remarquable : maintenir vivante une tradition aussi ancienne est un indice de la force dudit système, car il y a peu d'exemples – sinon aucun – d'une pareille continuité. Cela dit, et pour autant qu'on puisse en juger en l'absence de traités complets de l'Ancien ou du

---

1. De ce point de vue, on s'est interrogé sur les rapports d'Épictète avec le christianisme. Un seul passage (*Entr.*, IV, 7, 6) vise à n'en pas douter les Chrétiens, et le jugement d'Épictète n'est guère favorable à leur égard, c'est le moins qu'on puisse dire, mais le passage montre qu'il a connu des Chrétiens ou en a entendu parler. En invoquant certaines ressemblances entre les deux doctrines morales, ou entre les conceptions du divin, certains interprètes ont voulu conclure à une influence du christianisme sur la pensée d'Épictète (voir *D. Ph. A.*, III, p. 139-140). Mais ces ressemblances sont contestées, et ne permettent en aucun cas d'affirmer que le Stoïcien connaissait les textes chrétiens. Ce qui n'exclut pas une influence de l'esprit chrétien, ou du moins de certains de ses aspects.

2. *Hymne à Zeus*, 34-35.

Moyen Stoïcisme, l'originalité des *Entretiens* réside sans doute dans l'accentuation particulière de tel ou tel trait de la doctrine, ainsi que dans la qualité de l'expression, souvent précise et vigoureuse quand l'enjeu est important. Ce constat renforce l'intérêt de l'ouvrage, qui est sans conteste une référence majeure pour notre connaissance de la philosophie stoïcienne : avec lui, et grâce au zèle d'un disciple compétent (Arrien) dont le rôle ne doit pas être sous-estimé, nous disposons d'un témoignage de première main, et unique en son genre, sur l'enseignement d'un authentique maître stoïcien, restitué à travers des développements suivis couvrant de larges pans de la pensée stoïcienne, et indirectement du portrait d'une personnalité fascinante, belle incarnation du philosophe tout entier dévoué à sa mission[1].

*

À la différence du *Manuel*, les *Fragments* et les *Sentences* d'Épictète sont peu édités et très rarement traduits. L'intérêt de ce qu'on appelle proprement *Fragments* tient d'abord à ce qu'une trentaine d'entre eux proviennent soit des livres perdus des *Entretiens*, soit de traités du même genre pour lesquels il ne nous reste que des titres[2]. Sur le fond ensuite, deux sortes de fragments méritent plus particulièrement de retenir l'attention : ceux qui, tout en confirmant l'enseignement des *Entretiens*, le complètent utilement en offrant des formulations plus précises ou plus développées[3] ; d'autre part, ceux qui

---

1. Pour ce qui est de la postérité d'Épictète, on trouvera des informations très complètes dans l'article du *D. Ph. A.*, III, p. 140-151.
2. Voir ci-dessus, p. 14.
3. Tel est le cas des Frag. IX et X.

traitent de sujets absents de nos quatre livres ou qui nous livrent des expressions qui n'y figurent pas[1].

L'apport des *Sentences* est d'un ordre différent. Ce genre privilégie les thèmes brefs et se suffisant à eux-mêmes ainsi que les formulations recherchées, deux raisons qui en rendent parfois la signification ambiguë. La personnalité d'Épictète, par suite, s'y manifeste moins clairement. On y relève pourtant, comme dans les *Fragments*, plusieurs données originales absentes des *Entretiens*, par exemple sur les rapports du philosophe avec ses serviteurs ou ses esclaves (C 23 ; 24 ; 37), ou sur la participation à la vie de la cité (C 50-53 ; 58 ; 63). Par ailleurs, l'existence même de ces recueils et le nombre de sentences attribuées à Épictète apportent une information intéressante sur le rayonnement du philosophe et sur la nature de ce qu'une tradition plus tardive a retenu de lui.

NOTE SUR LE TEXTE ET LA TRADUCTION

La présente traduction s'appuie sur l'édition de H. Schenkl, *Epictetus, Dissertationes ab Arriano digestae* ; accedunt *Fragmenta, Enchiridion ex recensione Schweighaeuseri, Gnomologiorum Epicteteorum reliquiae*, 1916, réimpr. Stuttgart, Teubner 1965. On a tiré profit en outre des éditions et traductions de Schweighäuser, Oldfather, Souilhé et Bréhier. Les cas où le texte de Schenkl n'a pas été suivi sont signalés en note.

Toute traduction implique des choix dont le lecteur devrait être informé. Quand il s'agit d'un texte philosophique, l'exactitude et l'effacement du traducteur devant l'auteur s'imposent certes avant

---

1. Comme la célèbre formule de la fin du Frag. X. Voir aussi I ; XV ; XXIII.

toute autre considération, mais les meilleures intentions se heurtent à des limites qu'il convient de ne pas perdre de vue. Sans entrer dans les problèmes généraux que pose la traduction en français d'un texte philosophique grec, on voudrait attirer l'attention sur quelques difficultés et sur les solutions adoptées [1].

1) Dans toute traduction qui vise à l'exactitude, on aimerait faire correspondre un même terme à chaque terme de l'original, mais il est bien connu que c'est impossible, les champs sémantiques de deux langues n'étant jamais parfaitement superposables. Aussi lorsque l'intelligence du passage exige que le lecteur aperçoive une parenté là où le français recourt à des mots différents, le fait est signalé dans une note.

2) Pour ce qui concerne le grec, le même souci d'exactitude se heurte en outre à deux difficultés spécifiques :

a) la langue grecque est souvent économe de ses moyens et s'accommode volontiers de tournures elliptiques. La traduction se voit alors contrainte de développer, ou de préciser ce qui est implicite. Ces compléments ne sont signalés (par des crochets obliques <>) que dans le cas où ils comportent une part de conjecture ;

b) le grec a fréquemment recours à des pronoms et expressions neutres, notamment au pluriel. Quand il ne s'agit pas d'un renvoi manifeste à des mots précédents, le français n'a guère d'autre ressource que d'employer le mot « chose » si l'on ne veut pas imposer au lecteur une interprétation.

3) Reste la question des termes techniques. Bien qu'Épictète n'en abuse pas, un certain nombre de ceux que le système stoïcien a imposés se retrouvent naturellement dans les *Entretiens* ; s'y ajoutent quelques expressions propres à notre auteur, ou dont il fait un usage privilégié. Dans les deux cas, il a paru nécessaire de conserver tout au

---

1. Dans l'Introduction à la traduction de la *Métaphysique* d'Aristote (Paris, GF-Flammarion, 2008, p. 52 *sq.*), M.-P. Duminil expose de façon convaincante le problème que pose cette traduction et les solutions retenues. Bien que centré sur le cas d'Aristote, cet exposé contient plusieurs principes d'application générale dont on s'inspire ici.

long la même traduction, autant qu'il était possible, en dépit des lourdeurs ou des formulations insolites qui en résultent parfois. Voici la liste de ces équivalents français [1].

Aversion : voir *désir*

Beau : voir *honnête*

Conscience réfléchie ou *claire, prendre clairement conscience* (παρακολούθησις, παρ-ακολουθῶ)

Épictète fait un usage spécifique et fréquent des termes de cette famille, pour exprimer quelque chose de plus que la simple conscience élémentaire (ou acte de s'apercevoir de quelque chose). Voir la note à I, 6, 13, où le contexte permet de bien saisir cette spécificité.

Désir/aversion (ὄρεξις - ἔκκλισις)

Termes presque toujours associés, pour désigner le « sentiment » élémentaire, positif ou négatif, envers un objet (l'appréciation première qui nous fait trouver l'objet bon ou mauvais), sentiment qui précède le mouvement qui nous porte vers cet objet ou nous en détourne (voir *propension*).

Désir passionné (ἐπιθυμία)

Par différence avec le désir précédent, celui-ci est une des 4 *passions* fondamentales des Stoïciens ; à ce titre, le mot est presque toujours pris péjorativement.

Devoir (καθῆκον, plur. καθήκοντα)

Littéralement : ce qui convient <d'être fait>. Traduit aussi ailleurs (et parfois ici) par « convenable », « fonction » ou « office ». Il s'agit d'une notion essentielle de l'éthique, qui renvoie aux actions et conduites répondant à des *préférables*, c'est-à-dire à des choix que notre nature nous incite à faire, mais qui ne constituent pas en eux-mêmes des actions droites ou vertueuses si l'on fait abstraction des motivations et intentions qui y président (voir R. Muller, *Les Stoïciens*, p. 209).

---

1. Cette liste se limite aux termes français susceptibles de poser un problème au lecteur. Il ne s'agit donc pas d'un glossaire du vocabulaire stoïcien.

Dieu(x) (ὁ θεός, οἱ θεοί)

Les Stoïciens admettent à la fois un dieu suprême (Zeus, qui est aussi la raison de l'univers, et plus ou moins identifié à la nature) et une pluralité de dieux, et ils passent aisément d'une hypothèse à l'autre. Lorsque le mot est au singulier, il est presque toujours précédé de l'article ; la traduction par « Dieu » (sans article et avec une majuscule) risquant d'induire en erreur ou de conduire sur de fausses pistes, on a préféré généralement dire « le dieu ».

Faculté de choix (προαίρεσις)

Autre terme utilisé spécifiquement et souvent par Épictète. Littéralement « choix préalable », il désigne la raison en tant qu'elle préside aux choix conduisant à l'action. Les traductions modernes sont très diverses (*volonté, personne morale, intention morale, résolution*). On a préféré *faculté de choix* pour ne pas masquer l'idée de choix et de liberté qui lui est associée, et parce qu'il s'agit d'un pouvoir plutôt que d'un acte. Cette traduction s'autorise en outre de l'*Entr.* II, 23, où l'on voit προαιρετικὴ (δύναμις) employée comme synonyme de προαίρεσις (*cf.* 9-11 et 17-18).

Homme de bien (καλὸς καὶ ἀγαθός)

Expression toute faite, en grec, qui désigne un homme vertueux en un sens général, indépendamment des critères spécifiques de telle ou telle éthique.

Honnête, honnêtement (καλόν, καλῶς)

Façon ordinaire des Stoïciens de désigner, au sens précis, le bien moral et ce qui s'y rapporte. En français, on peut avoir aussi « beau » en ce même sens.

Jugement (ordinairement δόγμα, parfois κρίσις)

Désigne le contenu d'un jugement, l'idée qu'on assume, non la faculté de juger ; pour cette raison, le mot est parfois traduit par *opinion* ou *conviction*, voire par *doctrine*.

Principe directeur (τὸ ἡγεμονικόν)

L'âme est constituée de 8 « éléments » ou « parties » : les 5 sens, l'élément générateur, l'élément phonétique ou du langage, et la pensée. Ce dernier est l'élément supérieur, celui qui commande, il est dit aussi *raison* au sens étroit. *Principe directeur* souligne cet aspect de souveraineté, pour le distinguer des autres éléments de l'âme –

étant entendu que celle-ci est essentiellement une, et que les Stoïciens préfèrent éviter le mot « parties ».

Premier rang (devoirs ou actes de) (προηγούμενον)

Pour exprimer une sorte de hiérarchie, dans les devoirs ou dans les êtres. Cette hiérarchie reste relative et sa valeur dépend du contexte (on peut soutenir que les devoirs, par exemple, sont égaux). Voir la note à *Entr.*, III, 7, 24-25.

Prénotion (πρόληψις)

Notion commune que tous les hommes possèdent par nature, antérieure à l'éducation. Les prénotions ne sont pas à proprement parler innées, mais acquises très tôt par une sorte d'expérience spontanée, et sont constituées dès l'âge de 7 ans.

Propension / rejet (ὁρμή / ἀφορμή)

Mots très souvent associés. La *hormè* est un des quatre pouvoirs fondamentaux de l'âme humaine (avec la représentation, l'assentiment et la raison), bien qu'il appartienne déjà à l'âme animale. Il désigne la faculté d'agir par opposition à la simple représentation : *élan, tendance, penchant à l'action, inclination, impulsion,* ces termes ont tous des inconvénients en ce qu'ils suggèrent soit un dynamisme purement mécanique, soit une force très faible. *Propension* (emprunté à Souilhé) ne préjuge rien de tel, notamment parce que le terme est plus rare en français. Il s'agit de ce qui met l'homme en mouvement, lui fait accomplir les divers actes de son existence, d'où sa fréquente mise en rapport avec la notion de *devoir* ; dans la vie d'un être rationnel ce pouvoir est tout pénétré de raison et s'applique à une étape distincte (postérieure) du simple désir. – Pour *aphormè*, qui en est le contraire, on a préféré *rejet* : *répulsion* paraît excessif, et *refus* risque d'être en concurrence avec la négation au sens logique.

Rejet : voir *propension*.

Représentation (φαντασία)

Donnée première ou impression des choses sur l'âme, point de départ de la connaissance.

Réservé (réserve) (αἰδήμων)

Au sens premier : « réservé, discret » (cf. *Manuel*, 24, 3). Le mot français paraît plus faible que le terme grec, car il s'agit d'une vertu importante aux yeux d'Épictète, qui emploie le mot en un sens plus fort que, par exemple, Aristote (*Éthique à Nicomaque*, II, 7, 1108 a 32 et 35) : pour Épictète, cette réserve s'accompagne de la maîtrise de soi et du sentiment de la dignité personnelle.

Thème (τόπος)

Littéralement : « lieu », au sens logique. Désigne une subdivision de l'enseignement de la philosophie, une discipline ou un thème d'étude. Voir ci-dessus, Introduction, p. 21, note 4, et *Entr.*, III, 2, 1 *sq.*

αἰδήμων : *réservé*

ἀφορμή : *rejet*

δόγμα : *jugement*, parfois *opinion, conviction, doctrine.*

ἔκκλισις : *aversion*

ἐπιθυμία : *désir passionné*

ἡγεμονικόν : *principe directeur*

θεός, θεοί : *le dieu, les dieux*

καθῆκον, καθήκοντα : *devoirs*

καλόν : *honnête, beau, bon*

(καλὸς καὶ) ἀγαθός : *homme de bien*, ou *vertueux*

κρίσις : *jugement*

ὄρεξις : *désir*

ὁρμή : *propension*

παρακολούθησις, παρακολουθῶ : *conscience claire* ou *réfléchie, prendre clairement conscience*

προαίρεσις (τὰ προαιρετικά, τὰ ἀπροαίρετα) : *faculté de choix* (*ce qui relève du choix, ce qui n'en relève pas*)

προηγούμενον : *de premier rang*

πρόληψις : *prénotion*

τόπος : *thème*

φαντασία : *représentation*

ÉPICTÈTE

ENTRETIENS

ARRIEN À LUCIUS, SALUT

Je n'ai pas donné à ces *Propos d'Épictète* la forme 1
littéraire qu'on donnerait aux ouvrages de ce genre, et je ne
les ai pas non plus livrés au public en mon nom puisque je
n'affirme même pas que j'ai fait œuvre littéraire. | Mais tout ce 2
que j'ai entendu de la bouche d'Épictète, j'ai essayé de le
transcrire dans ses propres termes, autant que possible, afin de
me conserver pour l'avenir des *souvenirs* de sa pensée et de son
franc-parler. | Ces propos sont donc, comme il est naturel, du 3
genre de ceux qu'on peut tenir spontanément à autrui, et ne
ressemblent pas aux compositions littéraires destinées à de
futurs lecteurs. | Cela étant, je ne sais comment, contre mon 4
gré et à mon insu, ils sont tombés entre les mains du public.
| Pour ce qui me concerne, cela n'a pas grande importance 5
que je me montre incapable de faire œuvre littéraire, et pour
Épictète cela n'en a aucune que l'on méprise ses propos
puisque aussi bien, quand il parlait, son seul désir, de toute
évidence, était d'entraîner l'esprit de ses auditeurs vers ce qu'il
y a de meilleur. | Si donc les *Propos* qui suivent produisent 6
précisément cet effet, on peut dire, je pense, qu'ils ont les
qualités que doivent avoir les propos des philosophes. | Dans 7
le cas contraire, que ceux qui les ont entre les mains sachent
du moins que, lorsqu'il parlait en personne, l'auditeur ne
pouvait s'empêcher d'éprouver exactement ce qu'Épictète
voulait lui faire éprouver. | Et si les présents propos ne 8
produisent pas par eux-mêmes cet effet, peut-être en suis-je
responsable, peut-être aussi est-il nécessaire qu'il en soit ainsi.

Porte-toi bien.

LIVRE I

1) DES CHOSES QUI DÉPENDENT DE NOUS ET DE CELLES QUI NE DÉPENDENT PAS DE NOUS

À l'exception d'une seule, vous ne trouverez aucune 1
faculté[1] qui se connaisse elle-même, et par suite formule sur
elle-même un jugement d'approbation ou de désapprobation.
| La grammaire[2] par exemple, jusqu'où s'étend son pouvoir de 2
connaître ? Jusqu'au discernement des lettres. Et la musique ?
Jusqu'à la reconnaissance de la mélodie. | L'une ou l'autre se 3
connaît-elle elle-même ? Pas du tout. Mais si tu écris à ton ami,
la grammaire te dira qu'il faut utiliser telles lettres ; quant à
savoir s'il faut ou non écrire à cet ami, la grammaire ne le dira
pas. Et pareillement pour la musique, s'il s'agit de mélodies ;
mais elle ne dira pas si maintenant il faut chanter et jouer de la
cithare, ou s'il ne faut faire ni l'un ni l'autre. | Qui donc le dira ? 4
La faculté qui se connaît elle-même aussi bien que tout le reste.
Cette faculté, quelle est-elle ? La faculté de la raison[3] ; en effet,
des facultés que nous avons reçues, elle seule se comprend
elle-même, comprend qui elle est et quel est son pouvoir,
quelle valeur elle a apportée en venant en nous, et elle

---

1. Au sens très général d'un pouvoir, d'une capacité (δύναμις).
2. La connaissance des lettres, c'est-à-dire l'aptitude à lire et à écrire.
3. Ἡ δύναμις ἡ λογική, littéralement : la faculté logique, du *logos*.

5 comprend aussi toutes les autres facultés. | Qu'y a-t-il d'autre
pour dire que l'or est beau ? L'or lui-même ne le dit pas. De
toute évidence, c'est la faculté qui fait usage des représen-
6 tations. | Qu'y a-t-il d'autre pour se prononcer sur la musique,
la grammaire et les autres facultés, pour en vérifier l'usage et
indiquer les moments opportuns d'en user ? Rien.

7   Dès lors, comme de juste, les dieux ont fait dépendre de
nous uniquement ce qui est supérieur à tout et commande à tout
le reste, à savoir l'usage correct des représentations ; les autres
8 choses, ils ne les ont pas fait dépendre de nous. | Est-ce parce
qu'ils ne l'ont pas voulu ? Je crois que s'ils l'avaient pu, ils
nous les auraient confiées aussi ; mais ils ne le pouvaient abso-
9 lument pas. | Car étant donné que nous vivons sur la terre, que
nous sommes liés à un corps tel que le nôtre et à des compagnons tels que les nôtres, comment pouvions-nous ne pas être
entravés en ces matières par les choses extérieures ?

10   Voyons, que dit Zeus ? « Épictète, si cela avait été possible,
ton pauvre corps et tes petits biens, je les aurais faits libres et
11 sans entraves. | Mais, ne l'oublie pas, ce corps n'est pas à toi,
12 c'est de l'argile habilement pétrie. | Comme je ne le pouvais
pas, nous[1] t'avons donné une partie de ce qui est à nous, cette
faculté d'avoir des propensions et des rejets, de désirer et
d'éviter, en un mot la faculté d'user des représentations ; si tu
lui consacres tes soins, si c'est en elle que tu mets les choses qui
t'appartiennent, jamais tu ne seras empêché ni entravé, tu ne
gémiras pas, tu ne feras de reproche à personne, ne flatteras
13 personne. | Quoi ! Cela te paraît peu de chose ? – Loin de moi
cette idée ! – Cela donc te suffit ? – Je prie les dieux qu'il en
soit ainsi. »

---

1. Pour ce passage du singulier au pluriel quand il s'agit des dieux, voir la
Note sur la traduction.

Au lieu de cela, alors que nous pouvons appliquer nos soins 14
et nous attacher à un seul objet, nous préférons multiplier nos
soins et nos liens : à notre corps, à nos biens, à un frère, un ami,
un enfant, un esclave. | C'est ainsi que, enchaînés à une foule 15
de choses, nous sommes alourdis et entraînés par elles.
| Voilà pourquoi, si les conditions sont défavorables à la navi- 16
gation, nous restons assis à nous tourmenter, nous scrutons
sans arrêt le ciel : « Quel vent fait-il ? Un vent du nord. »
Qu'avons-nous à faire de lui[1] ? « Quand le Zéphyr va-t-il
souffler ? » Quand il lui plaira, mon cher, à lui ou à Éole. Ce
n'est pas toi que le dieu a établi dispensateur des vents, c'est
Éole. | Que faire alors ? Organiser au mieux ce qui dépend de 17
nous, et user des autres choses comme la nature les a faites. « Et
comment les a-t-elle faites ? » Comme le dieu le veut.

« Veut-il donc maintenant que je sois le seul à être 18
décapité ? » Eh quoi ! voudrais-tu, pour te consoler, que tout
le monde le fût ? | Ne veux-tu pas tendre la nuque comme l'a 19
fait un certain Latéranus[2] ? Néron, à Rome, avait ordonné de
le décapiter ; il tendit la nuque, reçut le coup, mais comme
ce dernier avait été trop faible, il eut un bref mouvement de
recul puis tendit de nouveau la nuque. | Un peu auparavant, 20
Épaphrodite[3] était allé le trouver[4] et lui avait demandé
pourquoi il était hostile à l'empereur : « Si je veux quelque
chose, répondit-il, je le dirai à ton maître. »

---

1. Nous dirions : « Au diable le vent du nord ! »

2. Plautius Latéranus a participé à la conjuration de Pison contre Néron en
l'an 65. Tacite signale qu'il est mort « plein d'une silencieuse constance »
(*Annales*, XV, 49 et 60).

3. Cet affranchi et secrétaire de Néron a eu pendant un temps Épictète
comme esclave.

4. Traduit d'après le texte de Souilhé.

21   « En de telles circonstances, que faut-il donc avoir sous la
main ? » Quoi d'autre que la distinction entre ce qui est à moi et
ce qui n'est pas à moi, entre ce qui m'est permis et ce qui ne
22 m'est pas permis ? | Il faut que je meure ; dois-je aussi gémir ?
Il faut que je sois emprisonné ; dois-je aussi me lamenter ?
Il faut que je parte en exil ; m'empêche-t-on de partir en
23 riant, de bonne humeur, serein ? | « Révèle-moi les secrets
que tu détiens. » Non, car cela dépend de moi. « Eh bien, je vais
te mettre aux fers. » Homme, que dis-tu ? Moi ? C'est ma
jambe que tu enchaîneras ; ma faculté de choix, Zeus lui-même
24 est incapable de la vaincre. | « Je te jetterai en prison ! » Mon
pauvre corps, oui. « Je te ferai couper la tête ! » Quand donc
t'ai-je dit que j'étais le seul dont la tête ne peut être tranchée ?
25 | Voilà ce à quoi devraient s'entraîner ceux qui s'adonnent à la
philosophie, ce qu'ils devraient écrire chaque jour, ce à quoi ils
devraient s'exercer.

26   Thraséa avait l'habitude de dire : « J'aime mieux périr
27 aujourd'hui qu'être exilé demain. » | Que lui répliqua alors
Rufus[1] ? « Si tu fais ce choix parce que c'est le sort le plus
pénible des deux, quelle folie que ce choix ! Si tu le choisis
parce qu'il est plus léger, qui t'a donné de faire ce choix ? Ne
veux-tu pas t'entraîner à te contenter de ce qui t'est donné ? »

28   C'est dans ces dispositions qu'était Agrippinus[2] ; que
disait-il, en effet ? « Je ne me fais pas obstacle à moi-même. »
On vint lui annoncer : « On est en train de te juger au Sénat. »

---

1. Thraséa Paetus était « la vertu même » selon Tacite, qui rapporte assez
longuement sa participation à la conjuration de Pison (*Annales*, XVI, 21-35).
Musonius Rufus est le maître d'Épictète ; il est mentionné par lui à
diverses reprises. Tacite l'évoque plusieurs fois (*Annales*, XIV, 59 ; XV, 71 ;
Histoires, III, 81 ; IV, 10 et 40).
    2. Paconius Agrippinus figure lui aussi dans le récit de Tacite (*Annales*,
XVI, 28, 29, 33). Épictète le cite encore dans l'*Entr.*, I, 2, 1-18 et dans les
Frag. XXI et XXII.

| – « À la bonne heure ! Mais voici déjà la cinquième heure 29
(c'était celle à laquelle il avait l'habitude de faire de l'exercice,
puis de prendre un bain froid), allons faire notre exercice ! »
| Après l'exercice, quelqu'un arriva et lui dit : « Tu as été 30
condamné. » Il demanda : « À l'exil ou à la mort ? – À l'exil.
– Et mes biens ? – Ils n'ont pas été confisqués. – Eh bien, allons
à Aricie[1], nous y prendrons le déjeuner. »

Voilà à quoi il faut s'être entraîné, c'est là s'être préparé 31
à avoir des désirs et des aversions exempts d'empêchements
et à l'abri des événements. | Il faut que je meure. Si c'est sur 32
le champ, je meurs ; si c'est un peu plus tard, je déjeune maintenant, puisque c'est l'heure ; ensuite je mourrai. Comment ?
Comme il convient à celui qui rend ce qui n'est pas à lui.

1. Aricie est un petit bourg situé à une douzaine de kilomètres au sud-est de
Rome.

2) COMMENT ON PEUT, EN TOUTE CIRCONSTANCE, SAUVEGARDER LE RÔLE QU'ON ASSUME[1]

1   Pour l'être vivant doué de raison, seul ce qui est contraire à la raison est insupportable ; ce qui est raisonnable, par contre,
2 peut être supporté. | Les coups ne sont pas insupportables par nature. – Comment cela ? – Voici comment : les Lacédémoniens se laissent fouetter, parce qu'ils ont appris que c'est
3 raisonnable. | – Mais se pendre, n'est-ce pas insupportable ? – En tout cas, si quelqu'un sent que c'est raisonnable, il va
4 se pendre. | Bref, si nous y regardons avec attention, nous trouverons que rien n'accable autant l'être vivant en question que ce qui est contraire à la raison, et inversement que rien ne
5 l'attire autant que ce qui est raisonnable. | Cependant, ce qui est raisonnable et ce qui est contraire à la raison se présentent différemment aux yeux de chacun, tout comme le bien et le
6 mal, l'utile et le nuisible diffèrent selon les individus. | C'est précisément pour cela que nous avons besoin d'éducation, pour apprendre à appliquer aux cas particuliers, conformément

1. Le terme grec *prosôpon* désigne d'abord la face de l'homme, puis – entre autres choses – le masque de théâtre, par suite le rôle ou le personnage de théâtre, et finalement la personne. Le terme est difficile à traduire : *caractère* imposerait l'idée d'un déterminisme naturel ; *rôle* ou *personnage* suggèrent une distance trop marquée entre l'aspect extérieur et la personnalité authentique ; *personnalité* ou *personne*, inversement, ne retiennent que ce dernier aspect. – Pour Épictète le rôle que l'homme doit assumer est celui d'être raisonnable, mais ce qui rend ce chapitre déconcertant à première lecture, c'est qu'il aborde en même temps deux difficultés : 1. l'application de l'idée de raisonnable aux cas particuliers aboutit, par manque d'éducation, à des rôles très différents selon les *jugements* de chacun ; 2. les dispositions ou aptitudes naturellement différentes selon les individus leur *imposent* des rôles différents. Selon la doctrine stoïcienne néanmoins, la variété de ces derniers rôles, fussent-ils des plus modestes, n'empêchent pas les individus d'assumer leur rôle d'homme (*cf.* ci-dessous IV, 7, 13 *sq.*). – On trouvera un éclairage complémentaire sur cette question dans Cicéron, *Des devoirs*, I, 31, 110 *sq.*, où l'auteur analyse les quatre *personnes* qui nous constituent.

à la nature, les prénotions de ce qui est raisonnable et de ce qui est contraire à la raison.

Or pour déterminer ce qui est raisonnable et ce qui est 7 contraire à la raison, nous ne recourons pas seulement à la valeur des choses extérieures, mais chacun de nous se réfère aussi à celles qui répondent au rôle qu'il assume. | Un tel trouve 8 raisonnable de présenter le vase de nuit à un autre, parce qu'il ne considère qu'une chose : s'il ne le présente pas, il recevra des coups et n'obtiendra pas de nourriture, alors que s'il le présente il ne subira aucun mauvais traitement ni rien de pénible. | Un autre juge insupportable non seulement de 9 présenter lui-même le vase mais encore d'accepter qu'un autre le fasse. | Si tu me demandes : « Vais-je ou non présenter 10 le vase ? », je te dirai qu'il vaut mieux recevoir de la nourriture que de n'en pas recevoir, et que c'est une plus grande indignité d'être brutalisé que ne pas l'être ; par suite, si c'est cela que tu prends comme mesure des choses qui te concernent, va et présente le vase. | « Mais c'est indigne de moi ! » Il t'appartient 11 à toi, non à moi, d'introduire cet élément dans l'examen de la question ; car c'est toi qui te connais, qui sais combien tu vaux à tes yeux, à quel prix tu te vends : les uns se vendent à tel prix, les autres à tel autre.

Voilà pourquoi, quand Florus se demandait s'il devait 12 descendre sur scène, au spectacle de Néron, pour y jouer lui aussi sa partie, Agrippinus[1] lui dit : « Descends. » | Comme 13 l'autre l'interrogeait : « Et toi, pourquoi ne descends-tu pas ? », il répondit : « Je ne me pose même pas la question. » | En effet, 14 celui qui une fois s'abaisse à examiner ce genre de question, c'est-à-dire à peser la valeur des choses extérieures et à les faire entrer dans un calcul, celui-là ressemble beaucoup à ceux qui ont oublié leur rôle propre. | Que me demandes-tu ? 15

1. Voir ci-dessus I, 1, 28.

« Qu'est-ce qui est préférable, la mort ou la vie ? » Je réponds :
16 la vie. « La peine ou le plaisir ? » Je réponds : le plaisir. | « Mais
si je ne joue pas dans la tragédie, on me coupera la tête ! » Va
17 donc, et joue ; moi je ne jouerai pas. | « Pourquoi ? » Parce
que toi tu penses être simplement un des fils de la tunique.
Qu'arrive-t-il alors ? Toi tu te sentais obligé de te préoccuper
de la manière de ressembler aux autres hommes, comme le
simple fil ne veut pas avoir quoi que ce soit qui le distingue des
18 autres. | Moi je veux être la bande de pourpre[1], cette petite
pièce brillante qui donne au reste sa distinction et sa beauté.
Pourquoi me dire : « Conforme-toi à la majorité des gens » ? Et
comment serai-je encore la bande de pourpre ?
19   Helvidius Priscus[2] voyait lui aussi les choses ainsi, et il agit
en conséquence. Vespasien ayant envoyé quelqu'un lui dire de
ne pas se rendre au Sénat, il répondit : « Il dépend de toi de
m'interdire d'être sénateur ; mais aussi longtemps que je le
20 suis, il me faut aller au Sénat. | – Eh bien vas-y, mais garde
le silence. – Ne me demande pas mon avis et je garderai le
silence. – Mais il faut que je te demande ton avis. – Et il faut
21 que moi je dise ce qui me paraît juste. | – Mais si tu parles, je
te ferai mettre à mort. – Quand donc t'ai-je dit que j'étais
immortel ? Tu feras ce qu'il te revient de faire, et moi ce qui me
revient. À toi de me faire mettre à mort, à moi de mourir sans
trembler ; à toi de m'envoyer en exil, à moi de m'en aller sans
22 m'affliger. » | À quoi donc a servi le geste isolé de Priscus ? Et
de quelle utilité la pourpre est-elle pour le vêtement ? Que fait-
elle d'autre que de se faire remarquer sur lui comme pourpre et
23 d'être proposée comme un beau modèle pour le reste ? | Si en
pareille circonstance César avait enjoint à un autre de ne pas se

---

1. Il s'agit du *laticlave*, large bande de pourpre verticale qui ornait la toge
des sénateurs.
2. Sénateur, opposant politique, et disciple des Stoïciens. Voir Tacite,
Histoires, IV, 5 *sq.* ; Suétone, *Vespasien*, 15.

rendre au Sénat, celui-ci lui aurait répondu : « Je te remercie de m'épargner. » | Un tel homme, César ne l'aurait même pas 24 empêché de se rendre au Sénat : il savait bien que soit il resterait planté sur son siège comme une cruche, soit, s'il devait parler, qu'il dirait ce qu'à sa connaissance César voulait entendre, et que même il en rajouterait.

C'est de la même manière encore que réagit un athlète 25 qui risquait de mourir si on ne lui coupait pas les parties génitales. Son frère vint le trouver (l'autre était philosophe) et lui dit : « Eh bien, mon frère, que vas-tu faire ? Allons-nous couper ce membre et retourner au gymnase ? » Il ne supporta pas cette idée, mais resta ferme et mourut. | Quelqu'un 26 de l'assistance demanda : « Comment s'est-il comporté en la circonstance ? En athlète ou en philosophe ? » Épictète répondit : « En homme [1], en homme dont le nom a été proclamé à Olympie, qui y avait concouru, qui avait passé sa vie en ce genre d'endroit, non en homme qui se faisait frotter d'huile chez Baton [2]. | Un autre serait allé jusqu'à se faire couper la 27 tête, s'il avait pu vivre sans tête ! | Voilà comment on assume 28 son rôle, telle est sa force chez ceux qui sont habitués à le faire spontanément entrer dans leurs délibérations. | « Allons, 29 Épictète, rase-toi [3]. » Si je suis philosophe, je réponds : « Je ne me rase pas. » « Alors je te fais couper la tête. » Si cela vaut mieux à tes yeux, fais-la couper.

Quelqu'un demanda : « À quoi reconnaîtrons-nous, chacun 30 pour notre compte, ce qui est conforme à notre rôle ? » Quand un lion attaque, répondit Épictète, à quoi le taureau (et

---

1. Ici : ἀνήρ, l'être humain masculin.
2. Célèbre entraîneur de l'époque.
3. La barbe était un des signes distinctifs des philosophes de l'époque, surtout des Cyniques, mais aussi des Stoïciens.

lui seul) reconnaît-il ses aptitudes, et d'où vient qu'il soit seul à
se jeter en avant pour défendre le troupeau entier ? N'est-il pas
évident que lorsqu'on possède des aptitudes on en a immé-
31   diatement conscience ? | Ainsi quiconque parmi nous a des
aptitudes de ce genre n'ignorera pas non plus qu'il les possède.

32 | Cependant ce n'est pas tout d'un coup qu'on devient taureau
ni qu'un homme devient généreux, mais il faut avoir pratiqué
les exercices d'hiver[1], il faut s'y être préparé et ne pas se lancer
à la légère dans des activités totalement inappropriées.

33   Examine seulement à quel prix tu vends ta faculté de
choix. S'il n'y a pas d'autre issue, homme, du moins ne la
vends pas à bas prix. Les actes grandioses et exceptionnels
conviennent peut-être à d'autres, à Socrate et à ses pareils.

34 | « Pourquoi alors, si nous sommes nés pour cela, les hommes
ne deviennent-ils pas tous (ou du moins la plupart) semblables
à eux ? » Les chevaux deviennent-ils tous rapides, les chiens
35   deviennent-ils tous habiles à suivre une piste ? | Quoi ?
Parce que je ne suis pas bien doué par nature, devrais-je pour
cela renoncer à prendre soin de moi ? Loin de moi cette idée !

36 | Épictète ne sera pas supérieur à Socrate ; s'il ne lui est
37   pas inférieur, je m'en contente. | Je ne serai pas Milon,
et cependant je ne néglige pas mon corps ; ni Crésus[2], et
cependant je ne néglige pas les biens qui m'appartiennent. Et
en général, il n'est aucune autre chose dont nous renoncions à
prendre soin sous prétexte que nous désespérons d'atteindre
les sommets.

---

1. Exercices pratiqués par les soldats en hiver, période à laquelle les
campagnes militaires étaient souvent suspendues.
2. Milon était un célèbre athlète de Crotone (au sud de l'Italie), Crésus un
roi de Lydie à la richesse légendaire ; ils ont vécu tous deux au VIe siècle av. J.-C.

3) COMMENT ON PEUT TIRER LES CONSÉQUENCES DU FAIT QUE LE DIEU EST LE PÈRE DES HOMMES

Si l'on pouvait adhérer pleinement, comme il le mérite, à 1
ce jugement selon lequel nous sommes tous au premier chef
nés du dieu <suprême> et que ce dieu est le père des hommes et
des dieux, je crois que l'on ne penserait rien de vulgaire ni
de méprisable de soi-même. | Eh quoi ! Si César t'adopte, 2
personne ne soutiendra ton regard ; et de te savoir fils de
Zeus ne t'exaltera pas ? | Ce n'est pas ce que nous faisons en 3
réalité, mais comme dans notre espèce deux éléments ont été
mélangés, d'une part le corps que nous avons en commun avec
les animaux, de l'autre la raison et la pensée que nous avons en
commun avec les dieux, les uns penchent vers cette parenté
qui est infortunée et mortelle, les autres, en petit nombre,
vers la parenté divine et bienheureuse. | Or, étant donné que 4
tout homme, quel qu'il soit, use nécessairement de chaque
chose conformément à l'idée qu'il s'en fait, ces hommes
en petit nombre qui croient être nés pour la loyauté, la pudeur,
la sécurité dans l'usage des représentations, ne pensent rien
de méprisable ni de vulgaire d'eux-mêmes, tandis que la
majorité fait le contraire : | « Que suis-je, en effet ? <disent 5
ces derniers.> Un misérable petit homme », et encore :
« Lamentable chair que la mienne ! » | Lamentable en effet, 6
mais tu possèdes quelque chose de meilleur que cette chair.
Pourquoi l'abandonner pour te fondre en la chair ? | Cette 7
parenté avec la chair est cause que, lorsque nous penchons vers
elle, les uns deviennent semblables à des loups, à savoir
perfides, insidieux, nuisibles, les autres à des lions, c'est-à-dire
violents, brutaux, sauvages ; mais la majorité d'entre nous
devient renard et tout ce qu'il y a de disgracié parmi les
animaux. | En effet, qu'est-il d'autre, l'homme insolent et 8
méchant, qu'un renard ou quelque chose de plus disgracié et de
plus méprisable encore ? | Veillez-y donc et faites attention à 9
ne pas descendre au niveau de ces créatures disgraciées.

4) DU PROGRÈS

1   Celui qui est en train de progresser a appris des philosophes que le désir a pour objet les biens, et que l'aversion concerne les maux ; il a appris aussi que la sérénité et l'absence de passion naissent uniquement en l'homme qui ne manque pas l'objet de son désir et ne tombe pas sur l'objet de son aversion : en conséquence, il a entièrement expulsé de lui le désir, il l'a remis à plus tard, et n'a d'aversion que pour les objets qui 2 dépendent de son choix. | Il sait en effet que s'il a de l'aversion pour un objet soustrait à son choix, il tombera un jour ou l'autre sur quelque chose qu'il veut éviter et qu'il sera malheureux. 3 | Or, si la vertu promet de réaliser le bonheur, l'absence de passion et la sérénité, il est sûr que le progrès dans la vertu est 4 aussi progrès dans chacun de ces états. | Car, dans tous les domaines, le but que la perfection nous fait atteindre une fois pour toutes, le progrès nous en rapproche.

5   Comment comprendre alors que, d'un côté, nous soyons d'accord sur la nature de la vertu, mais que, d'un autre côté, nous recherchions le progrès ailleurs et le mettions en évidence 6 ailleurs ? Quelle est l'œuvre de la vertu ? La sérénité. | Et qui fait des progrès ? Celui qui a lu beaucoup de traités de Chry- 7 sippe ? | La vertu consisterait-elle à avoir bien compris Chry- sippe ? Si c'est le cas, tout le monde sera d'accord pour dire que le progrès n'est rien d'autre que l'intelligence d'un grand 8 nombre de passages de Chrysippe. | En réalité, nous accordons que la vertu produit un certain résultat, mais nous déclarons que ce qui se rapproche de la vertu, c'est-à-dire le progrès, en produit un autre.

9   « Voici quelqu'un, dit-on, qui est déjà capable de lire Chrysippe par lui-même. » Bravo, mon ami ! Par les dieux, tu 10 progresses ! Et quel progrès ! | « Pourquoi te moquer de lui ? » Et pourquoi le détournes-tu de la conscience de ses maux ? Ne

veux-tu pas lui montrer quelle est l'œuvre de la vertu pour qu'il apprenne où chercher le progrès ? | Cherche-le, malheureux, là 11 où est ton œuvre à toi. Et où est ton œuvre ? Dans le désir et l'aversion, de manière à ne pas manquer l'objet de l'un et ne pas tomber sur l'objet de l'autre ; dans les propensions et les rejets, de manière à ne pas commettre de faute en la matière ; dans le fait de donner et de suspendre ton assentiment, de manière à éviter l'erreur. | Les premiers thèmes[1] sont prioritaires, 12 et ils sont les plus nécessaires. Si cependant c'est en tremblant et en gémissant que tu cherches à ne pas tomber sur ce que tu veux éviter, de quelle façon, dis-moi, es-tu en progrès ?

À toi donc, à présent, de me montrer tes progrès. Mettons 13 que je demande à un athlète : « Montre-moi tes épaules », et qu'il me réponde : « Vois mes haltères ! » Toi et tes haltères, arrangez-vous ; moi, ce que je veux voir, c'est l'effet des haltères. | « Prends ce traité *De la propension*, et vois comment 14 je l'ai lu. » Esclave, ce n'est pas cela que je demande, mais comment tu te comportes dans tes propensions et tes rejets, dans tes désirs et tes aversions, dans tes intentions, projets et préparatifs : es-tu en tout cela en harmonie avec la nature ou en désaccord avec elle ? | Si c'est en harmonie avec elle, montre-15 le-moi et je te dirai que tu progresses ; si c'est en désaccord avec elle, va-t'en, et ne te contente pas d'expliquer les livres, mais rédiges-en toi-même de semblables. | À quoi cela te 16 servira-t-il ? Ne sais-tu pas que le livre <ne> vaut en tout <que> cinq deniers ? Celui qui l'explique, crois-tu qu'il vaille plus de cinq deniers ? | Ne cherchez donc jamais l'œuvre à 17 accomplir et le progrès en des endroits différents.

Où donc est le progrès ? Supposons que l'un de vous se soit 18 détourné des choses extérieures et concentré sur sa faculté de

---

1. Sur ce terme, voir la Note de la fin de l'Introduction.

choix, la cultivant et la façonnant de manière à la mettre finalement en accord avec la nature, c'est-à-dire à l'élever, à la rendre libre, exempte d'empêchement et d'entraves, loyale,

19 réservée ; | qu'il ait compris que celui qui désire ou fuit les choses qui ne dépendent pas de lui ne peut être ni loyal ni libre, mais que, nécessairement, il change et se transforme en même temps qu'elles, que nécessairement aussi il se soumet aux autres, à ceux qui sont en mesure de lui procurer ces choses ou

20 de les empêcher ; | supposons enfin que, levé dès le point du jour, il observe et garde ces enseignements, qu'il se baigne en homme loyal et mange en homme réservé, mettant ces règles de conduite en pratique dans tous les cas qui se présentent, tout comme le coureur se conduit toujours en coureur et le décla-

21 mateur en déclamateur : | celui-là, en vérité, est l'homme qui progresse, et si quelqu'un n'a pas quitté son pays en vain[1],

22 c'est lui. | Mais si le but de ses efforts était de s'approprier ce qu'il y a dans les livres, si c'est à cela qu'il travaille et pour cela qu'il a quitté son pays, je lui dis de rentrer sur le champ à la maison et de ne pas négliger les affaires qui l'attendent là-bas ;

23 | car ce pour quoi il a fait le voyage ne compte pas ; ce qui compte, c'est de s'exercer à éliminer de sa vie l'affliction et les lamentations, les « hélas ! », les « malheur à moi ! », l'infortune

24 et les échecs, | c'est apprendre ce qu'est la mort, l'exil, le cachot, la ciguë, de manière à pouvoir dire en prison : « Mon cher Criton, si cela plaît aux dieux, qu'il en soit ainsi[2] », et non : « Malheur à moi, pauvre vieillard, c'est pour cela que j'ai gardé

25 mes cheveux blancs ! » | Qui parle ainsi ? Vous croyez que je vais vous nommer un inconnu d'humble condition ? N'est-ce pas Priam qui prononce ces paroles ? N'est-ce pas Œdipe ?

1. C'est-à-dire : qui n'a pas fait en vain le voyage à Nicopolis, où Épictète enseigne.
2. Platon, *Criton*, 43d.

Mais les rois s'expriment tous ainsi ! | Les tragédies sont-elles 26
autre chose que la représentation en vers tragiques des souf-
frances d'hommes fascinés par les choses extérieures ? | S'il 27
fallait être trompé [1] pour apprendre qu'aucune des choses extérieures et soustraites à notre choix ne nous concerne, je consen-
tirais volontiers, pour ma part, à une telle tromperie, qui me
permettrait de mener ensuite une vie sereine et sans trouble ; à
vous, de votre côté, de voir ce que vous voulez.

Que nous offre alors Chrysippe ? « Pour que tu saches, 28
dit-il, qu'elles ne sont pas mensongères, ces doctrines qui
procurent la sérénité et permettent de trouver l'absence de
passion, | prends mes livres, et tu sauras comme elles sont 29
conformes [2] à la nature et en harmonie avec elle, ces doctrines
qui font que je suis exempt de passion. » Quelle chance !
Quel bienfaiteur que celui qui nous montre le chemin ! | Tous 30
les hommes ont élevé des temples et des autels à Triptolème [3],
parce qu'il nous a donné pour nourriture les produits issus de la
culture de la terre, | mais à celui qui a trouvé la vérité, qui l'a 31
mise en lumière et apportée à tous les hommes – cette vérité qui
concerne non seulement la vie tout court, mais la vie heureuse
– qui d'entre vous lui a bâti un autel, lui a érigé un sanctuaire
ou une statue, qui se prosterne devant le dieu à cause de lui ?
| Pour le don de la vigne et du blé, nous offrons des sacrifices 32
aux dieux, mais pour ce qu'ils ont fait naître dans une pensée
humaine ce beau fruit grâce auquel ils se proposaient de nous
révéler la vérité sur le bonheur, ne devons-nous pas, pour ce
don-là, rendre grâce au dieu ?

---

1. Au spectacle de la tragédie, par l'illusion théâtrale.

2. *Conforme* est une proposition de Schenkl pour combler une petite
lacune.

3. Favori de Déméter, de qui il reçut notamment des semences de blé. Il fit
ensuite connaître aux hommes les bienfaits de l'agriculture.

5) CONTRE LES ACADÉMICIENS

1   Si quelqu'un résiste à ce qui est hautement évident, dit Épictète, il n'est pas facile de trouver à lui opposer un argu-
2 ment qui le fera changer d'avis. | Cela ne vient ni de sa force ni de la faiblesse de l'enseignant ; mais quand un homme mis en demeure de répondre se change en pierre, comment user encore d'arguments avec lui ?

3   Il y a deux sortes de pétrification : celle de l'intelligence et celle du sentiment de honte, lorsqu'on refuse soit de s'incliner devant l'évidence soit d'abandonner des propositions contra-
4 dictoires. | Nous redoutons pour la plupart la mort du corps, et nous mettrions tout en œuvre pour ne pas tomber dans un tel état ; mais nous ne nous soucions absolument pas de la mort de
5 l'âme. | Pourtant, par Zeus ! quand il s'agit de l'âme, justement, si un homme n'est pas en état de suivre un raisonnement ni de rien comprendre, nous pensons qu'il va mal lui aussi ; mais si honte et réserve sont mortes en lui, nous allons jusqu'à appeler cela de la force[1] !

6   Saisis-tu bien que tu es éveillé ? « Non, répond <l'Académicien>, car ce n'est pas non plus le cas quand je dors et que je m'imagine être éveillé[2]. » Cette représentation
7 n'est donc en rien différente de l'autre ? « En rien. » | Puis-je encore discuter avec lui ? Quel feu, quel fer lui appliquer pour qu'il sente qu'il est un cadavre ? Il le sent, mais il fait semblant que non ; il est encore pire qu'un cadavre. Celui-ci ne voit
8 pas la contradiction, il est mal en point. | Celui-là la voit, mais il

---

1. La distinction entre les deux sortes d'infirmité est essentielle pour comprendre la position stoïcienne face aux différentes formes de scepticisme.

2. C'est l'un des arguments des disciples de la Nouvelle Académie contre l'évidence des représentations, comme on voit par exemple dans Cicéron, *Premiers Académiques*, II, 16, 51 *sq.*

n'en est pas ébranlé et ne cherche pas à en sortir : il est encore
plus misérable. | La réserve et le sentiment de honte lui ont 9
été retranchés ; la partie rationnelle n'a pas été amputée,
mais abrutie. | Dois-je appeler cela de la force ? Jamais de la 10
vie, à moins d'appeler force également ce qui, chez les
débauchés, leur fait faire et dire publiquement tout ce qui leur
passe par la tête.

6) DE LA PROVIDENCE

1   À partir de chacun des événements qui se produisent dans
le monde, il est facile de louer la providence si l'on possède ces
deux qualités : la capacité, en toute circonstance, à embrasser
l'ensemble de ce qui est arrivé, et le sens de la reconnaissance.
2 | Dans le cas contraire, ou bien on ne verra pas l'utilité de ce qui
est arrivé, ou bien, même si on la voit, on n'aura aucun sentiment de reconnaissance.

3   Si le dieu avait créé les couleurs mais non la faculté de les
4   voir, à quoi cela servirait-il ? – À rien du tout. | – Inversement,
s'il avait créé cette faculté mais non les objets susceptibles de
tomber sous la faculté de voir, en ce cas encore à quoi cela
5
6   servirait-il ? | – À rien du tout[1]… | – Eh quoi ? Si même il avait
créé les deux, mais non la lumière ? – Dans ce cas non plus cela
ne servirait à rien. – Qui donc a adapté l'une à l'autre ces
réalités ? Qui a adapté l'épée au fourreau et le fourreau à
7   l'épée ? Personne ? | La constitution même des objets fabri-
qués, c'est un fait, nous incite à affirmer couramment que ce
résultat est à coup sûr l'œuvre d'un artisan, et que cette consti-
8   tution n'est pas due au hasard. | Chacune de ces choses révèle
donc son artisan, mais les objets visibles, la vision, la lumière
9   ne révèlent pas le leur ? | Le mâle et la femelle, leur désir à tous
deux de s'unir l'un à l'autre et la faculté d'user des organes
appropriés, tout cela ne révèle-t-il pas non plus l'artisan ?
10   Mettons qu'on l'accorde pour ces cas-là. | Mais une pensée
constituée de telle manière qu'elle nous permet non seulement
de recevoir les impressions des objets sensibles que nous
rencontrons, mais en outre d'opérer une sélection parmi
elles, d'enlever, d'ajouter, de réaliser entre elles certaines
combinaisons et, par Zeus ! de passer de certaines impressions

---

1. Après ces mots, les manuscrits contiennent une lacune d'une centaine de
lettres.

à d'autres qui en quelque façon leur sont proches, tout cela n'est-il pas suffisant pour en ébranler quelques-uns et pour les détourner de méconnaître l'artisan ? | Ou alors qu'ils nous 11 expliquent quel agent réalise tous ces effets, ou comment il est possible que ces merveilles de l'art se produisent par hasard et spontanément.

Quoi ? Ces choses n'existent qu'en nous ? Un grand 12 nombre d'entre elles, en effet, existent seulement en nous, celles dont l'animal doué de raison avait spécialement besoin, mais tu en trouveras aussi beaucoup que nous avons en commun avec les êtres sans raison. | Ces derniers ont-ils une 13 conscience réfléchie[1] de ce qui arrive ? En aucun cas. Car l'usage est une chose, et cette conscience en est une autre. Le dieu avait besoin de ces êtres qui usent des représentations, et aussi de nous qui avons la conscience réfléchie de cet usage. | C'est pourquoi les premiers se contentent de manger, de 14 boire, de se reposer, de s'accoupler, et d'accomplir tout ce que chacun accomplit en propre ; mais nous à qui il a donné de surcroît la faculté d'avoir une conscience réfléchie, nous ne pouvons nous contenter de ces actes ; | si nous n'agissons pas 15 suivant la convenance, avec ordre, et en conformité avec la nature et la constitution de chacun, nous n'atteindrons jamais notre fin propre. | Car aux êtres qui ont des constitutions 16 différentes appartiennent aussi des fonctions et des fins différentes. | Ainsi l'être dont la constitution est faite 7

---

1. Le verbe παρακολουθῶ signifie exactement « suivre de près », physiquement ou par la pensée. « Comprendre » est une traduction convenable, mais ne marque pas assez la différence avec l'intellection au sens propre (voir phrase 24), quand il s'agit d'abord, comme ici, d'exprimer le recul ou la distance critique par rapport aux impressions sensibles (distance fortement soulignée dans la phrase 10). Le vocabulaire de la « conscience » est acceptable si l'on garde à l'esprit qu'il ne s'agit pas de la conscience sensible élémentaire (qu'on peut bien prêter aux animaux), mais d'une conscience claire ou réfléchie (comme l'écrit E. Bréhier plus loin dans sa traduction). Comparer II, 8, 6.

uniquement pour l'usage peut-il se contenter du simple usage ;
mais celui dont la constitution comporte en plus la conscience
réfléchie de cet usage n'atteindra jamais sa fin si ne s'y ajoute
18 la convenance. | Que dire des êtres de la première espèce[1] ?
Le dieu leur donne à chacun la constitution appropriée, à l'un
pour servir de nourriture, à l'autre pour aider aux travaux
agricoles, à un autre pour fournir du fromage, à un autre encore
pour rendre un autre service du même genre ; pour tout
cela, quel besoin y aurait-il d'avoir une conscience réfléchie
de ses représentations et de pouvoir opérer entre elles des
19 distinctions ? | Quant à l'homme, le dieu l'a introduit dans le
monde pour qu'il le contemple, lui et ses œuvres ; et non
seulement pour qu'il les contemple, mais encore pour qu'il
20 soit leur interprète. | Aussi est-il honteux pour l'homme de
commencer et de finir là où commencent et finissent également
les êtres sans raison ; ou plutôt il doit commencer comme eux,
21 mais finir au terme où finit en nous la nature. | Ce terme, c'est la
contemplation, la conscience réfléchie, et une conduite en
22 harmonie avec la nature. | Veillez donc à ne pas mourir sans
avoir contemplé tout cela.

23   Vous faites bien le voyage à Olympie pour voir l'œuvre de
Phidias[2], et tous vous regardez comme un malheur de mourir
24 sans la connaître ; | mais quand il n'est nullement besoin de
voyager, que vous êtes déjà sur place et avez les œuvres sous
les yeux, vous n'aurez pas un désir passionné de les contem-
25 pler et de les comprendre ? | Ne saisirez-vous donc ni qui vous
êtes, ni pour quoi vous êtes nés, ni ce qu'est cette réalité pour
laquelle vous avez reçu la faculté de contempler ?
26   – Mais dans la vie il arrive des choses désagréables et
pénibles. – Et à Olympie, il n'en arrive pas ? N'êtes-vous pas

---

1. En gardant, contre Schenkl, la ponctuation des manuscrits.
2. La statue d'or et d'ivoire (ou « chryséléphantine ») de Zeus, située dans
le temple du dieu à Olympie.

brûlés par la chaleur ? N'êtes-vous pas pressés par la foule ? Ne prenez-vous pas votre bain dans de mauvaises conditions ? N'êtes-vous pas trempés quand il pleut ? N'avez-vous pas votre compte de chahut, de cris et autres désagréments ? | Pourtant, j'imagine, quand vous comparez tous ces inconvénients à la valeur du spectacle, vous les acceptez et les supportez. | Voyons, n'avez-vous pas reçu des facultés vous permettant de supporter tout ce qui arrive ? N'avez-vous pas reçu la grandeur d'âme ? N'avez-vous pas reçu le courage ? N'avez-vous pas reçu l'endurance ? | Si j'ai une grande âme, qu'ai-je encore à me soucier de ce qui peut arriver ? Qu'est-ce qui me mettra hors de moi, me troublera, me paraîtra douloureux ? Ne me servirai-je pas de ma faculté pour affronter ce pour quoi je l'ai reçue ? Vais-je plutôt pleurer et gémir de ce qui arrive ?

– Soit, mais j'ai le nez qui coule ! – Et pourquoi as-tu des mains, esclave ? N'est-ce pas pour te moucher ? | – Alors il est raisonnable qu'il y ait de par le monde des nez pleins de morve ? | – Tu ferais bien mieux de te moucher plutôt que de récriminer, non ? À quoi Héraclès serait-il parvenu, d'après toi, s'il n'y avait eu ce fameux lion, s'il n'y avait eu ni hydre, ni cerf, ni sanglier, ni non plus ces hommes injustes et brutaux qu'il a chassés et dont il a purgé la terre ? | Qu'aurait-il fait si rien de tel n'avait existé ? N'est-il pas évident qu'il se serait enveloppé dans ses couvertures et mis au lit ? Dans ce cas, d'abord il ne serait pas devenu Héraclès, s'il avait somnolé ainsi toute sa vie dans la mollesse et l'inactivité ; et même s'il l'était devenu, à quoi cela lui aurait-il servi ? | Quel usage aurait-il fait de ses bras, et plus généralement de sa force, de son endurance, de sa générosité, si de telles situations et de telles matières ne l'avaient secoué et exercé ? | Que dis-tu ? Il devait donc se préparer à lui-même ces épreuves, et chercher comment introduire dans son pays un lion, un sanglier, une hydre ? | Voilà bien une idée stupide, une folie ! Mais puisque ces êtres existaient et qu'il les avait trouvés sur son chemin, ils étaient autant d'instruments utiles pour produire au jour Héraclès et pour l'exercer.

37   Eh bien, à ton tour : si tu as saisi tout cela, tourne ton regard vers les facultés que tu possèdes, et après les avoir considérées parle ainsi : « Maintenant, Zeus, apporte-moi les conditions que tu veux ; car je dispose de l'équipement que tu m'as donné, ainsi que des ressources nécessaires pour pouvoir 38 honorablement tirer parti des événements. » | Mais il n'en est rien : vous restez assis là, craignant que telles ou telles choses n'arrivent et, si elles arrivent, vous lamentant, pleurant et gémissant ; et pour finir vous récriminez contre les dieux ! 39 | Quelle autre suite, en effet, attendre d'une pareille lâcheté 40 sinon l'impiété ? | Pourtant le dieu ne nous a pas seulement donné les facultés qui nous rendent capables de supporter tout événement sans en être ni humiliés ni brisés, mais – ce qui est le propre d'un bon roi et d'un véritable père – il nous les a données exemptes d'empêchement, de contrainte, d'entraves, il les a fait dépendre entièrement de nous, sans même se garder pour lui-même un pouvoir susceptible de les empêcher ou de 41 les entraver. | Et bien que les facultés que vous possédez soient libres et vôtres, vous ne vous en servez pas et ne saisissez 42 pas quels dons vous avez reçus ni qui en est l'auteur, | mais vous restez assis là, pleurant et gémissant : les uns aveuglés sur l'identité du donateur, justement, et ne reconnaissant même pas leur bienfaiteur, les autres se laissant aller, par lâcheté, jusqu'à blâmer le dieu et à lui adresser des reproches. 43 | Pourtant, je te montrerai, moi, que pour ce qui est de la grandeur d'âme et du courage, tu possèdes les ressources et l'équipement nécessaires ; toi, de ton côté, montre-moi de quelles ressources tu disposes pour justifier tes blâmes et tes reproches !

7) DE L'UTILITÉ DES RAISONNEMENTS INSTABLES, HYPOTHÉTIQUES ET AUTRES SEMBLABLES

La plupart des gens ne voient pas que l'étude des 1
arguments instables[1], des raisonnements hypothétiques[2], et
aussi de ceux qui concluent par la façon d'interroger[3], bref de
tous ceux du même genre, que cette étude, dis-je, se rapporte au
devoir. | Nous cherchons en effet comment, en toute matière, 2
l'homme de bien peut trouver la solution et la conduite qui
conviennent en la circonstance. | Par suite, on doit dire ou 3
bien que l'homme vertueux[4] ne se laissera pas entraîner dans
le jeu des questions et des réponses, ou bien, s'il le fait,
qu'il consentira à errer au hasard et n'importe comment dans
l'échange des questions et des réponses ; | ou alors, si l'on 4
n'admet aucune des deux branches de l'alternative, on doit
nécessairement reconnaître qu'il faut procéder à l'examen des
points concernés par l'échange des questions et des réponses.

1. Ou « raisonnements instables ». Ce sont les prémisses qui changent de
valeur de vérité selon le moment où elles sont proférées, mais par là même elles
rendent le *raisonnement* instable. Voir J.-B. Gourinat, *La dialectique des
Stoïciens*, Paris, Vrin, 2000, p. 197, et ci-dessous phrase 16-21.

2. Raisonnements qui commencent par une hypothèse dont on n'affirme
pas qu'elle soit vraie ou fausse (« Soit quelqu'un qui se tient à l'extrémité de la
sphère céleste… »), qui permettent néanmoins de conclure : voir J.-B. Gourinat,
ibid., p. 187-190).

3. J.-B. Gourinat, *ibid.*, p. 268, n. 1. Les arguments étant ordinairement
posés sous la forme interrogative (*cf.* plus loin, phrases 3 et 4), il faut supposer
que ceux dont Épictète fait ici une catégorie à part induisent en erreur par une
manière particulière de poser les questions (comme c'est le cas pour certains
arguments mégariques). – Les raisonnements cités par Épictète ne sont pas les
types ordinairement utilisés pour exposer les bases de la théorie (voir D. L., VII,
76 *sq.*), mais ils sont de ceux qui présentent une difficulté particulière et exigent
une formation plus avancée.

4. Synonyme de « sage », en l'occurrence.

5   Qu'est-ce qui est exigé dans un raisonnement? De
poser le vrai, de rejeter le faux et, si l'évidence fait défaut,
6 de suspendre le jugement. | Suffit-il d'avoir appris cela
seulement? – C'est suffisant, dit quelqu'un. – Suffit-il donc,
si l'on veut éviter de se tromper dans le maniement de la
monnaie, d'avoir entendu dire[1] : «Accepte les bonnes
7 drachmes et refuse les fausses»? – Non. | – Que faut-il
ajouter? N'est-ce pas la capacité d'identifier les bonnes
drachmes et les fausses, et de les distinguer les unes des
8 autres? | Par conséquent, ce qui a été dit pour le raisonnement
ne suffit pas non plus, n'est-ce pas? N'est-il pas nécessaire
d'être capable d'identifier et de distinguer le vrai, le faux et ce
9 qui manque d'évidence? – Si, c'est nécessaire. | – Qu'est-il
encore exigé dans le raisonnement? Que tu admettes ce qui
10 suit logiquement de ce que tu as accordé à juste titre. | Eh
bien, suffit-il, là encore, de savoir cela? Non, il faut avoir
appris comment telle chose suit logiquement de telles autres,
dans quel cas un énoncé unique suit d'un seul, dans quel cas il
11 suit de plusieurs pris ensemble. | N'est-il pas nécessaire, par
suite, si l'on veut se comporter intelligemment en matière de
raisonnement, d'ajouter ceci au savoir précédent: l'aptitude
à démontrer soi-même chacun des points qu'on prétend établir,
et aussi bien l'aptitude à suivre les démonstrations des autres
sans se laisser égarer par ceux qui avancent des arguments
sophistiques en les faisant passer pour des démonstrations?
12 | C'est ainsi que nous en sommes arrivés à étudier les raison-
nements et modes concluants, à nous y exercer, et même que
cette étude et cet exercice se sont révélés nécessaires.
13   Il arrive parfois, il est vrai, que nous ayons correctement
accordé les prémisses et qu'il en découle telle proposition, qui,

---

1. En préférant la variante ὅτι.

bien que fausse, n'en découle pas moins des prémisses. | Que 14
convient-il de faire alors ? Accepter le faux ? Comment serait-
ce possible ? | Dire plutôt : « C'est à tort que j'ai accepté ce que 15
j'ai reconnu initialement » ? Cela, on ne l'accorde sûrement
pas non plus. Ou encore : « Cela ne découle pas de ce qui a été
accepté » ? Mais cela non plus on ne l'accorde pas. | Que faire 16
alors dans cette situation ? Dans le cas d'une dette, il ne suffit
pas d'avoir emprunté pour être encore débiteur, il faut en outre
que la dette persiste, c'est-à-dire qu'on ne l'ait pas acquittée ;
n'est-il pas vrai, de la même manière, qu'avoir accordé les
prémisses n'est pas une condition suffisante pour qu'il faille
accepter la conclusion, mais qu'il faut en outre persister à
accepter les prémisses ? | Si elles restent jusqu'à la fin telles 17
qu'elles ont été acceptées, c'est pour nous une nécessité
absolue de persister à les accepter et d'admettre ce qui en
suit logiquement. | <Si ce n'est pas le cas, cette nécessité 18
disparaît[1]> ; | alors en effet la conclusion n'est plus nôtre et, 19
selon notre point de vue, ne découle plus des prémisses,
puisque nous avons renoncé à soutenir les prémisses. | Il faut 20
donc examiner les prémisses sous cet angle, c'est-à-dire
s'intéresser à ce type de changement et d'instabilité ; car si
dans le moment même de la question ou de la réponse, dans le
cours du raisonnement ou lors d'une autre opération de ce
genre, elles sont affectées par cette instabilité, elles constituent
pour les insensés une cause de trouble parce qu'ils ne voient
pas la suite logique des idées. | Quel est le but de tout cela ? 21
Éviter qu'en cette matière[2] nous procédions à l'encontre de ce
que nous devons faire, au hasard et dans la confusion.

---

1. Conjecture pour combler une lacune. Le sens de la phrase manquante
doit être : si les prémisses ne restent pas inchangées, alors la nécessité de les
accepter, elles et la suite du raisonnement, n'existe plus.
2. En cette matière d'enseignement, ou en ce *thème* (τόπος).

22   Il en va de même pour les hypothèses et les raisonnements hypothétiques. Parfois, en effet, il est nécessaire de postuler une hypothèse comme moyen de passer à la suite du raison-
23   nement. | Faut-il accepter toute hypothèse proposée, ou ne pas le faire pour toutes ? Et dans ce dernier cas, laquelle accepter ? [Sur quoi porte l'examen ? Sur ce que nous devons faire.][1]
24 | Et quand l'hypothèse a été acceptée, faut-il s'y tenir et la conserver jusqu'au bout, ou bien doit-on parfois y renoncer ? Admettre ce qui en suit logiquement et ne pas admettre ce
25   qui la contredit ? – Oui. | – Mais voici quelqu'un qui dit : « Je ferai en sorte qu'après avoir accepté l'hypothèse d'une chose possible, tu sois conduit à admettre une impossibilité[2]. » Le sage[3] refusera-t-il de se confronter à cet adversaire, va-t-il fuir
26   la recherche et la discussion ? | Qui d'autre est, autant que lui, habile à raisonner, expert dans l'échange des questions et des réponses et, par Zeus, impossible à tromper et à l'abri des
27   sophismes ? | Mais va-t-il accepter la confrontation sans veiller en même temps à ne pas procéder au hasard et n'importe comment dans la marche du raisonnement ? Comment sera-t-il
28   encore conforme à ce que nous pensons de lui ? | Mais s'il ne s'exerce pas en ces matières, s'il ne s'y prépare pas, est-il en
29   mesure de préserver la cohérence de l'argumentation ? | Qu'on le montre, et toutes ces théories sont superflues ; elles étaient absurdes, et n'étaient pas impliquées par la notion de l'homme vertueux[4].

---

1. Cette phrase, qui rompt l'enchaînement des idées, a été supprimée par plusieurs éditeurs.

2. *Cf.* II, 19, 1 (la deuxième proposition de l'argument Souverain).

3. Ici : ὁ φρόνιμος, l'homme prudent, l'homme de sens.

4. Comme dans la phrase 3.

Pourquoi continuons-nous à nous montrer paresseux, 30
insouciants, nonchalants, pourquoi cherchons-nous des
prétextes pour ne pas nous fatiguer, pour ne pas consacrer nos
veilles à perfectionner notre raison ? | – Alors, si je m'égare 31
dans ces questions, ai-je pour autant tué mon père ? – Esclave,
où y avait-il ici un père à tuer ? Qu'as-tu donc fait ? La seule
faute qu'on pouvait commettre en l'occurrence, tu l'as com-
mise. | C'est précisément ce que j'ai objecté à Rufus[1] quand il 32
me reprochait de ne pas avoir découvert un unique point omis
dans un syllogisme. Je lui dis : « Ce n'est pas comme si j'avais
incendié le Capitole ![2] » Il me répondit : « Esclave, dans le cas
présent, cette omission, c'est le Capitole. » | Les seules fautes 33
sont-elles donc d'incendier le Capitole et de tuer son père ?
Tandis qu'user de ses représentations au hasard, sottement,
n'importe comment, ne pas suivre un raisonnement, une
démonstration, un sophisme, et en général ne pas apercevoir ce
qui, dans une question et dans une réponse, est conforme ou
non conforme à ce qu'on soutient, rien de tout cela n'est une
faute ?

1. Musonius Rufus, le maître d'Épictète.
2. Expression proverbiale, semble-t-il ; cf. Cicéron, De l'amitié, XI, 37.

8) QUE LES CAPACITÉS NE SONT PAS SANS DANGER POUR CEUX QUI N'ONT PAS D'INSTRUCTION[1]

1   Autant il y a de modes autorisés d'échanger les expressions équivalentes, autant il y en a, dans les raisonnements, d'échanger les formes des épichérèmes et des enthymèmes[2].
2 | Soit par exemple le mode que voici : « Si tu as emprunté et n'as pas rendu, tu me dois l'argent ; or il est faux que tu aies emprunté et n'aies pas rendu ; donc tu ne me dois pas
3   d'argent. » | Personne n'est plus qualifié que le philosophe pour faire ce travail ; car l'enthymème étant un syllogisme incomplet, il est clair que celui qui s'est exercé à la pratique du syllogisme complet ne manquera pas de compétence quand il s'agit du syllogisme incomplet.

---

1. Les traducteurs développent volontiers ce titre, parlant de capacités *dialectiques* et d'instruction *philosophique*. Mais s'il s'agit bien au début de dialectique, la suite et notamment la fin montrent que le propos d'Épictète a une portée plus générale : « capacités » (δυνάμεις) désigne les talents ou facultés de toutes sortes qu'un individu peut être tenté de cultiver. Quant à l'instruction, son caractère philosophique est implicite, mais il n'est pas sûr que ce caractère soit visé de façon exclusive.

2. Pour Aristote, ces deux termes désignent des raisonnements dialectiques ou rhétoriques, c'est-à-dire dont les prémisses sont seulement « admises » ou vraisemblables (*Top.*, VIII, 11, 162a 16 ; *Rhét.*, I, 1, 1355a 6 et II, 22 *sq.*) ; mais la chose est moins claire pour le temps d'Épictète, parce que la logique stoïcienne « classique » ne semble pas en avoir fait des termes techniques. Au Iᵉʳ siècle, Quintilien (V, 10 et V, 14) donne aux deux mots un sens très proche de celui qu'ils auront à l'époque moderne : l'épichérème est alors un syllogisme dont une au moins des prémisses est accompagnée de sa preuve ; et l'enthymème, un syllogisme imparfait dont certains éléments sont sous-entendus ou peu distincts. Quintilien affirme en outre s'appuyer sur Cicéron (cf. *De l'invention*, I, 35, 61), ce qui recule encore l'origine de ces significations. L'exemple donné par Épictète dans la phrase suivante est manifestement de nature dialectique ou rhétorique ; mais on peut penser aussi que, non valide, il est incomplet dans la forme donnée, et peut être rendu valide par quelques transformations ou « échanges ».

Pourquoi ne pratiquons-nous pas ce type d'exercice, pour 4
nous-mêmes et les uns avec les autres ? | Parce qu'actuelle- 5
ment, sans nous livrer à ces exercices et sans être détournés (du
moins par moi) de l'étude de la morale, nous ne progressons
pourtant pas vers l'état d'homme de bien. | À quoi faudrait-il 6
s'attendre alors si nous assumions cette activité supplémentaire ? Surtout qu'il ne s'agirait pas seulement d'ajouter une
activité au détriment de celles qui sont plus nécessaires, mais
que ce serait en outre un excellent prétexte pour faire preuve de
suffisance et d'orgueil. | Car elle est grande, la capacité d'argu- 7
menter et de persuader, en particulier si elle bénéficie d'exercices continuels, et si on lui ajoute l'ornement d'un langage
choisi.

C'est que, d'une façon générale, toute capacité acquise par 8
des personnes non instruites et faibles les fait dangereusement
glisser vers l'exaltation et la vanité. | Par quel moyen, en effet, 9
persuader le jeune homme qui se distingue en ces matières
qu'il ne faut pas qu'il se mette à dépendre d'elles, mais qu'il les
fasse dépendre de lui ? | N'est-il pas vrai qu'il foule aux pieds 10
tous les discours que je lui tiens, et se promène parmi nous
tout exalté et gonflé d'orgueil, ne supportant pas qu'on s'en
prenne à lui pour lui rappeler ce qu'il a abandonné et où il
s'est égaré ?

– Quoi ! Platon n'était-il pas philosophe[1] ? – Et Hippocrate 11
n'était-il pas médecin ? Mais tu vois comme il s'exprime bien :
| est-ce en tant que médecin qu'Hippocrate s'exprime ainsi ? 12
Pourquoi donc mélanger des choses qui se rencontrent
accidentellement dans les mêmes hommes ? | Si Platon était 13
beau et fort, devrais-je aussi, moi le sédentaire, m'épuiser à
devenir beau ou fort, dans la pensée que c'est nécessaire pour

---

1. Tout en s'exprimant avec art.

la philosophie parce qu'un philosophe était tout ensemble beau
14   et philosophe ? | Ne veux-tu pas percevoir la différence entre ce
par quoi les hommes deviennent philosophes et les qualités
qu'ils possèdent par ailleurs ? Allons, si j'étais philosophe,
15   moi, il faudrait que vous deveniez de surcroît boiteux ? | Que
dis-tu ? Que je supprime ces capacités ? Jamais de la vie ! Pas
16   plus que je ne supprime la faculté de voir ! | Cependant, si tu me
demandes quel est le bien de l'homme, je n'ai qu'une réponse à
te faire : une certaine qualité de la faculté de choix [1].

---

1. Ou : « La faculté de choix avec une certaine qualité » (ποιὰ προαίρεσις).
Le bien se confond avec l'action bonne (ou droite, ou honnête), qui dépend de la
disposition ou de la « qualité » de la raison, du principe directeur qui commande
l'action.

9) QUELLES CONSÉQUENCES PEUVENT ÊTRE TIRÉES
DE NOTRE PARENTÉ AVEC LE DIEU

Si ce qu'affirment les philosophes de la parenté entre le 1
dieu et les hommes est vrai, que reste-t-il à faire aux hommes
sinon d'agir comme Socrate qui, quand on lui demandait de
quel pays il était, ne répondait jamais qu'il était d'Athènes ou
de Corinthe, mais du monde ? | Pourquoi en effet dis-tu que tu 2
es d'Athènes et non simplement de ce petit coin[1] où ton pauvre
corps a été jeté à ta naissance ? | Il est clair, n'est-ce pas, que tu 3
tires ton nom d'Athénien ou de Corinthien d'un lieu qui a plus
d'importance, et qui embrasse non seulement ce coin-là mais
l'ensemble de ta famille, et plus généralement le territoire d'où
est issue la race de tes ancêtres jusqu'à toi ? | En conséquence, 4
celui qui a clairement pris conscience de l'organisation du
monde, qui a compris que, « de toutes choses, la plus grande, la
plus importante, celle qui embrasse le plus grand nombre
d'êtres, c'est ce système constitué des hommes et du dieu, que
c'est de lui que viennent les semences qui ont été jetées non
seulement en mon père et mon grand-père, mais dans tout
ce qui naît et croît sur terre, et spécialement dans les êtres
doués de raison | parce qu'ils sont par nature les seules parties 5
prenantes aux relations avec le dieu, étant donné qu'ils lui sont
liés selon la raison[2] », | celui-là, dis-je, pourquoi ne déclarerait-
il pas qu'il est "du monde" ? Pourquoi ne se dirait-il pas fils du 6

---

1. La cité grecque comprend non seulement la zone urbaine proprement
dite, mais un territoire embrassant diverses petites agglomérations ayant
chacune un nom propre.
2. Ce passage a été placé entre guillemets par plusieurs éditeurs (dont
Schenkl) parce qu'il semble être une citation d'un des maîtres du Stoïcisme. De
fait, les idées et les formules qu'il contient se retrouvent dans de nombreux
textes (*cf.* Cic., *Des termes extrêmes*, III, 19, 64 ; *La nature des dieux*, II, 62,
154 ; D.L., VII, 138).

dieu ? Pourquoi redouterait-il quoi que ce soit de ce qui
7 arrive chez les humains ? | Être parent de César ou d'un autre
personnage influent à Rome est suffisant pour nous permettre
de vivre en sûreté, d'être considéré, de ne pas éprouver la
moindre crainte ; mais le fait d'avoir le dieu pour auteur, père
et défenseur ne nous délivrera pas des chagrins et des peurs ?

8   – Mais, dit quelqu'un, d'où puis-je tirer ma nourriture si
je n'ai rien ? – Et comment font les esclaves, les fugitifs, sur
quoi comptent-ils lorsqu'ils quittent leurs maîtres ? Sur leurs
champs, leurs serviteurs, leur vaisselle en argent ? Sur rien
d'autre qu'eux-mêmes, et malgré tout la nourriture ne leur
9 manque pas. | Mais notre philosophe, faudra-t-il qu'il s'en
remette aux autres, qu'il se repose sur les autres quand il
s'absente de chez lui ? Qu'il omette de prendre soin de lui-
même, et se montre plus faible et plus lâche que les animaux
sans raison, lesquels se suffisent à eux-mêmes, chacun pour
son compte, et ne manquent ni de leur nourriture particulière ni
du genre de vie approprié et conforme à leur nature ?

10   Je crois, moi, que le vieil homme <que je suis> ne
devrait pas s'asseoir à cette place pour chercher le moyen
de vous empêcher d'avoir des pensées basses ou de tenir
11 sur vous-mêmes des propos bas et sans noblesse ; | il devrait
plutôt trouver comment faire pour éviter que se rencontrent
parmi nous des jeunes gens qui, parce qu'ils reconnaissent leur
parenté avec les dieux et comprennent que le corps, ses possessions et tout ce qui, par égard pour lui, nous est nécessaire
pour entretenir la vie et la maintenir, sont des liens qui nous
enchaînent, des jeunes gens, dis-je, qui veulent rejeter ces liens
comme autant de fardeaux, aussi pénibles qu'inutiles, et
12 retourner auprès de leurs parents. | Voilà le combat que devrait
soutenir votre maître et éducateur, s'il en était vraiment un.

Vous de votre côté vous viendriez lui dire : « Épictète, nous
ne supportons plus d'être enchaînés à ce pauvre corps, de le

nourrir, de lui donner à boire, de le faire reposer, de le laver, pour le promener ensuite au milieu de toute sorte de gens. | N'est-il pas vrai que ce sont des choses indifférentes, 13 autrement dit des choses qui ne sont rien pour nous, et que la mort n'est pas un mal ? Que nous sommes parents du dieu, que c'est de là-bas que nous sommes venus ? | Permets que nous 14 retournions au lieu d'où nous sommes venus, permets qu'un jour nous soyons débarrassés de ces chaînes qu'on nous a attachées et qui nous pèsent. | Ici, il y a des brigands, des 15 voleurs, des tribunaux, et ceux qu'on appelle les tyrans, qui pensent avoir du pouvoir sur nous à cause de notre pauvre corps et de ses possessions. Permets-nous de leur montrer qu'ils n'ont aucun pouvoir. » | À cela je répondrais : 16 « Hommes, attendez le dieu. Lorsqu'il vous fera signe et vous affranchira de ce service, alors, puisque vous serez affranchis, allez vers lui ; pour le moment, supportez d'habiter la place qu'il vous a assignée. | Il est court, en vérité, le temps de 17 ce séjour, et facile à supporter pour ceux qui sont dans de telles dispositions. Quel tyran, quel voleur, quels tribunaux sont encore à redouter pour ceux qui ne font aucun cas du corps et de ses possessions ? Restez, ne partez pas, ce serait déraisonnable. »

Voilà comment un éducateur devrait agir avec des jeunes 18 gens bien doués. | Que se passe-t-il en réalité ? L'éducateur est 19 un cadavre, et cadavres vous êtes vous-mêmes. Quand un jour vous êtes gavés, vous restez assis à pleurer et à vous demander d'où vous tirerez demain votre nourriture. | Esclave, si tu en as, 20 tu en auras ; si tu n'en as pas, tu t'en iras : la porte est ouverte. Pourquoi ces lamentations ? Où vois-tu encore des sujets de larmes ? Quel prétexte te reste-t-il de flatter ? Pour quelle raison vous envier les uns les autres ? Pourquoi être impressionné par ceux qui possèdent beaucoup, ou par ceux qui occupent des positions de pouvoir, en particulier s'ils sont forts

21 et irascibles ? | Que nous feront-ils ? À ce qu'ils peuvent nous
faire, nous n'accorderons aucune attention ; et sur ce qui nous
importe, ils n'ont aucun pouvoir. Qui donc exercera encore son
autorité sur l'homme qui est dans de telles dispositions ?

22   Comment Socrate se comportait-il sur ce chapitre ?
N'agissait-il pas comme devait le faire celui qui est convaincu
23 de sa parenté avec les dieux ? | « Si vous m'affirmez mainte-
nant, dit-il, "nous t'acquittons à la condition que tu cesses de
tenir les discours que tu as tenus jusqu'ici, et de troubler les
24 jeunes gens et les vieillards de chez nous", | je vous répondrai
que vous êtes ridicules de croire que, si votre général m'avait
affecté à un poste, je devrais le tenir et le garder, préférer mille
fois mourir plutôt que de l'abandonner, mais que si le dieu nous
a assigné une place et un genre de vie, il nous faille l'aban-
25 donner[1]. » | Voilà un homme qui, en vérité, est parent des
26 dieux ! | Mais nous, nous pensons à nous comme si nous étions
des ventres, des entrailles, des organes génitaux, parce que
nous avons peur, parce que nous désirons avec passion ; et ceux
qui ont le pouvoir de nous apporter leur aide pour ces choses,
nous les flattons et en même temps nous les redoutons.

27   Quelqu'un m'avait demandé d'écrire pour lui à Rome, car
il avait été touché par ce que la plupart des gens considèrent
comme un malheur : il était auparavant un homme en vue et
28 riche, mais avait ensuite tout perdu, et vivait ici[2]. | J'écrivis en
sa faveur une lettre complaisante[3]. Mais après avoir lu la lettre,
il me la rendit en disant : « Je voulais ton aide, non ta pitié. Ce
29 qui m'arrive n'est nullement un mal. » | C'est ainsi également

---

1. Passage inspiré de Platon, *Apologie de Socrate*, 28e-29d.
2. À Nicopolis.
3. Littéralement : « J'écrivis de façon humble », « en termes humbles ».
Mais le mot ταπεινῶς a souvent un sens péjoratif (vilement, avec bassesse), et
la suite indique qu'Épictète a dû s'apitoyer sur le sort du demandeur.

que Rufus[1] avait l'habitude de me dire pour m'éprouver :
« Il t'arrivera telle et telle chose de la part de ton maître[2]. »
| Comme je lui répondais : « Ce sont choses humaines », il 30
reprit : « Pourquoi devrais-je intervenir en ta faveur auprès de
lui si je peux obtenir de toi le même résultat ? » | Ce qu'on peut 31
tirer de soi-même, de fait, il est superflu et sot de chercher
à l'obtenir d'un autre. | Si je peux de moi-même atteindre la 32
magnanimité et la noblesse d'âme, dois-je obtenir de toi un
champ, de l'argent ou bien une magistrature ? Jamais de la vie !
Je ne vais pas méconnaître à ce point ce que je possède. | Mais 33
quand un homme est lâche et vil, la seule solution, nécessairement, n'est-ce pas d'écrire pour lui les lettres qu'on écrit
pour un mort[3] : « Fais-nous la grâce de nous restituer le cadavre
d'un tel, et une mesure de son pauvre sang » ? | C'est qu'un tel 34
homme, en réalité, est un cadavre et une mesure de sang, rien
de plus. S'il était quelque chose de plus, il comprendrait qu'on
n'est pas malheureux du fait d'autrui.

1. Musonius Rufus, son maître de philosophie.
2. Il s'agit cette fois du maître (δεσπότης) de l'esclave qu'était Épictète.
3. Quand un proche réclame le corps d'un condamné.

10) À CEUX QUI METTENT TOUT LEUR ZÈLE
À FAIRE CARRIÈRE À ROME

1   Si pour accomplir la tâche qui est la nôtre nous avions déployé autant d'efforts que les sénateurs à Rome pour les affaires qui leur tiennent à cœur, peut-être obtiendrions-nous 2 quelque résultat nous aussi. | Je connais un homme plus âgé que moi, qui est actuellement chargé de l'approvisionnement en grains à Rome[1] ; lors de son passage ici à son retour d'exil, que n'ai-je entendu ! Il tonnait contre sa vie précédente et se promettait pour l'avenir, une fois embarqué pour l'Italie, de n'avoir d'autre souci que de passer le reste de sa vie dans le repos et la tranquillité : « Combien de temps, d'ailleurs, me 3 reste-t-il encore ? » | Moi je lui répondais : « Tu n'en feras rien ; dès que tu auras senti l'odeur de Rome, tu oublieras tout cela. » Et j'ajoutais que si on lui donnait accès à la cour, il s'y précipi-4 terait, tout joyeux et rendant grâce au dieu. | « Épictète, me dit-il, si tu découvres que je mets un pied à la cour, pense de moi ce 5 que tu voudras ! » | Et qu'a-t-il fait, en réalité ? Avant même d'arriver à Rome, il se vit remettre des tablettes de la part de César ; il les prit et oublia tout ce qu'il avait dit ; depuis, il 6 accumule les charges. | J'aimerais à présent me trouver près de lui pour lui rappeler les paroles qu'il prononçait à son passage ici : « Combien je suis plus fin devin que toi ! » lui dirais-je.

7   Eh quoi ? Suis-je en train de dire que l'être vivant n'est pas fait pour l'action ? Loin de moi cette idée ! Pour quelle raison alors <dit-on que> nous ne sommes pas actifs[2] ? 8 | Pour commencer par moi, dès qu'il fait jour, je me remets

---

1. Sous l'Empire, poste important, dont le titulaire était placé sous les ordres directs de l'empereur.
2. L'inactivité visée ici est celle qui s'oppose à la pratique des affaires ou de la politique.

sommairement en mémoire les textes que j'ai à commenter[1].
Et tout de suite je me dis : « Que m'importe la manière de lire
d'un tel ? Ma priorité, c'est de dormir ! » | Et pourtant, en quoi 9
les activités des gens de là-bas sont-elles semblables aux
nôtres ? Quand vous saurez ce qu'ils font, vous comprendrez.
À quoi d'autre passent-ils leur journée, sinon à voter, à
discuter, à délibérer pour un peu de blé, pour un petit champ,
pour de petits profits du même genre ? | Y a-t-il similitude entre 10
le fait de recevoir une petite requête où on lit : « Autorise-moi,
je te prie, à exporter une petite quantité de blé », et celui d'en
recevoir une autre qui dit : « Je te prie d'examiner ce qu'est
selon Chrysippe l'administration du monde et la place qu'y
occupe l'animal doué de raison ; examine aussi qui tu es, et
en quoi consistent pour toi le bien et le mal » ? | La dernière 11
est-elle semblable à la précédente ? Exige-t-elle un zèle
semblable ? Est-il pareillement honteux de négliger l'une
et l'autre ?

Et alors ? Sommes-nous les seuls à être paresseux et à 12
somnoler ? Non, mais bien plutôt vous, les jeunes. | Nous, les 13
vieux, lorsque nous voyons les jeunes gens en train de jouer,
nous brûlons de nous joindre à eux pour partager leurs jeux. À
plus forte raison, si je vous voyais bien éveillés et rivalisant
d'ardeur <pour les études>, je m'empresserais de partager
votre zèle.

---

1. Ou : « à lire et à expliquer ». Le verbe renvoie à la pratique habituelle de
l'école, *cf.* ci-dessus p. 14 *sq.*

11) DE L'AFFECTION POUR LES SIENS

1   Un homme haut placé étant venu le trouver, Épictète lui
posa quelques questions sur des points particuliers, puis lui
2   demanda s'il avait femme et enfants. | Il répondit que oui, et
Épictète prolongea sa question : « Comment t'accommodes-tu
3   de cet état ? » – « Mal », dit-il. | Épictète alors : « Comment
cela ? Que je sache, ce n'est pas pour être malheureux que les
hommes se marient et ont des enfants, c'est plutôt pour être
4   heureux. » | « De fait, reprit-il, je suis si malheureux avec mes
jeunes enfants que, dernièrement, comme ma petite fille était
malade et paraissait en danger, je n'ai pas même supporté de
rester auprès de la petite malade : je suis parti en toute hâte,
5   jusqu'à ce qu'on vînt m'annoncer qu'elle allait bien. | – Quoi ?
Tu trouves qu'en faisant cela, tu as agi correctement [1] ? – J'ai
agi de façon naturelle, dit-il. – Vraiment ? Persuade-moi, ré-
pliqua Épictète, que tu as agi de façon naturelle ; moi je te
persuaderai que tout ce qui est fait conformément à la nature
6   est fait correctement. | – Mais, protesta l'autre, nous les pères
nous éprouvons tous ce sentiment, ou du moins la plupart
d'entre nous. – Je ne dis pas le contraire, reprit Épictète, je ne
prétends pas que cela n'arrive pas ; le point sur lequel nous ne
sommes pas d'accord, c'est de savoir si c'est là réagir correc-
7   tement. | Car, si je te suis, il faut affirmer aussi que les tumeurs
arrivent pour le bien du corps puisqu'elles arrivent, et en
général que les fautes sont conformes à la nature puisque nous
en commettons pour ainsi dire tous, en tout cas la plupart
8   d'entre nous. | Montre-moi donc en quoi ta conduite est confor-
me à la nature. – J'en suis incapable, dit-il ; mais montre-moi

---

1. Ou : « droitement ». Cette rectitude est celle de l'*action droite*, terme par
lequel les Stoïciens désignent l'action morale parfaite.

plutôt, toi, en quoi elle n'est pas conforme à la nature ni correcte. »

Épictète alors poursuivit : « Si notre discussion portait sur 9 le blanc et le noir, à quel critère aurions-nous recours pour les distinguer ? – À la vue, répondit-il. – Et s'il s'agissait du chaud et du froid, du dur et du mou ? – Au toucher. | – Puisque notre 10 désaccord porte sur ce qui est conforme à la nature et sur ce qui est effectué correctement ou non correctement, à quel critère veux-tu que nous recourions ? – Je ne sais pas, dit-il. | – En vérité, ignorer le critère dans le domaine des couleurs, 11 des odeurs ou encore des saveurs, n'entraîne peut-être pas un grand dommage ; mais quand il s'agit du bien et du mal, de ce qui est conforme à la nature ou contre nature, crois-tu que l'homme qui en ignore le critère subisse un dommage peu important ? – C'est assurément le dommage le plus grave ! | – Eh bien, dis-moi, tout ce que certaines gens estiment beau et 12 convenable est-il le résultat d'une estimation correcte ? Est-il possible que les opinions des Juifs, des Syriens, des Égyptiens et des Romains sur la nourriture soient toutes correctes ? – Comment serait-ce possible ? | – Si celles des Égyptiens sont 13 correctes, il est absolument nécessaire, je pense, que celles des autres ne le soient pas ; et si celles des Juifs sont bonnes, celles des autres, nécessairement, ne le sont pas. – Comment le nier ? | – Or, là où il y a ignorance, il y a aussi manque d'instruction 14 et d'éducation dans les matières indispensables. » L'autre le reconnut. | « Par conséquent, dit Épictète, si tu as compris 15 cela, tu n'auras pas d'autre préoccupation désormais, tu n'appliqueras ta pensée à rien d'autre qu'à apprendre le critère de ce qui est conforme à la nature, et à t'en servir pour faire la distinction dans chaque cas particulier.

16   Pour le moment, voici tout ce que je peux t'apporter
17 comme aide pour accéder à ta demande[1]. | L'affection pour
les siens te paraît-elle être une chose conforme à la nature
et bonne ? – Certainement ! – Eh quoi ? Cette affection est
conforme à la nature et bonne, et ce qui est raisonnable ne
18 serait pas bon ? – En aucun cas. | – Ce qui est raisonnable
serait-il incompatible avec l'affection ? – Il me semble que
non. – Supposons que ce soit le cas ; si deux choses sont
incompatibles et si l'une des deux est conforme à la nature,
l'autre est nécessairement contre nature, n'est-ce pas ? – Oui,
19 dit-il. | – Donc chaque fois que nous trouvons réunis l'affection
pour les siens et le caractère raisonnable, nous déclarons
résolument que c'est là chose correcte et bonne ? – Soit, dit-il.
20   – Bon. Tu ne me contrediras pas, je pense, si je dis que
délaisser sa petite enfant malade, et quitter la maison après
l'avoir délaissée, ce n'est pas raisonnable. Reste à examiner si
21 c'est de l'affection. – Oui, examinons ce point. | – Est-ce parce
que tu éprouvais de l'affection pour ton enfant qu'il était
correct de fuir et de l'abandonner ? Sa mère ne ressent-elle
22 pas d'affection pour l'enfant ? – Si, bien entendu. | – Sa mère
devait-elle donc la délaisser elle aussi, ou ne le devait-elle pas ?
– Elle ne devait pas le faire. – Et la nourrice ? L'aime-t-elle ?
23 – Elle l'aime, dit-il. | – Devait-elle la délaisser elle aussi ? – Pas
du tout ! – Et son pédagogue ? Il ne l'aime pas ? – Si. – Devait-il
lui aussi la délaisser et s'en aller ? L'enfant devait-elle alors
être laissée seule et sans secours à cause de la grande affection que vous avez pour elle, vous ses parents et ceux qui
s'occupent d'elle ? Devait-elle mourir entre les mains de gens
qui ne l'aiment pas et ne se soucient pas d'elle ? – Pour rien au

---

1. Voir ci-dessus, phrase 8. La proposition d'Épictète est restrictive parce
qu'il ne s'agit pas, dans la courte explication qui va suivre, de la véritable
instruction dont il vient d'indiquer la nécessité.

monde ! | – Et en vérité, ce que l'on croit devoir faire soi-même 24
parce qu'on a de l'affection pour quelqu'un, n'est-il pas injuste
et insensé de le refuser à ceux qui éprouvent une affection
semblable[1] ? – C'est absurde. | – Allons ! Si tu étais malade, 25
voudrais-tu que l'affection de tes proches et des autres,
y compris celle de tes enfants et de ta femme, ait pour
conséquence qu'ils te laissent seul et à l'écart ? – En aucun
cas ! | – Souhaiterais-tu par hasard être aimé par les tiens de 26
telle manière que leur trop grande affection pour toi ait pour
effet de te laisser seul chaque fois que tu es malade ? Ou ne
souhaiterais-tu pas plutôt être l'objet de l'affection de tes
ennemis, si c'était possible, pour que du moins ils te laissent
en paix, eux ? S'il en est comme je dis, il reste en fin de compte
que ta conduite n'était absolument pas un acte d'affection[2].

Mais quoi ? N'avais-tu aucun mobile pour t'inciter à 27
délaisser ton enfant ? Comment serait-ce possible ? Il y en avait
un, au contraire, un mobile semblable à celui qui, à Rome,
poussait cet homme à se couvrir la tête quand le cheval
sur lequel il avait misé courait ; ensuite, après que le cheval
eut remporté une victoire inattendue, il s'évanouit et on eut
besoin d'éponges pour l'aider à se remettre ! | Quel est donc ce 28
mobile ? Ce n'est peut-être pas le moment d'en produire une
détermination exacte ; il suffit, si ce que disent les philosophes
est sensé, d'être convaincu qu'il ne faut pas le chercher en
dehors de nous, et que, dans tous les cas, une seule et même
cause nous fait agir ou ne pas agir, parler ou ne pas parler, être
exaltés ou abattus, fuir ou poursuivre certains objets ; | c'est 29
précisément cette cause qui nous a conduits, toi et moi, à la
situation présente : toi elle t'a poussé à venir me trouver, à être

1. Si je crois devoir abandonner ma fille parce que je l'aime, je dois
permettre à la mère, à la nourrice, etc. de l'abandonner.
2. Conclusion de la discussion entamée phrase 9.

assis maintenant près de moi et à m'écouter, moi à te dire
30 ce que je dis. | Quelle est cette cause ? N'est-ce pas uniquement
que nous avons jugé bon de le faire ? – Il n'y en a pas d'autre.
– S'il nous avait paru bon d'agir différemment, qu'aurions-
nous fait d'autre sinon d'agir en fonction de notre jugement ?
31 | La cause des pleurs d'Achille, ce n'était pas la mort de
Patrocle (un autre ne souffre pas de cette manière à la mort de
32 son compagnon), mais le fait qu'il ait jugé bon de pleurer. | Et
toi, si tu t'es enfui, c'est précisément qu'alors tu l'as jugé bon ;
inversement, si tu restes, c'est que tu auras jugé bon de le faire.
Maintenant tu retournes à Rome parce que tu le juges bon ; si tu
33 changes d'avis, tu n'y retourneras pas. | En résumé, ce n'est ni
la mort, ni l'exil, ni la peine, ni rien de ce genre qui est cause de
nos actions ou de notre refus d'agir, mais nos opinions et nos
34 jugements. | Suis-je en train de te convaincre, ou non ? – Tu me
convaincs, dit-il. – Dans chaque cas, telles causes, tels effets.

35   Par conséquent, chaque fois que nous n'aurons pas agi
droitement, nous n'en attribuerons plus la cause, à partir d'aujourd'hui, à autre chose qu'au jugement qui a été à l'origine de
notre action ; et nous ferons plus d'efforts pour détruire[1] et
retrancher ce jugement que pour ôter du corps tumeurs et
36 abcès. | Nous déclarerons pareillement que nos actions droites
37 sont dues à cette même cause. | Nous n'accuserons plus un
serviteur, un voisin, notre femme ou nos enfants d'être la cause
de certains de nos maux, persuadés que si nous ne jugeons pas
que les choses sont telles ou telles, nous n'accomplissons pas
non plus les actes correspondants. Or, de les juger ou de ne pas
les juger telles ou telles, c'est nous qui en sommes maîtres, non
les facteurs externes. – Il en est bien ainsi, dit-il. | – À partir de
38 ce jour, donc, ce dont nous rechercherons et examinerons la

---

1. En préférant avec Schenkl la lecture ἐξαιρεῖν.

nature [1] et la manière d'être, ce ne sera ni notre champ ni notre esclave ni nos chevaux ou nos chiens, mais uniquement nos jugements. – Je le souhaite, dit-il. | – Tu vois par conséquent 39 qu'il faut que tu deviennes un homme d'études, cet animal dont tout le monde se moque, si vraiment tu veux te livrer à l'examen de tes jugements. | Que ce n'est pas là l'affaire d'une 40 heure ni d'un jour, tu le comprends aussi bien que moi. »

1. Exactement : la qualité, les propriétés. Qualité et manière d'être sont pour les Stoïciens deux des quatre catégories permettant de déterminer un objet.

12) DU CONTENTEMENT INTÉRIEUR

1   En ce qui concerne les dieux, il est des gens qui affirment que la réalité divine n'existe pas, d'autres qu'elle existe mais reste oisive, ne s'occupe de rien, n'exerce aucune providence ; 2 | un troisième groupe affirme qu'elle existe et exerce sa providence, mais seulement sur les choses importantes, c'est-à-dire les phénomènes célestes, et non sur ce qui se passe sur terre ; un quatrième, que sa providence s'exerce aussi sur les réalités terrestres et les affaires humaines, mais uniquement de façon 3 générale et non sur chacune en particulier[1] ; | il y en a un cinquième, dont font partie Ulysse et Socrate, et qui déclare

> Tu ne me perds pas des yeux,
> Dès que je me mets en mouvement[2].

4   En tout premier lieu, donc, il est nécessaire d'examiner chacune de ces thèses, pour voir si c'est à juste titre qu'on la 5 soutient ou si ce n'est pas le cas. | S'il n'y a pas de dieux, que veut dire que notre fin est de suivre les dieux ? S'ils existent mais ne s'occupent de rien, comment, même sous cette forme, 6 la thèse sera-t-elle valable ? | S'ils existent et s'occupent <du monde>, mais sans qu'il y ait aucune communication de leur part en direction des hommes, et par Zeus, aucune communication vers moi, en quel sens, dans cette hypothèse encore, la thèse est-elle valable ?

7   Après avoir examiné toutes ces questions, l'homme de bien soumet sa pensée à celui qui administre l'univers, comme

---

1. On reconnaît sans peine les Épicuriens dans le 2e groupe ; Aristote illustre assez bien, en un sens, le 3e ; pour le 4e, on peut citer certaines positions stoïciennes : *cf.* Cicéron, *Nature des dieux*, II, 66, 167, et Plutarque, *Contradictions des Stoïciens*, 37. Voir aussi Platon, *Lois*, X, 900b *sq.*

2. *Iliade*, X, 279-280. Ulysse dit ces mots en s'adressant à la déesse Athéna.

les bons citoyens soumettent la leur à la loi de la cité. | Celui qui 8
reçoit une formation doit aborder l'instruction qu'on lui donne
avec ce projet : « Comment puis-je suivre les dieux en tout ?
Comment être content de l'administration divine ? Comment
devenir libre ? » | Est libre, en effet, celui à qui tout arrive en 9
accord avec sa faculté de choix et à qui personne ne peut faire
obstacle.

Quoi ? La liberté est-elle déraison ? Loin de là ! Folie et 10
liberté ne vont pas ensemble. | « Mais je veux, moi, qu'arrive 11
tout ce que je juge bon, quoi que ce soit. » | Tu es fou, tu 12
déraisonnes. Ne sais-tu pas que la liberté est quelque chose de
beau et de grand prix ? Vouloir au hasard que se produise ce
que j'ai jugé bon au hasard, cela risque non seulement de ne pas
être beau, mais d'être même la chose la plus laide de toutes.
| Comment, par exemple, faisons-nous quand nous écrivons ? 13
Est-ce que je me propose d'écrire le nom de Dion comme je
veux ? Non, mais on m'enseigne à vouloir l'écrire comme il
faut. Et s'il s'agit de musique ? C'est la même chose. | D'une 14
façon générale, dès qu'existe un art ou une science, que
faisons-nous ? La même chose [1]. Sinon, si les choses se pliaient
aux volontés de chacun, il ne vaudrait pas la peine de savoir
quoi que ce soit. | En l'occurrence, est-ce uniquement pour ce 15
qui est le plus important et absolument décisif, la liberté, qu'il
m'est permis de vouloir au hasard ? En aucun cas, mais
recevoir une instruction, c'est, justement, apprendre à vouloir
chaque événement comme il arrive. Et comment arrive-t-il ?
Selon l'ordre établi par l'ordonnateur. | Il a ordonné qu'il y eût 16
un été et un hiver, fécondité et stérilité, vertu et vice, et tous les
contraires de ce genre en vue de l'harmonie de l'univers ; à
chacun de nous il a donné un corps avec ses membres, des

---

1. Addition de Reiske, non adoptée par Schenkl.

17 biens et des compagnons. | C'est en ayant cet ordre à l'esprit
    qu'il nous faut aborder l'instruction qu'on nous donne, non pas
    dans le but de changer le fondement de la réalité[1] (car cela ne
    nous est pas accordé, et ne vaudrait pas mieux), mais pour que
    de notre côté, à partir du moment où les choses qui nous
    entourent sont ce qu'elles sont et ce que leur nature les a faites,
    nous harmonisions notre pensée avec les événements.

18   Voyons, pouvons-nous fuir les hommes ? Comment
    serait-ce possible ? Peut-être, puisque nous vivons avec eux,
    pouvons-nous les changer ? Et qui nous donne ce pouvoir ?

19 | Que reste-t-il alors ? Quelle solution inventer pour garder nos
    relations avec eux ? Celle qui leur permettra à eux d'agir
    conformément à leur manière de voir, et à nous de rester

20 néanmoins en accord avec la nature. | Mais toi tu es sans
    ressort, et difficile à contenter : si tu es seul, tu parles d'iso-
    lement ; si tu vis avec les hommes, tu les traites d'individus
    insidieux, de brigands, tu adresses des reproches même à tes

21 parents, à tes enfants, à tes frères et à tes voisins. | Quand tu es
    seul, tu devrais plutôt appeler cette solitude tranquillité et
    liberté, et te juger semblable aux dieux ; si tu te trouves au
    milieu de beaucoup de monde, tu ne devrais pas parler de
    foule, de vacarme, d'écœurement, mais de réjouissance,
    de fête solennelle, et ainsi tout accueillir avec contentement.

---

1. *Fondement de la réalité* traduit τὰς ὑποθέσεις : ce qui est au principe ou
au fondement. Il s'agit des conditions les plus générales de l'existence du
monde (comme dans la phrase 16), non des actions particulières ; sinon on ne
comprendrait pas qu'Épictète dise ici qu'on n'y peut rien changer, alors qu'il
recommande ailleurs de prendre au sérieux (même si c'est avec distance) les
tâches de l'existence. Concilier cette acceptation de la condition des choses
avec le sérieux de ces tâches est une des difficultés de la doctrine (voir plus loin,
II, 1 et 5). De plus, on voit à partir de la phrase 18 que les « choses » qu'on ne
peut changer concernent essentiellement les autres hommes, ce qui introduit un
problème tout différent parce qu'alors la liberté d'autrui entre en jeu.

Quelle est donc la punition de ceux qui n'acceptent pas ce qui
se passe ? D'être dans l'état où ils sont. | Un tel est mécontent   22
d'être seul ? Qu'il reste dans son isolement. Est-il mécontent
de ses parents ? Qu'il soit mauvais fils et qu'il se lamente.
Est-il mécontent de ses enfants ? Qu'il soit mauvais père.

    « Jette-le en prison ! » Quelle prison ? L'endroit où il est   23
maintenant. Car il y est malgré lui : le lieu où quelqu'un se
trouve contre son gré est pour lui une prison. Ainsi Socrate
n'était pas en prison puisqu'il y était de son plein gré. | « Il faut   24
donc que je sois amputé de la jambe ! » Esclave, pour une
misérable petite jambe tu fais des reproches au monde ? Tu
n'en feras pas don à l'univers ? Tu ne t'en sépareras pas ? Tu ne
la rendras pas avec joie à celui qui te l'a donnée ? | Tu t'indi-   25
gneras et seras mécontent de l'ordre établi par Zeus, ordre qu'il
a fixé et réglé avec l'assistance des Moires filant ton exis-
tence ? | Ignores-tu quelle infime partie tu représentes en   26
regard de l'univers ? Je veux dire : du point de vue du corps, car
pour ce qui est de la raison tu n'es pas inférieur aux dieux ni
moins grand ; la grandeur de la raison ne s'évalue pas selon la
longueur ou la hauteur, mais selon les jugements. | Ne veux-tu   27
pas, par conséquent, mettre le bien dans ce en quoi tu es l'égal
des dieux ?

    « Malheureux que je suis ! Avoir un tel père et une telle   28
mère ! » Eh bien ? T'était-il donné de venir avant ta naissance
faire ton choix et dire : « Qu'un tel s'unisse à une telle à telle
période déterminée, pour que je vienne au monde » ? Non.
| Mais tes parents devaient exister d'abord, et ensuite tu devais,   29
toi, être engendré comme tu l'as été. De quels parents ? De tes
parents, tels qu'ils étaient. | Que faire alors ? Tes parents étant   30
ce qu'ils sont, n'as-tu aucune solution ? Dans le cas où, par
exemple, tu ignorerais à quelle fin tu possèdes la faculté
de voir, tu serais malchanceux et malheureux si tu fermais
les yeux au moment où les couleurs défilent devant toi ; et

quand tu as à ta disposition, pour toute situation à affronter, la grandeur d'âme et la générosité, mais que tu l'ignores, n'es-tu
31 pas plus malchanceux et plus malheureux encore ? | Des objets correspondant à la faculté que tu possèdes s'offrent à toi, mais tu la détournes, cette faculté, précisément quand il faudrait
32 la tenir en éveil et attentive. | Ne préfères-tu pas remercier les dieux de t'avoir permis d'être au-dessus de toutes ces choses qu'ils n'ont pas fait dépendre de toi, et de t'avoir rendu responsable uniquement de celles qui dépendent de toi ?
33 | Envers tes parents, ils t'ont déchargé de toute responsabilité ; ils t'en ont déchargé aussi envers tes frères, ainsi qu'envers ton
34 corps, tes biens, la mort et la vie. | De quoi alors t'ont-ils rendu responsable ? De la seule chose qui dépende de toi : faire de
35 tes représentations l'usage qu'il faut. | Pourquoi donc te charges-tu de ce dont tu n'es pas responsable ? C'est se donner à soi-même bien du tracas.

13) COMMENT IL EST POSSIBLE D'AGIR TOUJOURS
D'UNE MANIÈRE QUI PLAISE AUX DIEUX

Quelqu'un lui demanda comment il est possible de 1
manger d'une manière qui plaise aux dieux. S'il est possible,
répondit-il, de le faire avec justice, générosité, et également
avec tempérance et décence, n'a-t-on pas du même coup la
possibilité de le faire d'une manière qui plaît aux dieux ?
| Lorsque tu as réclamé de l'eau chaude et que ton petit esclave 2
n'obéit pas, ou bien qu'il t'obéit mais t'apporte de l'eau tiède,
ou qu'il ne se trouve même pas dans la maison, n'est-ce pas
plaire aux dieux que de ne pas t'irriter et de ne pas élever la
voix ? | – Mais comment supporter des gens pareils ? – Esclave, 3
ne veux-tu pas supporter ton frère, qui a Zeus pour père et, en
tant que fils de Zeus, est né de la même semence que toi, est
issu du même principe venu d'en haut ? | Si tu as été placé à 4
un rang élevé, est-ce une raison pour que tu ailles aussitôt
t'instituer tyran ? Ne te rappelleras-tu pas qui tu es et à qui tu
commandes ? Qu'il s'agit de parents, de frères par nature, de
descendants de Zeus ? | – Mais je les ai achetés, j'ai des droits 5
sur eux. Eux n'en ont pas sur moi, ils ne m'ont pas acheté !
– Vois-tu dans quelle direction tu regardes ? Vers la terre, vers
le gouffre, vers les misérables lois d'ici-bas, des lois de morts !
Et tu n'as aucun regard pour les lois des dieux ?

14) QUE TOUS LES HOMMES SONT SOUS LE REGARD DE LA DIVINITÉ

1   On lui demanda comment on pourrait convaincre quelqu'un que chacune de ses actions est sous le regard du dieu[1]. – Ne penses-tu pas, répondit-il, que toutes choses sont 2 étroitement unies ? | – Si, dit l'autre. – Et que celles de la terre sont en sympathie[2] avec celles du ciel ? – Je le pense, oui, 3 déclara l'interlocuteur. | – D'où vient en effet que les choses se passent avec une telle régularité, et comme sur un ordre du dieu ? Que, lorsqu'il dit aux plantes de fleurir, elles fleurissent ; que lorsqu'il leur dit de germer, elles germent ; de porter du fruit, qu'elles en portent ; de les amener à maturité, qu'elles le fassent ; inversement, quand il leur dit de les faire tomber et de perdre leurs feuilles, puis de se replier sur elles-mêmes, de rester inertes et de se reposer, qu'elles restent inertes et se 4 reposent ? | D'où vient que, selon que la lune croît ou décroît, que le soleil s'approche ou s'éloigne, on observe une si grande transformation, un tel renversement dans les phénomènes 5 terrestres ? | Mais si les plantes et nos corps sont à ce point liés à l'univers et en sympathie avec lui, nos âmes ne le sont-elles 6 pas bien davantage ? | Et nos âmes étant ainsi liées au dieu, attachées à lui comme ses parties et ses fragments, le dieu ne perçoit-il pas chacun de leurs mouvements comme son mouvement propre, inséparable de sa propre nature ?

7   Tu as, toi, la capacité de réfléchir sur le gouvernement divin, sur chacun des phénomènes divins en même temps que sur les affaires humaines ; tu as celle d'être excité par des

---

1. L'idée et la formule du titre sont peut-être un souvenir de Sophocle, *Electre*, 175 (Zeus voit tout et règle tout).
2. La sympathie universelle, solidarité forte qui unit tous les êtres du monde, est une thèse essentielle de la physique stoïcienne.

milliers d'objets, soit par le canal des sens soit dans ta pensée, et ce de manière telle que tu peux ou leur donner ton assentiment, ou le refuser, ou le suspendre ; | tu gardes dans ton âme 8 tant d'impressions d'objets extraordinairement nombreux et divers, et sous l'effet de cette excitation tu en viens à former des notions conformes aux objets qui ont d'abord provoqué ces impressions ; tu retiens les savoirs acquis l'un après l'autre et conserves le souvenir de milliers d'objets. | Et le dieu, lui, n'est 9 pas capable d'embrasser toutes choses sous son regard, d'être présent à toutes, de recevoir de toutes une information ? | Le 10 soleil est capable d'éclairer une si grande partie de l'univers, ne laissant dans l'obscurité qu'une petite zone, juste ce qui peut être couvert par l'ombre que fait la terre ; et celui qui a fait le soleil et dirige sa révolution – ce soleil qui, comparé à l'univers, n'est qu'une petite partie de lui-même – celui-là n'a pas le pouvoir de tout percevoir ?

– Mais, reprit l'interlocuteur, je ne suis pas capable, moi, 11 d'avoir une claire conscience de toutes ces choses en même temps. – Quelqu'un te dit-il que tu as un pouvoir égal à celui de Zeus ? | Mais ce dernier n'en a pas moins placé comme 12 protecteur auprès de chaque homme un démon qui lui est propre, à qui il a confié la tâche de veiller sur cet homme, protecteur toujours vigilant et qui ne se laisse pas tromper. | En 13 effet, à quel autre gardien, plus fort et plus attentif, aurait-il pu confier chacun de nous ? En conséquence, lorsque vous fermez les portes et faites l'obscurité à l'intérieur, souvenez-vous de ne jamais dire que vous êtes seuls ; | car vous ne l'êtes pas, mais 14 le dieu est à l'intérieur, votre démon est à l'intérieur. Quel besoin ont-ils de lumière pour voir ce que vous faites ?

À ce dieu, vous devriez prêter ce même serment que les 15 soldats font à César. Ces derniers, quand ils reçoivent leur solde, jurent de mettre le salut de César au-dessus de tout ; et vous, qui avez été jugés dignes de biens si nombreux et si

grands, vous ne prêterez pas ce serment, ou vous ne serez pas
16 fidèles au serment une fois que vous l'aurez prêté ? | Et que
jurerez-vous ? De ne jamais désobéir, de ne formuler ni
reproche ni blâme pour aucune des choses que le dieu vous a
données, de ne pas faire ni subir de mauvais gré ce qui est
17 nécessaire. | Ce serment est-il comparable à l'autre ? Dans le
premier cas, on jure de ne rien mettre au-dessus de César, dans
le second, de nous mettre nous-mêmes au-dessus de tout.

15) CE QUE PROMET LA PHILOSOPHIE

Quelqu'un lui demandait conseil sur la manière de 1
persuader son frère de ne plus être fâché contre lui. | « La philo- 2
sophie, répondit-il, ne promet pas de procurer à l'homme
une chose extérieure ; autrement elle se chargerait d'une tâche
étrangère à sa matière propre. De même que la matière du
menuisier est le bois et celle du sculpteur le bronze, de même la
matière de l'art de vivre est la vie de chacun en particulier.
| – Et qu'en est-il pour la vie de mon frère ? – Précisément, elle 3
est la matière de son art à lui ; par rapport au tien, elle fait partie
des choses extérieures, comme en fait partie un champ, comme
la santé, comme la réputation. En ce domaine, la philosophie
ne promet rien. | "En toute circonstance, <annonce-t-elle, > 4
je garderai le principe directeur de l'âme en accord avec la
nature." – Le principe directeur de qui ? – "De celui en qui je
réside [1]." | – Comment faire alors pour que mon frère ne soit pas 5
en colère contre moi ? – "Amène-le-moi et je le lui dirai ; mais
je n'ai rien à te dire à toi de sa colère à lui". »

Celui qui le consultait reprit : « Ce que je te demande, c'est 6
comment, même s'il ne se réconciliait pas avec moi, je pourrais
être en accord avec la nature. » | À quoi Épictète répondit : 7
« Rien de grand ne se réalise instantanément, la grappe de
raisin ou la figue ne sont pas non plus produites à l'instant. Si
tu me dis maintenant : "Je veux une figue", je te répondrai : "Il
faut du temps". Laisse d'abord le figuier fleurir, puis produire
du fruit, et enfin le faire mûrir. | Le fruit du figuier n'arrive pas 8
à maturité instantanément ni en une heure ; mais tu prétends
recueillir le fruit de la pensée humaine en si peu de temps et
si facilement ? N'y compte pas, même si je te l'affirmais. »

---

1. C'est la philosophie qui parle.

16) DE LA PROVIDENCE

1   Ne soyez pas étonnés que les autres animaux trouvent tout prêt ce qui est nécessaire au corps, non seulement la nourriture et la boisson mais aussi le gîte, et qu'ils n'aient besoin ni de chaussures ni de literie ni de vêtements, alors que nous autres 2 avons besoin de tout cela. | La raison en est qu'ils n'ont pas leur fin en eux-mêmes mais sont nés pour servir et que, par suite, il n'aurait pas été utile de les faire tels qu'ils aient besoin d'autre 3 chose. | Voyons, considère quelle affaire ce serait pour nous d'avoir à nous soucier non seulement de nous-mêmes, mais encore de nos moutons et de nos ânes, et à nous demander comment ils seront vêtus et chaussés, comment ils mangeront, 4 comment ils boiront. | Au contraire, tout comme les soldats arrivent chaussés, vêtus et armés quand ils se mettent à la disposition du général (si le chiliarque devait faire le tour des mille hommes de sa troupe pour les chausser ou les habiller, ce serait effrayant !), de même les êtres nés pour servir, la nature les a faits tout prêts et équipés, n'ayant besoin d'aucun soin 5 supplémentaire. | C'est ainsi qu'un petit enfant conduit seul les 6 moutons à l'aide d'un bâton. | Mais en réalité nous négligeons de montrer de la reconnaissance pour ne pas avoir à dispenser aux animaux les mêmes soins qu'à nous-mêmes et, pour ce qui nous concerne nous, nous faisons des reproches au dieu !

7   Pourtant, par Zeus et par tous les dieux, une seule de ces réalités[1] suffirait à faire prendre conscience de la providence, 8 pour peu qu'on soit respectueux et reconnaissant. | N'allons

---

1. Le grec dit : « une seule des choses qui arrivent », « un seul des événements » (ἓν τῶν γεγονότων). Certains traducteurs précisent : « événements naturels », en anticipant la phrase 9. En effet, malgré les exemples de la phrase 8, Épictète a en vue l'ordre naturel en général, que la nature soit à l'œuvre directement ou par l'intermédiaire des techniques humaines rendues possibles par la nature des choses.

pas chercher ici des exemples grandioses : le simple fait qu'on puisse produire du lait à partir d'herbe, du fromage à partir du lait, de la laine à partir de la peau, qui donc a fait ou conçu cela ? « Personne », dit-on. Quelle inconscience, quelle impudence !

Allons, laissons de côté les œuvres <majeures> de la 9 nature, et considérons ses productions marginales. | Y a-t-il 10 rien de plus inutile que les poils du menton ? Et alors ? Même eux, la nature ne les a-t-elle pas utilisés de la manière la plus convenable qu'elle a pu ? N'a-t-elle pas, par ce moyen, distingué le mâle de la femelle ? | La nature de chacun de nous 11 ne crie-t-elle pas immédiatement et de loin : « Je suis un homme ; aborde-moi comme on aborde un homme, parle-moi comme à un homme ; ne cherche rien d'autre, vois ces signes de reconnaissance » ? | Chez les femmes, à l'inverse, tout 12 comme elle a mêlé à leur voix plus de délicatesse, elle a également laissé leur menton dépourvu de poils. Non ? L'être vivant aurait dû, au contraire, être laissé sans signe distinctif, et chacun de nous devrait annoncer : « Je suis un homme » ? | Et 13 comme ce signe est beau, séant, imposant ! Combien plus beau que la crête des coqs, combien plus majestueux que la crinière des lions ! | Aussi devrions-nous préserver ces signes que le 14 dieu nous a donnés, ne pas les laisser se perdre et, autant que cela dépend de nous, ne pas introduire de confusion dans la distinction des sexes.

Sont-ce là les seules œuvres de la providence qui nous 15 concernent ? Mais quel langage est à la hauteur de sa tâche quand il s'agit de les louer ou de les mettre en évidence de façon adéquate ? Si nous étions sensés, faudrait-il faire autre chose, en public et en privé, que chanter un hymne à la divinité, la célébrer, parcourir la série de ses bienfaits ? | Ne devrions- 16 nous pas, quand nous piochons, labourons, mangeons, chanter au dieu l'hymne suivant ? « Le dieu est grand, car il a mis à notre disposition ces outils qui nous permettent de travailler

17 la terre ; | le dieu est grand, car il nous a donné des mains, un gosier, un ventre, car il nous fait croître sans que nous nous en apercevions, car il nous permet de respirer même pendant
18 notre sommeil. » | Voilà, pour chacun de ses bienfaits, l'hymne qu'il faudrait lui chanter ; et le plus grand, le plus divin des hymnes, c'est pour nous avoir donné la conscience réfléchie de tout cela et la faculté de nous en servir avec méthode qu'il faut le lui chanter.

19   Eh bien ! Puisque vous êtes, pour la plupart, devenus aveugles, ne fallait-il pas qu'il y eût quelqu'un pour occuper ce poste, pour ne pas cesser de chanter au nom de tous cet hymne
20 au dieu ? | Que puis-je faire d'autre, vieux et boiteux comme je suis, sinon chanter le dieu ? Si j'étais rossignol, j'accomplirais
21 l'œuvre du rossignol ; si j'étais cygne, celle du cygne. | Mais il se trouve que je suis doué de raison : je dois chanter le dieu. C'est cela, mon œuvre ; je l'accomplis, et je n'abandonnerai pas mon poste aussi longtemps qu'il m'est donné de l'occuper[1]. Et je vous invite à chanter vous aussi ce même chant.

1. Allusion manifeste au Socrate de Platon ; voir *Apologie*, 28e-29a et *Criton*, 51b.

17) QUE LA LOGIQUE EST INDISPENSABLE

Puisque c'est la raison qui analyse toutes les autres choses 1
et mène à terme leur examen, et que pour sa part elle ne devrait
pas échapper à l'analyse, par quoi peut-elle être analysée ? | Il 2
est évident que c'est par elle-même ou par autre chose. Cette
dernière ou bien est une raison, ou bien sera une chose supé-
rieure à la raison, ce qui est impossible. | Si c'est une raison, 3
quelle sera celle qui l'analysera à son tour ? Car si la seconde
peut s'analyser elle-même, la première le peut aussi. Et si nous
avons besoin d'une autre raison encore, il y aura régression à
l'infini et on ne s'arrêtera plus.

« Oui, mais il est plus urgent de prendre soin <de 4
son âme[1]>», et autres propos du même genre. Veux-tu
m'entendre sur cette question ? Écoute. | Supposons que tu 5
me dises : « J'ignore si ton argumentation est vraie ou fausse »,
ou bien que, dans le cas où j'emploierais un mot ambigu, tu
me demandes : « Distingue les significations » ; eh bien, je ne
supporterai pas non plus tes interruptions et je te répondrai :
« Mais il y a plus urgent ! » | C'est la raison pour laquelle, je 6
pense, on place la logique en tête[2], tout comme nous commen-
çons par examiner la mesure quand nous mesurons le blé. | Si 7
nous ne définissons pas d'abord ce qu'est un boisseau, si nous
ne déterminons pas d'abord ce qu'est une balance, comment
pourrons-nous mesurer ou peser quoi que ce soit ? | Donc, dans 8
notre cas, si nous n'avons pas acquis la connaissance précise
du critère qui sert à juger les autres choses et permet d'en

---

1. Il y a peut-être une lacune après le verbe θεραπεύειν, « prendre soin ».
On peut comprendre aussi : « Il est plus urgent de guérir <ses passions > » ; mais
les passions étant le principal mal de l'âme, cela ne fait guère de différence.

2. Priorité de principe, qui ne signifie pas nécessairement une priorité dans
le cycle des études. Sur ce dernier point, les maîtres du Stoïcisme avaient des
avis divergents (cf. D. L., VII, 40-41).

acquérir la connaissance, pourrons-nous connaître de façon
précise quoi que ce soit de ces autres choses ? Comment en
9 serions-nous capables ? | « Oui, mais le boisseau, c'est du bois,
quelque chose de stérile. » Et pourtant il sert à mesurer le
10 blé. | « La logique aussi est stérile. » Nous verrons cela. Mais
même si on l'accordait, je dirais qu'il suffit qu'elle permette de
discerner et d'examiner les autres choses, et pour ainsi dire de
11 les mesurer et de les peser. | Et qui affirme cela ? Uniquement
12 Chrysippe, Zénon et Cléanthe ? | Antisthène ne le dit-il pas ?
Qui donc a écrit : « L'examen des noms est le point de départ de
l'éducation[1] » ? Socrate ne le dit-il pas ? Mais de qui Xénophon
écrit-il qu'il commençait par l'examen des noms, en cherchant
ce que signifie chacun d'eux[2] ?
13   En résulte-t-il que ce qui est important et admirable,
c'est de comprendre ou d'interpréter Chrysippe ? Qui soutient
une chose pareille ? Qu'est-ce alors qui est admirable ?
14 Comprendre la volonté de la nature. | Eh bien, parviens-tu à en
prendre clairement conscience par toi-même ? De quoi as-tu
besoin encore ? S'il est vrai que « tous les hommes, quand ils se
trompent, le font contre leur gré »[3], et si tu as acquis la connaissance de la vérité, il est nécessaire que désormais tu agisses
15 droitement[4]. | Mais, par Zeus, je n'ai pas une conscience
claire de la volonté de la nature ! Dans ce cas, qui se fera son
16 interprète ? On dit que c'est Chrysippe. | Je vais à lui et je

---

1. D. L. (VI, 17) rapporte qu'Antisthène a écrit un traité *Sur l'éducation ou
Sur les noms.*

2. Voir *Mémorables*, IV, 6, 1. Xénophon ne dit pas exactement que Socrate
étudiait les choses à travers les noms, mais les exemples qui suivent (qu'est-ce
que la piété ? qu'est-ce que la justice ? etc.) autorisent cette interprétation.

3. Affirmation présente sous des formes légèrement différentes dans
plusieurs dialogues de Platon ; la formulation la plus proche du présent passage
se trouve dans l'*Hippias Majeur*, 296c.

4. Sur l'*action droite*, voir la note à I, 11, 5.

cherche à savoir ce que dit cet interprète de la nature. Tout d'abord, je ne comprends pas ce qu'il veut dire, je demande quelqu'un pour l'interpréter. « Regarde, examine ce que ce passage veut dire, comme si c'était du latin[1]. » | Quel motif 17 d'orgueil y a-t-il ici pour l'interprète ? Chrysippe lui-même n'a pas de motif légitime de s'enorgueillir s'il se borne à interpréter la volonté de la nature sans la suivre ; et beaucoup moins encore l'interprète de Chrysippe ! | En effet, si nous avons 18 besoin de Chrysippe, ce n'est pas pour lui-même, c'est pour prendre clairement conscience de la nature. Nous n'avons pas davantage besoin du sacrificateur pour lui-même, mais parce que nous croyons que par son intermédiaire nous allons connaître l'avenir et les signes envoyés par les dieux ; nul besoin non plus des entrailles pour elles-mêmes, | mais parce 19 que c'est par elles que les signes sont donnés ; et nous n'admirons ni le corbeau ni la corneille, mais le dieu qui, par eux, nous envoie des signes[2].

Je vais donc voir cet interprète et sacrificateur, et je 20 lui demande : « Examine pour moi les entrailles, et dis-moi ce qu'elles signifient. » | Après les avoir prises et étalées, il donne 21 son interprétation : « Homme, tu possèdes par nature une faculté de choix qu'on ne peut ni empêcher ni contraindre. Voilà ce qui est écrit ici dans les entrailles. | Je te le montrerai 22 d'abord dans la question[3] de l'assentiment. Quelqu'un peut-il

1. Pour les élèves de langue latine, sans doute en grand nombre, le texte de Chrysippe est d'autant plus difficile qu'il est en grec.

2. Les phrases 18 et 19 se réfèrent à deux des principales techniques de divination des anciens : l'examen des organes internes de certains animaux, et l'observation du vol des oiseaux (*cf.* Cicéron, *De la divination*, II, 11, 26 *sq.* ; 33, 70 *sq.*). Les Stoïciens étaient partagés sur la valeur de la divination. Épictète semble lui accorder un certain crédit, mais avec une position originale quant aux conclusions à en tirer ; voir par exemple *Entr.*, II, 7 ; *Manuel*, 18 ; 32.

3. Ou le *thème*, τόπος. Pareillement pour le *domaine* de la phrase 23.

t'empêcher d'acquiescer au vrai ? Personne. Quelqu'un peut-il
23 te contraindre à accepter le faux ? Personne. | Vois-tu bien que,
dans ce domaine, la faculté de choix que tu possèdes est
24 exempte d'empêchement, de contrainte, d'entraves ? | En va-
t-il autrement dans celui du désir et de la propension ? Qui peut
vaincre une propension sinon une autre propension ? Qui peut
vaincre un désir ou une aversion, sinon un autre désir ou une
autre aversion ?

25   – Mais, dit quelqu'un, si l'on emploie contre moi la
crainte de la mort, on me contraint. – Ce n'est pas cette menace
qui te contraint, mais le fait que tu juges tel ou tel acte
26 préférable à la mort. | C'est donc de nouveau ton jugement
qui t'a contraint, c'est-à-dire que ta faculté de choix s'est
27 contrainte elle-même. | Car cette partie de son propre être que
le dieu a détachée de lui et nous a donnée, s'il l'avait faite telle
qu'elle pût être empêchée ou contrainte, par lui ou par un autre,
il ne serait plus dieu, et il ne prendrait plus soin de nous comme
28 il faut. | Voilà, dit-il, ce que je trouve dans les victimes, voilà ce
qu'elles signifient à ton intention. Si tu le veux, tu es libre ; si tu
le veux, tu n'adresseras ni blâme ni reproche à personne, tout
sera conforme à la fois à ta volonté et à celle du dieu. »

29   C'est pour ce genre de divination que je vais trouver le
sacrificateur, c'est-à-dire le philosophe : ce n'est pas lui que
j'admire pour son interprétation, mais ce qu'il dit quand il
interprète.

18) QU'IL NE FAUT PAS S'IRRITER CONTRE CEUX
QUI COMMETTENT DES FAUTES

Les philosophes disent : « Il y a chez les hommes un 1
principe unique qui commande à la fois l'assentiment (à savoir
le sentiment [1] qu'une chose existe), le refus de l'assentiment (le
sentiment qu'elle n'existe pas) et, par Zeus, la suspension de
l'assentiment (le sentiment que la chose est obscure), | principe 2
qui commande aussi bien la propension vers un objet (à savoir
le sentiment que cet objet m'est utile) ; et il est par ailleurs
impossible de juger une chose utile et d'en désirer une autre, de
juger convenable une action et d'avoir une propension vers
une autre » : eh bien, si ces affirmations sont vraies, pourquoi
continuons-nous à nous irriter contre la plupart des hommes ?
— Mais, dit quelqu'un, ce sont des voleurs, des pillards ! 3
— Qu'est-ce à dire, des voleurs et des pillards ? Que ces gens
sont dans l'erreur dans la question des biens et des maux. Faut-
il pour cela s'irriter contre eux ou en avoir pitié ? | Montre-leur 4
plutôt leur erreur, et tu verras comme ils se détournent de leurs
fautes. S'ils ne la voient pas, ils n'ont rien qui puisse l'empor-
ter sur leur propre jugement. | — Alors ce brigand, cet adultère 5
ne devraient pas être mis à mort ? | — En aucun cas. Formule 6
plutôt ta question de la façon suivante : « Cet homme qui est
dans l'erreur, qui s'abuse totalement sur les choses les plus
importantes, qui est complètement aveugle, non pas dans la
vision qui distingue le blanc et le noir, mais dans la pensée qui
distingue le bien et le mal, ne faut-il pas le mettre à mort ? » | Si 7
tu t'exprimes ainsi, tu comprendras combien ce que tu dis est
inhumain, que cela revient à dire : « Ne faut-il pas mettre à mort
cet aveugle, ce sourd ? » | En effet, si la perte des choses les plus 8

---

1. Ce terme traduit le verbe παθεῖν, « éprouver, sentir. »

précieuses constitue le dommage le plus grave, et si la chose la plus précieuse[1] pour chacun de nous est une faculté de choix orientée comme il faut, pourquoi de surcroît t'irriter contre un individu qui en est privé ? | Homme, s'il faut absolument que tu aies une attitude contraire à la nature envers les maux d'autrui, cède à la pitié[2] plutôt qu'à la haine ; abandonne ce qu'il y a de blessant et de haineux en toi. | Ne parle pas comme la foule : « Qu'on élimine ces maudits, ces scélérats ! » Soit. Mais toi, es-tu devenu sage instantanément, pour te montrer intraitable avec autrui[3] ?

9

10

11 Pourquoi donc nous irritons-nous ? Parce que nous donnons une grande valeur aux objets que ces gens nous dérobent. Eh bien, ne donne pas tant de valeur à tes vêtements et tu ne t'irriteras pas contre celui qui les vole ; n'estime pas si haut la beauté de ta femme et tu ne t'irriteras pas contre l'adultère. | Sache que le voleur et l'adultère n'ont aucune place parmi les choses qui te concernent, qu'ils font partie des choses qui te sont étrangères et ne dépendent pas de toi. Si tu t'en détaches et n'en fais aucun cas, contre qui peux-tu encore te mettre en colère ? Mais aussi longtemps que tu leur donnes une grande valeur, fâche-toi plutôt contre toi que contre ces gens-là. | Réfléchis : tu as de beaux habits, ton voisin n'en a pas ; tu as une fenêtre et tu veux aérer ces habits. Ton voisin ne sait pas en quoi consiste le bien de l'homme, mais il s'imagine que c'est de posséder de beaux habits – ce que précisément toi aussi tu t'imagines. | Et tu voudrais qu'il ne vienne pas les prendre ? Si tu exposes un gâteau à la vue de gourmands et

12

13

14

---

1. Petite lacune comblée par Schenkl.

2. La pitié n'est pas conforme à la nature, *cf.* plus loin I, 28, 9.

3. Sens approximatif. La phrase 10, qui comporte plusieurs lacunes, a été diversement complétée et corrigée. La traduction reprend partiellement les propositions de Schenkl et de Souilhé.

t'apprêtes à le dévorer tout seul, tu ne veux pas qu'ils te l'arrachent ? Ne les excite pas ; passe-toi de fenêtre, ou n'aère pas tes habits !

Moi-même, dernièrement, j'avais une lampe en fer devant 15 mes dieux lares ; ayant entendu du bruit près de la fenêtre, j'accours et je m'aperçois que la lampe a été volée. En y réfléchissant, je me dis que le voleur avait éprouvé un sentiment bien compréhensible. Qu'ai-je fait alors ? Demain, me dis-je, tu en trouveras une en terre cuite. | On ne perd en effet 16 que ce qu'on possède. « J'ai perdu mon habit. » C'est que tu possédais un habit. « J'ai mal à la tête. » Est-ce que par hasard tu as mal aux cornes ? Pourquoi donc t'indigner ? Il n'y a de pertes et de peines que pour ce que l'on possède.

« Mais le tyran enchaînera… » Quoi ? La jambe. « Mais il 17 coupera… » Quoi ? La tête. Qu'est-ce qu'il n'enchaînera ni ne coupera ? La faculté de choix. C'est pour cela que les anciens donnaient ce précepte : « Connais-toi toi-même[1]. » | Qu'en 18 conclure ? Nous devrions, par les dieux, nous exercer dans les petites choses et, partant de là, passer à de plus grandes. « J'ai mal à la tête. » N'ajoute pas : « Hélas ! » | « J'ai mal à l'oreille. » 19 N'ajoute pas : « Hélas ! » Je ne dis pas qu'il soit interdit de gémir, mais ne gémis pas intérieurement[2]. Si ton esclave tarde à t'apporter ton pansement, ne te mets pas à crier, ne grimace pas, ne dis pas : « Tout le monde me déteste ! » Qui ne détesterait un homme pareil ? | Aie confiance désormais en ces 20

1. Maxime attribuée à plusieurs des Sept Sages (notamment à Chilon et à Thalès). Inscrite dans le temple d'Apollon de Delphes, elle devient rapidement un lieu commun, une formule ressassée. Platon l'évoque plusieurs fois (*Charmide*, 164e ; *Protagoras*, 343 a-b, etc.). Socrate la prend à son compte et la commente dans l'*Alcibiade*, 124b *sq.* (*cf.* 129a). Aristote en parle comme d'une maxime tombée dans le domaine public, *Rhétorique*, II, 21, 1395 a 21.

2. Cette idée est développée et illustrée dans le Frag. IX emprunté à Aulu-Gelle, ci-dessous p. 484 (*cf.* du même auteur, *Nuits attiques*, XII, 5).

principes [1], va droit ton chemin, en homme libre, et ne place pas
ta confiance dans la vigueur de ton corps comme un athlète ;
car il ne s'agit pas d'être invincible à la manière d'un âne.

21   Qui donc est l'homme invincible ? Celui qu'aucune
des choses soustraites à notre choix ne met hors de lui. Cela dit,
il me reste à passer en revue chacune des situations qu'il
rencontre, je les examine attentivement, comme on fait pour
un athlète : « Il a repoussé le premier adversaire tiré au sort.
Qu'en sera-t-il du deuxième ? Qu'arrivera-t-il si la chaleur
est accablante ? Et comment se comportera-t-il à Olympie ? »

22 | De même dans notre cas : si on lui offre une petite somme
d'argent, il la méprisera. Et si c'est une fillette ? Si c'est
dans l'obscurité ? Si on lui propose un brin de gloire ? Si on
l'injurie ? Si on le loue ? Si on le menace de mort ? Il est capable

23 de vaincre tout cela. | Mais si la chaleur est accablante, je
veux dire : s'il est ivre ? s'il est atteint de mélancolie ? s'il est
endormi ? Voilà ce qu'est, selon moi, l'athlète invincible.

---

1. Ces principes sont ici appelés δόγματα : les « jugements » qui règlent la
conduite.

19) QUELLE ATTITUDE ADOPTER
À L'ÉGARD DES TYRANS

Quand un homme possède une supériorité sur les autres, ou 1 du moins croit en avoir même si ce n'est pas le cas, il est inévitable, s'il manque d'éducation, qu'il en soit tout enflé d'orgueil. | Le tyran, par exemple, déclare : « Je suis le plus 2 puissant des hommes. » Et que peux-tu faire pour moi ? Peux-tu faire que mon désir ne rencontre pas d'obstacle ? D'où tiens-tu ce pouvoir ? L'as-tu pour toi-même ? Que je ne tombe pas sur ce que je veux éviter ? L'as-tu pour toi-même ? Que ma propension ne connaisse pas d'échec ? Dans quel domaine le peux-tu toi-même ? | Voyons, sur un bateau, as-tu confiance en 3 toi ou en celui qui connaît la navigation ? Sur un char, à qui te fies-tu si ce n'est à celui qui connaît le métier ? | Et dans les 4 autres arts ? Même chose. Quel est alors ton pouvoir ? « Tout le monde prend soin [1] de moi. » Moi aussi je prends soin de mon assiette, je la lave, je l'essuie, et pour accrocher ma burette à huile je plante un clou. Et alors ? Ces objets me sont-ils supérieurs ? Non, mais ils me rendent service, c'est pourquoi j'en prends soin. Et mon âne, est-ce que je ne le soigne pas ? | Est-ce que je ne lui nettoie pas les pattes ? Est-ce que je ne le 5 frotte pas avec l'étrille ? Ignores-tu que tout homme prend soin de lui-même, et qu'il prend soin de toi comme de son âne ? Qui donc prend soin de toi comme d'un homme ? Montre-le-moi. | Qui veut te ressembler ? Qui s'attache à toi comme on 6 s'attachait à Socrate ? « Mais je peux te faire couper le cou. » Bien parlé. J'avais oublié qu'il faut prendre soin de toi comme

---

1. Le passage joue sur les différents sens que prend le verbe θεραπεύω selon le contexte : « servir », « entourer de soin, soigner », « s'occuper de ». Appliqué à un tyran, ce sera aussi bien « faire sa cour ».

on soigne la fièvre et le choléra, qu'il faut t'élever un autel comme on l'a fait à Rome en l'honneur de la Fièvre.

7   Qu'est-ce donc qui trouble et épouvante la plupart des gens ? Le tyran et sa garde ? Et pourquoi ? Loin de là ! Il est impossible que l'être qui est libre par nature soit troublé

8 ou empêché par autre chose que par lui-même. | Ce sont au contraire ses jugements qui le troublent. En effet, quand le tyran dit à quelqu'un : « J'enchaînerai ta jambe », celui qui attache du prix à sa jambe s'écrie : « Non, par pitié ! », tandis que celui qui attache du prix à sa faculté de choix répond : « Si cela te paraît

9 utile, enchaîne-la ! – Tu ne t'en inquiètes pas ? – Non. | – Je te ferai voir, moi, que je suis le maître ! – Comment serait-ce possible ? Zeus m'a permis d'être libre. Ou crois-tu qu'il allait laisser asservir son propre fils ? Tu es le maître de mon

10 cadavre, prends-le. | – Ainsi quand tu viens à moi, ce n'est pas de moi que tu prends soin ? – Non, mais de moi. Si cependant tu veux me faire dire que je prends soin de toi aussi, je te réponds que je prends soin de toi comme de ma marmite. »

11   Ce n'est pas là de l'égoïsme. Car l'être vivant est né ainsi : tout ce qu'il fait, il le fait pour lui-même. Le soleil lui aussi fait tout pour lui-même, et en fin de compte Zeus lui-même agit

12 ainsi. | Mais lorsqu'il veut être Celui qui fait pleuvoir, Celui qui donne les fruits, Père des hommes et des dieux[1], tu vois bien qu'on ne peut lui attribuer ces œuvres et ces dénominations s'il

13 n'est pas utile au bien commun. | D'une façon générale, il a organisé la nature du vivant doué de raison de telle façon que ce dernier ne puisse atteindre aucun de ses biens propres s'il

---

1. Les noms des dieux traditionnels sont souvent accompagnés d'épithètes qui précisent les fonctions que l'on veut mettre en évidence (Zeus Sauveur, Libérateur, etc.). Les Stoïciens reprennent ce procédé à l'occasion (voir par exemple Plutarque, *Contradictions des Stoïciens*, 30, 1048 c ; Sénèque, *Des Bienfaits*, IV, 7 ; 8).

n'apporte pas sa contribution au bien commun. | Il s'ensuit que   14
ce n'est pas être insociable que de tout faire pour soi-même.
| Qu'attends-tu donc ? Que l'on renonce à soi et à son   15
propre intérêt ? Comment subsistera, dans ce cas, ce qui est
pour tous les êtres l'unique et même principe <d'action>,
l'attachement[1] à ce qui leur est propre ?

Qu'en conclure ? Quand au fond d'eux-mêmes les   16
hommes jugent de façon aberrante que les choses soustraites à
leur choix sont des biens et des maux, il est inévitable que les
tyrans soient entourés de soins. | Et encore, s'il ne s'agissait   17
que des tyrans et non de leurs valets de chambre ! Comment se
fait-il qu'on devienne instantanément un homme sensé lorsque
César vous a préposé à sa chaise percée ? Comment pouvons-
nous dire sur-le-champ : « Félicion m'a parlé avec beaucoup de
bon sens » ? | Je voudrais qu'il fût chassé de son tas d'excré-   18
ments pour qu'il te parût aussi sot qu'avant ! | Épaphrodite[2]   19
avait à son service un cordonnier, qu'il vendit parce qu'il
n'était bon à rien. Par chance, un affranchi de César l'acheta et
il devint cordonnier de l'empereur. Tu aurais vu alors comme
Épaphrodite lui manifestait son estime ! | « Comment va le bon   20
Félicion ? Que je t'embrasse ! » | Puis, si l'un de nous[3] posait la   21
question : « Que fait le maître ? », on lui répondait : « Il consulte
Félicion sur une affaire. » | Mais ne l'a-t-il pas vendu parce   22
qu'il n'était bon à rien ? Qui donc en a soudain fait un homme

---

1. Οἰκείωσις, littéralement : l'appropriation. Les Stoïciens utilisent ce mot
quasiment comme un terme technique, pour signifier que, par une disposition
originelle de la nature, chaque être sent et saisit ce qui lui convient, ce qui lui est
approprié, disposition sans laquelle les êtres ne pourraient subsister. Cette
appropriation est dite ici *principe*, parce qu'elle est en effet le point de départ de
la théorie éthique (*cf.* Cic., *Des termes extrêmes*, III, 6, 20-22).

2. Voir I, 1, 20.

3. Un des compagnons d'Épictète parmi les esclaves d'Épaphrodite.

23 sensé ? | Voilà ce que c'est que de ne pas réserver son estime à ce qui relève de notre choix.

24 « Il a obtenu le tribunat. » Tous ceux qui le rencontrent le félicitent ; l'un lui baise les yeux, un autre le cou, ses esclaves lui baisent les mains. Il rentre chez lui et trouve des lampes

25 allumées. Il monte au Capitole et y offre un sacrifice. | Qui donc a jamais offert un sacrifice pour avoir eu des désirs honnêtes ? pour avoir eu des propensions conformes à la nature ? Car c'est pour ce en quoi nous plaçons le bien que nous

26 nous montrons reconnaissants envers les dieux. | Aujourd'hui quelqu'un me parlait du sacerdoce d'Auguste[1]. Je lui dis : « Homme, ne t'occupe pas de cette affaire ; tu feras de grandes

27 dépenses pour rien. | — Mais ceux qui rédigent les actes de vente inscriront mon nom[2]. — T'attends-tu par hasard à être présent quand on les lira, pour pouvoir dire : "C'est mon nom qu'on a

28 inscrit" ? | Même si actuellement tu as la possibilité d'être présent à chaque lecture de contrat, que feras-tu une fois mort ? — Mon nom subsistera. — Grave-le dans la pierre, il subsistera.

29 Allons, hors de Nicopolis, qui se souviendra de toi ? | — Mais je porterai une couronne d'or. — Si tu tiens absolument à avoir une couronne, prends une couronne de roses et mets-la sur ta tête : tu auras l'air plus élégant. »

---

1. Ce sacerdoce est celui des prêtres du culte de l'empereur (soit un collège de six membres, appelés *Augustales*).

2. Pour dater les contrats, on y portait les noms de divers magistrats en fonction, dont celui des *Augustales*.

20) COMMENT LA RAISON SE PREND ELLE-MÊME
POUR OBJET D'ÉTUDE

Tout art, toute faculté ont des objets d'étude[1] privilégiés. 1
| Lorsque cet art ou cette faculté sont de même espèce que ce 2
qu'ils étudient, ils sont nécessairement en état de s'étudier
eux-mêmes ; lorsqu'au contraire ils sont d'espèce différente,
ils ne peuvent le faire. | Par exemple, l'art du cordonnier a 3
affaire aux cuirs, mais il est lui-même bien éloigné de la
matière des cuirs ; c'est pourquoi il n'est pas possible qu'il
s'étudie lui-même. | La grammaire, autre exemple, concerne 4
le langage articulé ; est-elle elle-même langage articulé[2] ?
Nullement. C'est pourquoi elle ne peut s'étudier elle-même.
| La raison, quant à elle, pour quelle fin l'avons-nous reçue de 5
la nature ? Pour user comme il faut des représentations. Et
elle-même, qu'est-elle ? Un système de représentations déterminées. De la sorte elle est aussi, par nature, un objet d'étude
pour elle-même. | La sagesse[3] à son tour, pour l'étude de quels 6
objets est-elle venue en nous ? Celle des biens, des maux et
de ce qui n'est ni bien ni mal. Et qu'est-elle elle-même ? Un
bien. La déraison, de son côté, qu'est-elle ? Un mal. Vois-tu,
par conséquent, que la sagesse a nécessairement comme objet
d'étude à la fois la sagesse elle-même et son contraire ?

---

1. Pour exprimer cette idée d'étude ou de connaissance, le présent chapitre
utilise le verbe θεωρῶ et ses dérivés. L'idée est celle de la connaissance active,
en train de s'effectuer (observer, examiner, réfléchir sur). Le sujet développé ici
a été abordé déjà en I, 1.

2. On se souvient que la « grammaire » consiste en l'apprentissage de la
lecture et de l'écriture (cf. I, 1, 2). Sur « langage articulé », voir la note à II,
14, 15.

3. Ou prudence. La φρόνησις est la première des quatre vertus principales ;
sa définition stoïcienne est donnée dans la phrase suivante (cf. D. L., VII, 92).

7   Voilà pourquoi la plus importante, en fait la première
tâche du philosophe est de mettre les représentations à
l'épreuve, de les distinguer les unes des autres, et de n'en
8 employer aucune qui n'ait été mise à l'épreuve. | Prenez la
monnaie, puisque c'est là une chose qui semble avoir de
l'importance pour nous, et voyez comment nous avons inventé
pour elle un art, combien de moyens le vérificateur met en
œuvre pour en faire l'épreuve : la vue, le toucher, l'odorat et
9 finalement l'ouïe, | quand il jette le denier à terre et écoute
attentivement le son qu'il rend ; il ne lui suffit d'ailleurs pas
de le faire sonner une fois, mais à force de s'y appliquer à
10 plusieurs reprises il se fait une oreille de musicien. | Ainsi
lorsque nous estimons qu'il n'est pas indifférent de nous
tromper ou de ne pas nous tromper, nous apportons une grande
attention à l'examen des choses qui peuvent nous induire en
11 erreur ; | mais quand il s'agit de ce malheureux principe
directeur de notre âme, nous bâillons, nous somnolons, et nous
acceptons sans broncher n'importe quelle représentation : le
dommage que nous subissons ne nous vient pas à l'esprit.

12   Quand tu veux savoir avec quel laisser-aller tu te
comportes à l'égard des biens et des maux, quel empressement,
au contraire, tu montres pour les choses indifférentes, fixe ton
attention sur ton attitude envers la cécité corporelle d'une part,
envers l'erreur d'autre part : tu sauras alors que tu es loin
d'avoir les dispositions qu'il faut avoir à l'égard des biens et
des maux.

13   « Mais cela demande beaucoup de préparation, beaucoup
de peine et d'études ! » Eh quoi ? Espères-tu qu'il soit possible
14 d'acquérir le plus important des arts à peu de frais ? | Pourtant,
en elle-même la proposition fondamentale [1] des philosophes se

---

1. Ὁ προηγούμενος λόγος : la proposition, la thèse « qui vient avant les
autres », première ou principale.

ramène à peu de chose. Si tu veux la connaître, lis ce qu'écrit
Zénon et tu verras. | Qu'y a-t-il de long dans cette affirmation : 15
« La fin[1] est de suivre les dieux, l'essence du bien consiste dans
l'usage des représentations tel qu'il doit être » ? | Demande 16
alors : « Mais qu'est-ce que dieu, qu'est-ce qu'une représentation ? Qu'est-ce que la nature, celle des êtres particuliers et
celle de l'univers ? » Déjà le propos s'allonge. | Si maintenant 17
Épicure arrive et affirme qu'il faut situer le bien dans la chair,
c'est encore plus long, et il est nécessaire d'apprendre quel
est en nous l'élément primordial, l'élément substantiel et
essentiel. Comme il n'est pas vraisemblable que le bien de
l'escargot se situe dans sa coquille, est-il vraisemblable que
celui de l'homme soit dans son enveloppe[2] ? | Toi-même, 18
Épicure, qu'as-tu en toi comme élément qui l'emporte sur les
autres ? Qu'est-ce en toi qui délibère, qui examine chaque
chose, qui se prononce sur la chair elle-même et décide que
c'est elle l'élément primordial ? | Pourquoi allumes-tu ta 19
lampe, pourquoi te fatigues-tu pour nous et écris-tu d'aussi
gros livres ? Pour que nous n'ignorions pas la vérité ? Qui,
nous ? Que sommes-nous pour toi ? Et voilà comment la
proposition initiale s'allonge.

1. Le terme est à prendre au sens précis qu'il a dans les philosophies
hellénistiques : le but ultime ou suprême de l'action humaine, au-delà duquel on
ne peut remonter, donc le principe de l'éthique. C'est de ce point de vue que le
traité *Des termes extrêmes* (ou *des fins) des biens et des maux* de Cicéron expose
les fondements de l'éthique selon les différentes écoles (voir notamment le
début, I, 4, 11-12, qui explique clairement ce sens du mot « fin »).

2. La comparaison impliquerait que la chair, ou ce que nous appelons le
corps, soit l'« enveloppe » de l'élément principal ou de l'âme ; cette interprétation convient assez bien aux Épicuriens, mais moins bien aux Stoïciens, pour
qui il y a une interpénétration totale (ou un « mélange total ») entre la raison et
les éléments organiques.

21) À CEUX QUI VEULENT ÊTRE ADMIRÉS

1   Lorsque dans sa vie on a atteint l'équilibre qu'il faut avoir, on ne se tourne pas bouche bée vers l'extérieur. Homme, que
2 veux-tu qui t'arrive ? | Pour ce qui me concerne, je suis satisfait si mes désirs et mes aversions sont en accord avec la nature, si dans mes propensions et mes rejets je me comporte en accord avec mon naturel, et s'il en va de même de mes projets, de mes intentions, de mes assentiments. Pourquoi déambuler parmi nous comme si tu avais avalé une broche ?

3   – Je voulais que ceux qui me rencontrent m'admirent et m'accompagnent en s'écriant : « Oh ! le grand philosophe ! »
4 | – Qui sont-ils, ces gens dont tu veux être admiré ? Ne s'agit-il pas de ceux dont tu as l'habitude de dire qu'ils sont fous[1] ? Quoi ? C'est de fous que tu veux être admiré ?

---

1. Les Stoïciens appellent « fou » (ou « in-sensé ») le non-sage, l'homme à qui manquent les qualités qui définissent le sage ; cela revient, de fait, à désigner l'homme ordinaire, celui qui n'a pas reçu d'éducation philosophique. Cette opposition tranchée s'explique par la thèse selon laquelle il n'y a pas de degrés dans la sagesse. Plusieurs maîtres du Stoïcisme admettent cependant qu'il faut différencier les étapes qui mènent à la sagesse, et distinguer entre les « progressants » selon qu'ils se rapprochent plus ou moins du but (voir par exemple Sénèque, *Lettres*, 75, 8-15).

22) DES PRÉNOTIONS

Les prénotions sont communes à tous les hommes ; et 1
aucune prénotion n'est en conflit avec une autre. Qui d'entre
nous, en effet, ne reconnaît pas que le bien est utile, qu'il est
digne d'être choisi, qu'il faut le rechercher et le poursuivre en
toute circonstance ? Qui d'entre nous ne reconnaît pas que ce
qui est juste est beau et convenable ? | Quand donc naît le 2
conflit ? Dans l'application des prénotions aux réalités parti-
culières, | quand par exemple l'un dit : « Il a bien agi, c'est un 3
homme courageux », et l'autre : « Non, il a perdu la raison ! »
De là vient que les hommes sont en conflit les uns avec les
autres. | C'est ainsi que les Juifs, les Syriens, les Égyptiens et 4
les Romains sont en conflit : non pas sur le fait qu'il faille
honorer la sainteté par-dessus tout et la rechercher en toute
occasion, mais sur le point de savoir si manger du porc est
conforme ou non à la sainteté. | Ce genre de conflit, vous le 5
découvrirez aussi entre Agamemnon et Achille. Convoque-les
devant nous. Que dis-tu, toi, Agamemnon ? Ne faut-il pas que
le devoir soit accompli et que ce qui est beau soit réalisé ? « Si,
bien sûr. » | Et toi Achille, que dis-tu ? Tu n'approuves pas que 6
ce qui est beau soit réalisé ? « Si, j'approuve cela plus que
tout ! » Eh bien, appliquez ces prénotions. C'est là que naît le
conflit. | L'un dit : « Je ne suis pas tenu de rendre Chryséis à son 7
père » ; et l'autre : « Si, il le faut ! » L'un des deux au moins
applique mal la prénotion du devoir. | Le premier reprend : 8
« Dans ce cas, s'il me faut rendre Chryséis, il faut que je
reçoive la part de butin de l'un de vous. » L'autre alors : « Tu
prendrais donc la femme qui est à moi et dont je suis épris ? »
– « Oui, la tienne », répond le premier. « Alors je serai le

seul... » – « Mais veux-tu que je sois, moi, le seul à ne rien avoir[1] ? » Voilà comment naît le conflit.

9   Qu'est-ce donc que recevoir une éducation ? Apprendre à appliquer les prénotions naturelles aux réalités particulières de
10 manière conforme à la nature, | apprendre ensuite à faire la distinction suivante : parmi les choses qui existent, les unes dépendent de nous, les autres n'en dépendent pas ; dépendent de nous la faculté de choix et tous les actes qui sont de son ressort ; ne dépendent pas de nous le corps et ses parties, les choses que nous possédons, les parents, les frères, les enfants,
11 la patrie, en un mot tous ceux avec qui nous vivons. | Où donc devons-nous placer le bien ? À quelle sorte de réalité appliquerons-nous cette notion ? À ce qui dépend de nous ?
12 | – Comment cela ? La santé n'est pas un bien, ni l'intégrité du corps, ni la vie ? Ni même les enfants, les parents, la patrie ?
13 Qui supportera ce langage[2] ? | – Eh bien, transférons de nouveau le bien à ces dernières réalités. Est-il possible d'être heureux quand on éprouve un dommage et que les biens sont hors d'atteinte ? – Non. – Et est-il possible de nous comporter comme il faut avec les gens qui nous entourent ? Comment est-ce possible ? Car ma nature me porte vers ce qui est mon
14 intérêt. | Si j'ai intérêt à posséder un champ, c'est aussi mon intérêt de prendre celui du voisin ; si j'ai intérêt à avoir un vêtement, j'ai intérêt aussi à en voler un aux bains publics. De là les guerres, les séditions, les tyrannies, les complots.
15 | Comment pourrai-je encore accomplir mon devoir envers

---

1. Ce dialogue est un résumé de la querelle qui ouvre l'*Iliade* (I, 130 *sq.*) : pour apaiser la colère d'Apollon, Agamemnon accepte de rendre la captive de guerre Chryséis, mais demande en compensation qu'Achille lui cède sa captive à lui, Briséis.

2. Cette dernière proposition est attribuée par Schenkl, non à l'interlocuteur anonyme, mais à Épictète.

Zeus ? Si je subis un dommage, si je suis malheureux, c'est qu'il ne s'occupe pas de moi. « Qu'y a-t-il entre lui et moi, <dirai-je, > s'il ne peut pas m'aider ? » Et encore : « Qu'y a-t-il entre lui et moi, s'il veut que je sois dans la situation où je suis ? » Après quoi je me mets à le haïr. | Pourquoi bâtissons- 16 nous des temples, dressons-nous des statues, si ce n'est comme nous le faisons aux divinités mauvaises, à Zeus comme à la Fièvre ? Comment encore le nommer Sauveur, Celui qui fait pleuvoir, Celui qui donne les fruits[1] ? Assurément, si c'est là que nous mettons l'essence du bien, toutes ces conséquences suivent logiquement.

Que devons-nous faire alors ? Voici quelle est la recherche 17 de celui qui philosophe réellement et qui est dans les douleurs de l'enfantement[2] : actuellement je ne vois pas ce qu'est le bien ni ce qu'est le mal ; ne suis-je pas fou[3] ? | Si ; mais dans le cas où 18 je placerais le bien ici, je veux dire dans ce qui dépend de mon choix, tout le monde se moquera de moi. Viendra un vieillard chenu, les doigts chargés de bagues d'or ; il secouera la tête et me dira : « Écoute, mon enfant, il faut philosopher, oui, mais il faut aussi avoir de la cervelle : ces choses sont des folies. | Chez 19 les philosophes tu apprends le syllogisme ; mais ce que tu dois faire, tu le sais mieux que les philosophes. » | Homme, si je le 20 sais, pourquoi me blâmes-tu ? Que dois-je dire à cet esclave ? Si je me tais, le voilà qui proteste bruyamment. | Il faut lui 21 répondre ainsi : « Pardonne-moi comme on pardonne aux amoureux ; je ne me possède pas, je suis fou. »

1. Voir ci-dessus, I, 19, 6 et 12.
2. Allusion au terme utilisé par Platon dans le contexte de la maïeutique socratique (par exemple dans le *Théétète*, 148e ; 151a).
3. Sur ce mot, voir I, 21, 4.

23) CONTRE ÉPICURE

1   Épicure conçoit lui aussi que nous sommes naturellement sociables ; mais une fois qu'il a placé notre bien dans l'enve-
2 loppe <charnelle[1]>, il ne peut plus s'écarter de là. | Car il fait valoir ensuite avec une grande force cette idée qu'il ne faut rien admirer ni accepter qui soit séparé de l'essence du bien ; et il a
3 raison de le faire. | Comment alors se fait-il, si nous n'avons pas de tendresse naturelle pour nos enfants, que nous nourris-sions des soupçons à ton égard en te voyant donner au sage le conseil de ne pas avoir d'enfant[2] ? Pourquoi crains-tu qu'il ne
4 s'afflige à cause d'eux ? | S'afflige-t-il à cause de la souris qu'il nourrit chez lui ? Que lui importe qu'un malheureux souriceau
5 pousse de petits cris auprès de lui dans sa maison ? | Mais Épicure sait bien qu'une fois qu'un enfant nous est né, il ne dépend plus de nous de ne pas le chérir et de ne pas nous faire
6 de souci pour lui. | C'est pour la même raison qu'il déclare encore que l'homme sensé ne s'occupera pas non plus des affaires de la cité, car il sait quelles obligations s'imposent à celui qui s'en occupe ; pourtant, si tu te proposes de vivre dans la cité comme parmi des mouches, qu'est-ce qui t'en
7 empêche ? | Et cependant, bien qu'il sache tout cela, il ose dire : « N'élevons[3] pas d'enfants. » Mais la brebis n'abandonne pas son petit, ni le loup ; et l'homme abandonnera le sien ?
8 | Que veux-tu de nous ? Que nous soyons stupides comme les brebis ? Mais elles n'abandonnent pas leurs petits. Que nous soyons féroces comme les loups ? Eux non plus ne les

---

1. Voir ci-dessus la note à I, 20, 17.

2. En adoptant le texte et la ponctuation de Souilhé.

3. Le verbe signifie exactement : prendre un nouveau-né dans ses bras pour le reconnaître comme sien. C'est le contraire de l'acte indiqué par le dernier mot du texte (exposer un enfant, l'abandonner).

abandonnent pas. | Allons ! Qui donc t'obéit quand il voit son 9
enfant tombé par terre et en pleurs ? | Je crois pour ma part que, 10
même si ta mère et ton père avaient deviné que tu allais dire des
choses pareilles, ils ne t'auraient pas exposé.

24) COMMENT IL FAUT COMBATTRE LES DIFFICULTÉS

1   Les difficultés sont ce qui révèle les hommes. Par suite, quand tu rencontres une difficulté, songe que le dieu, à l'instar d'un maître de gymnase, t'a mis aux prises avec un jeune et 2 rude adversaire. | – Dans quel but ? demande l'interlocuteur. – Pour que tu sois vainqueur aux Jeux Olympiques ; et on ne le devient pas sans transpirer. Je crois que personne n'a rencontré une difficulté plus favorable que toi, pour peu que tu veuilles t'en servir comme le fait un athlète opposé à un jeune 3 adversaire. | Nous t'envoyons maintenant à Rome en éclaireur[1]. Or on n'envoie pas comme éclaireur un lâche, pour qu'au moindre bruit qu'il entend, à la moindre ombre qu'il aperçoit, il accoure tout effrayé nous annoncer que l'ennemi 4 est déjà là. | C'est la même chose dans le cas présent ; si tu viens toi aussi nous dire : « La situation à Rome est épouvantable, la mort est terrible, terribles l'exil, les insultes, la pauvreté ; 5 fuyez, mes amis, les ennemis sont là ! », | nous te dirons : « Va-t'en, fais des prédictions pour toi ; quant à nous, nous avons commis une faute, une seule, c'est d'avoir envoyé en éclaireur un homme comme toi. »

6   Diogène, envoyé avant toi comme éclaireur, nous a rapporté des nouvelles différentes. Il dit que la mort n'est pas un mal, car elle n'a rien de déshonorant ; il dit que la mauvaise réputation n'est qu'un vain bruit répandu par des hommes 7 insensés. | Quels propos n'a-t-il pas tenus, cet éclaireur, sur la peine, sur le plaisir, sur la pauvreté ! La nudité, dit-il, vaut

---

1. Il faut situer ce chapitre dans le contexte des difficultés auxquelles les philosophes étaient exposés à la suite de leur bannissement de Rome, et notamment de celui ordonné par Domitien autour de l'an 94.

mieux que toute toge prétexte[1] ; et encore : dormir sur un sol nu, c'est avoir la plus molle des couches. | Et comme preuve 8 de chacune de ses affirmations, il apporte sa hardiesse, son calme, sa liberté, et de surcroît son petit corps resplendissant et robuste. | « Pas d'ennemis en vue, dit-il, partout la paix règne. » 9 Comment cela, Diogène ? « Eh quoi ! répond-il : ai-je été atteint par un projectile, ai-je été blessé, ai-je fui devant quelqu'un ? » | Voilà l'éclaireur tel qu'il doit être ; mais toi, tu 10 viens nous raconter sans suite n'importe quoi. Ne veux-tu pas retourner là-bas, observer les choses plus exactement en oubliant ta lâcheté ?

– Que ferai-je alors ? – Que fais-tu quand tu débarques d'un 11 navire ? Est-ce que par hasard tu emportes le gouvernail ou les rames ? Qu'emportes-tu en fait ? Tes affaires à toi, ta burette à huile, ta besace. Maintenant, si tu as bien à l'esprit ce que sont tes affaires à toi, tu ne réclameras jamais celles d'autrui.

Il te dit[2] : « Quitte la toge à large bande. » Voilà, je 12 porte la toge à bande étroite. « Quitte celle-là aussi. » Voilà, je n'ai plus que la toge simple. « Quitte-la. » Me voici tout nu[3]. | « Mais tu excites ma jalousie. » Prends donc mon pauvre 13 corps tout entier. Est-ce que je crains encore celui à qui je suis capable d'abandonner mon pauvre corps ? | Tel autre ne me 14 fera pas son héritier. Comment cela ? Ai-je oublié que rien de tout cela n'est à moi ? Que voulons-nous dire quand nous disons : « Ces choses sont à moi » ? Qu'elles le sont comme le lit dans l'hôtellerie est à moi. Si d'aventure l'hôtelier meurt et te laisse les lits, ils sont à toi ; s'il les laisse à quelqu'un d'autre,

1. Vêtement bordé d'une bande de pourpre, porté notamment par les sénateurs et les hauts magistrats.

2. Sans le nommer, Épictète vise ici l'empereur.

3. Les trois vêtements en question sont les marques distinctives de trois rangs sociaux (sénateurs, chevaliers, simple citoyen).

15 ils seront à lui et tu chercheras un autre lit ; | si tu n'en trouves pas, tu coucheras par terre, et tu n'auras plus qu'à ronfler en toute confiance, en songeant que c'est chez les riches, les rois et les tyrans qu'ont lieu les tragédies, et qu'aucun pauvre n'a de
16 rôle dans la tragédie si ce n'est comme membre du chœur. | Les rois commencent par la prospérité[1] :

> Ornez le palais de feuillages !

Puis au troisième ou au quatrième acte :

> Hélas ! Cithéron, pourquoi m'as-tu recueilli[2] ?

17   Esclave, où sont tes couronnes, où est ton diadème ? Tes gardes ne te servent à rien ?
18   Souviens-toi de tout cela lorsque tu approches un de ces personnages : c'est l'homme de la tragédie que tu approches,
19 non pas l'acteur, mais Œdipe en personne. | « Mais un tel est bien heureux : beaucoup de gens lui font cortège quand il se promène ! » Moi également : je me mêle à la foule, et quand je
20 me promène, beaucoup de gens me font cortège. | En résumé : songe que la porte est ouverte. Ne sois pas plus lâche que les enfants ; de même qu'ils disent, quand le jeu ne leur plaît pas : « Je ne veux plus jouer », de même toi, quand tu trouves que tu es dans une situation semblable, dis : « Je ne veux plus jouer » et va-t'en ; mais si tu restes, ne te lamente pas.

---

1. Littéralement : « par les biens ».
2. Sophocle, *Œdipe Roi*, 1391. Accablé par son malheur, Œdipe regrette d'être en vie, et par suite déplore d'avoir été recueilli (par un berger) sur la montagne du Cithéron après y avoir été exposé par son père. La citation précédente vient d'une pièce non identifiée.

25) SUR LE MÊME SUJET

Si tout ce qui précède est vrai, et si c'est sans mollesse 1
ni hypocrisie que nous disons : « Le bien de l'homme, ainsi
que son mal, résident dans sa faculté de choix, et tout le reste
n'est rien par rapport à nous », pourquoi continuer à nous
troubler, à avoir peur ? | Sur ce à quoi nous attachons vraiment 2
de l'importance, personne n'a de pouvoir, et à ce sur quoi
les autres hommes ont du pouvoir, nous ne prêtons aucune
attention. Quelle espèce de difficulté nous reste-t-il à
résoudre ? | – Eh bien, donne-moi des instructions. – Quelles 3
instructions te donner ? Zeus ne t'en a-t-il pas donné ? Ne
t'a-t-il pas accordé que ce qui est à toi soit exempt d'empêchement et d'entraves, et que ce qui est empêché et entravé,
c'est ce qui n'est pas à toi ? | Quelles instructions avais-tu 4
quand tu es venu de là-bas, quelles directives ? Veille par tous
les moyens sur ce qui est à toi, et ne désire pas ce qui est à
autrui. Ta loyauté est à toi, ta réserve[1] est à toi. Qui peut te
les enlever ? Qui d'autre que toi t'empêchera de les pratiquer ?
Si c'est toi, comment feras-tu ? C'est lorsque tu attaches de
l'importance à ce qui n'est pas à toi que tu perds ce qui est à
toi. | Avec de telles règles et de telles instructions de la part 5
de Zeus, quelles règles et quelles instructions attends-tu encore
de moi ? Suis-je supérieur à lui, plus digne de confiance ?
| Si tu les observes, as-tu encore besoin d'en avoir d'autres ? 6
Mais Zeus ne t'a pas donné ces instructions ? Apporte tes
prénotions, apporte les démonstrations des philosophes,
apporte ce que tu as souvent entendu, ce que toi-même tu as dit,
ce que tu as lu, ce à quoi tu t'es exercé.

---

1. Terme absent de Schenkl, emprunté au manuscrit dont disposait
J. Upton pour son édition (1739-1741).

7   Jusqu'à quand est-il bon d'observer ces instructions et de
ne pas mettre fin au jeu ? Il faut jouer le jeu aussi longtemps
8 qu'il est bien joué. | Aux Saturnales[1], un roi a été tiré au sort,
car on a décidé de jouer à ce jeu-là. Il ordonne : « Toi, bois ;
toi, mélange le vin ; toi, chante ; toi, va-t'en ; toi, viens. »
J'obéis, pour éviter que le jeu ne prenne fin à cause de moi.
9 | « Allons, crois que tu es accablé de maux. » Je ne le crois pas ;
10 qui m'y forcera ? | Imaginons encore que nous sommes conve-
nus de jouer la querelle entre Agamemnon et Achille[2]. Celui
qui a reçu le rôle d'Agamemnon me dit : « Va trouver Achille et
11 arrache-lui Briséis. » J'y vais. « Viens. » Je viens. | Il faut se
comporter dans la vie comme dans les raisonnements hypothétiques[3]. « Supposons qu'il fasse nuit. » Soit. « Mais quoi ? Il
fait jour ? » Non, car j'ai accepté l'hypothèse qu'il fait nuit.
12 | « Supposons que tu croies qu'il fait nuit. » Soit. « Mais crois
réellement qu'il fait nuit. » Cela ne découle pas de l'hypothèse.
13 | Il en est de même dans notre cas. « Supposons que tu sois
malheureux. » Soit. « Es-tu donc misérable ? » Oui. « Quoi ?
Tu vas mal, par conséquent ? » Oui. « Mais crois réellement
que tu es accablé de maux. » Cela ne découle pas de
l'hypothèse ; de plus, un autre[4] m'en empêche.
14   Combien de temps faut-il obéir à de tels commandements ?
Tant que c'est avantageux, c'est-à-dire tant que je sauve-
garde ce qu'il convient de faire ainsi que la cohérence.

---

1. Fête romaine du solstice d'hiver, en l'honneur de Saturne. Elle consistait
en 7 jours de réjouissance et de grande liberté, durant lesquels, notamment, les
esclaves étaient traités sur un pied d'égalité par les maîtres ; c'était aussi
l'occasion de toutes sortes de jeux, dont certains étaient exceptionnellement
autorisés durant cette période.

2. Comme ci-dessus, I, 22, 5 *sq.*

3. Voir ci-dessus, I, 7.

4. Euphémisme, pour « Zeus ». Épictète s'exprime de cette façon à
plusieurs reprises (I, 30, 1 ; II, 5, 22 ; III, 1, 43 ; IV, 1, 103).

| Il y a des gens très austères et à l'estomac fragile qui 15
vous disent : « Moi je ne peux pas dîner chez cet homme,
où je dois chaque jour supporter le récit de sa campagne
militaire en Mésie : "Je t'ai raconté, mon frère, comment j'ai
escaladé la colline ; et voilà qu'à mon tour je commence à être
assiégé…" » | Un autre déclare : « Moi j'aime mieux dîner chez 16
lui et l'écouter bavarder autant qu'il veut. » | Quant à toi, 17
compare ces deux appréciations ; seulement ne fais rien qui te
pèse, n'agis pas le cœur serré en te croyant accablé de maux ;
car à cela personne ne te force. | Il y a de la fumée dans la 18
maison ? S'il n'y en a pas beaucoup, je reste ; s'il y en a trop, je
m'en vais. Car on doit se mettre dans l'esprit et retenir
fermement que la porte est ouverte.

On me dit : « Ne réside pas à Nicopolis. » Je n'y réside pas. 19
« Ni à Athènes. » Je ne réside pas non plus à Athènes. « Ni à
Rome. » Ni à Rome. « Fixe ta résidence à Gyaros[1]. » J'y vais.
| Mais, à mes yeux, habiter à Gyaros, c'est se trouver là où il y a 20
beaucoup de fumée. Je m'en vais alors en un lieu où personne
ne m'empêchera de résider ; car cette demeure-là est ouverte à
tout homme. | Et au-delà de ma dernière tunique, c'est-à-dire 21
de mon pauvre corps, personne n'a plus de pouvoir sur moi.
| Voilà pourquoi Démétrius[2] disait à Néron : « Tu me menaces 22
de mort, mais toi c'est la nature qui t'en menace. » | Si j'attache 23
une grande valeur à mon pauvre corps, me voilà livré par moi-
même comme esclave ; si j'attache une grande valeur au petit
bien que je possède, me voilà pareillement esclave. | Car ce 24
faisant j'agis contre moi en révélant par où on peut me prendre.
C'est comme lorsqu'un serpent replie la tête : « Frappe-le,
dis-je alors, à l'endroit qu'il cherche à protéger. » Sache toi

1. Ile des Cyclades, lieu d'exil sous les empereurs romains.
2. Philosophe cynique, tenu en grande estime par Sénèque (cf. *Des
bienfaits*, VII, 1, 3 ; 8, 2).

aussi que c'est précisément ce que tu veux protéger que ton
25 maître va attaquer. | Si tu gardes tout cela à l'esprit, qui vas-tu
encore flatter ou craindre ?

26   – Mais je veux m'asseoir aux places où s'assoient les
sénateurs. – Ne vois-tu pas que tu te ménages là une place
27 bien exiguë, que tu t'imposes toi-même une gêne ? | – Mais
comment faire autrement pour bien voir, dans l'amphithéâtre ?
– Homme, ne va pas au spectacle, et tu n'auras pas à craindre
d'être gêné. Pourquoi te créer des embarras ? Ou alors attends
un peu : une fois le spectacle terminé, va t'asseoir aux places
28 des sénateurs et chauffe-toi au soleil. | D'une manière géné-
rale, rappelle-toi ceci : c'est nous-mêmes qui nous imposons
des gênes, qui nous mettons à l'étroit, c'est-à-dire que ce sont
nos jugements qui nous imposent des gênes et nous mettent à
29 l'étroit. | Autre exemple : qu'est-ce qu'être insulté ? Mets-toi
devant une pierre et insulte-la. Quel effet obtiendras-tu ? Si
l'on écoute comme une pierre, quel profit pour celui qui
insulte ? Mais si l'insulteur se sert de la faiblesse de l'insulté
pour avoir prise sur lui, alors il obtient un résultat.

30   « Mets-le en pièces ! » Que veux-tu dire ? Lui ? Prends son
31 vêtement et mets-le en pièces. | « Je t'ai outragé. » Grand bien
te fasse ! C'est à cela que s'exerçait Socrate, et c'est la raison
pour laquelle son visage gardait toujours la même expression.
Mais nous, nous consentons à pratiquer toutes sortes de
travaux et d'exercices, plutôt que de chercher à nous débar-
32 rasser des entraves et à nous rendre libres. | « Les philosophes
énoncent des paradoxes ! » Et dans les autres arts il n'existe pas
de paradoxes ? Qu'y a-t-il de plus paradoxal que de piquer
l'œil de quelqu'un pour lui rendre la vue ? Si l'on disait cela à
quelqu'un qui ignore tout de l'art médical, ne se moquerait-il
33 pas de celui qui parlerait ainsi ? | Qu'y a-t-il donc d'étonnant si,
en philosophie aussi, beaucoup de vérités apparaissent comme
des paradoxes aux yeux des ignorants ?

26) QUELLE EST LA LOI DE LA VIE

Comme on faisait une lecture sur les raisonnements 1
hypothétiques[1], Épictète fit ces remarques : C'est, entre autres,
une loi de ces raisonnements que d'accepter ce qui suit de
l'hypothèse. Mais bien plus importante est cette loi de la vie
d'accomplir ce qui suit de la nature. | Si en toute matière et 2
en toute circonstance nous voulons préserver la conformité
à la nature, il est clair que, dans tous les cas, nous devons
avoir pour objectif de ne pas fuir ce qui suit de la nature
et de ne pas accepter ce qui la contredit. | Aussi les philo- 3
sophes commencent-ils par nous exercer dans les questions
théoriques, où les choses sont plus faciles, pour nous mener
ensuite, une fois exercés, vers celles qui sont plus difficiles.
Dans la théorie, en effet, rien ne nous retient de suivre les
enseignements qu'on nous dispense, alors que dans les affaires
de la vie bien des facteurs nous en détournent. | Il est ridicule, 4
par conséquent, de dire qu'on veut commencer par ces
dernières ; car il est malaisé de commencer par ce qui est
plus difficile.

Aux parents qui s'irritent de voir leurs enfants se tourner 5
vers la philosophie, il faudrait présenter la justification
suivante : « Je me trompe donc, mon père, j'ignore ce qui me
concerne et ce qu'il convient que je fasse ; si cela ne peut ni
s'apprendre ni s'enseigner, pourquoi me faire des reproches ?
Si on peut l'enseigner, enseigne-le-moi ; si tu ne peux le faire,
permets-moi de l'apprendre auprès de ceux qui affirment le
savoir. | Que crois-tu ? Que je vais intentionnellement tomber 6
dans le mal et manquer le bien ? Jamais de la vie ! Quelle est
donc la cause de ma faute ? L'ignorance. | Ne veux-tu pas, dans 7

---

1. Voir ci-dessus I, 7, 1. La *lecture commentée* forme normalement la
première partie des leçons d'Épictète (ci-dessus, Introduction, p. 15).

ce cas, que je me défasse de mon ignorance ? À qui la colère a-t-elle jamais enseigné l'art du pilote ou la musique ? Et l'art de vivre, crois-tu que ta colère va me permettre de l'apprendre ? »

8 Ces propos, seul a le droit de les tenir celui qui porte
9 en lui le dessein d'étudier dans cet esprit. | Mais si quelqu'un s'adonne à ces études et va voir les philosophes uniquement pour faire étalage de sa science des raisonnements hypo-thétiques au cours d'un banquet, que fait-il d'autre que de chercher à susciter l'admiration du sénateur couché près de lui à table ? | C'est là-bas, il est vrai, qu'on trouve les grandes
10 à table ? | C'est là-bas, il est vrai, qu'on trouve les grandes fortunes, et les richesses d'ici[1] ont là-bas l'air de jouets d'enfants. Aussi est-il difficile, là-bas, de rester maître de ses représentations, car les facteurs de perturbation y ont beaucoup
11 de puissance. | Je connais un homme qui s'est jeté en larmes aux genoux d'Épaphrodite[2], en lui disant qu'il était dans la misère : on ne lui avait rien laissé, à peine un million et demi de
12 sesterces ! | Et quelle fut la réaction d'Épaphrodite ? Se moqua-t-il de lui, comme vous ? Non ; au contraire, il s'étonna et lui dit : « Malheureux ! Comment faisais-tu pour garder le silence ? Comment pouvais-tu supporter cela ? »

13 Épictète avait mis dans l'embarras le jeune homme qui était en train de lire la leçon sur les raisonnements hypo-thétiques, et comme l'assistant[3] qui avait proposé cette lecture se moquait de lui, Épictète lui dit : « C'est de toi-même que tu te moques. Tu n'avais pas fait faire à ce jeune homme les exer-cices préliminaires, et tu ne savais pas s'il était capable de suivre le raisonnement ; malgré cela, tu fais appel à lui comme

---

1. « Là-bas » désigne Rome, et « ici » Nicopolis.

2. Voir I, 1, 20.

3. Le texte dit seulement « celui qui avait proposé… ». À côté du maître, Épictète, on voit intervenir ici un autre personnage dont le rôle paraît bien être celui d'un assistant.

lecteur ! | Mais quoi, ajouta-t-il, si la pensée d'un homme 14
est incapable de suivre le raisonnement portant sur l'évaluation d'une proposition conjonctive, nous lui faisons confiance
quand il s'agit d'éloge, de blâme, ou de l'évaluation de ce qui
se fait de bien ou de mal ? S'il dit du mal de quelqu'un, est-ce
que ce dernier lui prête attention, et s'il le loue, l'autre en tire-t-
il vanité, alors que celui qui blâme et loue ne sait pas trouver de
suite logique en des matières aussi minces ? | Le point de départ 15
de la pratique de la philosophie consiste donc en ceci : avoir
conscience de l'état dans lequel se trouve son propre principe
directeur. Car après avoir reconnu sa faiblesse, on ne voudra
plus s'en servir pour les choses importantes. | Mais la réalité est 16
que des gens incapables d'avaler une bouchée achètent tout un
traité avec l'intention de s'en nourrir. De là vomissements et
indigestions, bientôt suivis de coliques, de diarrhées et de
fièvres. Ils auraient dû examiner s'ils en avaient la capacité.
| Mais dans le domaine de la théorie, il est facile de réfuter 17
l'ignorant ; dans les choses de la vie, au contraire, on ne se
soumet pas volontiers à la réfutation, et nous haïssons celui qui
l'a pratiquée sur nous. | Socrate disait qu'il ne faut pas vivre 18
une vie non soumise à l'examen [1]. »

---

1. Voir Platon, *Apologie de Socrate*, 38a.

27) DE COMBIEN DE FAÇONS SE PRODUISENT
LES REPRÉSENTATIONS, ET QUELS SECOURS IL FAUT
SE PRÉPARER ET AVOIR À SA DISPOSITION
POUR LES AFFRONTER

1   Les représentations se produisent en nous de quatre manières : ou bien des objets existent et nous nous les représentons comme tels ; ou bien ils n'existent pas et nous nous les représentons comme non existants ; ou bien ils existent et nous nous les représentons comme non existants ; ou bien ils n'existent pas et nous nous les représentons comme existants.
2 | Par suite, toucher juste dans tous ces cas est l'affaire de celui qui a reçu une formation. Quelle que soit la difficulté, il faut lui appliquer le remède approprié. Si les difficultés qui nous embarrassent, ce sont les sophismes des Pyrrhoniens et des Académiciens, appliquons-leur le remède adéquat. | Si
3 l'apparence de vérité produite par les objets fait que nous nous représentons comme bon ce qui ne l'est pas, cherchons le remède à appliquer. Si la difficulté qui nous embarrasse est une habitude, il faut essayer de découvrir le remède qui s'applique
4 à ce cas. | Quel remède peut-on donc trouver contre une habitu-
5 de ? L'habitude contraire. | Tu entends les gens sans éducation dire : « Le pauvre homme, il est mort ! Il avait déjà perdu son père, ainsi que sa mère ; il a été retranché des vivants, avant
6 l'âge en plus, et en terre étrangère ! » | Écoute les arguments contraires, écarte-toi de ceux qui tiennent ces propos, oppose à l'habitude l'habitude contraire. Contre les arguments sophisti-ques, il faut recourir aux procédés logiques, s'exercer et acquérir de l'expérience en la matière ; contre l'apparence de vérité produite par les objets, il faut avoir des prénotions claires, nettes et prêtes à être appliquées.

7   Lorsque tu te représentes la mort comme un mal, tiens prête l'idée que le mal est ce qu'il convient d'éviter, et que la

mort est inévitable. Dès lors, que faire ? Où puis-je fuir
pour l'éviter ? | Admettons qu'il soit au-dessus[1] de mes forces 8
d'être Sarpédon, le fils de Zeus, pour déclarer avec autant de
générosité que lui : « Je pars, et je veux moi-même être le
meilleur, ou offrir à un autre l'occasion de l'être ; si je ne puis,
moi, obtenir de succès, je n'envierai pas à un autre l'honneur
d'accomplir une action généreuse[2]. » C'est au-dessus de nos
forces, soit, mais l'idée précédente[3] n'est-elle pas à notre
portée ? | Où aller pour fuir la mort ? Indiquez-moi le pays, 9
indiquez-moi les gens chez qui je devrais aller, de qui la
mort ne s'approche pas, indiquez-moi l'incantation qui m'en
préserve ; s'il n'y en a pas, que voulez-vous que je fasse ? Je ne
peux pas échapper à la mort : | ne puis-je du moins échapper à la 10
peur de la mort ? Dois-je mourir en me lamentant et en
tremblant ?

C'est ainsi, en effet, que naît la passion : vouloir quelque
chose qui n'arrive pas. | En conséquence, si je peux changer les 11
choses extérieures pour les rendre conformes à ma volonté, je
les change ; sinon, je suis prêt à crever les yeux de celui qui
m'en empêche. | Car la nature de l'homme est ainsi faite qu'il 12
ne supporte pas d'être privé du bien, et ne supporte pas de
tomber dans le mal. | Finalement, lorsque je ne parviens ni à 13
changer les choses ni à crever les yeux de celui qui me fait
obstacle, je m'assieds, je gémis, j'insulte qui je peux, Zeus
comme les autres dieux : car s'ils ne se soucient pas de moi,
qu'ai-je à voir avec eux ? | « Oui, mais tu seras impie. » 14
Et que m'arrivera-t-il de pire que ma situation actuelle ? Bref,
on doit se mettre ceci dans l'esprit : si la piété et l'utilité
ne se rejoignent pas, il est impossible que la piété soit sauve

1. En suivant la suggestion de Schenkl (ajout de ὑπέρ).
2. Inspiré de l'*Iliade*, XII, 328.
3. Ce qui est dit phrase 7.

chez qui que ce soit. Ne trouves-tu pas cette argumentation contraignante ?

15   Qu'un Pyrrhonien et un Académicien viennent m'apporter la contradiction. Je n'ai pas, pour ma part, de loisir pour ces discussions, et je ne puis plaider en faveur de la manière

16 habituelle <de penser>[1]. | Si j'avais un petit procès, ne serait-ce que pour un bout de terrain, je ferais appel à un autre pour plaider pour moi. De quel argument me satisfaire

17 en cette matière ? | Si on me demande comment se produit la sensation, à travers tout le corps ou depuis une de ses parties, il se peut que je ne sache défendre aucune de ces positions, l'une et l'autre m'embarrassent. Mais que toi et moi ne soyons pas la

18 même personne, je le sais très exactement. | D'où me vient ce savoir ? Jamais, quand je veux avaler quelque chose, je ne porte le morceau à ta bouche mais à la mienne ; jamais, quand je veux prendre du pain, je n'ai pris un déchet, mais je me dirige

19 vers le pain, droit au but. | Vous autres qui niez les sensations[2], faites-vous autre chose ? Qui d'entre vous, voulant aller au bain, est allé au moulin ?

20   « Quoi ? Ne faut-il pas autant que possible s'attacher fermement à préserver les manières habituelles de penser, et se

21 cuirasser contre ce qui les combat ? » | Qui dit le contraire ? Mais c'est l'affaire de qui en a la capacité, de qui en a le loisir. Celui qui tremble, se trouble et sent en lui son cœur se briser, celui-là doit s'adonner à autre chose[3].

---

1. Selon Schweighäuser, la phrase signifie plutôt qu'Épictète renonce à la manière habituelle des Stoïciens d'opposer une argumentation en forme aux objections sceptiques.

2. Voir ci-dessus I, 5.

3. C'est-à-dire : à la réflexion et à l'exercice éthiques.

28) QU'IL NE FAUT PAS S'IRRITER CONTRE LES HOMMES, ET CE QUI EST PETIT ET CE QUI EST GRAND DANS LES AFFAIRES HUMAINES

Quelle est la cause qui détermine l'assentiment à une 1
chose ? Le fait de se la représenter comme existante. | Donc si 2
on se la représente comme non existante, il n'est pas possible
de donner son assentiment. Pourquoi ? Parce que la nature de la
pensée est telle qu'elle acquiesce à ce qui est vrai, répugne à ce
qui est faux, et suspend le jugement en présence de ce qui
est obscur[1]. | Quelle preuve en avons-nous ? « Aie le senti- 3
ment, si tu peux, qu'en ce moment il fait nuit. » Ce n'est pas
possible. « Écarte le sentiment qu'il fait jour. » Impossible.
« Aie ou écarte le sentiment que les astres sont en nombre
pair. » Impossible. | Par conséquent, lorsque quelqu'un donne 4
son assentiment au faux, sache bien que ce n'est pas au faux
qu'il voulait donner son assentiment, car, comme dit Platon,
« c'est toujours malgré elle que l'âme est privée de la vérité[2] » ;
mais il a pris le faux pour le vrai.

Et dans le domaine de l'action, qu'avons-nous qui 5
corresponde à ce qui est ici le vrai et le faux ? Ce qui convient[3]
et ce qui ne convient pas, l'avantageux et le nuisible, ce qui
m'est approprié et ce qui ne l'est pas et toutes les qualifications
semblables. | « Par conséquent, on ne peut pas trouver une 6
chose avantageuse et ne pas la choisir ? » Non. | Comment 7
comprendre alors cette femme qui déclare :

---

1. Comparer ci-dessus I, 18, 1.
2. Paraphrase du *Sophiste*, 228c.
3. Tὸ καθῆκον : ce que demande le « devoir ».

> Je sais bien quel forfait je vais accomplir,
> Mais la colère l'emporte sur mes résolutions[1] ?

C'est précisément qu'elle pense que satisfaire sa colère et se venger de son époux lui est plus avantageux que de sauver
8 ses enfants. « Oui, mais elle s'est trompée. » | Montre-lui clairement qu'elle s'est trompée, et elle ne le fera pas ; aussi longtemps que tu ne le lui montres pas, que peut-elle suivre d'autre que ce qu'elle se représente comme avantageux ? Rien.
9 | Pourquoi donc t'irriter contre elle parce qu'elle s'est fourvoyée, la malheureuse, sur les questions les plus importantes et que, d'être humain, elle est devenue vipère ? Pourquoi n'as-tu pas plutôt pitié d'elle, s'il le faut[2] ? Nous avons pitié des aveugles et des boiteux : n'aurons-nous pas pareillement pitié de ceux qui se trouvent aveuglés et mutilés à l'égard des choses qui comptent le plus ?

10 Ainsi quiconque a clairement à l'esprit que pour l'homme la mesure de toute action est ce qu'il se représente (que ce soit d'ailleurs bien ou mal ; si la représentation est bonne, il est irréprochable ; si elle est mauvaise, c'est lui-même qui est lésé, car il n'est pas possible, si l'un se fourvoie, qu'un autre en subisse le dommage), celui-là, dis-je, ne se fâchera avec personne, ne s'irritera contre personne, n'adressera à personne ni injure ni blâme, n'aura pas de haine, ne se brouillera avec personne.

11 S'ensuit-il que même les actes exceptionnellement importants et terribles ont pour origine ce que nous nous

---

1. Euripide, *Médée*, 1078-1079. Sur le personnage de Médée, voir aussi II, 17, 19 *sq.*

2. La pitié n'est pas une vertu aux yeux des Stoïciens ; elle est une passion, espèce de la peine (*cf.* R. Muller, *Les Stoïciens*, p. 245). Dans l'*Entr.* II, 21, 3, elle figure parmi les maux.

représentons ? Oui, il n'y en a pas d'autre. | L'*Iliade* n'est 12
pas autre chose que représentation et usage de représentations.
Alexandre a eu la représentation[1] d'enlever la femme de
Ménélas, Hélène celle de le suivre. | Si ses représentations 13
avaient fait sentir à Ménélas qu'il avait tout à gagner à être
privé d'une telle femme, que serait-il arrivé ? Nous n'aurions
pas eu d'*Iliade*, et pas d'*Odyssée* non plus. | – Des faits aussi 14
considérables dépendent donc d'une si petite chose ? –
Qu'appelles-tu « faits aussi considérables » ? Des guerres, des
séditions, la mort d'un grand nombre d'hommes, la destruction
de cités ? Qu'y a-t-il de grand dans tout cela ? – Ce n'est rien ?
| – Mais qu'y a-t-il de grand dans la mort d'une multitude 15
de bœufs et de moutons, dans l'incendie et la destruction
d'une grande quantité de nids d'hirondelles ou de cigognes ?
| – Les deux choses sont-elles donc semblables ? – Tout à fait 16
semblables. Ici ce sont des corps humains qui périssent, là des
corps de bœufs et de moutons. Incendies de pauvres habita-
tions humaines ici, de nids de cigognes là. | Qu'y a-t-il là 17
de grand ou de terrible ? Ou alors montre-moi la différence
qu'il y a, en tant qu'habitation, entre une maison d'homme
et un nid de cigogne. | – Dans ce cas, la cigogne et l'homme 18
sont semblables ? – Que veux-tu dire ? Pour le corps, tout à fait

---

1. Cet *Entr.* reposant tout entier sur la conception stoïcienne de la
représentation, on a voulu conserver en français le vocabulaire correspondant
en dépit des lourdeurs qui en résultent. Les traductions de φαίνεσθαι et de
φαινόμενον par « paraître » et « apparence », certes plus naturelles, masquent
ce rapport constant à la notion de représentation, et tirent l'interprétation vers
l'aspect trompeur. Or (voir not. phrases 1 et 10) ce qui apparaît dans la
représentation est le fondement de la connaissance et de l'action, et ce contenu
peut donner lieu aussi bien à une affirmation vraie qu'à une affirmation fausse.
À charge pour l'homme éduqué de le soumettre à un examen critique, comme
Épictète le répète à maintes reprises (*cf.* II, 18, 24 ; III, 12, 15).

semblables. La seule différence, c'est que l'un construit sa
maisonnette avec des poutres, des tuiles et des briques, et
19 l'autre avec des branches et de la boue. | – Un homme n'est
donc pas différent d'une cigogne ? – Loin de moi cette idée !
Mais ce n'est pas en cela qu'ils diffèrent. – En quoi alors
20 l'homme est-il différent ? | – Cherche et tu trouveras que la
différence est ailleurs. Vois si elle n'est pas en ce que l'homme
a une conscience réfléchie de ce qu'il fait, vois s'il n'est pas
différent par la sociabilité, la loyauté, la réserve, la sûreté
\<du jugement\>, l'intelligence.

21   Où situer alors, chez les hommes, le grand mal et le grand
bien ? Là où réside la différence. Si le caractère par lequel il
diffère est sauvé, et subsiste grâce aux remparts dont on l'a
entouré, si ne sont détruites ni la réserve, ni la loyauté, ni
l'intelligence, alors l'homme est sauvé lui aussi. Mais si une de
ces qualités périt ou en vient à capituler, l'homme lui aussi
22 périt. Voilà où se situent les grandes choses. | La grande défaite
d'Alexandre[1], était-ce quand, suivant la légende, les Grecs
lancèrent leur attaque et saccagèrent Troie, quand ses frères
23 périrent ? | Pas du tout ; car on ne subit jamais de défaite
par l'action d'autrui. Ce n'était là que saccage de nids de
cigogne. La défaite a eu lieu lorsqu'il perdit sa réserve, sa
24 loyauté, le respect de l'hospitalité, la décence. | Et Achille,
quand a-t-il connu la défaite ? Quand Patrocle mourut ? Loin
de là ! Mais quand il se mettait en colère, quand il pleurait pour
une malheureuse fille, quand il oublia qu'il était là non pour
25 acquérir des maîtresses mais pour faire la guerre. | Voilà les
défaites humaines, voilà le siège et la ruine de la cité : lorsque
les jugements droits sont renversés, quand ils sont détruits.

---

1. Paris Alexandre, le fils de Priam.

– Ainsi quand les femmes sont enlevées, les enfants 26
emmenés en captivité, les hommes égorgés, ce ne sont pas là
des maux ? | – Sur quoi te fondes-tu pour parler ici de maux[1] ? 27
Enseigne-le-moi. – Non, mais toi, sur quoi t'appuies-tu pour
dire que ce ne sont pas des maux ? | – Revenons aux règles, 28
apporte tes prénotions.

Voici pourquoi on ne peut assez s'étonner de ce qui arrive.
Quand nous voulons évaluer des poids, nous ne faisons pas
d'estimation au hasard ; | s'il s'agit de juger du droit et du 29
courbe, nous ne procédons pas au hasard ; bref, quand il est
important pour nous de connaître le vrai dans un domaine
donné, aucun de nous ne fera jamais rien au hasard. | Mais 30
quand il s'agit de la cause primordiale et à vrai dire unique
de l'action droite ou de la faute, du bonheur ou du malheur,
de l'échec ou du succès, dans ce cas seulement nous procédons
au hasard et avec précipitation. Nulle part alors on ne trouve
quelque chose qui ressemble à une balance, quelque chose
qui ressemble à une règle ; mais à peine une représentation
s'est-elle produite que j'agis en fonction d'elle. | Suis-je donc 31
supérieur à Agamemnon ou à Achille pour me contenter[2],
moi, des donnés de la représentation, alors que, pour les
avoir suivis, ils ont, eux, si mal agi et subi de tels maux ?
| Quelle tragédie commence autrement ? Qu'est-ce que 32
l'*Atrée* d'Euripide ? Ce qu'il se représente. Qu'est l'*Œdipe*
de Sophocle ? Ce qu'il se représente. Le *Phénix* ? Ce qu'il

1. Littéralement : « pour *ajouter* (aux faits énumérés) *ce jugement* (que ce
sont des maux) ». Le même verbe est utilisé par Épicure pour exprimer la
possibilité de l'erreur (*À Hérodote*, 50).

2. D'après la correction de Schweighäuser, qui supprime la négation
devant ce verbe.

33 se représente. L'*Hippolyte*[1] ? Ce qu'il se représente. | À qui
donc appartient-il, selon vous, de n'avoir aucun souci de ces
questions ? Comment appelle-t-on ceux qui suivent tout ce qui
est donné dans la représentation[2] ? – Des fous. – Et nous, que
faisons-nous d'autre ?

---

1. Il n'existe aucune trace d'un *Atrée* d'Euripide (mais le titre est attesté
pour Sophocle). Nous avons conservé un des deux *Hippolyte* d'Euripide ; de
l'autre et de son *Phénix*, il reste quelques fragments.

2. « Donnés de la représentation » et « Ce qu'il se représente », dans ces
dernières phrases, traduisent φαίνομενον (au singulier ou au pluriel).

29) DE LA FERMETÉ

L'essence du bien est une certaine qualité de la faculté de 1
choix[1], et pareillement l'essence du mal. | Que sont alors les 2
choses extérieures ? Des matières pour la faculté de choix :
c'est en s'appliquant à ces matières qu'elle atteindra son bien
propre et son mal propre. | Comment atteindra-t-elle le bien ? 3
En ne donnant pas de valeur à ces matières. Car les jugements
droits portés sur ces matières font que la faculté de choix est
bonne, mais s'ils s'écartent de la voie droite et se fourvoient, ils
font qu'elle est mauvaise. | Telle est la loi établie par le dieu 4
quand il dit : « Si tu veux un bien, tire-le de toi-même. » Toi, tu
déclares : « Non, d'un autre. » Ne t'exprime pas ainsi, mais
tire-le de toi-même. | Ainsi lorsque le tyran me menace et 5
me fait comparaître[2], je demande : « Qui menace-t-il ? »
S'il déclare : « Je te mettrai aux fers », je dis : « Il menace mes
mains et mes pieds. » | S'il annonce : « Je te ferai couper le 6
cou », je dis : « C'est mon cou qu'il menace. » S'il affirme : « Je
te jetterai en prison », moi alors : « Cette fois c'est ma pauvre
chair tout entière. » Et s'il menace de me bannir, même
réponse. | – Toi, il ne te menace donc absolument pas ? – Non, 7
si j'ai le sentiment que tout cela n'est rien par rapport à moi.
Mais si je redoute l'une de ces choses, alors il me menace.
| Qui ai-je à craindre, en fin de compte ? L'homme qui serait le 8
maître, mais de quoi ? De ce qui dépend de moi ? Il n'en existe
aucun. De ce qui ne dépend pas de moi ? Qu'ai-je à m'en
soucier ?

– Vous autres philosophes, vous enseignez donc à 9
mépriser les rois ? – Jamais de la vie ! Qui d'entre nous

---

1. Même formule en I, 8, 16.
2. La négation devant ce verbe paraît fautive ; la correction de μὴ en με est
le plus souvent adoptée.

enseigne à avoir des prétentions dans les domaines où les rois
10 exercent leur pouvoir ? | Mon pauvre corps, prends-le ; prends
mes biens, prends ma réputation, prends ceux qui m'entourent.
Si je persuade des gens d'avoir des prétentions en ces matières,
qu'on me fasse des reproches, ce sera à juste titre.

11   « Oui, mais je veux aussi commander à tes jugements. »
Qui t'a donné ce pouvoir ? Comment peux-tu vaincre le
12 jugement d'autrui ? | « En suscitant la peur, je le vaincrai »,
dit-il. Tu ignores qu'alors c'est le jugement lui-même qui s'est
vaincu, et qu'il n'a pas été vaincu par un autre. La faculté de
choix, rien d'autre ne peut la vaincre, elle seule en est capable.
13 | Voilà aussi pourquoi elle est très puissante et très juste, la loi
divine qui dit : *Le supérieur doit toujours l'emporter sur*
14 *l'inférieur.* | « Dix sont supérieurs à un seul. » Pour quoi faire ?
Pour mettre aux fers, pour tuer, pour emmener quelqu'un où
on veut, pour dépouiller un homme de ses biens. Assurément,
les dix sont vainqueurs d'un seul dans le domaine où ils sont
15 supérieurs. | Et en quoi sont-ils inférieurs ? Si lui a des juge-
ments droits et eux non. Quoi ? Ils peuvent remporter la
victoire sur ce terrain ? Comment cela ? Si on nous pèse sur une
balance, ne faut-il pas que le plus lourd entraîne le plateau vers
le bas ?

16   – Avec pour conséquence que Socrate endure de la part des
Athéniens ce qu'il a enduré ? – Esclave ! Socrate ? Que veux-tu
dire ? Dis les choses comme elles sont : « Avec pour
conséquence que le pauvre corps de Socrate soit emmené et
traîné en prison par des gens plus forts, qu'on donne la ciguë au
pauvre corps de Socrate, que ce corps se refroidisse et meure. »
17 | Tu trouves cela étonnant, injuste, c'est cela que tu reproches
18 au dieu ? Socrate n'a-t-il rien eu en échange ? | Où mettait-il
l'essence du bien ? À qui devons-nous nous fier, à toi ou à lui ?
Et que dit-il, lui ? « Anytos et Mélétos peuvent me faire périr,
mais ils ne peuvent me nuire. » Et encore : « Si cela plaît au

dieu, qu'il en soit ainsi[1].» | Mais montre-moi qu'avec des 19
jugements inférieurs on triomphe de celui qui est supérieur
dans ses jugements. Tu ne le montreras pas, et tu n'es pas près
de le faire. Car telle est la loi de la nature et du dieu : *Le
supérieur doit toujours l'emporter sur l'inférieur.* L'emporter
en quoi ? Sur le point où il est supérieur. | Un corps est plus fort 20
qu'un autre, plusieurs sont plus forts qu'un seul, le voleur est
plus fort que celui qui ne vole pas. | C'est ainsi que j'ai moi- 21
même perdu ma lampe, parce qu'en matière de vigilance le
voleur m'était supérieur. Mais sa lampe, il l'a payée cher : pour
une lampe, il est devenu voleur ; pour une lampe, il est devenu
déloyal ; pour une lampe, il est devenu bête sauvage. Et il
croyait y gagner !

Soit[2]. Mais voici qu'un homme m'a saisi par mon vête- 22
ment, qu'il m'entraîne sur la place publique, et que d'autres
crient après moi : « Philosophe, à quoi t'ont servi tes jugements ? Te voilà traîné de force en prison, voilà qu'on s'ap-
prête à te couper le cou ! » | Quelle formation aurais-je pu 23
entreprendre pour éviter d'être ainsi traîné, dans le cas où un
individu plus fort que moi me saisirait par mon vêtement ? ou
pour éviter d'être jeté en prison si dix hommes me malmènent
et m'y jettent ? | N'ai-je donc rien appris d'autre ? J'ai appris à 24
considérer que tout événement qui ne dépend pas de mon choix
n'est rien pour moi. | « N'en as-tu donc pas retiré profit pour 25
le cas actuel ? Pourquoi cherches-tu ton profit ailleurs que
dans ce que tu as appris[3] ? » | Assis dans ma prison, je me dis 26

---

1. Épictète cite de mémoire deux passages de Platon : *Apologie de Socrate*,
30c et *Criton*, 43d.

2. Les éditeurs hésitent, tout au long de ce chapitre, sur la répartition des
répliques entre Épictète et divers interlocuteurs. On peut très bien admettre
qu'elles sont en fait toutes prononcées par Épictète, qui pose des questions ou
fait des objections en se mettant à la place d'un disciple ou d'un contradicteur.

3. Épictète s'adresse à lui-même.

finalement : « Cet homme qui crie ainsi n'entend pas ce que les mots signifient, il ne suit pas ce qu'on lui dit, il ne se soucie absolument pas de savoir ce que disent ou font les philosophes.

27 Laisse-le. » | « Eh bien, sors de ta prison. » Si vous n'avez plus besoin de moi en prison, je sors. Si vous avez de nouveau

28 besoin de moi, j'y retournerai. | Pour combien de temps ? Aussi longtemps que la raison décidera que je reste uni à mon pauvre corps. Quand elle en décidera autrement, prenez-le et portez-

29 vous bien ! | Seulement, il ne faut pas que j'agisse sans raison, par lâcheté, sous le premier prétexte venu. Le dieu, pour sa part, ne le veut pas non plus, car il a besoin d'un monde tel que le nôtre, et d'êtres tels que nous séjournant sur la terre. Mais s'il donne le signal de la retraite, comme il l'a fait pour Socrate, il faut obéir à celui qui donne le signal comme on obéit à son général.

30 – Eh quoi ? Faut-il dire cela à la multitude ? – Dans quel

31 but ? Ne suffit-il pas de s'en convaincre soi-même ? | Lorsque les enfants viennent à nous en battant des mains et en disant : « C'est aujourd'hui les Saturnales ! Quelle bonne chose ! », est-ce que nous leur disons : « Ce n'est pas là une chose bonne » ?

32 Certainement pas, mais nous applaudissons avec eux. | Eh bien toi aussi, lorsque tu ne peux pas faire changer quelqu'un d'opinion, sache que c'est un petit enfant, et applaudis avec lui ; si tu ne veux pas le faire, tu n'as qu'à te taire.

33 Voilà ce qu'il faut garder en mémoire, et si l'on est appelé à affronter ce genre de difficultés[1], il faut comprendre que l'occasion est venue de faire la preuve qu'on a été bien instruit.

34 | Car un jeune homme qui à sa sortie de l'école rencontre une difficulté est comparable à celui qui s'est exercé à analyser des syllogismes ; si on lui en propose un facile à résoudre, il dit :

---

1. Comme celles qui sont décrites ci-dessus phrase 22.

« Proposez-moi plutôt un raisonnement bien compliqué, pour
que je m'entraîne. » Les athlètes aussi sont mécontents de
rencontrer des adversaires jeunes et de poids léger. « Il ne peut
pas me soulever », entend-on. | Voici un jeune homme bien 35
doué. Mais non : si l'occasion l'appelle, il se croit obligé de
pleurer en disant : « Je voulais encore apprendre. » Apprendre
quoi ? Si tu n'as pas appris ce qu'on t'a enseigné de telle
manière que tu sois capable de le mettre en pratique, dans quel
but l'as-tu appris ? | Je me plais à croire que, parmi vous qui 36
êtes assis ici, quelqu'un se tourmente intérieurement en se
disant : « Dommage que je ne rencontre pas maintenant une
difficulté semblable à celle qui s'est abattue sur cet homme !
Vais-je perdre mon temps à rester assis dans mon coin, alors
que je pourrais être couronné à Olympie ? Quand viendra-t-on
m'annoncer un combat pareil ? » Voilà comment vous devriez
être tous. | Parmi les gladiateurs de César, on en trouve qui 37
s'irritent de ce que personne ne les pousse en avant, que
personne ne les apparie avec un adversaire ; ils prient le dieu, et
vont voir les gardiens en réclamant qu'on les fasse combattre.
Et personne parmi vous ne se montrera leur émule ? | Je 38
voudrais prendre le bateau [1] rien que pour cela, et voir ce que
fait mon athlète, comment il s'exerce sur le sujet [2] qui lui est
proposé. | « Je ne veux pas, dit-il, d'un pareil sujet. » Dépend-il 39
de toi de prendre le sujet que tu veux ? Il t'a été donné tel corps,
tels parents, tels frères, telle patrie, tel rang dans ta patrie, et
tu viens me dire : « Change-moi le sujet ! ». N'as-tu pas les
ressources nécessaires pour te servir de ce qui t'a été donné ?
| « À toi de proposer le sujet, à moi de m'y exercer comme il 40
faut », <devrais-tu dire> ; non, tu dis au contraire : « Ne me

---

1. Pour aller à Rome, vraisemblablement.
2. Allusion à la question posée (ὑπόθεσις) dans les exercices de logique.

propose pas telle majeure, plutôt telle autre ; ne m'impose pas
41 cette conclusion, mais celle-ci. » | Bientôt viendra le temps où
les acteurs tragiques croiront qu'ils sont leurs masques, leurs
cothurnes, leur robe. Homme, tout cela tu l'as comme matière
42 et comme sujet proposé. | Dis quelque chose, pour que nous
sachions si tu es un acteur tragique ou un bouffon ; car le reste
43 est commun aux deux. | C'est pourquoi, si on enlève à l'acteur
ses cothurnes et son masque, et si on le produit sur scène sous la
forme d'un simulacre d'acteur, l'acteur tragique a-t-il disparu
ou subsiste-t-il encore ? S'il garde sa voix, il subsiste [1].

44   Il en va de même ici. « Prends le commandement. » Je le
prends, et après l'avoir pris je montre comment se comporte un
45 homme bien instruit. | « Dépose la toge à large bande [2], prends
des haillons et entre en scène dans ce personnage. » Eh quoi ?
46 Ne m'a-t-il pas été donné d'y apporter une belle voix ? | « Dans
quel rôle montes-tu à présent sur scène ? » Dans celui d'un
47 témoin cité par le dieu. | « Avance-toi et témoigne pour moi ;
car tu es digne d'être produit par moi comme témoin. Est-ce
qu'une chose étrangère à la faculté de choix est un bien ou un
mal ? Est-ce que je fais du tort à quelqu'un ? Ai-je mis ce qui
est avantageux à chacun dans la dépendance d'un autre que de
48 lui-même ? » | Quel témoignage rends-tu au dieu ? « Je suis
dans une situation épouvantable, maître, et je suis malheureux.
Personne ne fait attention à moi, personne ne me donne rien,
tout le monde me blâme, tout le monde dit du mal de moi ! »
49 | Est-ce là le témoignage que tu t'apprêtes à donner ? Est-ce
ainsi que tu vas déshonorer l'appel qu'il t'a adressé parce qu'à

1. Au théâtre, l'essentiel est le texte déclamé, non le costume ; pour le
disciple, ce qui compte, c'est la mise en pratique de ce qu'il a appris à l'école,
non les rôles sociaux qu'il sera amené à assumer, qui restent extérieurs comme
le costume, et ne sont que le *sujet* ou la *matière* de sa vie.

2. Voir I, 24, 12.

ses yeux tu méritais cet honneur, et parce qu'il t'a jugé digne de
te convoquer pour un témoignage d'une telle importance ?

Mais celui qui a le pouvoir de te juger a déclaré : 50
« Je te juge impie et sacrilège. » Que t'est-il arrivé ? « J'ai été
jugé impie et sacrilège. » Rien d'autre ? « Non. » | S'il s'était 51
prononcé sur une proposition conditionnelle et avait déclaré :
« La proposition "S'il fait jour, il y a de la lumière", je la juge
fausse », que serait-il arrivé à la proposition conditionnelle ?
Qui est jugé dans ce cas ? Qui a été condamné ? La proposition
conditionnelle ou celui qui s'est trompé sur elle ? | Qui donc 52
est celui qui a le pouvoir de déclarer quelque chose à ton
sujet ? Sait-il ce qu'est la piété ou l'impiété ? A-t-il étudié
la question ? A-t-il appris quelque chose sur ce sujet ? Où ?
Auprès de qui ? | Un musicien ne se soucie pas de lui s'il 53
confond la nète et l'hypate[1], ni le géomètre, s'il juge que les
lignes allant du centre à la circonférence ne sont pas égales.
| Et celui qui est vraiment instruit va se soucier de l'homme 54
sans instruction qui juge du pieux et de l'impie, de l'injuste
et du juste ?

Elle est grande, l'injustice des hommes instruits[2] ! Est-ce
donc cela que tu as appris ici ? | Ne veux-tu pas abandonner à 55
d'autres les petits raisonnements qu'on fait là-dessus, à ces
petits hommes vite fatigués, pour leur permettre, assis dans
leur coin, de toucher leurs petits salaires, ou de grogner que
personne ne leur donne rien ? Mais toi, ne veux-tu pas publi-
quement faire usage de ce que tu as appris ? | Ce ne sont pas, 56

---

1. Dans l'harmonie grecque, la *nète* est la note la plus aiguë bien que son
nom signifie proprement « la plus basse » (peut-être en raison de la disposition
des cordes sur la lyre) ; l'*hypate*, littéralement « la plus haute », désigne la note
la plus grave. D'où la confusion éventuelle du non-spécialiste.

2. Injustice à l'égard des maîtres ou de la philosophie, leur comportement
trahissant l'enseignement reçu.

en effet, les petits raisonnements qui manquent aujourd'hui : les livres des Stoïciens en sont pleins. Qu'est-ce donc qui manque ? L'homme qui en fera usage, qui témoignera dans les
57 faits en faveur de ces raisonnements. | Fais-moi cette faveur : empare-toi de ce rôle, pour qu'à l'école nous n'ayons plus à recourir à des exemples anciens, mais disposions aussi
58 d'un exemple de notre temps. | À qui revient-il de regarder ces exemples comme un spectacle [1] ? À celui qui a du loisir. Car
59 l'homme est un vivant qui aime les spectacles. | Mais il est honteux d'y assister comme des esclaves fugitifs ; il faut au contraire rester tranquillement assis sans se laisser distraire, et écouter ici l'acteur tragique, là le citharède [2], en évitant de faire comme ces esclaves. Celui-là, par exemple, tantôt fixe son attention sur l'acteur tragique, lui décerne des éloges, et tantôt regarde autour de lui avec inquiétude ; si quelqu'un alors prononce le mot « maître », voilà aussitôt nos escla-
60 ves qui s'agitent et s'alarment. | Il est honteux que même les philosophes contemplent les œuvres de la nature de cette manière-là. Qu'est-ce en effet qu'un maître ? Un homme n'est pas le maître d'un homme, mais la mort et la vie, le plaisir et la
61 peine le sont. | Amène-moi César sans tous ces moyens de pression, et tu verras comme je reste ferme. Mais lorsqu'il arrive avec tout cet attirail, tonnant et lançant des éclairs, et que j'en suis effrayé, que se passe-t-il d'autre sinon que je viens de
62 reconnaître mon maître, comme un esclave fugitif ? | Aussi longtemps que j'ai quelque répit, je suis semblable à l'esclave qui suit le spectacle au théâtre : je me lave, je bois, je chante,
63 mais toujours apeuré et misérable. | Si cependant je me délivre

---

1. « Regarder comme un spectacle » ou « contempler » (θεωρεῖν).

2. Musicien qui pratique la citharodie, chant accompagné à la cithare, à la différence du cithariste qui ne fait que jouer de son instrument.

de mes maîtres, c'est-à-dire de ce qui les rend redoutables, qu'ai-je encore à me tracasser, quel maître me reste-t-il ?

Quoi ? Faut-il proclamer ces choses devant tout le monde ? 64 – Non, il faut s'accommoder aux profanes et se dire : « Cet homme me conseille ce qu'il croit bon pour lui-même, je lui pardonne. » | Socrate pardonnait lui aussi au gardien de 65 la prison qui pleurait au moment où il s'apprêtait à boire le poison ; il dit : « Avec quelle générosité il nous a pleuré ! » | Est-ce que par hasard il lui dit : « C'est pour cela que 66 nous avons renvoyé les femmes[1] ? » Non, cela il le dit à ses disciples, à ceux qui peuvent l'entendre. Quant au gardien, il s'accommode à lui comme à un petit enfant.

---

1. Épictète se réfère à deux passages du *Phédon* de Platon : 116d et 117d.

30) CE QU'IL FAUT AVOIR SOUS LA MAIN
DANS LES DIFFICULTÉS

1   Quand tu vas trouver un homme haut placé, garde à l'esprit
qu'un autre[1] regarde d'en haut ce qui arrive, et que
2 tu dois lui plaire à lui plutôt qu'au premier. | Cet autre te
questionne : « À l'école, que disais-tu de l'exil, de la prison,
des chaînes, de la mort, de la mauvaise réputation ? – Que ce
3 sont des choses indifférentes. | – Et maintenant comment les
appelles-tu ? Auraient-elles changé d'une façon ou d'une
autre ? – Non. – Et toi, aurais-tu changé ? – Non. – Eh bien,
dis-moi ce que sont les choses indifférentes. – Soustraites à
mon choix. – Dis-moi aussi ce qui s'ensuit. – Les choses
4 soustraites à mon choix ne sont rien pour moi. | – Dis-moi
encore ceci : les biens, quels étaient-ils selon vous ? – La
faculté de choix telle qu'elle doit être, et l'usage des représentations. – Et la fin ? – De te suivre. – Maintiens-tu actuellement
5 ces affirmations ? – Oui, je les maintiens. » | Eh bien va, entre
en toute confiance[2] et en gardant tout cela en mémoire ; tu
verras alors ce qu'est un jeune homme qui a étudié ce qu'il faut,
6 quand il est au milieu de gens qui n'ont pas étudié.| Pour moi,
par les dieux, je me plais à imaginer que tu éprouveras un
sentiment comme celui-ci : « Pourquoi faisons-nous des préparatifs si importants, si nombreux, pour quelque chose qui ne
7 compte pas ? | C'était donc cela, le pouvoir ? C'était cela, les
vestibules, les valets, les gardes armés ? C'est pour cela que
j'ai écouté tant de raisonnements ? Tout cela n'était rien, et je
m'y suis préparé comme si c'étaient des choses importantes ! »

---

1. Voir ci-dessus I, 25, 13.
2. Chez l'homme « haut placé » du début.

LIVRE II

1) QUE LA HARDIESSE NE CONTREDIT PAS
LA CIRCONSPECTION

Certains trouvent peut-être paradoxale l'affirmation des 1
philosophes selon laquelle il faut en tout agir à la fois avec
circonspection[1] et avec hardiesse ; examinons-la cependant du
mieux que nous pourrons, pour savoir si elle est vraie. | En un 2
sens, en effet, la circonspection semble être le contraire de la
hardiesse, et les contraires ne peuvent en aucune manière
coexister. | Si beaucoup de gens voient un paradoxe en la 3
matière, cela tient, me semble-t-il, à ceci : si nous prétendions
qu'il faut user de circonspection et de hardiesse à l'égard
des mêmes objets, c'est à juste titre qu'on nous accuserait de
vouloir concilier les inconciliables. | Mais qu'y a-t-il d'extra- 4
ordinaire, en réalité, dans cette affirmation ? Si ce que nous
avons dit souvent et souvent démontré est solidement établi, à
savoir que « l'essence du bien comme du mal consiste dans
l'usage des représentations », que « ce qui est soustrait à notre

---

1. La circonspection (εὐλάβεια) est l'une des trois principales passions
bonnes ou « eupathies », avec la joie et la volonté (D. L., VII, 115 ; Cicéron,
Tusculanes, IV, 6, 12 *sq.*). Il s'agit d'affections ou de « sentiments » qui, à la
différence des passions tout court, préservent l'accord de l'âme avec
elle-même.

5 choix n'admet ni la nature du mal ni celle du bien », | qu'y a-t-il
de paradoxal dans ce que soutiennent les philosophes s'ils
disent : « Dans les choses soustraites à notre choix, agis hardiment, et dans celles qui dépendent de notre choix, fais preuve
6 de circonspection » ? | Si en effet le mal réside dans une défail-
lance de la faculté de choix, c'est uniquement à l'égard de ce
qui relève d'elle qu'il convient de faire preuve de circonspection ; et si ce qui est soustrait à notre choix et ne dépend pas
de nous n'est rien pour nous, il faut en ce cas user de hardiesse.
7 | C'est ainsi que nous serons à la fois circonspects et hardis, et
de surcroît, par Zeus, hardis en raison même de notre circonspection : car se montrer circonspect envers ce qui est réellement mauvais aura pour résultat de nous rendre hardis pour ce
qui ne l'est pas.

8   Or il nous arrive à nous ce qui arrive aux cerfs : lorsqu'ils
s'effraient des épouvantails de plumes et se sauvent, vers
quoi se tournent-ils, où se réfugient-ils comme s'il s'agissait
d'une retraite sûre ? Dans les filets, et ainsi ils périssent
parce qu'ils ont confondu ce qui est à craindre avec ce qu'on
9 peut accomplir hardiment. | Nous sommes pareils : envers
quoi éprouvons-nous de la crainte ? Envers ce qui est soustrait
à notre choix. Inversement, en quoi nous conduisons-nous
avec hardiesse comme s'il n'y avait aucun danger ? Dans ce
10 qui dépend de notre choix. | Être trompé, agir avec précipi-
tation, accomplir un acte déshonorant, éprouver un désir
passionné et honteux, tout cela importe peu pourvu que nous
réussissions dans les choses qui ne dépendent pas de notre
choix. Mais s'il est question de mort, d'exil, de souffrance,
d'infamie, alors on cherche un refuge, alors on s'agite furieu-
11 sement. | Dès lors, comme on peut s'y attendre de la part de
gens qui se trompent complètement sur les sujets les plus
importants, la hardiesse que nous possédons naturellement,
nous la changeons en audace aventureuse, en désespoir, en

effronterie, en impudence ; la circonspection et la réserve naturelles, de leur côté, en lâcheté et en bassesse pleines de frayeur et de trouble. | Car si l'on place la circonspection sur le 12 terrain de la faculté de choix et des actions qui relèvent d'elle, cette volonté d'agir avec circonspection s'accompagne sur le champ de la maîtrise de l'aversion ; mais si on la situe dans le domaine de ce qui ne dépend pas de nous et échappe à notre choix, l'aversion porte alors sur ce qui dépend d'autrui et on sera nécessairement effrayé, agité, troublé. | Ni la mort 13 ni la souffrance ne sont à craindre, mais bien de craindre la souffrance ou la mort. C'est pourquoi nous louons celui qui a dit :

> Ce n'est pas mourir qui est effrayant, mais de mourir dans la honte [1].

Ce qu'il faudrait, par conséquent, c'est se montrer 14 hardi face à la mort, et circonspect devant la crainte de la mort ; mais dans les faits, c'est le contraire : on fuit devant la mort, et pour le jugement à porter sur elle, on se montre indifférent, insouciant, négligent. | Ces objets de crainte, Socrate avait 15 raison de les appeler des épouvantails [2]. Aux petits enfants, à cause de leur inexpérience, les masques paraissent redoutables, effrayants ; nous, nous éprouvons ce genre d'impression devant les événements, pour la même raison et de la même manière que les petits enfants devant les épouvantails. | Qu'est-ce qu'un petit enfant ? Ignorance. Qu'est-ce qu'un 16 petit enfant ? Manque d'instruction. Car pour les choses qu'il connaît, il ne se montre nullement inférieur à nous. | Qu'est-ce 17 que la mort ? Un épouvantail. Retourne-le, et apprends ce qu'il est ; regarde, il ne mord pas ! Il faut que ton pauvre corps soit

---

1. Auteur inconnu (Nauck[2], Trag. Gr. Frag., Adespota 88).
2. Voir Platon, *Phédon*, 77e et *Criton*, 46c.

séparé du souffle vital, maintenant ou plus tard, comme il en était séparé antérieurement. Pourquoi alors te fâcher si c'est maintenant ? Si ce n'est pas maintenant, ce sera plus tard. 18 | Pour quelle raison ? Pour que s'accomplisse le cycle du monde ; ce cycle a en effet besoin de ce qui est présent, de ce 19 qui doit arriver à l'avenir et de ce qui est accompli. | Et la souffrance, qu'est-elle ? Un épouvantail. Retourne-le, et apprends ce qu'il est. Ta pauvre chair est soumise à un rude traitement, puis elle se meut de nouveau avec aisance. Si tu n'y trouves pas ton avantage, la porte est ouverte ; si tu y trouves 20 avantage, supporte. | Car pour tous les cas qui se présentent, il faut <prendre en compte> que la porte est ouverte [1], et finis les tracas !

21   Quel est finalement le fruit de ces doctrines ? Celui précisément qui doit être tenu pour le plus beau, le plus convenable pour ceux qui ont reçu une véritable instruction : 22 l'absence de trouble, l'absence de crainte, la liberté. | Sur ce point, en effet, il ne faut pas croire la multitude, qui affirme que c'est uniquement aux hommes libres qu'il est permis de s'instruire, mais il faut plutôt croire les philosophes, qui disent 23 que seuls les hommes instruits sont libres. | – Comment cela ? – Voici : la liberté est-elle autre chose aujourd'hui que la possibilité de vivre comme nous voulons ? – Non. – Eh bien, hommes, dites-moi : voulez-vous vivre dans l'erreur ? – Non. 24 – Donc personne n'est libre s'il est dans l'erreur. | Voulez-vous vivre dans la peur, ou dans la peine, dans le trouble ? – En aucun cas. – Par conséquent nul homme vivant dans la peur, dans la peine ou dans le trouble n'est libre ; mais quiconque s'est défait des peines, des peurs et des troubles, celui-là s'est

---

1. Littéralement : « Il faut que la porte ait été ouverte. » Mais on pourrait comprendre qu'Épictète recommande le suicide dans tous les cas ; il s'agit plutôt de considérer que cette solution est toujours disponible.

du même coup défait aussi de l'esclavage. | Comment donc 25
vous croire encore, chers législateurs ? N'accordons-nous
l'instruction qu'aux hommes libres ? Les philosophes, eux,
affirment que nous n'accordons la liberté qu'aux gens
instruits, en d'autres termes que le dieu l'accorde à ceux-là
seuls. | – Donc quand on a fait tourner son esclave devant le 26
préteur[1], on n'a rien fait ? – Mais si ! – Quoi donc ? – On a fait
tourner son esclave devant le préteur. – Et rien d'autre ? – Si :
on doit aussi s'acquitter de l'impôt du vingtième. | – Quoi ? 27
Celui qui a été l'objet de cette opération n'est pas devenu
libre ? – Pas plus qu'il n'a été délivré de trouble. | Mais toi, par 28
exemple, qui as le pouvoir de faire ainsi tourner d'autres
hommes, n'as-tu pas de maître ? N'as-tu pas pour maître
l'argent, une fillette, un mignon, le tyran, un ami du tyran ?
Pourquoi donc trembles-tu quand tu pars affronter une
situation de ce genre ?

C'est pour cette raison que je répète souvent : « Exercez- 29
vous, gardez à l'esprit les objets envers lesquels il faut se
montrer hardi et ceux envers lesquels il faut faire preuve de
circonspection : hardiesse pour ceux qui sont soustraits à notre
choix, circonspection pour ceux qui relèvent de notre choix. »
| – Mais je ne t'ai pas fait ma lecture, et tu ne sais pas ce que 30
je fais[2]. | – En quel domaine ? En matière de belles phrases ! 31
Garde-les, tes belles phrases. Montre-nous quel est ton
comportement en matière de désir et d'aversion, fais-nous voir
si tu n'échoues pas à obtenir ce que tu veux, si tu ne tombes pas
sur ce que tu veux éviter. Quant à ces périodes pompeuses, si tu
as du bon sens, tu vas les prendre et les supprimer. | – Mais 32

---

1. C'était là un des éléments de la cérémonie d'émancipation, en présence
du préteur urbain.
2. Allusion à deux des exercices pratiqués par les élèves à l'école du
philosophe : lecture commentée, et travail de composition original.

quoi ? Socrate n'a-t-il pas écrit ? – Et qui a écrit autant que
lui[1] ? Mais de quelle manière ? Comme il ne pouvait pas
toujours avoir avec lui quelqu'un qui soumettrait ses jugements à la réfutation, ou qui à son tour subirait une réfutation,
Socrate la pratiquait envers lui-même, il s'examinait à fond, et
sans cesse il s'entraînait sur les prénotions, une à une, de

33 manière à en tirer profit. | Voilà ce qu'écrit un philosophe ;
pour ce qui est des belles phrases, la voie que je propose[2] les
laisse à d'autres, aux gens stupides ou aux bienheureux, à ceux
qui ont du loisir parce qu'ils sont exempts de trouble, ou à ceux
qui ne tiennent aucun compte des conséquences parce qu'ils
sont fous.

34   Et maintenant, si l'occasion t'y invite, iras-tu faire parade
de tes écrits, en donner lecture, et déclarer prétentieusement :

35 « Vois comment je sais composer des dialogues » ? | Non pas,
homme, parle plutôt ainsi : « Vois comment je n'échoue pas
dans mes désirs ; vois comment je ne tombe pas sur ce que je
veux éviter. Apporte-moi la mort et tu verras ; apporte les

36 souffrances, la prison, l'infamie, la condamnation. » | Tel est
le genre de parade qui convient au jeune homme une fois qu'il
a quitté l'école. Le reste, laisse-le à d'autres. Que personne
n'entende jamais un mot de toi là-dessus, et si quelqu'un
t'adresse des éloges à ce sujet, ne les accepte pas, mais donne à

37 croire que tu comptes pour rien et ne sais rien. | Montre que tu
ne sais qu'une chose : comment faire pour n'échouer ni dans

38 ses désirs ni dans ses aversions. | Que d'autres s'exercent
aux procès, aux problèmes, aux syllogismes ; toi, exerce-toi à

---

1. Il est généralement admis que Socrate n'a pas laissé d'écrits, c'est
pourquoi diverses corrections du texte ont été proposées, peu convaincantes
néanmoins. La suite montre qu'en l'occurrence Épictète a en vue une écriture
« privée » plutôt que la rédaction d'ouvrages de philosophie.

2. Texte peu sûr.

mourir, à être enchaîné, torturé, exilé. | Tout cela, fais-le 39
hardiment, plein de confiance en celui qui t'a appelé à affronter
ces situations, qui t'a jugé digne du poste où il t'a placé et où tu
montreras ce que peut le principe directeur rationnel quand il
s'oppose aux forces qui échappent à notre choix. | Il apparaîtra 40
ainsi qu'il n'y a rien d'impossible ni de paradoxal dans le
paradoxe dont nous parlions, selon lequel il faut agir à la fois
avec circonspection et avec hardiesse : avec hardiesse face aux
choses soustraites à notre choix, et avec circonspection dans
celles qui en dépendent.

2) DE L'ABSENCE DE TROUBLE

1   Si tu t'apprêtes à comparaître en justice, prends garde à ce
2 que tu veux sauvegarder et au résultat que tu veux obtenir. | Si
   c'est ta faculté de choix que tu veux sauvegarder en la gardant
   conforme à la nature, tu es pleinement en sécurité, tu as toute
3 facilité, tu n'as pas à te tracasser. | Car si tu veux sauvegarder ce
   qui dépend absolument de toi et qui est libre par nature, si en
   outre tu te contentes de cela, de quoi as-tu encore à te soucier ?
4 Qui est le maître de ces choses-là, qui peut te les enlever ? | Si tu
   veux être réservé et loyal, qui te l'interdira ? Si tu veux n'être ni
   empêché ni contraint, qui te contraindra à désirer ce que tu ne
   trouves pas désirable, à éviter ce qui ne te paraît pas devoir être
5 évité ? | Et alors ? Le tribunal prendra peut-être contre toi des
   mesures qui auront l'air effrayantes ; mais comment peut-il
6 faire que tu les subisses avec aversion ? | Quand le désir et
   l'aversion dépendent de toi, de quoi as-tu encore à te soucier ?
7 | Voilà ton exorde, voilà ta narration, voilà ta preuve, voilà ta
   victoire, voilà ta péroraison, voilà ce qui établit ta réputation[1].

8   C'est pourquoi Socrate a fait la réponse suivante à celui qui
   l'avertissait de se préparer à son procès : « Ne crois-tu pas que
   je m'y prépare par ma vie entière ? – De quelle préparation
9 parles-tu ? | – J'ai, dit-il, sauvegardé ce qui dépend de moi.
   – Comment cela ? – Jamais je n'ai commis d'injustice, ni en
10 privé ni en public[2]. » | Cependant, si tu veux sauvegarder aussi
   les choses extérieures, ton pauvre corps, ta petite fortune, ta
   petite réputation, alors je te dis : à l'instant même, fais tout ton
   possible pour te préparer ; étudie en outre le caractère du juge,

---

1. *Exorde*, *narration*, *preuve* et *péroraison* sont des termes techniques
empruntés à la rhétorique, et désignent les différentes parties d'une plaidoirie.
2. D'après Xénophon, *Apologie de Socrate*, 2 *sq.*

ainsi que ton adversaire. | S'il faut embrasser leurs genoux, 11
embrasse-les ; s'il faut pleurer, pleure ; s'il faut se lamenter,
lamente-toi. | Du moment que tu subordonnes ce qui est 12
proprement tien aux choses extérieures, sois esclave à la fin, et
ne te laisse pas tirer en tous sens, tantôt consentant à être
esclave et tantôt t'y refusant ; | mais, une bonne fois et de toute 13
ton âme, sois ceci ou cela : libre ou esclave, instruit ou sans
instruction, coq de race ou coq de basse extraction ; supporte
les coups jusqu'à en mourir ou cède tout de suite, mais évite, je
t'en prie, de prendre d'abord une volée de coups pour céder
ensuite ! | Mais s'il est honteux d'agir ainsi, prends tout de suite 14
ta décision sur le point suivant : « Où se situe la nature des
maux et des biens ? Là se trouve aussi la vérité[1]. »

Crois-tu peut-être que si Socrate avait voulu sauvegarder 15
les choses extérieures, il se serait présenté devant le tribunal en
disant : « Anytos et Mélétos peuvent me faire périr, mais ils ne
peuvent me nuire[2] » ? | Était-il assez sot pour ne pas voir que 16
cette voie-là ne conduisait pas au but qu'il se proposait mais
ailleurs ? Comment comprendre alors cette attitude déraison-
nable, et provocante de surcroît ? | Cela me fait penser à mon 17
ami Héraclite, qui avait un petit procès pour un bout de terrain
qu'il possédait à Rhodes ; après avoir prouvé aux juges que
sa cause était juste, il déclara dans sa péroraison : « Je ne
vous adresserai pas de prières, pas plus que je ne me soucie du
jugement que vous allez prononcer : plutôt que moi, c'est vous
qui êtes sur la sellette. » C'est ainsi qu'il perdit son procès.

---

1. La suite de la phrase 14 offre un texte manifestement corrompu, qui
semble issu du chapitre précédent et n'a aucun sens ici. Dans la reconstitution
hypothétique de Schweighäuser, on a : « Et où est la vérité ? Là où est la nature :
là se trouvent aussi la circonspection et la hardiesse. »
   2. Voir ci-dessus, I, 29, 18.

18 | À quoi bon ? Contente-toi de ne pas adresser de prières, n'ajoute pas : « Et je ne vous adresse pas de prières. » À moins que ce ne soit l'occasion, comme pour Socrate, de provoquer
19 les juges à dessein. | Si tu prépares une péroraison de ce genre, pourquoi te présenter au tribunal, pourquoi obéir à la somma-
20 tion de comparaître ? | Si tu veux être crucifié, attends et la croix viendra ; mais si la raison te prescrit d'obéir à la somma-tion et de faire ton possible pour être persuasif, il faut agir en conséquence, tout en sauvegardant ce qui est proprement tien.

21   De ce point de vue, il est ridicule aussi de dire : « Conseille-moi. » Quel conseil te donner ? Dis plutôt : « Fais en sorte que ma pensée s'adapte à tout ce qui peut m'arriver. »
22 | Autrement, ta demande ressemble à celle d'un illettré qui dirait : « Dis-moi ce que je dois écrire quand on me propose un
23 nom. » | Car si je lui dis d'écrire « Dion » et qu'un autre vienne lui proposer non pas le nom de Dion mais celui de Théon,
24 qu'arrivera-t-il ? Que va-t-il écrire ? | Mais si tu t'es exercé à la pratique de l'écriture, tu peux te préparer à écrire tout ce qu'on te dictera ; sinon, que puis-je te conseiller maintenant ? Si les circonstances te dictent autre chose, que diras-tu, ou que
25 feras-tu ? | Souviens-toi donc de ce principe général[1], et tu ne seras pas en mal de conseil. Mais si tu restes bouche bée devant les choses extérieures, tu seras forcément ballotté en tous sens
26 au gré de ton maître. | Et qui est ton maître ? Celui qui a pouvoir sur l'une ou l'autre des choses que tu recherches ou que tu veux éviter.

---

1. Sans doute la proposition de la fin de la phrase 21.

3) À CEUX QUI RECOMMANDENT DES GENS
AUX PHILOSOPHES

Elle est belle, la réponse que fit Diogène à celui qui lui 1
demandait une lettre de recommandation : « Que tu es homme,
il le saura en te voyant ; si tu es bon ou méchant, il le saura s'il
est habile à distinguer les bons des méchants ; et s'il ne l'est
pas, il n'en saura rien, quand bien même je lui écrirais des
milliers de lettres. » | C'est comme si une drachme réclamait 2
une recommandation pour se faire accepter : si la recommandation s'adresse à quelqu'un qui connaît les monnaies, tu te
recommanderas toi-même, <lui dirai-je >.

Il faudrait que dans la vie aussi nous ayons un moyen 3
semblable à celui dont nous disposons pour l'argent, pour
être capable de dire comme l'essayeur d'argent [1] : « Apporte-
moi la drachme que tu veux, et je trancherai. » | Pourtant, 4
s'il est question de syllogismes, je dis : « Amène-moi qui tu
veux, et je ferai la distinction entre celui qui sait les analyser [2]
et celui qui en est incapable. » Pourquoi ? Parce que je sais
analyser les syllogismes, que j'ai la capacité qu'il faut avoir

---

1. Si l'on tient compte de la différence entre γνώσεται (« il le saura »,
phrase 1) et διαγνῶναι (« distinguer, trancher », phrases 1 et 3), on doit peut-
être aussi distinguer l'adjectif ἀργυρογνωμονικός (« qui connaît ») du
substantif ἀργυρογνώμων (« l'essayeur »). De même que pour reconnaître un
homme il suffit de le voir, pour identifier une drachme dans la vie courante, il
suffit d'avoir des monnaies une connaissance minimale ; mais distinguer
l'homme bon du méchant requiert une connaissance plus fine, de même que
différencier une drachme de bon aloi d'une pièce falsifiée exige le recours à un
spécialiste (qui prétend juger *n'importe quelle* pièce).

2. Le contexte invite à donner au mot *analytikon* un sens insolite. Mais cela
permet de sauvegarder les deux niveaux auxquels se réfère le texte : l'expertise
dans un domaine, et par suite la reconnaissance des hommes compétents en la
matière.

pour reconnaître, en matière de syllogismes, ceux qui sont
5　correctes. | Mais dans la vie, que fais-je ? Je dis de quelqu'un
tantôt qu'il est bon et tantôt qu'il est mauvais. La raison ?
Le contraire de ce qui a lieu pour les syllogismes : l'ignorance,
l'inexpérience.

4) À L'HOMME QU'ON SURPRIT UN JOUR
EN FLAGRANT DÉLIT D'ADULTÈRE

Épictète était en train de dire que l'homme est né pour la 1
loyauté, et que celui qui la détruit détruit ce qui fait le propre de
l'homme, quand il arriva quelqu'un qui avait la réputation de
lettré et qui avait été surpris un jour dans la cité en train de
commettre un adultère. | Eh bien, poursuivit Épictète, si nous 2
abandonnons cette loyauté pour laquelle nous sommes nés et
cherchons à séduire la femme du voisin, que faisons-nous ?
Faisons-nous autre chose que perdre et détruire ? Perdre et
détruire qui ? L'homme loyal, l'homme réservé, l'homme
pieux. | Est-ce tout ? Ne détruisons-nous pas les relations de 3
voisinage, et l'amitié, et la cité ? Dans quel poste nous plaçons-
nous ? Comment dois-je me comporter avec toi, homme ?
Comme avec un voisin, un ami ? Quel genre d'ami ? Comme
avec un concitoyen ? Quelle confiance aurai-je en toi ? | Si tu 4
étais un ustensile détérioré au point de ne plus pouvoir servir à
rien, on te jetterait dehors, aux ordures, et personne n'irait t'en
retirer. | Mais si, tout homme que tu es, tu n'es pas capable 5
d'occuper un poste d'homme, que ferons-nous de toi ? Soit, tu
ne peux occuper la position d'un ami ; et celle d'un esclave, le
peux-tu ? mais qui te fera confiance ? Ne veux-tu pas qu'en
conséquence on te jette toi aussi sur un tas d'ordures, comme
un ustensile inutile, comme une ordure ? | Diras-tu alors : 6
« Personne n'a de considération pour moi, un lettré » ? Non,
en effet, puisque tu es mauvais et inutile. C'est comme si les
guêpes s'indignaient de ce que personne n'ait de considération
pour elles, qu'au contraire tout le monde les fuie et, si possible,
les abatte en tapant sur elles. | Tu as, toi, un dard à même de 7
jeter dans le trouble et la douleur celui que tu blesses. Que
veux-tu que nous fassions de toi ? Il n'y a pas de place où l'on
puisse te mettre.

8 Mais quoi ? Les femmes ne sont-elles pas par nature communes [1] ? J'en suis d'accord. Le cochon de lait lui aussi est commun aux invités ; mais les parts une fois faites, vas-y, si tu le juges bon, enlève la part de ton voisin de table, vole-la à son insu, ou tends la main et goberge-toi ; et si tu ne peux arracher un morceau de viande, plonge tes doigts dans la graisse et lèche-les. Joli convive, et commensal bien socratique !

9 | Voyons, le théâtre n'est-il pas commun à tous les citoyens ? Quand ils sont assis, viens, si tu le juges bon, et chasses-en un

10 de sa place. | Voilà comment les femmes également sont par nature communes. Mais lorsque l'homme de loi les a réparties à la manière d'un maître de maison, ne consens-tu pas à demander la part qui te revient, au lieu de ravir secrètement celle d'autrui et de te goberger ? « Mais je suis lettré, et je

11 comprends Archédème [2] ! » | Eh bien, comprends Archédème et sois adultère et sans foi ; au lieu d'être un homme, sois un loup ou un singe. Qu'est-ce qui t'en empêche ?

1. La communauté des femmes (en général, ou restreinte aux sages) est une thèse de Zénon et de Chrysippe ; voir D. L., VII, 33 et 131. Comparer ci-après Frag. XV.

2. Archédème de Tarse, philosophe stoïcien élève de Diogène de Séleucie, a vécu au IIe siècle. Il est nommé par Épictète à plusieurs reprises.

5) COMMENT COEXISTENT GRANDEUR D'ÂME ET ATTENTION[1]

Les matières sont indifférentes, mais leur usage ne l'est 1
pas. | Comment dans ce cas sauvegarder simultanément, 2
d'un côté la fermeté et le calme[2], et de l'autre une attention
soucieuse d'éviter toute irréflexion et toute négligence ? En
imitant les joueurs de dés. | Les pions sont indifférents, les dés 3
sont indifférents : comment savoir ce qui va tomber ? Mais me
servir du coup qui est tombé en faisant preuve d'attention et
d'habileté, telle est désormais ma tâche. | De la même manière, 4
ce qui dans la vie constitue la tâche prioritaire, c'est que tu
établisses une distinction entre les choses, que tu les sépares
bien en disant : « Les choses extérieures ne dépendent pas de
moi, la faculté de choix dépend de moi. | Où chercherai-je le 5
bien et le mal ? En moi, dans les choses qui sont à moi. » Pour
celles qui dépendent d'autrui, ne prononce jamais les noms de
bien ou de mal, d'utilité ou de dommage, ni aucun autre mot de
ce genre. | Eh quoi ? Faut-il en user avec négligence ? En aucun 6
cas. Car cette négligence est en revanche un mal pour la faculté
de choix, et ainsi elle est contraire à la nature. | Mais il faut 7
simultanément faire preuve d'attention parce que l'usage n'est
pas indifférent, et d'autre part de fermeté et de calme parce que
la matière est sans importance. | Car pour ce qui est important, 8
personne ne peut ni m'empêcher ni me contraindre. Si je suis
empêché ou contraint, c'est qu'il s'agit de choses qu'il ne
dépend pas de moi d'obtenir, qui échappent à l'alternative du
bien et du mal, mais dont l'usage, bon ou mauvais, dépend
de moi.

---

1. Exactement : le soin attentif, le fait de donner tous ses soins à quelque
chose.
2. L'*ataraxie*, l'absence de trouble.

9   Il est assurément difficile d'unir et de tenir ensemble ces deux attitudes : l'attention de l'homme soumis à l'influence des choses[1], et la fermeté de celui qui y reste indifférent ; mais ce n'est pas impossible. Si l'on n'y arrive pas, c'est le bonheur 10 qui est impossible. | Il en va ici comme lorsque nous entreprenons une traversée. Qu'est-ce qui est en mon pouvoir ? Le 11 choix du pilote, des marins, du jour, du moment. | Dans la suite, une tempête s'abat sur nous. De quoi me préoccupé-je encore ? Ma tâche à moi est accomplie. C'est l'affaire d'un autre, du 12 pilote. Mais voilà qu'en outre le bateau coule. | Que puis-je y faire ? Je fais uniquement ce qui est en mon pouvoir : me noyer sans peur, sans cris, sans reproche contre le dieu, en sachant 13 bien que ce qui est né doit aussi périr. | Je ne suis pas un être éternel mais un homme, une partie du tout, comme l'heure est une partie du jour. Il me faut être présent comme l'heure, et 14 m'en aller comme elle. | Que m'importe alors la manière dont je m'en vais, par la noyade ou par la fièvre ? C'est bien par un moyen de ce genre qu'il me faut m'en aller.

15   Tu verras que les bons joueurs de balle agissent également ainsi. Aucun d'eux ne s'inquiète de la balle, comme si elle était quelque chose de bon ou de mauvais, mais de la manière de la 16 lancer et de la recevoir. | D'ailleurs, c'est en cela que résident la grâce, l'art, la rapidité, c'est là qu'on peut se montrer beau joueur : quand je parviens à attraper la balle même sans tendre le pli de mon vêtement, et quand mon adversaire l'attrape si

---

1. Littéralement : des *matières*, au sens que le terme a dans la phrase 1 ou 7. L'idée est celle de la passivité que notre condition implique (voir plus loin, phrase 27), plutôt que celle d'un attachement pathologique aux choses. Le sens est donc : « l'homme qui reçoit passivement la matière de ses actions », plutôt que « l'homme attaché aux choses », comme le comprennent certains. Cette dernière attitude ne saurait être pour le Stoïcien une composante du bonheur (fin de la phrase).

c'est moi qui la lance. | Mais si au moment de recevoir ou 17
de lancer la balle nous nous troublons et sommes pris de
peur, quel genre de jeu aurons-nous ? Comment rester ferme ?
Comment saisir la continuité du jeu ? L'un dira : « Lance ! », un
autre : « Ne lance pas ! », un autre encore : « Ne lance pas en
l'air[1] ! » Dans ces conditions, c'est une bataille, non un jeu.

Voilà pourquoi on peut dire que Socrate savait jouer à la 18
balle. Comment cela ? Il savait jouer, au tribunal. « Dis-moi,
Anytos – ce sont ses mots – comment peux-tu affirmer que je
ne reconnais pas la divinité ? Les démons, qui sont-ils selon
toi ? Ne sont-ils pas ou les enfants des dieux ou des êtres hybri-
des issus de l'union d'hommes et de dieux ? » | L'autre ayant 19
acquiescé, Socrate poursuivit : « Qui donc, d'après toi, peut
reconnaître l'existence des mulets, mais non celle des ânes[2] ? »
C'était comme s'il jouait avec une balle. Et quelle balle était en
jeu, en l'occurrence ? La prison, l'exil, le poison à boire, la
perte de sa femme, les enfants laissés orphelins. | Voilà l'enjeu, 20
voilà avec quoi il jouait, et il n'en jouait pas moins, il n'en
lançait pas moins la balle avec grâce ! C'est ainsi que nous
devons procéder nous aussi : d'un côté, apporter à ce que nous
faisons l'attention du joueur le plus habile, de l'autre, montrer
la même indifférence que s'il s'agissait d'une balle. | Quand 21
nous avons affaire à une matière extérieure, il est impératif
d'employer toutes les ressources de l'art, sans nous y attacher
cependant, mais en donnant la preuve, quelle que soit cette

---

1. Texte incertain pour cette dernière proposition, la traduction suit la
correction adoptée par Oldfather et Souilhé (μὴ ἀναβάλῃς). Selon Oldfather,
on pourrait aussi lire μὴ ἀναβάλῃ, ce qui signifierait : « N'attends pas ! »
On trouve chez Athénée, *Les Deipnosophistes*, I, 15a, quelques exemples de ces
cris lancés par les joueurs au jeu de balle.
2. D'après Platon, *Apologie de Socrate*, 26 b *sq.* (Épictète cite de mémoire :
chez Platon Socrate s'en prend à Mélétos, non à Anytos). L'argument de
Socrate est encore plus parlant en grec, où *mulet* se dit ἡμίονος, « demi-âne ».

matière, que nous possédons l'art correspondant. Le tisserand, pareillement, ne fabrique pas la laine, mais il la prend comme

22 elle est et y applique son art. | Un autre te donne nourriture et biens, et ces mêmes choses, il peut te les enlever, y compris ton pauvre corps. Donc ce que tu as à faire, toi, c'est d'accueillir

23 cette matière et de la travailler. | Si par la suite tu t'en sors sans dommage, les autres viendront à ta rencontre et te féliciteront d'être sain et sauf, tandis que l'homme clairvoyant dans le domaine en question, s'il voit que tu t'es comporté dignement en la circonstance, te louera et se réjouira avec toi ; mais s'il constate que tu t'es sauvé au prix d'une indignité, il fera le contraire. Car lorsqu'un homme se réjouit pour de bonnes raisons, il est raisonnable aussi de se réjouir avec lui.

24   En quel sens alors dit-on que, parmi les choses extérieures, il y en a qui sont conformes à la nature et d'autres qui lui sont contraires ? C'est que nous faisons comme si nous étions indépendants [1]. Pour le pied, par exemple [2], je dirai que le fait d'être propre est conforme à la nature ; mais si tu le considères comme pied, c'est-à-dire cette fois comme une entité non indépendante, il sera convenable [3] qu'il marche dans la boue, foule des épines, et parfois même qu'il soit coupé dans l'intérêt du corps entier ; sinon ce ne sera plus un pied. C'est une conception semblable qu'il nous faut adopter à notre sujet.

25 | Qu'es-tu ? Un homme. Si tu te regardes comme indépendant, il est conforme à la nature que tu vives vieux, que tu t'enrichisses, que tu sois en bonne santé. Mais si tu te regardes comme homme en tant que partie d'un tout, il convient, en

---

1. Littéralement : « sans liens », non au sens d'une privation, mais d'un accomplissement et d'une autosuffisance.

2. Le pied comme tel, pris en lui-même.

3. Ce verbe renvoie au καθῆκον, ce qui est approprié à la nature d'une chose, lui convient, et qui dans le cas de l'homme devient un « devoir ».

raison même de ce tout, que tantôt tu sois malade, tantôt prennes la mer et coures des risques, que tantôt tu sois privé de ressources, parfois même que tu meures avant l'heure. | Pourquoi donc te fâcher ? Ne sais-tu pas que, dans le cas 26 contraire, tout comme le pied ne sera plus pied, tu ne seras plus, toi, un homme ? Or, qu'est-ce qu'un homme ? Une partie de la cité, d'abord de la première cité, celle des dieux et des hommes, ensuite de celle qui porte le même nom parce qu'elle se rapproche le plus de la première et qui est une imitation en réduction de la cité universelle.

« Faut-il donc maintenant que je passe en jugement ? » Et 27 faut-il que tel autre ait de la fièvre, que tel autre prenne la mer, que tel autre meure, que tel autre soit condamné ? Il est en effet impossible, avec un corps tel que le nôtre et dans le milieu dans lequel nous vivons, qu'il n'arrive pas d'accidents de ce genre – accidents divers selon les individus – à tous ces gens qui partagent notre existence. | À toi, la tâche qui t'incombe est de 28 venir à la barre et de dire ce que tu dois dire, d'arranger tout cela comme il t'appartient de le faire. | Le juge ensuit déclare : 29 « Je décide que tu es coupable. » « Tant mieux pour toi ! En ce qui me concerne, j'ai fait ce que j'avais à faire ; à toi de voir si tu as également fait ce que tu avais à faire. » Car il court un risque lui aussi, que cela ne t'échappe pas.

6) DE L'INDIFFÉRENCE

1   La proposition conditionnelle est chose indifférente ; le jugement qu'on porte sur elle n'est pas indifférent, mais il est ou science ou opinion ou erreur. De la même manière, vivre est chose indifférente, l'usage qu'on fait de la vie ne l'est pas.

2 | Donc lorsqu'on vous dit que ces choses-là justement sont indifférentes, ne vous abandonnez pas à la négligence ; mais quand on vous invite à la vigilance, ne vous abaissez pas, ne

3   vous laissez pas impressionner par les choses[1]. | Il est bon de connaître ton propre état de préparation et tes capacités, de manière à rester calme quand il s'agit de choses pour lesquelles tu n'es pas préparé, et à éviter de t'irriter si d'autres ont l'avan-

4   tage sur toi en la matière. | Quand il s'agit de syllogismes, en effet, c'est toi qui te jugeras supérieur à eux, et s'ils s'en irritent, tu les consoleras : « Je les ai étudiés, moi, et vous non. »

5 | Pareillement dans les cas où l'exercice est requis, ne cherche pas la supériorité qu'il procure, mais cède le pas à ceux qui se sont longuement exercés, et contente-toi de garder ta fermeté.

6   « Va saluer untel. – Je le salue. – Comment ? – Sans bassesse. – Mais on t'a interdit d'entrer. – Je n'ai pas appris à entrer par la fenêtre ; or lorsque je trouve la porte fermée, je

7   suis contraint ou de m'en aller ou d'entrer par la fenêtre. | – Il faut aussi que tu lui parles. – Je lui parle. – De quelle manière ? – Sans bassesse. – Mais tu n'as pas obtenu ce que tu voulais. »

8 | Était-ce ton affaire à toi ? Non, mais la sienne. Pourquoi donc revendiquer ce qui est l'affaire d'un autre ? Souviens-toi toujours de la distinction entre ce qui est à toi et ce qui est

9   à autrui, et tu ne connaîtras pas de trouble. | C'est pour cette raison que Chrysippe a raison de dire : « Aussi longtemps que

---

1. Littéralement : « par les *matières* », c'est-à-dire : par le contenu de vos actions, par les matières proposées à vos actions (voir ci-dessus II, 5, 9).

les conséquences ne sont pas claires pour moi, je m'attache en toutes occasions à ce qui est plus propre à me faire atteindre les choses conformes à la nature ; car le dieu lui-même m'a fait tel que je les choisisse. | Mais si je savais que le destin a arrêté que 10 je sois actuellement malade, je me porterais même avec ardeur vers la maladie. Le pied lui aussi, s'il avait de l'intelligence, se plongerait avec ardeur dans la boue[1]. »

Pourquoi, par exemple, les épis poussent-ils ? N'est-ce pas 11 pour mûrir ? Mais s'ils mûrissent, n'est-ce pas pour être ensuite moissonnés ? Ce ne sont pas des êtres indépendants[2], en effet. | Si c'étaient des êtres sensibles, devraient-ils souhaiter 12 de n'être jamais moissonnés ? Mais c'est une malédiction pour des épis de ne jamais être moissonnés. | De la même manière, 13 sachez que pour les hommes aussi ce serait une malédiction de ne pas mourir ; ce serait comme de ne pas mûrir, de ne pas être moissonnés. | Mais dans notre cas, étant donné que nous 14 sommes en même temps ceux qui doivent être moissonnés et ceux qui ont clairement conscience d'être moissonnés, nous nous en irritons. C'est que nous ne savons pas qui nous sommes, et que nous ne nous sommes pas appliqués à l'étude de la condition humaine comme les cavaliers ont étudié ce qui concerne les chevaux. | Chrysantas était sur le point de frapper 15 un ennemi quand il entendit la trompette sonner le rappel ; il retint alors son bras, jugeant plus avantageux d'obéir à l'ordre

---

1. Comparer ci-dessus, II, 5, 24. Les différentes propositions de la phrase 10 sont au mode irréel : sauf exception (pour les phénomènes strictement nécessaires et connus de science sûre), les arrêts du destin ne sont pas connus à l'avance ; la situation ordinaire est donc celle de la phrase 9. *Cf.* plus loin II, 10, 5-6.

2. « Indépendants » : comme en II, 5, 24.

16 du général que de poursuivre son action[1] ; | mais aucun de
nous, pas même lorsque la nécessité l'appelle, ne consent à lui
obéir sans faire de difficultés ; au contraire, c'est en pleurant
et en gémissant que nous subissons ce que nous subissons,
17 et nous appelons cela « des vicissitudes ». | Que veux-tu dire
par là, homme ? Si tu appelles ainsi ce qui se passe autour de
nous, tout est vicissitude ; si tu leur donnes ce nom parce
qu'elles sont déplaisantes, qu'y a-t-il de déplaisant à ce que
18 l'être qui est né périsse ? | Ce qui donne la mort est une épée,
une roue, la mer, une tuile ou un tyran : que t'importe la voie
par laquelle tu descends chez Hadès ? Elles se valent toutes.
19 | Si tu veux entendre la vérité, celle par laquelle le tyran nous
y envoie est plus courte. Jamais aucun tyran n'a pris six mois
pour faire égorger un homme, la fièvre au contraire met
souvent une année pour le même résultat. Tout cela n'est que
vain bruit, paroles sonores et creuses.
20   « Je risque ma vie chez César. » Je ne la risque pas, moi, qui
habite à Nicopolis où il y a tant de tremblements de terre ? Toi-
même, quand tu traverses l'Adriatique, que risques-tu ? Tu ne
21 risques pas ta vie ? | « Mais je risque aussi ma pensée. » Ta
pensée ? Comment cela ? Qui donc peut te forcer à penser
quelque chose que tu ne veux pas penser ? Risques-tu la pensée
d'autrui ? Quel risque cours-tu, toi, si les autres se trompent
22 dans leurs pensées ? | « Mais je risque d'être banni ! » Qu'est-ce
qu'être banni ? Être ailleurs qu'à Rome. « Oui, mais si on
m'envoie à Gyaros[2] ? » Si cela fait ton affaire, tu iras ; sinon, tu
as un lieu où aller, faute d'aller à Gyaros, un lieu où il ira
lui aussi, qu'il le veuille ou non, celui qui t'envoie à Gyaros.

---

1. Souvenir de Xénophon, *Cyropédie*, IV, 1, 3. Chrysantas était un
commandant dans l'armée de Cyrus ; selon Xénophon, ce n'est pas la trompette
qui le retint, mais l'ordre de Cyrus l'appelant par son nom.
2. Voir *Entr.* I, 25, 19.

| Pourquoi, en fin de compte, faire comme si ton départ pour 23
Rome était un grand événement ? C'est quelque chose qui est
au-dessous de ta préparation, au point qu'un jeune bien doué
pourrait dire : « Ce n'était pas la peine d'avoir écouté tant de
leçons, d'avoir rédigé tant d'exercices, d'être resté assis si
longtemps auprès d'un petit vieillard qui ne valait pas grand-
chose. » | Souviens-toi seulement de cette division, celle qui 24
sépare ce qui est à toi de ce qui n'est pas à toi. Ne revendique
jamais aucune des choses qui appartiennent à autrui. | La 25
tribune et la prison sont toutes deux des places, l'une élevée,
l'autre basse ; mais la faculté de choix peut être gardée égale à
elle-même, si tu veux la garder telle dans l'une et dans l'autre.
| Et nous serons les émules de Socrate quand nous serons capa- 26
bles d'écrire des péans en prison[1]. | Mais vu ce que nous 27
sommes jusqu'à aujourd'hui, demande-toi si nous aurions
même supporté que quelqu'un vînt nous dire dans notre
prison : « Veux-tu que je te lise des péans ? – Pourquoi viens-tu
m'embêter ? Ne sais-tu pas le malheur qui m'accable ? M'est-il
possible, dans cette situation… – Quelle situation ? – Je vais
mourir ! » Les autres hommes sont-ils promis à l'immortalité ?

---

1. Le péan est un chant solennel, d'ordinaire en l'honneur d'Apollon. Sur
Socrate compositeur, voir Platon, *Phédon*, 60d *sq.* et D. L., II, 42, qui donne le
début d'un péan prétendument composé par Socrate.

7) COMMENT IL FAUT CONSULTER LES ORACLES

1   Parce que nous consultons les oracles mal à propos, nous
2 sommes nombreux à négliger beaucoup de devoirs. | Le devin,
en effet, que peut-il prévoir de plus que la mort, le danger, la
maladie ou, d'une façon générale, des choses semblables ?
3 | Mais dans le cas où je dois prendre des risques pour un ami, où
c'est même un devoir pour moi de mourir pour lui, est-ce
encore le moment de consulter l'oracle ? N'ai-je pas en moi le
devin qui m'a révélé l'essence du bien et du mal, et a interprété
4 pour moi les signes distinctifs de l'un et de l'autre ? | Qu'ai-je
encore besoin des entrailles ou des oiseaux [1] ? Et j'accepte que
le devin me dise : « Il est avantageux pour toi… » ? Sait-il ce
5 qui est avantageux ? | Sait-il ce qui est bon ? A-t-il appris les
signes distinctifs des biens et des maux comme il a appris ceux
que livrent les entrailles ? Car s'il les connaît, il connaît aussi
ceux des choses belles et des choses laides, des choses justes
6 et des choses injustes. | Homme, dis-moi ce qu'indiquent
les signes, vie ou mort, pauvreté ou richesse ; quant à savoir si
ces choses sont avantageuses ou non, vais-je te le demander à
7 toi ? | Pourquoi ne te prononces-tu pas sur des points de gram-
maire ? Et tu te prononces ici, sur des questions où nous autres
hommes nous nous égarons tous et nous contredisons les
8 uns les autres ? | Aussi ne manquait-elle pas de pertinence, la
réponse de cette femme qui, alors que Gratilla avait été
envoyée en exil, voulait lui envoyer un bateau avec des vivres
pour un mois ; comme on lui faisait remarquer que Domitien
les confisquerait, elle répondit : « J'aime mieux voir Domitien
les confisquer que de ne pas les envoyer [2]. »

---

1. Voir ci-dessus I, 17, 18-19.
2. La pertinence de la réponse tient au fait que, dans les deux cas (la réponse
de l'oracle, la « prédiction » concernant l'attitude de Domitien), la connaissance

Qu'est-ce donc qui nous pousse ainsi à consulter 9
sans arrêt les oracles ? La lâcheté, la peur des conséquences.
C'est la raison pour laquelle nous flattons les devins :
« Maître, vais-je hériter de mon père ? – Voyons cela ! Recom-
mençons le sacrifice. – Oui, maître, qu'il en soit comme le veut
la Fortune. » S'il annonce ensuite : « Tu hériteras », nous le
remercions comme si nous avions reçu de lui l'héritage. Voilà
pourquoi, de leur côté, ils finissent par se moquer nous.

Que faire alors ? Il faut aller à eux sans désir ni aversion, 10
comme le voyageur qui demande à celui qu'il rencontre
laquelle des deux routes mène à destination, sans désirer que ce
soit celle de droite plutôt que celle de gauche ; car il ne veut pas
prendre celle-ci ou celle-là, mais celle qui le conduit à sa
destination. | C'est ainsi qu'il faudrait aller au dieu, comme à 11
un guide, et nous servir de lui comme nous nous servons de nos
yeux : nous ne leur demandons pas de nous montrer de préférence telles ou telles choses, mais nous accueillons les repré-
sentations des objets tels qu'ils nous les révèlent. | Mais ce que 12
nous faisons, en réalité, c'est de saisir en tremblant la main de
l'augure, de l'invoquer comme un dieu[1] et de lui demander :
« Maître, aie pitié ! Accorde-moi de m'en sortir ! » | Esclave, 13
veux-tu donc autre chose que le meilleur ? Y a-t-il quelque
chose de meilleur que ce qui plaît au dieu ? Pourquoi fais-tu
tout ce qui est en ton pouvoir pour corrompre le juge, pour
égarer le conseiller ?

---

de l'issue des événements ne dispense pas de faire son devoir. La Gratilla dont
il est ici question est sans doute celle que mentionne Pline le Jeune, *Lettres*,
III, 11, une femme exilée avec d'autres personnages sous Domitien. Cette
même lettre rapporte une situation comparable à celle qu'évoque Épictète,
et mettant en scène Pline lui-même.

1. Correction de Elter (ὡς θεόν, au lieu de τὸν θεόν).

8) QUELLE EST L'ESSENCE DU BIEN

1   Le dieu est secourable ; mais le bien lui aussi est secourable[1]. Il est donc vraisemblable que là où se trouve l'essence
2 du dieu, là se trouve également celle du bien. | Quelle est donc
l'essence du dieu ? Est-elle chair ? Loin de là ! Champ ? Jamais
de la vie ! Réputation ? En aucun cas. Intelligence, science,
3 droite raison, voilà ce qu'elle est. | Cherche donc là l'essence
du bien et nulle part ailleurs. Voyons, la chercherais-tu par
hasard dans une plante ? Non. Et dans un être sans raison ?
Non. Donc, puisque tu la cherches dans un être doué de raison,
pourquoi continuer à la chercher ailleurs que dans ce qui
4 distingue cet être de ceux qui sont privés de raison ? | Les
plantes ne font pas même usage de représentations, et c'est
pourquoi tu ne parles pas de bien à leur sujet. Par conséquent, le
5 bien réclame l'usage des représentations. | Exige-t-il cela
seulement ? Si oui, dis alors que les autres vivants connaissent
6 eux aussi les biens, le bonheur et le malheur. | En réalité, tu ne
le dis pas et tu as raison ; car s'ils possèdent très certainement
l'usage des représentations, ils n'ont pas en tout cas la conscience réfléchie de cet usage. Cela se comprend. En effet, ils
sont au service d'autres êtres, ils ne sont pas eux-mêmes des
7 êtres de premier rang[2]. | L'âne est-il par hasard un être de
premier rang ? Non, il existe parce que nous avions besoin d'un
dos à même de porter des charges. Mais, par Zeus, nous avions
besoin aussi qu'il fût capable de circuler, et c'est pour cela
qu'il a reçu en plus l'usage des représentations, sans quoi il ne

---

1. Ὠφέλιμος : *utile*, au sens de *avantageux* ou de *bienfaisant*. C'est aussi
le langage de Platon, notamment dans la *République*, II, 379 b.

2. Προηγούμενα : des êtres mis en avant, de première importance ; par
suite, des êtres qui ne sont pas subordonnés à d'autres, et sont en eux-mêmes
des fins.

pouvait pas circuler. | Mais il ne va pas au-delà. S'il avait 8
encore reçu, lui aussi, la conscience réfléchie de l'usage des
représentations, il est clair que, très logiquement, il ne nous
obéirait plus et ne nous rendrait plus les services qu'il nous
rend, il serait au contraire notre égal et notre semblable. | Ne 9
veux-tu donc pas chercher l'essence du bien dans cet élément
dont l'absence fait que tu ne consens à parler du bien à propos
d'aucun autre être ?

  « Mais quoi ? Ces êtres ne sont-ils pas eux aussi des œuvres 10
des dieux ? » Ils le sont, oui, mais non des êtres de premier rang
ni des parties des dieux. | Tu es, toi, un être de premier rang, tu 11
es un fragment du dieu ; tu possèdes en toi une partie du dieu.
Pourquoi donc ignores-tu ta parenté ? Pourquoi ne sais-tu pas
d'où tu es venu ? | Ne veux-tu pas, quand tu manges, te rappeler 12
qui tu es, toi qui manges, qui tu nourris ? Quand tu as des
rapports sexuels, te rappeler qui tu es, toi qui as ces rapports ?
Et quand tu vis en société ? Quand tu fais des exercices
physiques, quand tu discutes ? Ne sais-tu pas que tu nourris un
dieu, que tu exerces un dieu ? Tu portes partout un dieu avec
toi, malheureux, et tu l'ignores ! | Tu crois que je parle d'un 13
dieu extérieur, en argent ou en or ? C'est en toi que tu le portes,
et tu ne te rends pas compte que tu le salis par des pensées
impures et des actes répugnants. | En présence de la statue du 14
dieu, tu n'oserais faire aucune des choses que tu fais. Mais
quand le dieu lui-même est présent en toi, « lui qui voit tout et
entend tout[1] », tu n'as pas honte de tes pensées et de tes actions,
ô homme qui ne te rends pas compte de ta propre nature,
homme digne de la colère divine ?

---

1. Expression apparemment empruntée à l'*Iliade*, III, 276, où elle
s'applique au Soleil.

15   D'ailleurs, quand nous envoyons un jeune homme de
l'école vers les occupations de la vie, pourquoi avons-nous
peur qu'il ne se comporte autrement qu'il ne faudrait dans ses
actions, dans sa façon de manger, dans ses relations sexuelles ?
qu'il ne se sente humilié de porter des haillons, que des habits
16 recherchés n'excitent sa vanité ? | Ce jeune homme ignore le
dieu qui est à lui, il ne sait pas en quelle compagnie il quitte
l'école. Allons-nous accepter qu'il dise : « Je voudrais t'avoir
17 avec moi » ? | Là où tu vas, n'as-tu pas le dieu avec toi ? Tu
18 veux avoir quelqu'un d'autre alors que tu le possèdes, lui ? | Ou
bien te dira-t-il autre chose que ce que nous disons ? Si tu étais
une statue de Phidias, son Athéna ou son Zeus, tu te sou-
viendrais et de toi et de l'artiste qui t'a fait ; si de plus tu avais
quelque lueur de conscience, tu t'efforcerais de ne rien faire
qui soit indigne de ton auteur ou de toi, et de ne pas paraître
dans une attitude inconvenante aux yeux de ceux qui te re-
19 gardent. | Est-ce parce qu'en réalité c'est Zeus qui t'a fait,
que tu ne te préoccupes pas de l'aspect sous lequel tu vas te
montrer ? Qu'y a-t-il de comparable entre cet artiste et l'autre ?
20 entre cet ouvrage et l'autre ? | Et quelle œuvre d'art possède
d'emblée les facultés que son élaboration par l'artiste fait
paraître en elles ? N'est-elle pas pierre, airain, or, ivoire ?
L'Athéna de Phidias, une fois qu'elle a étendu la main et
qu'elle y a reçu la Victoire, conserve pour toujours la même
attitude ; les œuvres du dieu, elles, possèdent le mouvement,
elles respirent, usent de représentations et sont en mesure
21 de les juger. | Tu es, toi, l'ouvrage de cet artisan et tu le
déshonores ? Quoi ? Il ne t'a pas seulement formé, il t'a aussi
confié et remis à toi-même, mais de cela tu ne te souviens pas
22 non plus ; | au contraire, tu vas jusqu'à déshonorer cette
tutelle ? Si le dieu t'avait confié un orphelin, te soucierais-tu
23 aussi peu de lui ? | Il t'a remis à toi-même, et il te dit : « Je
n'avais personne sur qui je puisse compter plus que sur toi.

Garde-moi cet homme tel que la nature l'a fait, réservé, loyal, fier, inébranlable, sans passions, sans trouble. » Et après cela tu refuses de veiller sur lui ?

Mais les gens diront : « D'où nous a-t-il ramené ce sourcil 24 hautain et cette allure solennelle[1] ? » Cette allure ne convient pas encore. « Je n'ai pas encore confiance en ce que j'ai appris et à quoi j'ai donné mon assentiment, je crains toujours ma faiblesse. | Laissez-moi prendre confiance, vous verrez 25 alors que j'aurai le regard et l'allure qu'il faut ; alors je vous montrerai la statue, une fois qu'elle sera achevée et bien polie. | Qu'allez-vous croire ? Un sourcil hautain ? Loin de moi 26 cette idée ! Est-ce que Zeus à Olympie lève un sourcil hautain ? Non, son regard est assuré, comme doit l'être le regard de celui qui dit :

Car mon arrêt n'est ni révocable ni trompeur[2].

Voici comment je me montrerai à vous : loyal, réservé, 27 généreux, sans trouble. | Serait-ce alors que je me montrerai 28 immortel, exempt de vieillesse et de maladie ? Certes non, mais comme quelqu'un qui meurt à la manière d'un dieu, qui est malade à la manière d'un dieu. Cela est à moi, cela je puis le faire ; le reste n'est pas à moi et je ne puis le faire. | Je vous 29 montrerai les nerfs d'un philosophe. Quels nerfs ? Un désir qui atteint son but, une aversion qui ne rencontre pas ce qu'elle veut éviter, une propension conforme au devoir, des desseins réfléchis, un assentiment sans précipitation. Voilà ce que vous verrez. »

---

1. Σεμνοπροσωπεῖ : arborer un visage grave, solennel. Aristophane a utilisé le terme pour se moquer de Socrate (*Nuées*, 363).
2. *Iliade*, I, 526 ; Zeus parle de la décision qu'il vient de prendre, et qu'il confirme d'un signe de tête.

9) INCAPABLES DE REMPLIR NOTRE RÔLE D'HOMME
NOUS NOUS CHARGEONS EN OUTRE
DE CELUI DE PHILOSOPHE

1 Ce n'est pas une tâche quelconque de remplir simplement
2 son rôle[1] d'homme. | Qu'est-ce qu'un homme, en effet ? – On
dit que c'est un être vivant, doué de raison, et mortel. – Pour
commencer, de qui nous distinguons-nous par cet élément
rationnel ? – Des bêtes sauvages. – De qui encore ? – Du bétail
3 et des animaux du même genre. | – Veille donc à ne jamais agir
comme une bête sauvage ; sinon, tu as déjà fait périr l'homme,
tu n'as pas rempli ton rôle. Ni non plus comme du bétail ; sans
quoi, dans cette hypothèse aussi l'homme a péri.
4 Quand donc agissons-nous comme du bétail ? Lorsque
nous faisons tout pour le ventre ou pour le sexe, que nous
agissons au hasard, de façon malpropre, avec négligence, à
quel niveau sommes-nous descendus ? Au niveau du bétail.
5 Qu'avons-nous fait périr ? L'élément rationnel. | Lorsque nous
nous battons, lorsque nous nuisons à quelqu'un, lorsque nous
agissons avec colère ou avec violence, à quel niveau sommes-
6 nous descendus ? À celui des bêtes sauvages. | Du reste, parmi
nous certains sont de grandes bêtes sauvages, d'autres de
petites bêtes méchantes et insignifiantes, de celles dont on peut
7 dire : « Si seulement j'étais dévoré par un lion[2] ! » | Tout cela
fait que le rôle d'homme périt.

---

1. Ou : « de tenir ce que promet le nom d'homme », « d'être à la hauteur de
ce qu'on attend d'un homme ». Comparer ci-dessus l'*Entr.* I, 15. L'ἐπαγγελία
désigne ce qu'une chose quelconque « promet », ce qu'on peut en attendre
quand on connaît son nom. C'est en ce sens qu'on peut rapprocher le terme du
rôle d'un personnage de théâtre (un rôle annonce des traits de caractère, laisse
présager certaines actions) ; *cf.* II, 10, 7.
2. « ... plutôt que par un renard. » Proverbe attribué à Ésope : il est moins
infamant de périr sous la dent d'un animal noble ou réellement redoutable.

Quand une proposition conjonctive est-elle sauve ? 8
Lorsqu'elle remplit son rôle ; pour une proposition conjonctive, le salut consiste à être composée de propositions vraies. Et
la proposition disjonctive ? Quand elle remplit son rôle. Et des
aulos, une lyre, un cheval, un chien ? | Qu'y a-t-il d'étonnant 9
alors si l'homme se sauve lui aussi de cette manière, périt de
cette manière ? | Chacun se développe et se sauve grâce aux 10
actions qui correspondent à ce qu'il est : le menuisier grâce
aux travaux de menuiserie, le grammairien grâce aux travaux
de grammaire ; mais s'il a pris l'habitude d'écrire de façon
incorrecte, nécessairement l'art d'écrire se corrompt et périt.
| De la même façon, ce qui sauve l'homme réservé, ce sont 11
les actions pleines de réserve, et ce qui le fait périr, ce sont
les actes impudents ; ce sont les actions loyales qui sauvent
l'homme loyal, et les actions contraires qui le font périr.
| Inversement, les actes opposés aux précédents dévelop- 12
pent les traits opposés : les agissements infâmes développent
l'homme infâme, les actes déloyaux l'homme déloyal, les
insolences l'homme insolent, la colère l'homme colérique,
et la disproportion entre ce qui est reçu et ce qui est donné
développe l'homme avare.

C'est la raison pour laquelle les philosophes recom- 13
mandent de ne pas se contenter d'apprendre mais d'y ajouter la
pratique régulière, et ensuite l'exercice. | Car à la longue nous 14
avons pris l'habitude de faire le contraire de ce que nous avons
appris, et nous suivons ordinairement les opinions qui vont
à l'encontre des opinions correctes. Or si nous ne faisons pas
passer les opinions correctes dans l'usage ordinaire, nous
ne serons jamais que les interprètes de jugements qui nous
sont étrangers. | Qui d'entre nous, en effet, n'est pas capable à 15
l'instant de disserter savamment sur les biens et les maux ?
« Parmi les choses qui existent, certaines sont bonnes, d'autres
mauvaises, et les autres indifférentes ; sont choses bonnes les

vertus et ce qui participe des vertus ; leurs contraires sont
mauvaises ; sont choses indifférentes la richesse, la santé, la
16 réputation[1]. » | Si alors, pendant que nous parlons, un bruit un
peu fort se fait entendre ou si l'une des personnes présentes
17 rit de nous, nous sommes pris de panique. | Où sont tes beaux
discours, philosophe ? D'où tirais-tu les propos que tu
tenais ? De tes lèvres, à la hâte. Pourquoi gâcher des doctrines
secourables qui te sont étrangères ? Pourquoi jouer avec les
18 questions les plus importantes ? | C'est une chose de mettre en
réserve des pains et du vin, c'en est une autre de les manger. Ce
qui est mangé est digéré et réparti dans le corps, devient nerfs,
chairs, os, sang, donne un beau teint et une respiration aisée. Ce
qui a été mis en réserve, tu as toute facilité, quand tu veux, de le
prendre et de l'exhiber ; mais tu n'en retires aucun autre profit
19 que celui de laisser croire que tu le possèdes. | En quoi l'inter-
prétation de ces doctrines[2] diffère-t-elle de celle qu'on peut
faire des doctrines des autres écoles ? Assieds-toi, disserte
savamment sur celles d'Épicure, et peut-être le feras-tu de
façon plus efficace que lui. Pourquoi te dire Stoïcien, pourquoi
tromper les gens ? Pourquoi joues-tu au Juif alors que tu es
20 Grec ? | Ne vois-tu pas en quel sens on dit qu'un homme est
Juif, Syrien ou Égyptien ? Et lorsque nous voyons quelqu'un
hésiter entre deux partis, nous avons l'habitude de dire : « Il
n'est pas Juif, mais il joue au Juif ». Mais s'il assume les
sentiments du baptisé et de l'adepte de la secte[3], alors il est
21 réellement Juif et on l'appelle Juif[4]. | De la même manière,

1. Formules canoniques dans l'école stoïcienne ; *cf.* D. L., VII, 101 ; 102.

2. Des doctrines non digérées et mises en réserve.

3. Ou : « et de l'élu ».

4. Passage controversé. Le terme « baptisé » suggère qu'Épictète fait
allusion aux Chrétiens, souvent confondus avec les Juifs à cette époque. Mais
certains font valoir qu'il existait aussi un baptême juif. – D'autre part, le texte ici

nous sommes nous aussi de faux baptiseurs, Juifs en parole mais tout autre chose en réalité ; nos sentiments ne sont pas en accord avec notre langage, nous sommes loin de mettre en pratique ce que nous disons et que nous nous vantons de connaître. | Ainsi, alors que nous sommes incapables de 22 remplir notre rôle d'homme, nous nous chargeons en outre de celui de philosophe (un si lourd fardeau !), semblables à un homme incapable de soulever dix livres qui voudrait emporter le rocher d'Ajax [1] !

traduit résulte d'une correction, généralement acceptée, dans la phrase 19 ; la leçon primitive « Étant juif, tu joues aux Grecs » peut néanmoins se défendre, en rapport avec la phrase 21 : « Juif » (ou « Chrétien ») serait alors une référence élogieuse à des gens qui accordent leurs actes à leurs paroles.

1. *Iliade*, VII, 268 (épisode du combat entre Ajax et Hector).

10) COMMENT IL EST POSSIBLE DE DÉCOUVRIR
LES DEVOIRS EN PARTANT DES NOMS

1   Examine qui tu es. Un homme, en premier lieu, c'est-à-dire un être ne possédant rien qui soit supérieur à sa faculté de choix, qui lui subordonne tout le reste et la préserve elle-même

2 de la servitude et de la soumission. | Considère alors de quels êtres tu te distingues en vertu de la raison. Tu te distingues des

3 bêtes sauvages, du bétail. | En outre, tu es citoyen du monde et partie du monde, non pas une partie destinée à servir, mais une partie de premier rang ; car tu as une conscience réfléchie du gouvernement divin et tu es apte à raisonner sur ce qui en

4 découle. | Or quel est le rôle d'un citoyen ? De n'avoir aucun avantage particulier, de ne rien décider comme s'il était un élément indépendant, mais d'agir comme le feraient la main ou le pied s'ils pouvaient raisonner et avoir une conscience réfléchie de l'organisation naturelle : c'est-à-dire de n'avoir

5 jamais ni propension ni désir sans les rapporter au tout. | C'est pourquoi les philosophes ont raison de dire : « Si l'homme de bien[1], prévoyait les événements à venir, il coopérerait à sa maladie, à sa mort, à sa mutilation, parce qu'il comprendrait que ce sont là les lots qui lui sont assignés en vertu de l'ordre universel, et aussi que le tout est plus important que la partie et

6 la cité plus importante que le citoyen. | Mais comme en fait nous ne connaissons pas à l'avance l'avenir, notre devoir est de nous attacher à ce qu'il est plus naturel de choisir, puisque nous sommes nés pour cette fin. »

---

1. On retrouve dans ces lignes plusieurs termes caractéristiques du vocabulaire d'Épictète dont la traduction demande quelques explications : pour les *devoirs* du titre, *être de premier rang*, *conscience réfléchie*, *homme de bien*, voir la Note à la fin de l'Introd. ; pour *rôle* (ἐπαγγελία), voir II, 9, 1 ; pour *indépendant*, voir II, 5, 24. – Quant au sens des phrases 5-6, *cf.* ci-dessus II, 6, 9-10.

Après cela, souviens-toi que tu es fils. Quel est le rôle de ce 7
personnage ? D'estimer que tout ce qui lui appartient appartient à son père, d'obéir en tout à ce dernier, de ne jamais le
blâmer devant quelqu'un, de ne jamais rien dire ou faire qui
puisse lui nuire, de lui céder en toutes choses, de s'en remettre à
lui en lui apportant son aide autant que cela est possible.

Sache ensuite que tu es également frère. Ce personnage 8
exige aussi que tu cèdes à ton frère, que tu te montres docile
envers lui, que tu lui adresses des paroles bienveillantes ; il
exige que jamais tu ne disputes à ton frère aucune des choses
soustraites à notre choix, qu'au contraire tu les lui abandonnes
avec plaisir, de manière à être mieux pourvu de celles qui
dépendent de notre choix. | Considère en effet ce que c'est que 9
d'acquérir la bonté en échange d'une laitue, par exemple, ou
d'un siège que tu lui cèdes ! Quel gain !

Puis, si tu es membre du Conseil d'une cité, rappelle-toi 10
que tu es conseiller ; si tu es jeune, que tu es jeune ; si tu es
vieux, que tu es vieux ; si tu es père, que tu es père. | Car chacun 11
de ces noms, quand on y réfléchit, dessine toujours les traits
des actes qui lui sont appropriés.

Mais si tu blâmes ton frère hors de sa présence, je te dis : 12
« Tu as oublié qui tu es et quel est ton nom. » | Car si tu étais 13
forgeron et te servais mal du marteau, tu aurais oublié ton nom
de forgeron ; et si tu as oublié celui de frère et, au lieu d'un
frère, es devenu un ennemi, à tes yeux tu n'auras rien perdu au
change ? | Si au lieu d'être un homme, un être vivant doux et 14
sociable, tu es devenu une bête sauvage, nuisible, prête à
attaquer et à mordre, tu n'as rien perdu ? Faut-il donc que tu
perdes une pièce de monnaie pour être lésé ? N'y a-t-il rien
d'autre dont la perte lèse l'homme ? | Si tu perdais tes connais- 15
sances en grammaire ou en musique, tu regarderais cette perte
comme un dommage ; et si tu perds la pudeur, la retenue, la
douceur, tu juges la chose insignifiante ? | Pourtant la première 16

perte est due à une cause extérieure et indépendante de notre
choix, mais celle-ci relève de nous ; il n'est ni beau de posséder
les connaissances en question ni honteux de les perdre, tandis
que ne pas posséder les qualités que je viens de nommer ou les
17 perdre est une honte, un sujet de blâme, un malheur. | Que perd
celui qui subit les pratiques de l'inverti ? Sa nature virile. Et
celui qui les lui fait subir ? Beaucoup de choses et, entre autres,
18 il n'en perd pas moins lui aussi sa nature virile. | Que perd
l'homme adultère ? L'homme réservé, tempérant, de mœurs
bien réglées, le citoyen, le voisin. Que perd celui qui se met en
colère ? Autre chose. Celui qui a peur ? Autre chose encore.
19 | Aucun homme n'est mauvais sans qu'il y ait perte et dom-
mage. Si cependant tu cherches le dommage dans la perte
d'argent, aucun de ceux-là ne subit d'atteinte ni de dommage ;
si cela se trouve, ces gens tirent même avantage et profit de
20 leurs actions si l'une d'elles leur fait gagner de l'argent. | Re-
marque que si tu ramènes tout à ce malheureux argent, même
celui qui perd son nez ne subira, selon toi, aucun dommage.
– Si, dit l'interlocuteur, puisque son corps aura été mutilé.
21 | – Voyons, celui qui a perdu le sens même de l'odorat[1] n'a-t-il
rien perdu ? N'y a-t-il donc aucune faculté de l'âme dont la
possession soit utile et dont la perte constitue un dommage ?
22 | – De laquelle parles-tu ? – N'avons-nous pas naturellement le
sens de la réserve ? – Si. – Celui qui le perd ne subit-il aucun
dommage, aucune privation ? N'abandonne-t-il rien de ce qui
23 le concerne ? | Ne sommes-nous pas naturellement portés à la
loyauté, à la tendresse, à l'entraide ? À faire preuve de patience
les uns envers les autres ? Dès lors, celui qui regarde avec
indifférence d'être dépossédé de ces qualités ne subit-il aucune
atteinte, aucun dommage ?

---

1. Qui, comme tous les sens, implique l'âme.

– Mais quoi ? Ne ferai-je pas tort à qui m'a fait tort ? 24
– Considère tout d'abord ce qu'est un tort : souviens-toi des
leçons que tu as entendues chez les philosophes. | En effet, si le 25
bien réside dans la faculté de choix, et pareillement le mal,
demande-toi si tes paroles ne reviennent pas à dire : | « Mais 26
quoi ? Puisque cet homme s'est fait tort à lui-même en agissant
injustement envers moi, ne vais-je pas me faire tort à moi-
même en agissant injustement envers lui ? » | Pourquoi ne nous 27
représentons-nous pas les choses de cette façon et parlons-
nous de dommage quand une perte affecte notre corps ou nos
biens, alors que nous n'en voyons aucun si la perte affecte
notre faculté de choix ? | C'est qu'il n'a pas mal à la tête, celui 28
qui s'est laissé abuser ou qui a commis une injustice, il ne
souffre ni des yeux ni de la hanche, il ne perd pas non plus son
champ. | Or c'est cela que nous voulons, rien d'autre. Quant à 29
savoir si notre faculté de choix sera pleine de réserve et loyale,
ou sans pudeur et déloyale, cette question est loin de nous
intéresser – sauf à l'école, et encore seulement en paroles.
| Voilà pourquoi nos progrès ne dépassent pas les paroles ; en 30
dehors de là, nous ne progressons pas le moins du monde.

11) QUEL EST LE COMMENCEMENT DE LA PHILOSOPHIE

1   Le commencement de la philosophie, du moins pour ceux qui l'abordent comme il faut et y entrent par la porte, c'est la conscience de leur faiblesse et de leur impuissance pour ce 2 qui concerne les choses nécessaires. | Nous sommes venus au monde sans avoir aucune notion naturelle du triangle rectangle ou du dièse diatonique[1], mais nous apprenons chacune d'elles grâce à un enseignement technique ; c'est pourquoi ceux qui ne 3 les connaissent pas ne croient pas non plus les connaître. | Mais du bien et du mal, du beau et du laid, de ce qui est convenable et de son contraire, du bonheur, de ce qui nous convient et nous regarde, de ce qu'il faut faire et de ce qu'il ne faut pas faire, 4 qui est venu au monde sans en avoir la notion innée[2] ? | Pour cette raison, nous nous servons tous de ces mots, et nous nous 5 efforçons d'appliquer les prénotions aux cas particuliers : | « Il a bien fait, il a agi comme il fallait, il n'a pas agi comme il fallait ; il a échoué, il a réussi ; il est injuste, il est juste. » Qui d'entre nous est économe de ces formules ? Qui d'entre nous en diffère l'usage jusqu'au moment où il en a été instruit, comme le font pour les termes désignant les lignes et les sons 6 ceux qui ne les connaissent pas ? | La raison en est que nous sommes venus au monde en ayant déjà reçu de la nature une sorte d'enseignement sur ces questions, et en partant de là nous avons ensuite ajouté ce que nous croyons savoir[3].

---

1. En musique, le plus petit intervalle dans le genre diatonique, soit un demi-ton.

2. Pour les Stoïciens, ces notions ne sont pas innées au sens strict, ce sont des « prénotions ». Mais la raison est bien présente naturellement en tout homme.

3. Ou : « ajouté notre opinion ». Le mot οἴησις désigne une opinion qu'on tient pour fondée, mais en dehors de toute vérification.

– Par Zeus, n'ai-je pas une connaissance naturelle[1] du 7
beau et du laid ? N'en ai-je pas la notion ? – Si, tu la possèdes.
– Est-ce que je ne l'applique pas aux cas particuliers ? – Si.
– C'est donc que je ne l'applique pas bien ? | – C'est là toute la 8
question, et c'est ici que l'opinion fait son apparition. Car
les hommes ont beau partir de ces notions sur lesquelles ils
s'accordent, ils aboutissent à des controverses parce qu'ils ne
les appliquent pas comme il faut aux objets correspondants.
| De fait, si en plus de ces notions ils possédaient encore le 9
moyen de les appliquer, qu'est-ce qui les empêcherait d'être
parfaits ? | Mais puisque tu crois appliquer correctement les 10
prénotions aux cas particuliers, dis-moi maintenant d'où tu
tiens cette conviction ? – C'est que je crois qu'il en est ainsi.
– Mais tel autre ne le croit pas, et il pense lui aussi faire une
application correcte, oui ou non ? – Il le pense, oui. | – Est-il 11
possible, quand il s'agit de points sur lesquels vos avis se
contredisent, que vous appliquiez tous deux correctement
vos prénotions ? – Non. | – Peux-tu alors nous indiquer, pour 12
une meilleure application des prénotions, quelque chose de
supérieur au simple fait que tu le crois ? Le fou fait-il autre
chose que ce qu'il croit bon ? Pour lui aussi ce critère est
suffisant ? – Non. – Essaie donc d'atteindre quelque chose de
supérieur au fait de croire, et dis-nous ce que c'est[2].

Voici le commencement de la philosophie : la conscience 13
du conflit qu'il y a entre les hommes, la recherche de l'origine
de ce conflit, la condamnation de la pure et simple opinion et
la suspicion à son endroit, une sorte de mise à l'épreuve
de l'opinion pour tester sa validité, l'invention d'une règle

1. Selon une suggestion de Schenkl (νὴ Δία γε, φύσει) pour un passage
apparemment corrompu.
2. Lacune possible à la fin de la phrase. La traduction suit une des
suggestions de Schenkl (ajout de εἰπέ).

comparable à l'invention de la balance pour les poids ou à celle
14 du cordeau pour les lignes droites et courbes. | – C'est cela le
commencement de la philosophie ? La question de savoir si les
opinions de chacun sont toutes correctes ? – Comment serait-il
possible qu'elles fussent correctes si elles se contredisent ?
Elles ne le sont pas toutes, par conséquent. Mais les nôtres le
15 sont ? | Et pourquoi les nôtres plutôt que celles des Syriens ou
celles des Égyptiens ? Plutôt que celles qui me paraissent
bonnes à moi, ou bonnes à un tel ? – Pas plus les unes que
les autres. – Donc l'opinion de tout un chacun ne suffit pas à
déterminer ce qui est.

Quand il s'agit de poids ou de mesures, nous ne nous con-
tentons pas non plus de la simple apparence, mais pour
16 chaque cas nous avons inventé une règle. | Dans le cas présent,
n'existe-t-il donc aucune règle supérieure à l'opinion ?
Comment serait-il possible que ce qu'il y a de plus nécessaire
chez les hommes ne possède pas de marque distinctive, et que
nous n'ayons pas le moyen de le découvrir ? – C'est donc qu'il
17 y a une règle. | – Pourquoi alors ne la cherchons-nous pas, ne la
découvrons-nous pas et, une fois que nous l'avons découverte,
pourquoi ne nous en servons-nous pas, sans la transgresser,
18 sans nous en écarter fût-ce pour tendre le doigt [1] ? | C'est cela, je
pense, dont la découverte délivre de leur folie ceux qui
en tout domaine se servent uniquement de l'opinion comme
mesure ; le but étant que désormais, partant d'éléments connus
et distingués avec soin, nous nous servions, dans l'application
aux cas particuliers, de prénotions bien analysées.

19   Quel est donc l'objet qui vient de se présenter à notre
20 recherche ? – Le plaisir. | – Soumets-le à la règle, pose-le sur

---

1. Exemple d'une action apparemment futile, sans importance, utilisé dans
un autre passage d'Épictète pour exprimer qu'il ne faut rien faire au hasard,
« pas même tendre le doigt » (ci-dessous Frag. XV).

la balance. Le bien doit-il être de nature à mériter qu'on lui fasse résolument confiance ? – Oui. – Ce qui manque de stabilité mérite-t-il une telle résolution ? – Non. | – Or le plaisir 21 est-il quelque chose de stable ? – Non. – Enlève-le donc, jette-le hors de la balance, chasse-le loin du territoire des biens. | Si cependant ta vue manque d'acuité et qu'une balance ne te 22 suffise pas, apportes-en une autre. Le bien mérite-t-il qu'on en soit fier ? – Oui. – Eh bien, le plaisir du moment mérite-t-il qu'on en soit fier ? Fais attention, ne dis pas qu'il le mérite ; sinon j'estimerai que tu ne mérites même pas d'avoir une balance ! | Voilà comment on juge les choses et qu'on les pèse, 23 une fois qu'on a établi les règles. | C'est cela, philosopher : 24 examiner et assurer les règles. Pour ce qui est ensuite de s'en servir une fois qu'elles sont connues, c'est la tâche de l'homme de bien.

12) DE LA PRATIQUE DIALECTIQUE

1   Ce qu'il faut avoir appris pour savoir conduire un
raisonnement a été déterminé de façon précise par les gens
de notre école. Par contre, pour ce qui est de l'usage qu'il
convient de faire de ce que nous avons appris, nous manquons
2 totalement d'expérience. | Ainsi, donne à n'importe lequel
d'entre nous un profane comme partenaire pour un entretien
dialectique : il ne trouvera pas la bonne manière de procéder
avec lui ; après l'avoir un peu fait avancer, si l'autre répond de
travers, il ne sait plus comment s'y prendre avec lui, et il finit
par l'injurier ou par se moquer de lui en déclarant : « C'est
3 un profane, il n'y a rien à faire avec lui ! » | Lorsqu'un guide
trouve un homme en train de s'égarer, il le mène sur le bon
chemin et s'en va sans s'être moqué de lui, sans l'avoir injurié.
4 | Toi de même, montre-lui la vérité, et tu verras qu'il suit. Mais
tant que tu ne la lui auras pas montrée, ne te moque pas de lui,
prends plutôt conscience de ta propre incapacité.

5   Comment Socrate faisait-il ? Il forçait son partenaire
d'entretien à témoigner en sa faveur, et il n'avait besoin
d'aucun autre témoin. Voilà pourquoi il pouvait dire : « Je
donne congé aux autres ; comme témoin, je me contente
toujours de mon contradicteur. Je n'en appelle pas au suffrage
6 des autres, uniquement à celui de mon partenaire[1]. » | Il
exposait de façon si claire les conséquences des notions en jeu
que n'importe qui se rendait compte de la contradiction et
7 battait en retraite. | « Est-ce que l'envieux éprouve de la joie ?
– Sûrement pas ; de la peine, plutôt. » Il faisait alors avancer
son adversaire à partir de l'affirmation opposée. « Quoi ?
L'envie te semble-t-elle être une peine éprouvée pour des

---

1. Passage directement inspiré de Platon, *Gorgias*, 474a.

maux ? Qu'est-ce donc que l'envie pour des maux ? » | Il a ainsi 8
fait dire à l'autre que l'envie est une peine éprouvée pour des
biens. « Eh quoi ? Quelqu'un peut-il être envieux pour des
choses qui ne comptent absolument pas pour lui ? – En aucun
cas [1]. » | De la sorte, c'est après avoir complètement déterminé 9
et distinctement expliqué la notion qu'il le quittait. Il ne lui
disait pas : « Définis-moi l'envie », puis, une fois que l'autre
l'eut définie : « Ta définition est mauvaise, car son énoncé ne
se réciproque pas avec l'essentiel du défini. » | Ce sont là, en 10
effet, des termes techniques, que les profanes trouvent insup-
portables, difficiles à comprendre – et dont nous n'arrivons pas
à nous débarrasser. | Mais les termes que le profane comprend 11
et grâce auxquels il pourrait de lui-même et à partir de
ses propres représentations concéder une affirmation ou
la repousser, nous sommes absolument incapables de les
employer pour le faire avancer. | Par suite, conscients de cette 12
incapacité qui est la nôtre, nous renonçons tout naturellement
à la tâche, du moins ceux d'entre nous qui ont un tant soit
peu de prudence. | Mais la plupart, parce qu'ils se laissent 13
aller sans réfléchir à ce genre de pratiques, s'embrouillent et
embrouillent les autres, pour finalement quitter la place en
lançant et en recevant des injures.

Le premier trait caractéristique de Socrate, celui qui 14
marque le mieux son originalité, c'est de ne jamais s'irriter
dans le cours de l'argumentation, de ne jamais proférer aucune
injure ni aucune parole insolente, de supporter avec patience,
au contraire, les injures des autres, et de savoir mettre fin au
conflit. | Si vous voulez connaître l'étendue de son talent en 15
ce domaine, lisez le *Banquet* de Xénophon, et vous verrez
combien de conflits il a résolus. | De ce point de vue, c'est à 16

---

1. Ce petit dialogue renvoie à Xénophon, *Mémorables*, III, 9, 8 *sq.*

juste titre que les poètes eux aussi ont dit, sur le ton du plus
grand éloge :

> Il a su promptement faire cesser les querelles, même les
> grandes [1].

17 Mais quoi ? Une telle façon de faire n'est pas très sûre
aujourd'hui, surtout à Rome. Celui qui l'adopte ne devra
évidemment pas la pratiquer dans son coin ; au contraire,
il lui faudra aller trouver quelque riche personnage consulaire
18 – si l'occasion se présente – et lui demander : | « Toi que voici,
peux-tu me dire à qui tu as confié tes chevaux ? – Oui, bien
sûr. – Est-ce au premier venu, à quelqu'un qui ignore l'art
hippique ? – Certainement pas ! – Et ton or, ton argent, ou tes
vêtements ? – Je ne les ai pas non plus confiés au premier venu.
19 | – Et ton corps, as-tu réfléchi à en remettre le soin à
quelqu'un ? – Naturellement ! – Il est évident que c'est aussi
à quelqu'un qui s'y connaît, en l'occurrence en gymnastique
20 ou dans l'art médical ? – Parfaitement ! | – Ces choses sont-
elles ce que tu as de plus important, ou bien possèdes-tu en
outre quelque chose de meilleur que tout cela ? – Que veux-tu
dire encore ? – Ce qui, par Zeus, se sert de ces choses, vérifie la
21 valeur de chacune, délibère à leur sujet. | – C'est de l'âme que
tu parles, n'est-ce pas ? – Tu as bien compris, c'est précisément
d'elle que je parle. – Des choses que je possède, par Zeus, je
22 crois qu'elle est de loin la meilleure. | – Peux-tu me dire alors
de quelle façon tu as pris soin de ton âme ? Il n'est pas vraisemblable, en effet, que toi qui es si savant, si bien considéré
dans la cité, tu traites avec indifférence, en agissant au hasard
et au petit bonheur, la plus importante des choses qui t'appartiennent, et que tu la laisses dépérir faute de soin. – En aucune

---

1. Hésiode, *Théogonie*, 87 (il s'agit du bon roi).

façon. | – Eh bien, en as-tu pris soin toi-même ? As-tu appris   23
auprès de quelqu'un à le faire, ou l'as-tu trouvé par
toi-même ?» | À ce point, le risque est qu'il commence par   24
te répondre : «Que t'importe, mon très cher ? Es-tu mon
maître ?» Ensuite, si tu persistes à le tourmenter, qu'il lève le
poing et te donne un coup. | J'étais moi aussi, autrefois, un   25
ardent partisan de ce genre d'occupation, avant de rencontrer
ces difficultés.

13) DE L'ANXIÉTÉ

1   Quand je vois un homme anxieux, je me dis : Que peut-il bien vouloir, celui-là ? S'il ne voulait pas quelque chose qui ne dépend pas de lui, pourquoi serait-il continûment anxieux ?
2 | Le citharède[1] qui chante pour lui seul, en effet, ne ressent aucune anxiété, mais il est anxieux s'il entre sur le théâtre, même s'il a une très belle voix et joue bien ; c'est qu'il ne veut pas seulement bien chanter, il veut encore recueillir l'adhésion
3   du public, et cela ne dépend plus de lui. | Dans le domaine dont il possède la science, il fait preuve d'assurance ; amène-lui n'importe quel profane, il ne lui prête aucune attention. Mais s'il s'agit d'une chose qu'il ne connaît pas et qu'il n'a pas
4   étudiée, alors il est anxieux. | Qu'est-ce à dire ? Il ne sait pas ce qu'est une foule ni ce qu'est l'approbation d'une foule ; il a appris à toucher la nète et l'hypate[2], mais ce qu'est l'approbation qui vient du grand nombre, quelle influence elle a dans
5   la vie, il l'ignore et ne l'a pas étudié. | Il est inévitable dès lors qu'il se mette à trembler et à pâlir. Par suite, quand je vois l'un d'eux pris de peur, je ne puis pas affirmer qu'il ne soit pas citharède, mais je puis dire autre chose, non pas une seule d'ailleurs, mais plusieurs.
6   En tout premier lieu, je dis que c'est un étranger, et je déclare : cet homme ne sait pas en quel endroit de la terre il se trouve ; depuis le temps qu'il réside ici, il ignore les lois et les coutumes de la cité, ce qui est permis et ce qui ne l'est pas. Jamais non plus il n'a fait appel à quelqu'un qui connaît la loi, pour se faire exposer et expliquer ce qui est conforme à la loi.
7 | Pourtant il ne rédige pas son testament sans savoir comment

---

1. Voir ci-dessus I, 29, 59.
2. Comme ci-dessus I, 29, 53.

le rédiger ou sans faire appel à un expert, et il n'agit pas autrement pour apposer son sceau sur une caution ou pour donner une garantie écrite. Mais quand il est question de désir et d'aversion, de propension, d'intention et de projet, il agit sans recourir à un homme de loi. | Comment cela, sans homme 8 de loi ? Il ne sait pas qu'il veut ce qui ne lui est pas accordé, qu'il ne veut pas ce qui est nécessaire, et il ne connaît ni ce qui lui appartient en propre ni ce qui appartient à autrui. S'il le savait, jamais il ne serait entravé, jamais il ne serait empêché, et il n'éprouverait pas d'anxiété. | Comment n'en serait-il pas 9 ainsi ? Craint-on ce qui n'est pas un mal ? – Non. – Et ce qui est un mal, mais un mal qu'il dépend de nous d'éviter ? – En aucun cas. | – Si donc les choses soustraites à notre choix ne sont ni 10 bonnes ni mauvaises, si toutes celles qui sont offertes à notre choix dépendent de nous, et si personne ne peut nous les enlever ni nous imposer celles d'entre elles dont nous ne voulons pas, où trouver encore une place pour l'anxiété ? | Cependant 11 nous sommes anxieux pour notre pauvre corps, pour notre petit avoir, pour ce que César pensera, mais jamais pour ce qui est à l'intérieur de nous. Sommes-nous anxieux quand il s'agit d'éviter les opinions fausses ? – Non, car cela dépend de moi. – Et d'avoir une propension contraire à la nature ? – Pour cela non plus. | – Donc lorsque tu vois quelqu'un pâlir, imite le 12 médecin qui, d'après le teint du malade, déclare : « Celui-ci souffre de la rate, celui-là du foie », et affirme pour ta part : « Cet homme souffre de ses désirs et de ses aversions, il est sur la mauvaise voie, il a de la fièvre. » | Car ce n'est rien d'autre 13 qui fait changer de couleur, qui fait trembler, qui fait claquer des dents, qui fait

Qu'on s'accroupisse et se tienne tantôt sur un pied et tantôt sur l'autre[1].

14   Aussi Zénon n'était-il pas anxieux quand il était sur le point de rencontrer Antigone[2]; car aucune des choses auxquelles il attachait de la valeur n'était au pouvoir du roi, et à celles qui étaient au pouvoir de ce dernier, Zénon ne prenait

15 aucun intérêt. | Antigone de son côté, sur le point de rencontrer Zénon, était anxieux, et cela se comprend : il voulait lui plaire, et la chose était hors de son pouvoir. Zénon, lui, ne voulait pas lui plaire, pas plus qu'un homme de l'art ne cherche à plaire à celui qui ne connaît rien à son art.

16   Est-ce que je cherche, moi, à te plaire ? Qu'aurais-je en échange ? Connais-tu les instruments de mesure qui permettent à un homme de juger un autre homme ? T'es-tu préoccupé de savoir ce qu'est un homme bon et un homme mauvais, et comment on devient l'un ou l'autre ? Pourquoi

17 dans ce cas n'es-tu pas bon toi-même ? | – Comment, dit l'autre, peux-tu dire que je ne le suis pas ? – Parce qu'aucun homme bon ne pleure, ne gémit, ne se lamente, ne pâlit, ne tremble en demandant : « Comment me recevra-t-il ?

18 Comment m'écoutera-t-il ? » | Esclave ! Il fera comme bon lui semblera. Pourquoi te soucier de ce qui relève d'autrui ? N'est-ce pas sa faute à lui, en réalité, s'il accueille mal ce qui vient de toi ? – Comment ne pas être d'accord ? – Peut-il se faire que la faute de l'un soit un mal pour l'autre ? – Non. – Pourquoi alors

19 es-tu anxieux pour ce qui relève d'autrui ? | – Certes. Mais je m'inquiète de savoir comment je vais lui parler. – Eh bien, ne

---

1. *Iliade*, XIII, 281. Le vers fait partie d'une description du lâche, dans laquelle il est question aussi de changement de couleur et de claquement des dents.

2. Antigone Gonatas, roi de Macédoine. Voir D. L., VII, 6 *sq.*

t'est-il pas permis de lui parler comme tu veux ? – Mais j'ai
peur de perdre pied. | – Est-ce que tu as peur de perdre pied si tu   20
t'apprêtes à écrire le nom de Dion ? – Pas du tout ! – Pour quelle
raison ? N'est-ce pas parce que tu t'es exercé à écrire ?
– Certainement. – Et si tu t'apprêtes à lire, n'en va-t-il pas de
même ? – Si. – Pour quelle raison ? Parce que tout art implique
force et hardiesse pour ce qui relève de lui. | Ne t'es-tu donc pas   21
exercé à parler ? À quoi d'autre t'exerçais-tu à l'école ? – Aux
syllogismes et aux arguments instables[1]. – Dans quel but ?
N'était-ce pas pour pouvoir participer à une discussion en
praticien expérimenté ? Et le faire en praticien expérimenté,
n'est-ce pas procéder avec à propos, avec sûreté et intelligence,
sans faire de faux pas, en outre, sans se sentir entravé, et
par-dessus tout avec hardiesse ? – Si. | – Par conséquent, toi,   22
cavalier s'avançant dans la plaine contre un fantassin[2], tu es
anxieux pour un combat auquel tu t'es exercé, toi, mais lui
non ? – Sans doute ; mais il a le pouvoir de me tuer. | – Dis donc   23
la vérité, malheureux, ne fais pas le fanfaron ; ne prétends pas
être philosophe, reconnais tes maîtres ; aussi longtemps que tu
donnes prise sur toi par ton corps, obéis à quiconque est plus
fort que toi. | Socrate s'exerçait à parler, lui qui discutait de la   24
manière qu'on sait en s'adressant aux tyrans, aux juges, ou
<à ses amis> dans sa prison. Diogène s'était exercé à parler,
lui qui s'adressait de la manière qu'on sait à Alexandre,
à Philippe, aux pirates, à celui qui l'avait acheté. || …[3] 25,

1. Voir ci-dessus, I, 7, 1. – Il est possible qu'ici le terme « syllogismes », en
regard de «instables», désigne précisément les raisonnements valides
(*cf.* R. Muller, *Les Stoïciens*, p. 178).
2. Même image chez Platon, *Théétète*, 183d. Il s'agit sans doute d'une
expression proverbiale pour évoquer un combat inégal.
3. Lacune de plusieurs mots. À la fin, on suppose quelque chose comme
« Laisse ces choses à… »

à ceux qui s'y sont exercés, aux gens courageux. Toi, retourne à tes affaires et ne t'en écarte jamais. Va dans ton coin, assieds-toi, confectionne des syllogismes et propose-les à un autre :

> Il n'y a pas en toi l'étoffe d'un conducteur de cité [1].

1. Vers d'un auteur inconnu (Nauck[2], *Trag. Gr. Frag.* Suppl., Adespota 88a).

14) À NASON

Un Romain[1] était entré à l'école avec son fils et écoutait 1
une leçon. « Telle est ma manière d'enseigner », dit Épictète,
et il se tut. | Le Romain lui demandant de poursuivre, il 2
répondit : « Tout art, lorsqu'on l'enseigne, est pénible pour le
profane qui n'en a aucune expérience. | Les produits de l'art, 3
eux, révèlent d'emblée l'usage auquel ils sont destinés, et la
plupart d'entre eux ont quelque chose d'attirant et d'agréable.
| Se trouver auprès d'un cordonnier et suivre attentivement 4
comment il apprend son métier n'a rien de réjouissant, mais la
chaussure est chose utile, et d'ailleurs plutôt agréable à
regarder. | L'apprentissage du charpentier est particulièrement 5
fastidieux pour le profane qui y assiste, mais l'œuvre révèle
l'utilité de l'art en question. | On s'en apercevra encore bien 6
mieux avec la musique : si on assiste à une leçon, cet enseignement paraîtra la chose la plus rebutante du monde, alors que les
œuvres musicales sont assurément agréables et pleines de
charme pour les oreilles des profanes. | Dans notre cas, nous 7
nous représentons à peu près comme suit la tâche de celui qui
se consacre à la philosophie : il nous faut ajuster notre volonté
aux événements de telle manière qu'aucun d'eux n'arrive
contre notre gré, et que jamais nous n'ayons à déplorer l'ab-
sence d'un événement que nous voulions voir arriver. | Il en 8
résulte, pour ceux qui ont ainsi organisé leur tâche, qu'ils ne
sont pas frustrés dans leur désir et ne tombent pas sur ce qu'ils
ont en aversion, que chacun pour son compte passe sa vie sans
peine, sans peur, sans trouble, et qu'avec les gens qui vivent
avec lui il préserve les relations tant naturelles qu'acquises,

---

1. Il n'est pas nommé, mais il s'agit sans doute du Nason que mentionne le
titre. Pline le Jeune (contemporain d'Épictète) parle plusieurs fois d'un
personnage de ce nom, mais rien ne dit qu'il s'agisse précisément de lui.

celle de fils, de père, de frère, de citoyen, d'homme, de femme,
de voisin, de compagnon, de gouvernant et de gouverné.

9   Voilà comment nous nous représentons la tâche de celui
qui se consacre à la philosophie. Après cela, il nous reste à
10 chercher comment cela se réalisera. | Nous voyons que c'est
en recevant un enseignement qu'on devient charpentier, en
recevant un enseignement qu'on devient pilote. Ne doit-on pas
admettre, ici aussi, qu'il ne suffit pas de vouloir être homme de
bien pour le devenir, mais qu'il faut encore recevoir un enseignement ? Nous cherchons donc quel est cet enseignement.
11 | Selon les philosophes, la première chose à apprendre est
« qu'il y a un dieu, qu'il exerce sa providence sur l'univers, et
qu'il est impossible que lui demeurent cachés non seulement
12 nos actes mais encore nos pensées et nos intentions. | Il faut
apprendre ensuite ce que sont les dieux. Car une fois qu'on
l'aura trouvé, celui qui veut leur plaire et leur obéir devra
nécessairement s'efforcer de se rendre semblable à eux autant
13 qu'il est possible. | Si la divinité est loyale, il doit être loyal lui
aussi ; si elle est libre, il doit l'être lui aussi ; si elle est bien-
faisante, lui aussi doit être bienfaisant ; si elle est magnanime,
lui aussi doit l'être ; en somme, en tout ce que désormais il dira
et fera, il agira en émule du dieu[1]. »
14   – Par où faut-il donc commencer ? – Si tu y consens, je
te dirai qu'il faut en premier lieu que tu prennes clairement
conscience du sens des mots. – Dois-je en conclure qu'actuel-
15 lement ce n'est pas le cas ? | – En effet, tu n'as pas cette
conscience. – Comment se fait-il alors que je me serve de ces
mots ? – Tu t'en sers comme les illettrés se servent des sons

---

1. Sur ce passage *du* dieu *aux* dieux puis à la divinité (τὸ θεῖον), voir la
Note sur la traduction (fin de l'Introduction).

articulés[1], comme les bêtes de leurs représentations. L'usage est une chose, la conscience réfléchie en est une autre[2]. | Si tu 16 crois avoir cette conscience, prends le mot que tu veux, et mettons-nous à l'épreuve pour voir si nous en avons une conscience réfléchie. | – Mais il est pénible de se soumettre à 17 une réfutation quand on est déjà âgé et qu'on a eu la chance de faire trois campagnes[3]. | – Je le sais bien. Car tu es venu me voir 18 tout à l'heure en pensant que tu n'avais besoin de rien. De quoi pourrait-on imaginer que tu aies besoin ? Tu es riche, tu as sans doute des enfants, une femme, un grand nombre de serviteurs ; tu es connu de César, tu as beaucoup d'amis à Rome, tu remplis tes devoirs, tu sais rendre le bien à qui te fait du bien, et faire du mal à qui te fait du mal. | Que te manque-t-il ? Si maintenant je 19 me mets à te montrer qu'il te manque ce qu'il y a de plus nécessaire et de plus important pour le bonheur, que jusqu'ici tu t'es soucié de tout plutôt que de ce qu'il convient que tu fasses, si j'ajoute, pour couronner le tout : tu ignores ce qu'est le dieu et ce qu'est l'homme, ce qu'est le bien et ce qu'est le mal, | peut-être que tu supporteras tout cela ; mais si je poursuis 20 en disant que tu ne te connais pas toi-même, comment pourras-tu me supporter et te soumettre à la réfutation sans te retirer ? | Aucune chance, mais sur le champ tu te fâches et t'en vas. Et 21 pourtant, quel mal t'aurai-je fait ? À moins que le miroir ne

1. Les ἐγγράμματοι φωναί ne désignent pas ici les sons *écrits*, puisqu'il s'agit d'illettrés, mais les sons articulés, susceptibles d'être transcrits par les lettres de l'alphabet, par opposition aux sons bruts des animaux ou du bruit. Les illettrés peuvent articuler correctement les syllabes sans savoir ni lire ni écrire. Ce sens du mot ἐγγράμματος apparaît clairement chez D. L. en III, 107, et implicitement parmi les sens de γράμμα qu'indique le même Diogène dans son exposé de la doctrine stoïcienne en VII, 56.

2. Comparez ci-dessus I, 6, 13.

3. Avoir fait trois campagnes était la condition requise pour accéder aux plus hauts honneurs.

fasse du mal à l'homme laid parce qu'il le révèle à lui-même tel
qu'il est ; à moins que le médecin ne se montre insolent avec
son malade quand il lui dit : « Homme, tu crois ne rien avoir,
mais tu as de la fièvre ; ne mange rien aujourd'hui, bois de
l'eau. » Personne alors ne répond : « Quelle épouvantable inso-
22 lence ! » | Mais si on dit à quelqu'un : « Tes désirs souffrent
d'inflammation, tes aversions sont viles, tes desseins sont in-
cohérents, tes propensions ne s'accordent pas avec la nature,
tes opinions sont irréfléchies et fausses », aussitôt il s'en va et
déclare : « Il s'est montré insolent avec moi ! »

23   Notre condition ressemble à ce qui se passe dans une
foire[1]. On y mène les bêtes de somme et les bœufs pour les
vendre, et la plupart des hommes y vont soit pour acheter soit
pour vendre ; peu nombreux sont ceux qui viennent pour jouir
du spectacle de la foire, pour voir comment les choses se
passent et pourquoi, qui sont ceux qui l'ont organisée et à
24 propos de quoi. | Il en va de même dans cette foire où nous
vivons. Chez quelques-uns, comme chez les bêtes de somme,
les préoccupations ne vont pas au-delà du fourrage. Pour tous
ceux d'entre vous, en effet, qui ne vivent que pour la propriété,
les champs, les serviteurs, les magistratures, tout cela n'est rien
25 d'autre que du fourrage. | Mais peu nombreux sont les hommes
qui viennent à la foire par amour du spectacle : « Qu'est donc le
26 monde ? Qui le gouverne ? Personne ? | Et comment est-il
possible qu'une cité ou une maison ne puissent subsister, ne
fût-ce qu'un court moment, sans quelqu'un pour les gouverner
et en prendre soin, et qu'un édifice si grand et si beau soit
administré avec autant d'ordre s'il est livré au hasard et à la
27 chance ? Il y a donc quelqu'un qui le gouverne. | Quel est-il, et

---

1. La comparaison qui suit figure aussi dans Cicéron (*Tusculanes*, V, 3, 9),
qui l'attribue à Pythagore.

comment gouverne-t-il ? Et qui sommes-nous, nous qui avons
été engendrés par lui, et pour quelle tâche ? Est-ce que nous
avons avec lui un lien ou une relation, ou n'y a-t-il rien de tel ? »
| Voilà les pensées qui assaillent ce petit nombre d'hommes ; 28
ils consacrent leur temps à cette unique activité : chercher à
connaître la foire avant de la quitter. | Et qu'arrive-t-il ? Le 29
grand nombre se moque d'eux, tout comme dans nos foires les
marchands se moquent de ceux qui viennent simplement pour
le spectacle. Et si les bêtes avaient quelque intelligence, elles
se moqueraient de ceux qui prisent autre chose que le fourrage.

15) À CEUX QUI RESTENT OBSTINÉMENT ATTACHÉS
À CERTAINES DÉCISIONS QU'ILS ONT PRISES

1   Quand ils entendent ces formules : « Il faut être ferme, la faculté de choix est par nature libre, soustraite à la nécessité, et tout le reste est empêché, soumis à la nécessité, esclave, au pouvoir d'autrui », certains hommes se figurent qu'il faut s'en tenir de façon inébranlable à tout ce qu'ils ont décidé.

2 | Cependant, il faut préalablement que la décision soit saine. Je veux bien qu'il y ait de la vigueur[1] dans un corps, mais à condition qu'il s'agisse d'un corps sain, d'un corps d'athlète.

3 | Si au contraire tu m'exhibes la vigueur d'un homme en proie au délire et que tu t'en vantes, je te dirai : « Homme, va chercher quelqu'un qui te soignera. Ce n'est pas là de la vigueur, mais de la faiblesse. »

4   Dans le même genre, voici une autre manière dont l'âme de ceux qui comprennent mal ces formules est affectée. Un de mes amis, par exemple, avait sans aucun motif décidé de se

5 laisser mourir de faim. | J'appris la chose alors qu'il y avait déjà trois jours qu'il s'abstenait de manger ; je vins le voir et lui

6 demandai ce qui se passait. | – J'ai pris ma décision, me dit-il. – Soit, mais quelle était donc la chose qui t'en a convaincu ? Si ta décision est bonne, nous voici assis près de toi pour t'aider à quitter la vie ; mais si ta décision est déraisonnable, change-la.

7 | – Il faut s'en tenir à ses décisions. – Comment l'entends-tu, homme ? Non pas à toutes les décisions, mais aux bonnes ! Par exemple, supposons que tu aies en ce moment l'impression qu'il fait nuit : si tu le crois, ne change pas, tiens bon et

8 déclare qu'il faut s'en tenir à ses décisions. | Ne veux-tu pas

---

1. Allusion à la tension (τόνος), terme que les Stoïciens utilisent comme un terme technique, en physique et en morale (le degré de tension est une indication sur l'état d'un corps).

commencer par poser solidement les fondations, c'est-à-dire examiner si la décision est saine ou non, et édifier ensuite sur cette base ta belle vigueur et ton assurance ? | Si tu leur donnes 9 un fondement pourri et menaçant ruine, tu ne pourras pas même y bâtir un modeste édifice[1] ; plus nombreux et plus solides seront les matériaux que tu poseras par-dessus, plus vite tout s'écroulera. | Sans le moindre motif, tu nous enlèves, 10 en lui ôtant la vie, un homme qui est un ami, un intime, un concitoyen dans la grande cité aussi bien que dans la petite. | De plus, alors que tu commets un meurtre et fais périr un 11 homme qui n'a commis aucune injustice, tu affirmes qu'il faut s'en tenir à ses décisions ! | Si d'aventure il te venait à l'idée de 12 me tuer, devrais-tu t'en tenir à tes décisions ?

C'est à grand-peine qu'il se laissa persuader de changer 13 de résolution. Mais il est aujourd'hui des gens qu'il est impossible de faire changer. Ainsi il me semble qu'à présent je comprends, chose que je ne saisissais pas auparavant, le sens de cette remarque courante : un fou, il est impossible aussi bien de le persuader que de le briser. | Puissé-je ne pas avoir pour 14 ami un fou qui fait le sage ! Il n'y a rien de plus intraitable. « J'ai pris ma décision. » C'est ce que disent aussi les fous. Plus fermes sont les décisions non fondées qu'ils prennent, plus ils ont besoin d'ellébore. | Ne veux-tu pas faire ce que fait le 15 malade et appeler le médecin ? « Maître, je suis malade, viens à mon secours ; vois ce que je dois faire ; mon rôle à moi est de t'obéir. » | Il en va de même ici : « Je ne sais pas ce que je dois 16 faire, je suis venu pour l'apprendre. » Mais non ! Tu dis au contraire : « Parle-moi d'autre chose ; cela, je l'ai décidé. » | De 17 quoi d'autre te parler ? Qu'y a-t-il de plus important ou de plus

---

1. Texte apparemment corrompu, ici traduit d'après une ancienne conjecture de Schenkl.

avantageux que de te persuader qu'il ne suffit pas d'avoir pris une décision et de n'en plus changer ? C'est là la vigueur des fous, non celle des hommes en bonne santé.

18   « Je veux mourir, si tu exerces cette contrainte sur moi. » Et pourquoi, homme ? Qu'est-il arrivé ? « J'ai pris ma décision. » Par bonheur, ce n'est pas moi que tu as décidé de tuer !

19 | « Je ne prends pas d'argent[1]. » Pourquoi ? « Je l'ai décidé ! » Rien n'empêche, sache-le, qu'avec la même vigueur que tu mets maintenant à le refuser, tu ne sois un jour déraisonna-blement porté à prendre de l'argent, tout en répétant : « Je l'ai

20   décidé ! », | comme dans un corps malade souffrant d'un écoule-ment d'humeurs, celles-ci s'écoulent tantôt par ici et tantôt par là. Il en est de même pour une âme faible : on ne sait jamais vers quel côté elle penche. Mais quand la vigueur s'ajoute à ce penchant et à ce mouvement, alors le mal est irrémédiable, incurable.

---

1. Allusion aux pratiques de certains sophistes ou philosophes.

16) QUE NOUS NE NOUS EXERÇONS PAS À FAIRE USAGE DE NOS JUGEMENTS SUR LES BIENS ET LES MAUX

Où se trouve le bien? – Dans la faculté de choix. – Et le 1
mal? – Dans la faculté de choix. – Et ce qui n'est ni bien ni
mal? – Dans ce qui est soustrait à notre choix. | – Eh bien, est-il 2
parmi nous quelqu'un qui se souvienne de ces affirmations,
une fois sorti d'ici? S'exerce-t-il pour son compte à répondre
aux choses de la même manière qu'il répond quand on
demande: «Est-ce qu'il fait jour? – Oui. – Et alors, fait-il
nuit? – Non. – Et encore: les astres sont-ils en nombre pair?
– Je ne puis le dire.» | Quand on te met de l'argent sous les 3
yeux, es-tu exercé à faire la réponse qu'il faut: «Ce n'est pas
un bien»? T'es-tu entraîné à ces réponses-là, ou uniquement à
celles qui portent sur les sophismes? | Pourquoi t'étonner, dans 4
ce cas, si tu t'es amélioré dans les matières où tu t'es exercé,
alors que dans celles où tu ne l'as pas fait tu restes ce que tu es?
| Pourquoi, par exemple, l'orateur qui sait qu'il a rédigé un bon 5
discours, qui sait qu'il a bien en mémoire ce qu'il a écrit, qui
ajoute à cela une voix agréable, reste-t-il pourtant anxieux?
Parce qu'il ne lui suffit pas de s'être exercé. | Que veut-il donc? 6
Recueillir les louanges de l'assistance. Or il s'est entraîné à
exercer son art avec compétence, mais non à recevoir louange
ou blâme. | Quand, en effet, a-t-il appris de quelqu'un ce qu'est 7
la louange, ce qu'est le blâme, quelle est la nature de chacun?
quelle espèce de louange il faut rechercher, quelle espèce de
blâme il faut fuir? Quand a-t-il pratiqué les exercices qui
découlent des définitions ainsi obtenues? | Pourquoi donc 8
continues-tu à t'étonner s'il est supérieur aux autres dans ce
qu'il a appris, mais n'est pas meilleur que le grand nombre
dans les domaines où il ne s'est pas exercé? | Il est comme le 9

citharède [1] qui sait jouer de la cithare, qui chante bien, qui porte une belle tunique, et qui tremble néanmoins en entrant en scène : ce qui relève de son art, il le connaît, mais il ignore ce qu'est la foule, ce que sont les cris et les moqueries de la foule.

10 | Et l'anxiété elle-même, il ne sait pas ce qu'elle est, si elle est notre affaire ou celle des autres, s'il est ou non possible de la faire cesser. Voilà pourquoi il quitte la place tout gonflé d'orgueil si on le loue ; mais si on se moque de lui, cette pauvre outre éclate et se dégonfle.

11 Nous sommes, quant à nous, à peu près dans la même situation. À quoi donnons-nous du prix ? Aux choses extérieures. De quoi nous occupons-nous sérieusement ? Des choses extérieures. Et ensuite nous sommes incapables de nous expliquer pourquoi nous avons peur, pourquoi nous sommes

12 anxieux ? | Que peut-il bien se passer quand nous regardons les événements à venir comme des maux ? Nous ne pouvons pas

13 ne pas avoir peur, ne pas être anxieux. | Nous disons alors : « Seigneur dieu, comment faire pour ne pas être anxieux ? » Insensé, n'as-tu pas de mains ? Le dieu ne t'en a-t-il pas fait ? Assieds-toi maintenant et prie-le que ton nez ne coule pas ! Mouche-toi plutôt, et ne lui adresse pas de reproches.

14 | Eh quoi ? Ne t'a-t-il rien donné, en l'occurrence ? Ne t'a-t-il pas donné la patience, ne t'a-t-il pas donné la grandeur d'âme, ne t'a-t-il pas donné le courage ? Avec des mains aussi commodes, tu cherches encore quelqu'un pour te moucher ?

15 Mais nous ne nous exerçons pas à cela, nous n'y prêtons aucune attention. Voyons, montrez-moi un homme, un seul, qui se préoccupe de la manière de faire, autrement dit qui porte son attention non sur le résultat à atteindre mais sur son acte même : qui donc, quand il se promène, fait attention à l'acte

---

1. Voir ci-dessus, II, 13, 2.

qu'il est en train d'accomplir ? Qui, quand il délibère, tourne son attention vers la délibération elle-même et non vers l'obtention de ce sur quoi il délibère ? | S'il l'obtient, il se vante 16 et dit : « Comme nous avons bien délibéré ! Ne te disais-je pas, mon frère, qu'il est impossible, quand nous examinons une affaire, que l'issue ne réponde pas à notre attente ? » Si les choses tournent autrement, il est humilié, le malheureux, et ne trouve rien à dire sur ce qui est arrivé. Qui de nous a recouru à un devin pour cela ? | Qui de nous a couché dans un temple[1] 17 pour être éclairé sur l'acte comme tel[2] ? Qui ? Montrez-m'en un seul, que je le voie, celui que je cherche depuis longtemps, cet homme vraiment noble et bien doué ; qu'il soit jeune ou vieux, montrez-le moi !

Pourquoi donc nous étonnons-nous encore si d'un côté 18 nous avons une bonne expérience des matières de nos actions, mais si de l'autre, pour ce qui est des actions elles-mêmes, nous sommes indignes, inconvenants, sans valeur, lâches, sans ressort, des ratés en somme. C'est que nous ne nous en sommes pas préoccupés, et que nous ne nous y exerçons pas. | Si nous 19 n'avions pas peur de la mort ou de l'exil, mais de la peur même, nous nous exercerions à ne pas tomber dans ces états qui nous apparaîtraient alors comme des maux. | Or en réalité, à l'école 20 nous bavardons avec fougue, et s'il se présente une petite question sur ces sujets, nous sommes capables de la traiter

1. Pratique qui consiste à dormir dans un temple pour être éclairé sur l'avenir dans son sommeil.

2. Selon Schenkl, passage suspect et peut-être lacunaire. Dans les deux dernières phrases (recours au devin, sommeil dans le temple), certains ajoutent ou maintiennent une négation (« Qui n'a pas recours au devin… »). Dans ce cas, Épictète reprocherait aux personnes visées de recourir à la divination. Mais la divination porterait alors sur l'*acte* comme tel, et ce recours signifierait que ces personnes s'en soucient. Or depuis la phrase 15, Épictète déplore justement qu'on ne se soucie pas de l'acte, mais seulement du résultat.

en descendant jusqu'aux conséquences. Mais traîne-nous[1] à l'application pratique et tu trouveras de misérables naufragés. Que survienne une représentation à même de nous troubler, et tu sauras quels exercices nous avons pratiqués et à quoi 21 nous nous sommes entraînés. | En conséquence, en raison de cette absence d'exercice, nous accumulons indéfiniment les 22 difficultés et les faisons plus grosses qu'elles ne sont. | Un exemple : quand je suis sur un bateau et que je me penche sur l'abîme, ou regarde la mer tout autour sans apercevoir la terre, je perds mes esprits ; je m'imagine qu'en cas de naufrage il me faudra avaler toute cette mer, et il ne me vient pas à l'esprit qu'il suffit de trois setiers ! Qu'est-ce donc qui me trouble ? La 23 mer ? Non, mais mon jugement. | Autre exemple : quand se produit un tremblement de terre, j'imagine que la ville va s'écrouler sur moi ; ne suffit-il pas d'une petite pierre pour me faire sauter la cervelle ?

24   Qu'est-ce alors qui nous accable et nous fait perdre nos esprits ? Quoi d'autre que nos jugements ? Celui qui quitte le pays et se trouve éloigné des choses familières, camarades, lieux, relations, qu'est-ce qui l'accable sinon son jugement ? 25 | Les petits enfants pleurent dès que la nourrice s'est un peu éloignée, mais s'ils reçoivent un petit gâteau ils ont tôt fait de 26 l'oublier. | Veux-tu donc que nous ressemblions aux enfants ? Par Zeus, non ! Ce n'est pas un petit gâteau, je pense, qui a sur 27 nous cet effet, mais des jugements droits. | Quels sont ces jugements ? Ceux auxquels l'homme doit s'exercer à longueur de journée, en ne s'attachant à rien de ce qui n'est pas à lui, camarade, lieu, gymnases, pas même à son propre corps, en se 28 souvenant de la loi et en la gardant devant les yeux. | Et quelle est la loi divine ? Veiller sur ce qui nous appartient en propre,

---

1. Comme on tire un bateau pour le mettre à flot.

ne pas revendiquer ce qui appartient à autrui, mais faire usage de ce qui nous est accordé sans regretter ce qui ne l'est pas ; si quelque chose nous est enlevé, le rendre sans barguigner et sur-le-champ, pleins de reconnaissance pour le temps durant lequel nous en avons usé… à moins que tu ne veuilles pleurer en réclamant ta nourrice et ta maman ! | Qu'importe en effet de 29 savoir par quoi on est dominé, de quoi on dépend ? En quoi es-tu supérieur à celui qui pleure pour une fillette, si tu te lamentes pour un malheureux gymnase, un petit portique, une réunion de jeunes gens et autre passe-temps semblable ? | Un 30 autre vient se plaindre de ce qu'il ne va plus boire l'eau de Dircé. L'eau de Marcius est-elle moins bonne que celle de Dircé[1] ? « Mais j'étais habitué à celle-ci. » | Tu t'habitueras 31 aussi à celle-là. Si tu t'attaches à des choses pareilles, pleure sur elles à leur tour, et essaie de faire un vers sur le modèle de celui d'Euripide :

> Les thermes de Néron et l'eau de Marcius[2].

Voilà comment naît une tragédie, lorsque des événements insignifiants atteignent des fous.

« Quand donc reverrai-je Athènes et l'Acropole ? » 32 Malheureux, ce que tu aperçois chaque jour ne te suffit pas ? Peux-tu voir quelque chose de meilleur ou de plus grand que le soleil, la lune, les astres, la totalité de la terre, la mer ? | Si tu 33 prends une claire conscience de celui qui gouverne l'univers, si de plus tu le portes en toi, peux-tu encore regretter des pierres

---

1. Dircé est une rivière de Thèbes, Marcius un mont dont l'eau était amenée à Rome par un aqueduc.
2. D'après Euripide, *Phéniciennes*, 368 : « Le gymnase où je fus élevé et l'eau de Dircé. » Paroles de Polynice, lorsqu'il retrouve sa patrie, Thèbes, après son exil à Argos. Sur Dircé, voir *ibid.* 645 *sq.*

et un rocher joliment aménagé[1] ? Que feras-tu alors quand tu
34 seras sur le point de quitter le soleil même et la lune ? | Iras-tu
t'asseoir et pleurer comme les petits enfants ? Que faisais-tu
donc à l'école ? Qu'écoutais-tu, qu'apprenais-tu ? Pourquoi
t'affichais-tu comme philosophe au lieu d'afficher ce qu'il en
est réellement ? À savoir : « J'ai travaillé quelques *Introductions*, lu des traités de Chrysippe, mais je suis à peine au seuil
35 de la philosophie[2]. | En quoi, en effet, ai-je part à cette activité à
laquelle participait Socrate, lui qui est mort et a vécu comme on
36 sait ? Ou à celle à laquelle participait Diogène ? » | Conçois-tu
que l'un d'eux pleure ou se fâche parce qu'il ne va plus voir un
tel ou une telle, parce qu'il ne va plus vivre à Athènes ou à
37 Corinthe mais, par exemple, à Suse ou à Ecbatane ? | Celui à
qui il est permis de quitter le banquet quand il veut et de ne plus
jouer, va-t-il y rester et continuer à se chagriner ? N'en va-t-il
pas ici comme au jeu, où l'on reste aussi longtemps qu'on
38 s'amuse ? | Un homme tel <que toi[3]> serait sans doute prêt à
supporter un exil perpétuel, voire l'exil qu'est la mort, si on l'y
condamnait !

39   Ne veux-tu pas, comme les petits enfants, être enfin
sevré et prendre une nourriture plus solide, sans pleurer après
mamans et nourrices avec des lamentations de vieille femme ?
40 | « Mais si je les quitte, je vais leur causer du chagrin. » Tu leur
causeras du chagrin, toi ? Pas du tout ! Mais, comme pour toi,
la cause, ce sera leur jugement. Que peux-tu donc faire ?
Retranche ce jugement, et pour ce qui est du leur, si elles

---

1. L'Acropole et ses monuments.

2. Littéralement : « Je n'ai pas même franchi la porte du philosophe. » Non
pas la porte d'un maître, puisqu'Épictète s'adresse à quelqu'un qui a été à
l'école, mais le seuil symbolique que doit franchir le disciple pour être un
philosophe authentique (*cf.* II, 11, 1).

3. Selon l'interprétation de Schweighäuser.

agissent sagement, elles le retrancheront elles-mêmes ; sinon elles se lamenteront, et ce sera de leur fait. | Homme, « sois 41 fou », comme on dit, dès qu'il s'agit de la sérénité, de la liberté, de la grandeur d'âme. Relève une bonne fois la tête, comme un homme délivré de l'esclavage, | ose lever les yeux vers le dieu 42 et lui dire : « Sers-toi de moi désormais pour ce que tu veux ; je suis d'accord avec toi, je suis à toi[1], je ne refuse rien de ce qui te semble bon ; conduis-moi où tu veux ; revêts-moi de l'habit que tu veux. Tu veux que j'exerce une magistrature ou que je sois un simple particulier, que je demeure ou que je parte en exil, que je sois pauvre ou que je sois riche ? Pour ma part, sur tous ces points je prendrai ta défense devant les hommes. | Je 43 leur montrerai ce qu'est la nature de chacune de ces conditions. » | Mais non ! Reste tranquillement dans le ventre de 44 la vache[2] et attends que ta maman vienne te rassasier ! Si Héraclès était resté assis près des siens dans sa demeure, qui aurait-il été ? Eurysthée[3], et non Héraclès. Voyons, combien de relations, combien d'amis s'est-il faits en parcourant le monde ? Mais il n'avait pas d'ami plus cher que le dieu ; c'est pourquoi on a cru qu'il était fils de Zeus, et il l'était. Ainsi donc, c'est par obéissance à Zeus qu'il allait çà et là, purgeant le monde de l'injustice et du désordre. | Mais tu n'es pas 45 Héraclès et tu ne peux purger le monde des maux commis par

---

1. « À toi » (σός) est une correction généralement acceptée. Les manuscrits portent : « Je suis (ton) égal » (ἴσος) ; mais si l'homme est parfois dit l'égal des dieux (*cf.* I, 12, 27), jamais Épictète n'exprime cette égalité à la première personne avec cette assurance.

2. C'est le texte des manuscrits. « Ventre de vache » pourrait être un terme péjoratif pour « berceau ». Mais l'étrangeté de l'expression a suscité diverses corrections, par exemple : « Assieds-toi dans une étable à bœufs », « Reste à l'intérieur, comme les petites filles ».

3. Eurysthée est ce roi légendaire d'Argos qui avait imposé à Héraclès ses fameux « travaux ».

d'autres ; tu n'es pas non plus Thésée[1], pour purger de ses maux l'Attique : purge-toi de tes maux à toi. Dès lors, au lieu de Procuste et de Skiron, chasse de ta pensée le chagrin, la peur, le désir passionné, l'envie, la joie maligne, l'avarice, la mollesse, 46 l'intempérance. | Et il n'est pas possible de les chasser sans fixer les yeux uniquement sur le dieu, sans s'attacher à lui seul, 47 tout dévoué à suivre ses ordres. | Mais si tu veux autre chose, tu seras à la remorque de ce qui est plus fort que toi, en te lamentant et en gémissant, cherchant sans cesse hors de toi la sérénité sans jamais pouvoir l'atteindre. Car tu la cherches où elle n'est pas, et omets de la chercher là où elle est.

---

1. Roi légendaire d'Athènes, qui passait notamment pour avoir débarrassé l'Attique des brigands Procuste et Skiron.

17) COMMENT IL FAUT ADAPTER LES PRÉNOTIONS
AUX CAS PARTICULIERS

Quelle est la première tâche de celui qui pratique la 1
philosophie ? Rejeter ce qu'il croit savoir[1] ; car il est impos-
sible qu'on se mette à apprendre ce qu'on croit savoir. | Or 2
quand nous allons trouver les philosophes, tous autant que
nous sommes nous bavardons à tort et à travers sur ce qu'il
faut faire et ne pas faire, sur le bien et le mal, sur le beau et le
laid, et nous nous fondons là-dessus pour distribuer l'éloge
et le blâme, les accusations, les reproches, décidant de façon
tranchée entre les conduites belles et les conduites laides.
| Mais pourquoi allons-nous chez les philosophes ? <Pour 3
apprendre[2]> ce que nous ne croyons pas savoir. C'est-à-dire ?
Les principes théoriques. Ce que disent les philosophes, nous
voulons l'apprendre dans la pensée que ce sont des choses
élégantes et pénétrantes, d'autres le font pour se les approprier.
| Il est ridicule de croire qu'en voulant apprendre une chose on 4
en apprendra une autre, ou d'ailleurs qu'on fera des progrès en
des matières que l'on n'apprend pas. | Ce qui trompe beaucoup 5
de gens, c'est précisément ce qui trompe le rhéteur Théopompe
quand il reproche à Platon de vouloir tout définir. | Que dit-il, 6
en effet ? « Avant toi, aucun de nous ne parlait de "bon" ou de
"juste" ? Est-ce que par hasard nous n'avions pas une claire
conscience de ce que sont le bon et le juste, et que nous
émettions des sons indistincts, vides de sens ? » | Qui te dit, 7
Théopompe, que nous n'avions pas de chacune de ces choses
des notions naturelles, c'est-à-dire des prénotions ? Mais il est
impossible d'appliquer les prénotions aux réalités correspondantes si on ne les a pas distinctement expliquées et si l'on n'a

1. Voir ci-dessus II, 11, 6.
2. Addition proposée par divers éditeurs pour combler une lacune.

pas examiné quelle réalité il faut ranger sous chacune d'elles.
8 | À ce compte-là, tu peux adresser aux médecins le même
genre d'observation : « Qui de nous ne parlait pas de "sain" et
de "malsain" avant la naissance d'Hippocrate ? Est-ce qu'en
disant ces mots nous faisions résonner des sons vides de
9 sens ? » | C'est un fait que nous avons aussi une prénotion
du sain, mais nous ne sommes pas capables de l'appliquer.
C'est pourquoi l'un dit : « Continue la diète », et l'autre :
« Donne-lui de la nourriture » ; l'un déclare : « Pratique une
saignée », et l'autre : « Pose-lui des ventouses ». La cause de
ces divergences ? Est-ce autre chose que notre incapacité à
bien appliquer la prénotion du sain aux cas particuliers ?

10 Il en est de même ici, pour ce qui concerne les choses de la
vie. Qui de nous n'a constamment à la bouche les mots de bien
et de mal, d'avantage et de désavantage ? Qui de nous en effet
n'a pas de chacune de ces choses une prénotion ? Mais est-ce
11 une prénotion distincte et complète ? Montre-le. | « Comment
le montrer ? » Applique-la bien aux réalités particulières.
Ainsi, par exemple, Platon range ses définitions sous la préno-
12 tion de l'utile, et toi sous celle de l'inutile. | Peut-il se faire que
vous touchiez le but l'un et l'autre ? Comment serait-ce possible ? L'un n'applique-t-il pas la prénotion du bien à la richesse,
et l'autre non ? N'en est-il pas de même pour le plaisir, pour la
13 santé ? | D'une manière générale, si nous tous qui avons sans
cesse ces mots à la bouche, nous n'avons pas de chacun d'eux
une connaissance vide, et si nous n'avons pas besoin de nous
donner le moindre mal pour expliquer distinctement les prénotions, pourquoi ne sommes-nous pas d'accord ? Pourquoi nous
battons-nous, pourquoi nous blâmons-nous les uns les autres ?

14 Mais qu'ai-je besoin maintenant de mettre sur le tapis
les conflits entre les hommes, quel besoin de les rappeler ?
Prenons ton cas : si tu appliques convenablement tes prénotions, pourquoi n'es-tu pas serein, pourquoi es-tu entravé ?
15 | Laissons pour le moment le deuxième thème, celui qui

concerne les propensions et l'art de déterminer le devoir qui s'y rapporte. Laissons également de côté le troisième, celui qui a pour objet les assentiments. | Je te fais grâce de tout 16 cela. Tenons-nous-en au premier, qui nous fournit la preuve tangible, pour ainsi dire, que tu n'appliques pas convenablement tes prénotions. | Est-ce qu'actuellement tu veux ce 17 qui est possible, et ce qui t'est possible à toi ? Dans ce cas, pourquoi es-tu entravé ? Pourquoi n'es-tu pas serein ? N'es-tu pas en train de fuir l'inévitable ? Pourquoi alors tombes-tu sur une chose que tu veux éviter, pourquoi es-tu malheureux ? Pourquoi ce que tu veux n'arrive-t-il pas ? Pourquoi ce que tu ne veux pas arrive-t-il ? | C'est là, en effet, ce qui prouve le 18 mieux le manque de sérénité et la disgrâce. Je veux une chose et elle n'arrive pas : qu'y a-t-il de plus misérable que moi ? Je ne veux pas une chose et elle arrive : qu'y a-t-il de plus misérable que moi ?

C'est précisément parce que Médée n'a pu supporter cela 19 qu'elle en est arrivée à tuer ses enfants. Elle a fait preuve là d'une certaine grandeur de caractère, du moins en ceci : elle avait la représentation correcte de ce que c'est d'échouer dans ce que l'on veut. | « Eh bien, je me vengerai ainsi de celui qui 20 m'a traitée injustement, qui m'a bafouée ! Et quel avantage de le voir en si malheureux état ? Comment cela peut-il se faire ? Je tue mes enfants, oui, mais ma vengeance se retournera contre moi ! Et que m'importe ? » | C'est là l'effondrement 21 d'une âme vigoureuse. Elle ne savait pas, en effet, où se situe le pouvoir de faire ce que nous voulons, elle ignorait qu'il ne faut pas le tirer du dehors ni agir en transformant les choses et en cherchant à les améliorer. | Cesse de vouloir cet homme, et rien 22 de ce que tu veux ne manquera d'arriver. Ne veux pas qu'il vive avec toi à tout prix, ne veux pas rester à Corinthe, en un mot, ne veux rien d'autre que ce que veut le dieu. Qui alors t'empêchera, qui te contraindra ? Personne, pas plus qu'il ne se trouve quelqu'un pour empêcher ou contraindre Zeus.

23   Quand tu as un tel guide et que tes volontés et désirs
s'identifient aux siens, pourquoi as-tu encore peur de manquer
24 le but ? | Laisse ton désir et ton aversion se porter vers la
richesse et vers la pauvreté : tu manqueras l'une et tomberas
dans l'autre. Vers la santé : tu seras malheureux. Vers les
magistratures, les honneurs, la patrie, les amis, les enfants,
bref vers l'un quelconque des objets soustraits à notre choix
25 < : même résultat[1]. > | Laisse-les plutôt se porter vers Zeus,
vers les autres dieux ; confie-les-leur, qu'ils soient dirigés par
eux, qu'ils règlent sur eux : comment pourrais-tu encore
26 manquer de sérénité ? | Mais, pauvre homme sans ressort, si tu
ressens de l'envie, de la pitié, de la jalousie, si tu trembles, si
tu ne laisses pas passer un seul jour sans te lamenter, en te
plaignant de toi-même et des dieux, comment peux-tu dire
27 encore que tu as reçu une éducation ? | Quelle éducation,
homme ? Tu veux dire que tu t'es occupé de syllogismes et
d'arguments instables[2] ? Ne veux-tu pas désapprendre tout
cela, si c'est possible, et recommencer depuis le début en
prenant conscience que jusqu'à aujourd'hui tu n'as pas même
28 effleuré la matière ? | Puis, partant de là, ajouter ce qui s'ensuit,
à savoir : comment faire pour que rien de ce que tu veux éviter
n'arrive, et que rien de ce que tu veux voir arriver ne manque
d'arriver ?

29   Donnez-moi un jeune homme venu à l'école avec cette
intention, qui est devenu un athlète dans cet exercice, et
qui dise : « Quant à moi, je donne congé à tout le reste, il me
suffit de pouvoir vivre sans entraves, sans chagrin, de pouvoir
affronter les événements la tête haute comme un homme libre
et lever les yeux vers le ciel comme un ami du dieu, sans
30 rien craindre de ce qui peut arriver. » | Que l'un de vous me

---

1. Lacune.
2. Arguments instables : voir ci-dessus I, 7, 1.

montre un tel homme, pour que je lui dise : « Va vers ce qui
t'appartient, jeune homme ; car ton destin est d'être l'ornement
de la philosophie ; ces biens sont les tiens, à toi ces livres, à toi
ces discussions. » | Ensuite, quand il aura bien travaillé ce 31
thème et qu'il y aura remporté la victoire, qu'il revienne me
voir et me dise : « Je veux être sans passion et sans trouble, oui,
mais je veux aussi, en homme pieux, en philosophe, en homme
soucieux de bien faire, connaître mes devoirs envers les dieux,
envers mes parents, envers mes frères, envers ma patrie, envers
les étrangers. » | Eh bien, passe à présent au deuxième thème, 32
il t'appartient lui aussi. | « Mais je me suis déjà exercé à ce 33
deuxième thème. Ce que je voulais, c'est de le pratiquer de
façon sûre, inébranlable, et ce non seulement quand je suis
éveillé mais aussi quand je dors, quand je suis un peu ivre,
quand je suis d'humeur mélancolique. » Tu es un dieu, ô
homme, tu nourris de grands desseins !

Ce n'est pas cela <que j'entends>, mais : « Ce que je veux, 34
c'est connaître ce que dit Chrysippe dans son traité *Sur le
Menteur*[1]. » Et tu ne vas pas te pendre, malheureux, toi et
ton projet ? À quoi cela te servira-t-il ? C'est en pleurant que tu
le liras d'un bout à l'autre, et en tremblant que tu en parleras
aux autres. | Voilà comment vous agissez vous aussi : « Tu 35
veux bien, mon frère, que je te fasse une lecture[2], et veux-tu
ensuite m'en faire une ? – Tu écris d'une façon admirable, mon
cher ! – Et toi, magnifiquement, dans le style de Xénophon.

---

1. D. L. (VII, 196-197) rapporte plusieurs titres d'ouvrages de Chrysippe
sur ce célèbre problème logique, dont l'invention est attribuée au Mégarique
Eubulide (D. L., II, 108). L'argument est construit à partir de cette
question : celui qui dit : « je mens », ment-il ou dit-il la vérité ? Voir Cicéron,
Premiers académiques, II, 29, 95 *sq.*, ou Aristote, *Réfutations sophistiques*,
25, 180 b 2 *sq.*

2. Comme on voit dans la suite, il s'agit pour chacun de faire la lecture de
ses propres compositions.

– Toi, dans celui de Platon. – Toi, dans celui d'Antisthène. »
36 | Ensuite, après vous être raconté l'un à l'autre vos rêveries,
vous vous retrouvez dans le même état : mêmes désirs,
mêmes aversions, mêmes propensions, mêmes desseins,
mêmes projets, mêmes demandes dans vos prières, et c'est
aux mêmes choses que vous vous appliquez. Après quoi, vous
ne vous mettez pas en quête de la personne qui vous ferait
des observations ; au contraire, vous supportez avec peine d'en
37 entendre. | Vous dites alors : « Quel vieillard insensible !
Quand je suis parti, il n'a pas pleuré, il n'a pas dit : "Vers
quelles difficultés tu t'en vas, mon enfant ! Si tu en réchappes,
38 j'allumerai des flambeaux[1]." » | C'est cela, le langage d'un
homme sensible ? Ce sera vraiment un grand bien pour toi d'en
réchapper ! et qui mérite qu'on allume les flambeaux[2] ! Il faut
39 en effet que tu sois immortel et exempt de maladie ! | Donc, je
le redis : c'est en rejetant cette prétention de croire que nous
savons quelque chose d'utile qu'il faut se tourner vers la
raison, comme nous le faisons quand nous abordons la géo-
40 métrie ou quand nous abordons la musique ; | sinon, nous ne
serons pas près de faire des progrès, quand bien même nous en
serions à parcourir toutes les *Introductions* et tous les traités de
Chrysippe, en y ajoutant ceux d'Antipater et d'Archédème[3].

1. En signe de fête, *cf.* ci-dessus, I, 19, 24.

2. En gardant la ponctuation des manuscrits (un point après σωθέντι).

3. Comme Archédème (*cf.* ci-dessus II, 4, 10), Antipatros ou Antipater est
originaire de Tarse, a vécu au IIᵉ siècle av. J.-C., et a été élève de Diogène de
Séleucie. Il a en outre dirigé l'école pendant une vingtaine d'années. Les deux
ont sans doute joué un rôle important dans l'élaboration des thèses stoïciennes,
et c'est à ce titre qu'ils sont cités plusieurs fois par Épictète.

18) COMMENT IL FAUT COMBATTRE
LES REPRÉSENTATIONS

Toute habitude, toute faculté se conserve et se renforce 1
par les actes correspondants, celle de marcher par la marche,
celle de courir par la course. | Si tu veux être un bon lecteur, lis ; 2
un bon écrivain, écris. Si trente jours durant tu ne lis pas mais
fais autre chose, tu vas voir ce qui arrivera. | De même, après 3
être resté couché dix jours, lève-toi et essaie de faire une
marche un peu longue, tu verras comme tes jambes seront
engourdies. | D'une façon générale, si tu veux faire une chose, 4
rends-la habituelle ; si tu veux ne pas la faire, ne la fais pas,
mais habitue-toi à en faire plutôt une autre à la place. | Il en va 5
de même pour ce qui relève de l'âme. Quand tu t'es mis en
colère, sache bien que cette colère n'est pas le seul mal qui t'est
arrivé, mais qu'en outre tu as renforcé l'habitude : tu as, pour
ainsi dire, jeté des broussailles sur le feu. | Lorsque tu as cédé à 6
quelqu'un dans les relations sexuelles, ne compte pas cette
seule défaite, compte aussi que tu as nourri et accru ton intem-
pérance. | Car il est impossible que les actes correspondants 7
n'engendrent pas les habitudes et les facultés qui n'existaient
pas auparavant, et ne donnent pas aux autres un surcroît
d'étendue et d'intensité.

C'est assurément de cette façon que se développent aussi, 8
selon les philosophes, les infirmités morales. S'il arrive une
fois, à l'occasion d'un désir passionné d'argent, qu'on ait
recours à la raison pour faire prendre conscience du mal, le
désir cesse et le principe directeur de l'âme est rétabli dans son
état originel ; | si au contraire on n'a recours à aucun remède, il 9
ne revient plus au même état mais, dans le cas où il est excité de
nouveau par la représentation correspondante, il s'enflamme
plus vite qu'avant pour ce désir. Et si cela se répète continuellement, il finit par s'endurcir, et l'infirmité en question installe

10 solidement l'avarice. | Celui qui a eu la fièvre, puis a cessé de
   l'avoir, n'est plus le même qu'avant l'accès de fièvre s'il n'a
11 pas du tout été soigné. | Quelque chose de semblable se produit
   pour les passions de l'âme. Il subsiste en elle des traces et
   des meurtrissures ; si on ne les efface pas correctement, de
   nouveaux coups de fouet reçus au même endroit produisent
12 non plus des meurtrissures mais des blessures. | Si donc tu ne
   veux pas être irascible, ne nourris pas ton habitude, ne lui jette
   aucun combustible qui puisse la renforcer. Reste calme la
   première fois, et compte les jours où tu ne t'es pas mis en
13 colère. | « J'avais l'habitude de me mettre en colère tous les
   jours, puis c'était un jour sur deux, puis un jour sur trois, un sur
   quatre. » Si tu laisses passer trente jours sans colère, offre un
   sacrifice au dieu ; car l'habitude se relâche la première fois, et
14 par la suite elle est complètement éliminée. | « Aujourd'hui je
   n'ai pas éprouvé de chagrin (et pareillement le lendemain, puis
   pendant deux ou trois mois de suite). Mais je faisais bien
   attention quand survenaient des événements susceptibles de
   l'exciter. » Sache que c'est un beau résultat à ton actif.
15   Aujourd'hui j'ai vu un beau garçon ou une belle femme ;
   je ne me suis pas dit : « Si seulement on pouvait coucher avec
   elle ! », ni « Bienheureux son mari ! » ; car déclarer bienheureux le mari, c'est dire aussi : « Bienheureux l'homme adul-
16 tère ! » | Je n'imagine pas non plus la suite : la femme est là, elle
17 se déshabille, elle se couche près de moi. | Je me tapote le front
   et je me dis : « Bravo, Épictète ! C'est un joli petit sophisme que
18 tu as résolu là, bien plus joli que le Souverain[1]. » | Mais s'il
   s'agit d'une femmelette consentante, qui me fait signe, qui me
   fait venir, qui va jusqu'à me toucher et se serrer contre moi, et

---

1. Argument logique dont il est question plus précisément dans l'*Entretien*
suivant (n° 19, 1 *sq.*).

que néanmoins je m'écarte et remporte la victoire, alors j'aurai assurément résolu un sophisme qui surpasse le Menteur, qui surpasse le Reposant[1]. Voilà qui mérite qu'on s'en enorgueillisse, mais non de conduire l'interrogation sur le Souverain.

Comment faire pour obtenir ce résultat ? Aie la volonté de 19 te donner une bonne fois satisfaction à toi-même, aie la volonté de manifester ta beauté au regard du dieu ; aie le désir d'être pur, en union avec ce qui est pur en toi et avec le dieu. | Puis, 20 quand une représentation de ce genre t'assaille brusquement, dit Platon[2], va offrir un sacrifice expiatoire, va dans leur temple supplier les dieux qui détournent les maux ; | il te suffit 21 même de te retirer dans la compagnie des hommes de bien et de te comparer à eux, que tu choisisses tes exemples parmi les vivants ou parmi les morts. | Va vers Socrate, regarde-le 22 couché auprès d'Alcibiade et se moquant de sa beauté juvénile[3]. Réfléchis : quelle grande victoire il eut conscience d'avoir remportée sur lui-même, quelle victoire olympique, quel rang il a obtenu parmi les successeurs d'Héraclès[4] ! En sorte que, par les dieux, il est juste de le saluer par ces mots : « Salut, homme extraordinaire ! » plutôt que d'adresser ce salut à ces crasseux combattants du pugilat et du pancrace ou à leurs semblables, les gladiateurs. | En t'opposant de cette manière à 23 ta représentation, tu la vaincras et ne seras pas entraîné par elle. | Pour commencer, ne te laisse pas séduire par sa vivacité, 24 mais dis-lui : « Attends un peu, ô représentation ! Permets-moi

---

1. L'argument du Menteur a été évoqué dans l'*Entr.* précédent (17, 34) ; le Reposant est un argument associé au Sorite, qui consiste à refuser de répondre à une question jugée sophistique ; voir Cicéron, *Premiers Académiques*, II, 29, 93.

2. Ce passage suit de près les *Lois*, IX, 854b *sq.*

3. Platon, *Banquet*, 218d *sq.*

4. La liste des vainqueurs commençait par Héraclès, qui passait pour avoir triomphé aux premiers Jeux Olympiques.

de voir qui tu es et ce que tu représentes, permets-moi de
25 t'éprouver. » | Ensuite, ne la laisse pas se développer et te
dépeindre les scènes suivantes. Sinon elle s'empare de toi et te
mène où elle veut. Mieux : substitue-lui une autre représentation, belle, noble, et chasse l'autre, celle qui est indécente.
26 | Si tu prends l'habitude de t'entraîner de cette façon, tu verras
quelles épaules tu vas avoir, quels nerfs, quelle vigueur ! Mais
pour le moment tu n'as que de belles paroles, rien de plus.

27 Le véritable athlète, c'est lui : celui qui s'entraîne à résister
28 à de telles représentations. | Tiens bon, malheureux, ne te laisse
pas séduire. Il est grand le combat et divine l'œuvre, quand il
s'agit de la royauté, de la liberté, de la sérénité, de l'absence de
29 trouble. | Songe au dieu, invoque son secours et son assistance,
comme les navigateurs invoquent les Dioscures dans la
tempête. Quelle tempête est plus grande, en effet, que celle
provoquée par des représentations intenses, à même d'abattre
la raison ? D'ailleurs, la tempête elle-même est-elle autre
30 chose qu'une représentation ? | La preuve : supprime la peur de
la mort, et amène autant de tonnerres et d'éclairs que tu veux ;
tu verras alors combien la mer est calme, combien le temps est
31 serein dans le principe directeur de l'âme. | Mais si, vaincu une
première fois, tu te dis que tu seras vainqueur plus tard, et si la
même chose se reproduit, sache que tu te trouveras dans un tel
état de corruption et de faiblesse que tu ne penseras même plus
commettre de faute ; au contraire, tu iras jusqu'à fournir des
32 excuses pour défendre ton acte. | Alors se confirmera par toi la
vérité de ce mot d'Hésiode[1] :

Qui ajourne sa tâche est toujours en lutte contre le malheur.

---

1. *Les travaux et les jours*, 413.

19) À CEUX QUI, DE L'ENSEIGNEMENT DES PHILOSOPHES, NE RETIENNENT QUE CE QUI CONCERNE LA LOGIQUE

Voici, semble-t-il, les points à partir desquels a été 1 posé l'argument Souverain[1] : il y a conflit mutuel[2] entre ces trois propositions : « Tout énoncé vrai portant sur le passé est nécessaire », « L'impossible ne suit pas logiquement du possible », « Il y a du possible qui n'est ni ne sera vrai ». Ayant aperçu ce conflit, Diodore utilisa la vraisemblance des deux premières pour établir celle-ci : « Rien n'est possible sinon ce qui est vrai ou le sera ». | Un autre, des deux propositions à 2 conserver, gardera les suivantes : « Il y a du possible qui n'est ni ne sera vrai », et « L'impossible ne suit pas logiquement du possible » ; mais non celle-ci : « Tout énoncé vrai portant sur le passé est nécessaire » ; telle paraît être l'opinion de l'école de Cléanthe, qu'Antipater[3] approuvait fortement. | D'autres 3 conservent les deux autres propositions : « Il y a du possible qui n'est ni ne sera vrai », et « Tout énoncé vrai portant sur le passé est nécessaire » ; ils soutiennent alors que « L'impossible suit logiquement du possible[4] ». | Mais il n'y a pas moyen de les 4

1. Cet argument, appelé aussi « Dominateur » (κυριεύων λόγος), a suscité une abondante littérature. Il servait au Mégarique Diodore Cronos à établir sa doctrine du possible, et on a longtemps prétendu qu'il constituait la première étape d'une doctrine « nécessitariste » (tous les événements sont nécessaires). On a montré plus récemment que Diodore ne confondait nullement le possible et le nécessaire, et que d'ailleurs la philosophie mégarique n'avait rien de « nécessitariste ». Voir R. Muller, « Signification historique et philosophique de l'argument Souverain de Diodore », *Revue de philosophie ancienne*, II, 1, 1984, pp. 3-37 ; *Les Mégariques. Fragments et témoignages*, Paris, Vrin, 1985, p. 142-158.

2. C'est-à-dire, comme on voit dans la suite : entre deux énoncés quelconques et le troisième.

3. Voir II, 17, 40.

4. Au sens de : « Il *arrive* que l'impossible suive... ».

conserver toutes les trois parce qu'il y a entre elles conflit mutuel.

5 Si alors quelqu'un me demande : « Et toi, lesquelles de ces propositions conserves-tu ? », je lui répondrai que je ne sais pas ; mais j'ai reçu l'information suivante : Diodore conservait ces deux-là, l'école de Panthoïdès[1], je crois, et celle de Cléanthe ces deux autres, celle de Chrysippe deux autres 6 encore. | « Mais toi, qu'en dis-tu ? » Je ne suis pas né pour cela, pour éprouver ma propre représentation à ce propos, pour comparer les différentes affirmations et me forger un jugement personnel sur le sujet. C'est pourquoi je ne fais pas mieux que 7 le grammairien : | « Qui était le père d'Hector ? – Priam. – Qui étaient ses frères ? – Alexandre et Déiphobe. – Et leur mère ? – Hécube. C'est l'information que j'ai recueillie – De qui ? – D'Homère. Il y a aussi, je crois, un écrit d'Hellanikos sur le 8 sujet, et peut-être encore un d'un autre auteur de ce genre. » | Et moi, qu'ai-je à dire de mieux sur le Souverain ? Mais si je suis plein de vanité, je peux, surtout dans un banquet, ébahir l'assistance en énumérant tous les auteurs qui ont écrit sur le sujet. 9 | « Chrysippe a écrit admirablement sur la question dans le premier livre de son traité *Des possibles*. Cléanthe lui a consacré un écrit spécial, ainsi qu'Archédème[2]. Antipater en a traité lui aussi, non seulement dans son ouvrage *Des possibles*, mais plus particulièrement dans celui qui est intitulé *Du Souverain*. 10 | N'as-tu pas lu ce traité ? – Non. – Lis-le ! » Et à quoi cela lui servira-t-il ? Il sera encore plus bavard et plus importun qu'il ne l'est déjà. Toi par exemple, qui as lu ce traité, quel bénéfice en as-tu tiré ? Quel jugement t'es-tu forgé sur la question ? Mais, bien entendu, tu vas nous parler d'Hélène, de Priam et de

1. Philosophe mégarique, connu uniquement pour avoir produit des travaux logiques.
2. Voir II, 4, 10.

l'île de Calypso, qui n'a jamais existé et qui n'existera jamais[1] !

En ce domaine, cela n'a pas grande importance de 11 maîtriser l'information sans s'être forgé un jugement personnel. Mais dans les questions morales, nous en pâtissons bien plus que dans les précédentes. | « Parle-moi des biens et des 12 maux. – Écoute :

> Au départ d'Ilion, le vent qui me portait me poussa chez les Cicones[2].

Parmi les choses qui existent, les unes sont des biens, 13 les autres des maux et les autres choses indifférentes. Sont bonnes les vertus et les choses qui participent des vertus ; sont mauvais, les vices et ce qui participe des vices ; est indifférent, ce qui se situe entre les deux, par exemple la richesse, la santé, la vie, la mort, le plaisir, la peine. | – D'où le sais-tu ? – C'est ce 14 que dit Hellanikos dans les *Égyptiaques*. » Quelle différence y a-t-il entre cette réponse et celle qui attribue ces affirmations à l'*Éthique* de Diogène[3], ou à Chrysippe, ou à Cléanthe ? As-tu mis à l'épreuve l'une de ces propositions, t'es-tu forgé ton propre jugement ? | Montre-moi comment tu t'es habitué à 15 essuyer une tempête quand tu es en mer. Te souviens-tu de cette distinction[4] quand la voile claque ? Si tu te mets à crier, et qu'un mauvais plaisant s'approche de toi et dise : « Répète-moi, au nom des dieux, ce que tu affirmais dernièrement :

1. C'est-à-dire : tu vas simplement répéter ce que tu as lu sur le sujet.
2. *Odyssée*, IX, 39. Réponse d'un spécialiste de littérature, qui s'en remet à ce qu'il a lu ; réponse absurde en l'occurrence, comme plus loin quand est invoqué le témoignage d'Hellanikos. – De la phrase 12 au début de la phrase 17, le texte se retrouve chez Aulu-Gelle, *Nuits attiques*, I, 2, 8-12, qui le met en situation.
3. Diogène de Séleucie, dit aussi « le Babylonien ».
4. Énoncée dans la phrase 13.

est-ce un vice de faire naufrage, est-ce quelque chose qui
16   participe du vice ? », | ne vas-tu pas prendre un bâton et te jeter
     sur lui ? « Qu'avons-nous à voir avec toi, homme ? Nous
     périssons et toi tu viens plaisanter ! »

17   Supposons que César te fasse venir parce que tu es sous le
     coup d'une accusation ; te souviens-tu alors de cette même
     distinction si, en te voyant entrer pâle et tremblant, quelqu'un
     s'approche et te dit : « Pourquoi trembles-tu, homme ? De quoi
     est-il question pour toi ? Est-ce que par hasard César, dans
     son palais, confère la vertu et le vice à ceux qui entrent ?

18 | – Pourquoi te moquer de moi et ajouter toi aussi à mes maux ?
     – Pourtant, philosophe, dis-moi, pourquoi trembles-tu ? Ce que
     tu risques, n'est-ce pas la mort, ou la prison, ou une peine
     corporelle, ou l'exil, ou le mépris ? Quoi d'autre ? Y a-t-il dans
     tout cela un vice ou quelque chose qui participe du vice ?

19   Comment appelais-tu ces choses ? | – Cela te regarde, homme ?
     Mes maux me suffisent. » Tu as raison, tes maux te suffisent en
     effet : ta bassesse, ta lâcheté, la vantardise dont tu faisais
     preuve quand tu étais sur les bancs de l'école. Pourquoi te
     parais-tu d'ornements étrangers ? Pourquoi te disais-tu
     Stoïcien ?

20   Observez-vous sous cet angle dans vos actions, et vous
     découvrirez à quelle secte[1] vous appartenez. Vous découvrirez
     que la plupart d'entre vous sont Épicuriens, quelques-uns
     Péripatéticiens et, qui plus est, des Péripatéticiens sans nerfs.

21 | Où voit-on dans les faits que vous considérez la vertu
     comme égale voire supérieure à tout le reste ? Montrez-moi un
22   Stoïcien, si vous le pouvez. | Où est-il ? Comment est-il ?
     Mais des gens qui répètent les belles phrases des Stoïciens,

---

1. Terme consacré pour désigner les écoles philosophiques de l'Antiquité,
sans nuance péjorative.

vous pouvez m'en montrer des milliers. Ces mêmes individus répètent-ils moins bien celles des Épicuriens? Et
celles des Péripatéticiens, ne les connaissent-ils pas avec la
même précision? | Qui donc est Stoïcien? Nous appelons 23
«phidienne» une statue façonnée selon la technique de Phidias;
eh bien, montrez-moi pareillement un homme façonné selon
les jugements qu'il a toujours à la bouche. | Montrez-moi un 24
homme malade et heureux, en danger et heureux, mourant et
heureux, exilé et heureux, méprisé et heureux. Montrez-le; par
les dieux, je désire ardemment voir un Stoïcien! | Mais vous 25
n'êtes pas en mesure de m'en montrer un qui soit entièrement
façonné; montrez-moi du moins quelqu'un qui soit en train de
se façonner, quelqu'un qui s'est orienté dans cette direction.
Accordez-moi cette faveur, ne refusez pas au vieillard que je
suis la vue d'un spectacle que jusqu'ici je n'ai pas vu. | Pensez- 26
vous que vous deviez me montrer le Zeus de Phidias, ou son
Athéna, une statue d'ivoire et d'or? Non, que l'un de vous me
montre une âme, celle d'un homme qui veut être d'accord avec
le dieu, ne plus faire de reproche ni au dieu ni à un être humain,
ne pas manquer ce qu'il vise ni tomber sur ce qu'il cherche
à éviter, ne pas se mettre en colère, ne montrer ni envie ni
jalousie (pourquoi donc user de périphrase?), | qui, d'homme 27
qu'il est, désire ardemment devenir dieu et qui, dans ce pauvre
corps cadavéreux, forme le projet d'entrer dans la société de
Zeus. Montrez-le. Mais vous ne pouvez le faire. | Pourquoi 28
vous moquez-vous de vous-mêmes, et vous jouez-vous des
autres? Pourquoi vous promenez-vous dans un costume étranger, voleurs et pillards de noms et de choses qui ne vous
conviennent absolument pas?

Je suis actuellement votre éducateur, et vous vous 29
éduquez auprès de moi. Mon projet à moi est de faire de vous
des hommes non exposés aux empêchements, aux contraintes,
aux entraves, et donc libres, sereins, heureux, et tournant le

regard vers le dieu en toutes occasions, dans les petites comme
dans les grandes ; vous, de votre côté, vous êtes là pour appren-
30 dre cela et vous y exercer. | Pourquoi, dans ces conditions, ne
menez-vous pas votre tâche à bonne fin, si vous avez le projet
qu'il faut et si moi, en plus du projet, j'ai la préparation
31 qu'il faut ? Que manque-t-il ? | Quand je vois un ouvrier avec
ses matériaux à sa disposition, j'attends l'œuvre. Ici aussi,
l'ouvrier est là, les matériaux sont là. Que nous manque-t-il ?
32 La chose ne peut-elle s'enseigner ? Si. | Est-ce alors qu'elle ne
dépend pas de nous ? Elle est la seule au monde à être dans ce
cas ! La richesse ne dépend pas de nous, ni la santé, ni la réputation, ni en un mot rien d'autre en dehors de l'usage correct
des représentations. C'est la seule chose qui soit par nature
33 exempte d'empêchement, exempte d'entraves. | Pourquoi
donc ne la menez-vous pas à bonne fin ? Dites-moi quelle en
est la cause. Cette cause réside ou en moi, ou en vous, ou dans
la nature de la chose. Pour ce qui est de la chose, elle est
possible, et la seule à dépendre de nous. Reste donc que la
cause soit en moi ou en vous, ou, ce qui est plus près de la
34 vérité, des deux côtés en même temps. | Et alors ? Voulez-vous
que maintenant enfin nous commencions à nous occuper
activement d'un tel projet ? Laissons ce que nous avons fait
jusqu'ici. Commençons seulement, ayez confiance en moi et
vous verrez.

20) CONTRE LES ÉPICURIENS ET LES ACADÉMICIENS

Les propositions valides et évidentes sont nécessairement 1
utilisées même par ceux qui les contredisent. Et peut-être la
preuve la plus forte qu'on puisse avancer de la réalité de
l'évidence est-elle que même celui qui la contredit se voit forcé
de s'en servir. | Par exemple, si quelqu'un contredit l'affirma- 2
tion « Il y a quelque énoncé universel vrai », il est clair qu'il
doit soutenir la contradictoire : « Aucun énoncé universel n'est
vrai. » Esclave, cela non plus ne l'est pas ! | Qu'est-ce d'autre, 3
en effet, que de dire : « S'il y a quelque énoncé universel, il est
faux » ? | Supposons encore que quelqu'un vienne nous dire : 4
« Sache qu'on ne peut rien savoir, mais que tout est incertain » ;
ou un autre : « Crois-moi, cela te sera utile : il ne faut absolument pas croire un homme » ; ou un autre encore : « Apprends
de moi, homme, qu'on ne peut rien apprendre ; je te l'affirme,
et je te l'enseignerai si tu veux ». | En quoi diffèrent-ils de 5
ces gens-là, ceux – qui vais-je nommer ? – qui se prétendent
Académiciens ? « Ô hommes, <disent-ils,> donnez votre
assentiment à l'affirmation selon laquelle personne ne donne
son assentiment ; croyez-nous, personne ne croit personne. »

De façon analogue, quand Épicure veut supprimer la 6
société qui existe naturellement entre les hommes, il se sert lui
aussi de cela même qu'il supprime. | Que dit-il en effet ? « Ne 7
vous laissez pas tromper, hommes, ne vous laissez pas séduire,
ne tombez pas dans l'erreur : il n'y a pas de société naturelle
entre les êtres doués de raison. Croyez-moi. Ceux qui vous
disent autre chose vous trompent par de faux raisonnements. »
| Et que t'importe ? Laisse-nous être trompés. Est-ce que tu vas 8
t'en trouver plus mal si nous autres restons tous persuadés qu'il
existe entre nous une société naturelle, et qu'il faut la sauvegarder par tous les moyens ? Tu t'en trouveras bien mieux, au
contraire, et dans une condition bien plus sûre. | Pourquoi te 9

faire du souci pour nous, homme, pourquoi veiller à cause de nous, pourquoi allumer ta lampe, pourquoi te lever de ton lit, pourquoi rédiger de si gros livres ? Crains-tu que l'un de nous ne soit trompé en croyant que les dieux s'occupent des hommes ? Ou crains-tu que pour lui l'essence du bien soit autre

10 chose que le plaisir ? | S'il en est ainsi, va <plutôt > te coucher, dors et mène la vie dont tu t'es jugé digne, celle d'un ver ;

11 mange, bois, fais l'amour, va à la selle, ronfle. | Que t'importe de savoir comment les autres conçoivent ces questions et si leurs conceptions sont valides ou non ? Qu'y a-t-il entre toi et nous ? Au fait, cela t'importe-t-il que les brebis s'offrent à nous pour être tondues, se faire traire et finalement être abattues ?

12 | Ne serait-il pas souhaitable que les hommes pussent se laisser assoupir par les charmes et les incantations des Stoïciens, et se livrer à toi et à tes semblables pour se faire tondre et traire [1] ?

13 | Fallait-il donc exposer ces thèses [2] à tes amis épicuriens, ne fallait-il pas les leur dissimuler, et bien plutôt les persuader, eux en priorité, que par nature nous sommes nés sociables, que la maîtrise de soi est un bien, afin de te réserver à toi tous

14 les avantages ? | Ou bien faut-il maintenir cette société avec certains et non avec d'autres ? Avec qui, dans ce cas, faut-il la garder ? Avec ceux qui la gardent en retour ou avec ceux qui la violent ? Et qui la viole plus que vous avec de telles explications ?

15   Qu'était-ce donc qui tirait Épicure de son sommeil et le contraignait à écrire ce qu'il a écrit ? Quoi d'autre que ce qui est plus fort que tout chez les hommes, la nature, qui l'entraîne malgré lui et en dépit de ses gémissements vers ce qu'elle

16 veut ? | « Puisque <, dit-elle, > tu soutiens ces thèses contre la

---

1. Si les Stoïciens enseignent aux hommes la sociabilité, les Épicuriens – comme tout le monde – en profiteront.

2. Sur l'insociabilité.

société, rédige-les, lègue-les aux autres, prive-toi de sommeil à cause d'elles, et deviens toi-même, par le fait, l'accusateur de tes propres doctrines. » | Parlons après cela d'Oreste tiré 17 de son sommeil par les Érinyes qui le poursuivent ! Mais les Érinyes et les Peines n'étaient-elles pas plus insupportables pour Épicure ? Elles l'éveillaient pendant son sommeil et ne lui laissaient aucun repos, elles le contraignaient en outre à proclamer ses propres maux, comme la folie et le vin le font pour les Galles[1]. | Si forte est la nature humaine, si 18 indomptable ! Comment la vigne pourrait-elle se développer non à la manière de la vigne, mais à celle de l'olivier ? Comment de son côté l'olivier se développerait-il non comme un olivier mais comme la vigne ? C'est impossible, inconcevable ! | Eh bien, l'homme lui non plus ne peut perdre totale- 19 ment les motions humaines, et ceux qui s'infligent la castration[2] ne peuvent du moins retrancher en eux les désirs virils. | Ainsi Épicure a-t-il lui aussi retranché tout ce qui 20 appartient à l'homme[3], au chef de famille, au citoyen, à l'ami, mais il n'a pas retranché les désirs de l'être humain ; car il ne pouvait pas, pas plus que les Académiciens, ces hommes sans ressort, ne peuvent rejeter ou aveugler leurs sensations, bien qu'ils s'y appliquent tout spécialement.

Quelle disgrâce ! Alors qu'on a reçu de la nature des 21 mesures et des règles pour découvrir la vérité, au lieu de mettre

---

1. Prêtres de Cybèle. Le culte de cette déesse avait un caractère sauvage et orgiaque.

2. Les Galles nommés précédemment sacrifiaient leur virilité à la déesse.

3. On a ici ἀνήρ, qui désigne d'ordinaire l'homme mâle, mais qui peut aussi avoir le sens d'être humain, de mortel. Pour les « désirs de l'être humain », à la fin de la phrase, le texte renvoie à ἄνθρωπος, l'être humain en général.

tout son art à les compléter et à élaborer ce qui leur manque[1],
on fait tout le contraire : s'il se trouve qu'on possède un
moyen de connaître la vérité, on essaie de le retrancher et de le
22 détruire. | Que dis-tu, philosophe ? Que sont, à tes yeux, la piété
et la sainteté ? « Si tu le veux, je prouverai que ce sont des
biens. » Oui, donne-nous cette preuve, pour que nos concitoyens changent de sentiment : qu'ils honorent la divinité, et
cessent enfin de prendre à la légère les sujets les plus importants. « Alors, tu les as, ces preuves[2] ? » Oui, je t'en remercie.

23 « Eh bien, puisque cette position te donne entière
satisfaction, écoute la thèse opposée : les dieux n'existent pas,
et même s'ils existent, ils ne s'occupent pas des hommes ;
il n'y a rien de commun entre eux et nous ; la piété et la sainteté
dont parle la multitude sont des mensonges de charlatans et de
sophistes, ou, par Zeus, de législateurs cherchant à effrayer et à
24 retenir les criminels[3]. » | Bravo, philosophe ! Voilà un beau
service rendu à nos concitoyens ; tu t'es concilié les jeunes
gens, qui sont déjà tout disposés à mépriser les choses divines.
25 | « Quoi ? Ces thèses ne te satisfont pas ? Entends maintenant
comment la justice n'est rien, comment la pudeur est une folie,
26 comment un père n'est rien, comment un fils n'est rien. » | Fort

---

1. Formulation particulièrement nette d'un thème important de la doctrine
de la connaissance (le travail nécessaire pour « compléter » les moyens
naturels ; *cf.* I, 6, 10).
2. On suppose que l'Académicien vient d'en fournir, ce dont Épictète le
remercie. Certains comprennent qu'Épictète les possédait déjà, et en rendrait
ensuite grâce au ciel. Mais dans la phrase précédente Épictète demande à l'autre
de prouver la chose.
3. Le contenu de la phrase 23 ne doit pas être attribué sans réserve aux
Épicuriens (seule l'affirmation que les dieux ne s'occupent pas des hommes est
indubitablement épicurienne), même si Épictète, emporté par la polémique, est
peut-être tenté de le faire. C'est un Académicien qui parle, et Épictète dénonce
d'abord ici la pratique académique consistant à argumenter successivement
pour et contre une thèse.

bien, philosophe ! Continue, persuade les jeunes gens, pour que nous en ayons davantage qui partagent tes sentiments et parlent le même langage que toi. Est-ce en s'appuyant sur de tels raisonnements que celles de nos cités qui ont de bonnes lois se sont développées ? Est-ce par eux que Lacédémone s'est faite ? Est-ce que ce sont ces convictions-là que Lycurgue a fait naître chez ses concitoyens par ses lois et son système éducatif, à savoir qu'il n'est pas plus honteux qu'honorable d'être esclave, pas plus honorable que honteux d'être libre ? Ceux qui furent tués aux Thermopyles sont-ils morts pour en avoir jugé ainsi ? Et les Athéniens, étaient-ce ces raisonnements-là ou d'autres qui les ont poussés à abandonner leur cité[1] ? | Et 27 puis, ceux qui parlent ce langage se marient, ont des enfants, participent à la vie de la cité, occupent les charges de prêtres et de prophètes. De qui ? D'êtres qui n'existent pas ! Ils interrogent eux-mêmes la Pythie pour apprendre des mensonges, et ils interprètent les oracles pour les autres. Ô comble d'impudence et d'imposture !

Homme, que fais-tu ? Tu te réfutes toi-même tous les 28 jours, et tu ne veux pas abandonner ces argumentations creuses ? Quand tu manges, où portes-tu ta main ? À la bouche ou à l'œil ? Quand tu te baignes, dans quoi entres-tu ? Quand donc appelles-tu écuelle la marmite, ou broche la cuiller ? | Si 29 j'étais l'esclave de l'un de ceux-là, quand bien même il me faudrait chaque jour être fouetté jusqu'au sang, je m'emploierais à le torturer. « Esclave, verse de l'huile dans le bain. » Je prendrais de la saumure, et j'irais lui en verser sur la tête. « Qu'est-ce que ça veut dire ? – J'ai eu une représentation

---

1. Au cours des guerres médiques, pour ne pas se soumettre aux Perses et continuer la lutte.

indiscernable[1] de celle de l'huile, tout à fait semblable à elle,
30 je le jure par ta Fortune ! | – Apporte-moi ma tisane. » Je rem-
plirais un bol de vinaigre et le lui apporterais. « Ne t'ai-je pas
demandé de la tisane ? – Si, maître ; c'est de la tisane. – N'est-
ce pas du vinaigre ? – Pourquoi serait-ce du vinaigre plutôt
que de la tisane ? – Prends-en et sens ; prends-en et goûte.
31 – Comment donc le sais-tu si les sens nous trompent ? » | Si
parmi les esclaves j'avais eu trois ou quatre camarades du
même sentiment que moi, je l'aurais fait crever de rage, et
forcé à se pendre ou à changer d'opinion. Mais en réalité ces
gens-là se moquent de nous : d'un côté, ils font usage de tous
les dons de la nature, et de l'autre ils les suppriment en paroles.

32   Des hommes pleins de reconnaissance et de réserve,
assurément ! Sans chercher plus loin, voilà des gens qui
mangent du pain tous les jours et qui ont l'audace de dire :
« Nous ne savons pas s'il y a une Déméter, une Coré ou un
33 Pluton. » | Pour ne rien dire du fait qu'ils jouissent de la nuit et
du jour, des changements de saisons, des astres, de la mer, de la
terre, de la coopération entre les hommes, sans que rien de tout
cela ne les détourne de leur position, ne fût-ce que légèrement ;
mais ils ne demandent qu'à vomir leur petit problème, à faire
34 travailler leur estomac et à s'en aller au bain. | Quant à ce qu'ils
diront, aux sujets qu'ils auront à traiter, aux auditeurs à qui ils
vont s'adresser, aux effets qu'auront leurs propos sur ces
auditeurs, ils ne s'en sont pas souciés un seul instant. Il est à
craindre qu'après avoir entendu ces propos un jeune homme
généreux ne soit marqué par eux, et qu'il n'en perde tous les

---

1. Selon la doctrine stoïcienne, il existe des représentations adéquates
permettant d'atteindre la vérité (*cf.* notamment ci-dessus, phrase 21) ; les
Académiciens avancent qu'il existe des représentations tellement semblables à
d'autres qu'on ne peut les distinguer avec une totale certitude. Voir Cicéron,
Premiers Académiques, II, 13, 40 ; 17, 54 ; 26, 84.

germes de générosité qu'il avait ; | on peut craindre aussi que 35
nous ne fournissions à un adultère des prétextes pour ne pas
avoir honte de ce qu'il a fait ; ou encore qu'un de ceux qui
détournent à leur profit les biens publics ne parvienne à trouver
facilement dans ces propos des raisons de se justifier ; ou qu'un
homme qui néglige ses parents n'y puise un surcroît d'audace.
Qu'est-ce donc, d'après toi, qui est bien ou mal, honteux ou
honnête ? Ceci, ou cela ? | Mais pourquoi continuer à contre- 36
dire ces gens, à leur proposer des arguments ou à écouter
les leurs ? Pourquoi essayer encore de les faire changer
d'opinion ? | Il y aurait bien plus d'espoir, par Zeus, de faire 37
changer d'opinion des débauchés que ceux qui sont à ce point
sourds et aveugles !

21) DE L'INCOHÉRENCE

1　　Parmi les maux qui les affectent, les hommes en admettent facilement certains, mais ne reconnaissent pas facilement les autres. Personne n'admettra qu'il n'est pas intelligent ou qu'il ne comprend rien ; tout au contraire, on entendra tout le monde dire : « Si seulement j'avais autant de

2 chance que d'intelligence ! » | On admet facilement sa timidité, on dit par exemple : « Je suis un peu timide, j'en conviens ; mais, en dehors de cela, on ne trouvera pas que je sois sot. »

3 | Personne n'admettra aisément qu'il est intempérant, pas du tout qu'il est injuste, et en aucun cas qu'il est envieux ou indiscret ; mais la plupart conviendront qu'ils sont accessibles

4 à la pitié[1]. | Quelle en est la cause ? La plus importante, c'est l'incohérence et la confusion qui règnent dans la question des biens et des maux ; par ailleurs, les causes sont différentes selon les individus, et on peut dire qu'on n'admet en aucun cas

5 ce que l'on s'imagine être honteux. | On s'imagine ainsi que la timidité et la pitié relèvent d'un caractère bienveillant, mais que la sottise est foncièrement servile ; et on n'accepte

6 nullement les manquements aux devoirs sociaux. | Dans la plupart des cas où l'on est disposé à admettre ses fautes, c'est surtout parce qu'on s'imagine qu'il y a en elles quelque chose

7 d'involontaire[2], par exemple pour la timidité et la pitié ; | et s'il arrive qu'on reconnaisse son intempérance, on ajoute l'amour comme prétexte, en espérant ainsi être pardonné comme d'un acte involontaire. L'injustice, elle, on ne l'imagine en aucune manière involontaire. La jalousie, pense-t-on, renferme elle

---

1. Sur la pitié, voir ci-dessus I, 28, 9.

2. « Involontaire » est un équivalent commode ; le terme ἀκούσιον signifie exactement : malgré soi, contre son gré.

aussi quelque chose d'involontaire, c'est pourquoi on la reconnaît également.

Étant donné que nous vivons parmi de tels hommes – des 8 hommes qui sont dans une telle confusion, qui ignorent à ce point ce qu'ils entendent par « mal » et de quel mal ils sont affectés, qui, dans le cas où ils en souffrent, ne savent pas d'où il leur vient et comment ils le feront cesser – dans ces conditions, il vaut la peine, je crois, d'avoir continuellement à l'esprit les questions suivantes : | « Est-ce que par hasard je ne 9 suis pas moi-même, en quelque façon, un de ceux-là ? Quelle représentation ai-je de moi ? Quel est mon comportement ? Est-ce celui de quelqu'un qui se regarde comme un homme sensé ? Comme un homme maître de lui ? Est-ce qu'il m'arrive de dire moi aussi que j'ai été éduqué pour affronter l'événe-ment ? | Ai-je conscience, comme le doit celui qui ne sait 10 rien, que je ne sais rien ? Vais-je vers le maître comme on va consulter un oracle, prêt à lui obéir ? Ou bien vais-je moi aussi à l'école, alors que je suis plein de morve, uniquement pour apprendre l'histoire[1], et pour comprendre les livres que je ne comprenais pas auparavant, voire, le cas échéant, pour les expliquer à d'autres ? »

Homme, chez toi tu viens de donner des coups de poing à 11 ton petit esclave, tu as mis le désordre dans ta maison, tu as jeté le trouble dans le voisinage ; et tu viens chez moi en affichant la calme dignité d'un sage, tu t'assieds et juges la manière dont j'ai expliqué le texte, dont j'ai, comment dire, débité les niai-series qui me venaient à l'esprit ? | Tu es venu plein d'envie, 12 humilié parce qu'on ne t'a rien apporté de chez toi ; tu es assis là, et pendant que la leçon se déroule tu ne penses pour ta part à

---

1. L'histoire de la philosophie, des doctrines. On peut comprendre aussi : « pour recueillir des informations, des connaissances <sur les doctrines>. »

rien d'autre qu'aux dispositions de ton père ou de ton frère à
13 ton égard ! | «Que disent de moi les gens de là-bas ? En ce
moment, ils pensent que je fais des progrès et disent : "Il saura
14 tout quand il reviendra !" | Je voudrais bien rentrer un jour chez
moi en ayant tout appris, mais cela demande beaucoup de
travail, et personne ne m'envoie rien ; à Nicopolis les bains
sont sales, là où j'habite je ne suis pas bien, et ici non plus. »

15   Après cela on dit : «Personne ne retire aucun profit de
l'école.» En effet, qui vient à l'école, oui, qui vient pour se
soigner ? Qui vient avec l'intention d'y apporter ses jugements
pour les débarrasser de leurs impuretés ? Qui vient pour
16 prendre conscience des jugements dont il a besoin ? | Pourquoi
vous étonnez-vous alors si vous remportez de l'école ces
mêmes jugements que vous y apportez ? C'est que vous ne
venez pas pour vous en défaire, pour les corriger ou pour les
17 remplacer par d'autres. | Comment donc ? Vous en êtes loin !
Voyez plutôt si vous obtenez au moins ce pour quoi vous
venez. Vous voulez pouvoir discourir sur les principes théoriques. Eh bien, ne devenez-vous pas plus bavards ? Ces petits
principes ne vous fournissent-ils pas matière à vous exhiber
en public ? Est-ce que vous n'analysez pas des syllogismes,
des arguments instables ? Est-ce que vous n'examinez pas
les prémisses du Menteur, ainsi que les raisonnements hypothétiques[1] ? Dans ce cas, pourquoi vous indignez-vous encore,
puisque vous recevez ce pour quoi vous êtes ici ?

18   « Soit. Mais si mon enfant vient à mourir, ou mon frère, ou
s'il me faut moi-même mourir ou être torturé, quelle aide tout
19 cela m'apportera-t-il ?» | Est-ce bien pour cela que tu es
venu, pour cela que tu t'es assis près de moi ? T'est-il jamais

---

1. Pour les arguments instables et les raisonnements hypothétiques, voir ci-
dessus I, 7, 1 ; pour le Menteur, ci-dessus II, 17, 34.

arrivé d'allumer ta lampe et de rester éveillé pour cette raison ? Ou bien, quand tu étais sorti pour ta promenade, t'es-tu jamais proposé, au lieu d'un syllogisme, une représentation quelconque, et l'as-tu examinée avec tes camarades ? | Quand 20 ça ? Et après cela vous dites : « Les principes théoriques sont inutiles. » À qui ? À ceux qui ne s'en servent pas comme il faut. Les collyres ne sont pas inutiles à ceux qui s'en oignent les yeux quand il faut et comme il faut ; les cataplasmes ne sont pas inutiles, les haltères non plus, mais ils sont inutiles à certains et utiles à d'autres.

Si maintenant tu me demandes : « Les syllogismes sont-ils 21 utiles ? », je te répondrai que oui, et si tu veux je te démontrerai comment ils le sont. « Ils m'ont donc été utiles à moi ? » Homme, tu ne m'as pas demandé s'ils t'ont été utiles à toi, mais s'ils sont utiles en général, n'est-ce pas ? | Qu'un malade 22 souffrant de dysenterie me demande si le vinaigre est utile ; je lui dirai oui. « Il m'est donc utile à moi ? » Je répondrai non. Cherche d'abord à arrêter l'écoulement et à cicatriser tes petites blessures.

Vous aussi, hommes, soignez d'abord vos plaies, arrêtez les écoulements, mettez le calme dans votre pensée et apportez-la à l'école débarrassée de tout facteur de distraction. Vous connaîtrez alors quelle est la force de la raison.

22) DE L'AMITIÉ

1   Ce à quoi on met tout son cœur, il est normal qu'on l'aime. Les hommes mettent-ils tout leur cœur à ce qui est mauvais ? Pas du tout. À ce qui ne les concerne absolument pas ?
2 Non plus. | Reste alors qu'ils mettent tout leur cœur à ce qui est
3 bon et, si oui, qu'ils l'aiment. | Par conséquent, celui qui a la connaissance de ce qui est bon sait sans doute aussi l'aimer ; par contre, celui qui n'est pas capable de distinguer ce qui est bon de ce qui est mauvais, ni de ces derniers ce qui est indifférent, comment pourrait-il en venir à aimer ? C'est donc au sage[1] seul qu'il appartient d'aimer.

4   – Comment cela ? dit quelqu'un. Je ne suis pas un sage et
5 pourtant j'aime mon enfant. | – Tu m'étonnes, par les dieux ! Comme tu as vite fait de reconnaître que tu n'es pas un sage ! Qu'est-ce donc qui te manque ? Ne te sers-tu pas de tes sens, ne fais-tu pas de distinction entre tes représentations, ne donnes-tu pas à ton corps les nourritures qui lui conviennent,
6 ainsi que le vêtement, une demeure ? | D'où vient alors que tu reconnaisses ne pas être sage ? Par Zeus, c'est parce que tu es souvent désorienté et troublé par tes représentations, et vaincu par leur apparence de vérité. Parfois tu es d'avis que telles choses sont bonnes, puis, les mêmes, tu les juges mauvaises, et plus tard encore ni bonnes ni mauvaises. Bref, tu éprouves de la peine, tu es en proie à la peur, à l'envie, au trouble, tu es
7 versatile : voilà pourquoi tu reconnais ne pas être sage. | Et pour ce qui est d'aimer, tu n'es pas versatile ? Pourtant la richesse, le plaisir, et d'une façon générale les objets en eux-mêmes, tu les regardes tantôt comme des biens et tantôt comme des maux ; et pour ce qui est des hommes, ne regardes-tu pas les mêmes

---

1. Ici ὁ φρόνιμος, l'homme sensé.

individus tantôt comme bons, tantôt comme mauvais ? Ne les traites-tu pas tantôt comme des intimes, tantôt comme des ennemis ? Ne leur adresses-tu pas tantôt des louanges et tantôt des blâmes ? – Si, c'est bien ce qui m'arrive. | – Voyons, celui 8 qui a été gravement trompé sur le compte d'un autre, crois-tu qu'il soit son ami ? – Pas du tout. – Et celui qui commence par choisir quelqu'un et change d'avis ensuite, penses-tu qu'il lui veuille du bien ? – Non, pas davantage. – Et celui qui dans un premier temps injurie un homme et par la suite lui manifeste son admiration ? – Lui non plus.

– N'as-tu jamais vu de petits chiens jouer ensemble en 9 frétillant de la queue, ce qui te faisait dire : « Pas de plus bel exemple d'amitié ! » ? Mais pour voir ce qu'est l'amitié, jette un morceau de viande entre eux et tu le sauras. | Jette pareil- 10 lement entre toi et ton fils un petit champ, et tu sauras combien ton fils a hâte de t'enterrer, combien toi tu souhaites sa mort. Et après tu dis : « Quel fils j'ai élevé ! Cela fait longtemps qu'il me porte en terre ! » | Jette entre vous une jolie fille, aimez-la, toi le 11 vieillard et lui le jeune. Même chose s'il s'agit d'un brin de célébrité. Et s'il faut risquer sa vie, tu reprendras les mots du père d'Admète :

> Tu veux voir la lumière : crois-tu que ton père ne le veuille pas[1] ?

Penses-tu que cet homme n'aimait pas son enfant quand il 12 était petit, qu'il n'était pas angoissé quand le petit avait de la fièvre, qu'il ne répétait pas : « Si seulement c'était moi qui avais la fièvre à sa place » ? Et après, lorsque l'événement arrive, lorsqu'il est imminent, vois quels mots ces gens laissent

---

1. Euripide, *Alceste*, 691 (vers légèrement altéré, Épictète cite de mémoire). Admète reprochait à son père son refus de mourir à la place de son fils.

13 échapper. | Étéocle et Polynice n'avaient-ils pas la même
mère et le même père ? N'avaient-ils pas été élevés ensemble,
n'avaient-ils pas vécu ensemble ? N'avaient-ils pas festoyé
ensemble, dormi ensemble ? Ne s'étaient-ils pas tendrement
embrassés à maintes reprises ? De sorte que, je pense, si
quelqu'un les avait vus, il se serait moqué des paradoxes des
14 philosophes sur l'amitié. | Mais une fois que la royauté eut été
jetée entre eux comme un morceau de viande, vois quel est leur
langage :

> À quel endroit devant les tours te tiendras-tu ? – Pourquoi me
> poser cette question ?
> – Je me posterai en face de toi pour te tuer. – Et moi je brûle du
> même désir[1] !

Voilà le genre de vœux qu'ils forment !

15   Car c'est une règle générale, ne vous y trompez pas, que
tout être vivant ne s'attache à rien autant qu'à son intérêt
propre. Et tout ce qui lui paraît y faire obstacle, frère, père,
16 enfant, aimé ou amant, il le hait, il l'attaque, il le maudit. | C'est
qu'il est naturellement fait pour n'aimer rien autant que son
propre intérêt : voilà son père, son frère, ses parents, sa patrie,
17 son dieu. | Ainsi lorsque les dieux nous semblent faire obstacle
à cet intérêt, nous les injurions eux aussi, nous renversons leurs
statues, nous brûlons leurs temples, à l'exemple d'Alexandre
qui ordonna d'incendier le temple d'Asclépios après la mort de
celui qu'il aimait.

18   En conséquence, si l'on fait coïncider son intérêt avec ce
qui est sacré et beau, avec la patrie, les parents, les amis, tout
cela est sauvegardé ; mais si l'on met son intérêt d'un côté, et
de l'autre les amis, la patrie, les parents et la justice elle-même,
ces derniers disparaissent tous, car ils ne font pas le poids face à

1. Euripide, *Phéniciennes*, 621-622.

l'intérêt[1]. | En effet, l'être vivant penche nécessairement du 19
côté où se trouvent « le moi » et « le mien » ; s'ils sont situés
dans la chair, c'est elle qui est souveraine ; s'ils résident dans la
faculté de choix, c'est celle-ci qui l'est ; si on les met dans les
choses extérieures, ce seront ces dernières. | Donc, si mon moi 20
coïncide avec ma faculté de choix, alors et alors seulement je
serai l'ami, le fils, le père que je dois être. Car ce sera mon
intérêt de conserver la loyauté, la réserve, la patience, la
tempérance, la solidarité, et de préserver les relations sociales.
| Si au contraire je me place, moi, d'un côté, et ce qui est beau 21
d'un autre côté, alors prend force l'affirmation d'Épicure qui
dit : « Le beau n'est rien, ou n'existe que dans l'opinion
commune. »

C'est parce qu'ils ignoraient cela que les Athéniens et les 22
Lacédémoniens se disputaient, que les Thébains se disputaient
avec les deux, le Grand Roi avec la Grèce et les Macédoniens
avec l'un et l'autre, que de nos jours les Romains se disputent
avec les Gètes ; et bien auparavant, les événements qui se sont
déroulés à Ilion avaient eu la même cause. | Alexandre était 23
l'hôte de Ménélas, et si quelqu'un avait vu comme ils étaient
aimables l'un avec l'autre, il n'aurait pas cru celui qui lui aurait
dit que ces deux-là n'étaient pas amis. Mais on a jeté entre eux
un petit morceau, une jolie petite femme, et pour elle on se
déclara la guerre. | Lorsque tu vois aujourd'hui des amis ou des 24
frères qui semblent parfaitement s'entendre, ne te presse pas
d'affirmer quoi que ce soit de leur amitié, même s'ils se jurent
cette amitié, même s'ils déclarent qu'il leur est impossible de

---

1. Littéralement : « car écrasés sous le poids de l'intérêt. » Mais l'image
est incohérente si, comme il est dit au début de la phrase, les deux sortes de
choses sont placées en des endroits différents. Les expressions « d'un côté…,
de l'autre… » évoquent plutôt les plateaux d'une balance (voir aussi phrase
suivante).

25 se séparer. | On ne peut se fier au principe directeur de l'homme
    mauvais[1], car ce principe est inconstant, incapable de juger,
26 vaincu tantôt par une représentation et tantôt par une autre. | Ne
    fais pas comme les autres, ne cherche pas si ces hommes sont
    nés des mêmes parents, s'ils ont été élevés ensemble et par le
    même pédagogue, cherche seulement où ils mettent leur
27 intérêt, au dehors d'eux ou dans leur faculté de choix. | Si c'est
    au-dehors, ne dis pas qu'ils sont amis, et pas davantage qu'ils
    sont loyaux, constants, courageux ou libres, ne dis même
28 pas qu'ils sont hommes, si tu es avisé. | Ce n'est pas un
    jugement humain, celui qui pousse les hommes à se mordre les
    uns les autres (je veux dire à s'injurier), à occuper les places
    publiques comme les bêtes sauvages occupent les déserts ou
    les montagnes[2], à montrer dans les tribunaux des manières de
    brigands ; il n'est pas humain non plus le jugement qui fait
    d'eux des gens intempérants, adultères, séducteurs – sans
    parler de tous les autres méfaits que les hommes commettent
    les uns envers les autres à cause de ce seul et unique jugement
    consistant à se placer eux-mêmes et ce qui leur appartient
29 parmi les choses soustraites à notre choix. | Mais si tu entends
    dire que ces hommes pensent vraiment que le bien se trouve
    uniquement dans la faculté de choix et l'usage correct des

1. Le mot φαῦλος n'implique pas immédiatement la méchanceté au sens
propre, ou la perversité, mais d'abord la qualité inférieure, la défectuosité ; il
signifie alors « mauvais » au sens où l'on dit « un mauvais marin », « un mauvais
orateur ». Quand il est appliqué à l'homme, tout particulièrement en contexte
stoïcien, il renvoie d'abord à l'absence des qualités requises de l'être humain, et
on doit comprendre alors : « mauvais moralement » (c'est-à-dire : mauvais
homme comme on est mauvais marin), ou encore « non sage », « non philosophe », le sage ou le philosophe incarnant justement l'idée de l'homme accompli, non défectueux. Φαῦλος est parfois traduit par « insensé », mais avec les
mêmes connotations et non au sens de « fou furieux » ou de « malade mental ».

2. Texte incertain. La traduction s'inspire d'une suggestion de
Schweighäuser. Le sens serait : se comporter avec brutalité au milieu des cités.

représentations, ne te fatigue pas pour savoir s'ils sont fils
et père, ou frères, si ce sont des camarades d'école qui ont
été longtemps ensemble sur les bancs, mais fort de ce seul
renseignement déclare hardiment qu'ils sont amis, comme tu
peux ajouter qu'ils sont loyaux et justes. | Où trouver l'amitié, 30
en effet, sinon là où se trouvent la loyauté, la pudeur, le souci
exclusif du beau ?

    « Mais il m'a si longtemps entouré de ses soins, et il ne 31
m'aimait pas ? » Esclave, comment sais-tu s'il ne t'a pas soigné
comme il nettoie ses chaussures ou éponge son cheval ?
Comment sais-tu si, une fois que tu auras perdu ton utilité
d'ustensile de ménage, il ne te jettera pas comme une assiette
cassée ? | « Mais c'est ma femme, et cela fait si longtemps que 32
nous vivons ensemble ! » Combien de temps Ériphile avait-elle
vécu avec Amphiaros ? N'avait-elle pas eu de lui des enfants,
et même beaucoup ? Mais un collier vint se mettre entre eux [1].
| Et qu'est-ce qu'un collier ? Le jugement qu'on porte sur ce 33
genre de choses. C'était là l'élément sauvage, la force qui a
brisé l'amitié, qui ne laissait plus la femme être épouse, la
mère être mère. | Si quelqu'un parmi vous a à cœur ou d'offrir 34
son amitié à un autre ou de gagner l'amitié d'un autre, qu'il
retranche ces jugements, qu'il les haïsse, qu'il les chasse de
son âme. | Alors il cessera tout d'abord de s'injurier lui-même, 35
d'être en conflit avec lui-même, de se repentir, de se torturer ;
| ensuite, dans ses rapports avec les autres, il nourrira une 36
franche amitié avec tout homme qui lui ressemble, et avec
celui qui ne lui ressemble pas, il se montrera patient, doux,
poli, il lui pardonnera comme on pardonne à un ignorant, à

---

1. Le devin Amphiaros, sachant qu'il devait mourir à l'occasion du siège
de Thèbes, s'était caché quand Adraste et Polynice vinrent le chercher pour
l'emmener en campagne avec eux. Séduite par le cadeau d'un collier, son
épouse le dénonça (cf. *Odyssée*, XI, 326 et XV, 244).

quelqu'un qui échoue dans les domaines les plus importants. Il ne sera dur avec personne, car il connaît parfaitement le mot de Platon : « C'est toujours malgré elle que l'âme est privée de la vérité[1]. » | Si vous n'agissez pas ainsi, vous aurez beau faire tout ce que font les amis, boire ensemble, partager la même tente, naviguer sur le même bateau, vous pourrez avoir les mêmes parents : les serpents aussi, mais pas plus qu'eux vous ne serez des amis aussi longtemps que vous aurez ces jugements sauvages et criminels.

37

---

1. Voir ci-dessus I, 28, 4.

23) DU TALENT ORATOIRE[1]

Tout le monde, sans doute, lira avec plus de plaisir et de 1
facilité un livre écrit en caractères bien distincts. On peut en
inférer que tout le monde écoutera aussi plus facilement les
discours exprimés en termes à la fois élégants et appropriés.
| Il ne faut donc pas dire qu'il n'existe pas de talent pour 2
l'expression oratoire ; parler ainsi est le fait d'un homme qui
d'une part est impie et de l'autre lâche[2]. D'un impie, parce
qu'il parle avec dédain des dons du dieu ; c'est comme s'il
contestait l'utilité de la vue ou de l'ouïe, voire de la faculté de
parler elle-même. | Est-ce donc pour rien que le dieu t'a donné 3
des yeux, pour rien qu'il y a mêlé un souffle assez puissant et
assez habile pour atteindre à distance les objets que tu vois et
modeler en lui leurs empreintes ? Quel messager est aussi
rapide et aussi soigneux ? | Est-ce aussi pour rien qu'il a donné 4
à l'air intermédiaire une énergie et une tension telles que la
vision puisse en quelque sorte se faire un passage à travers l'air
ainsi tendu[3] ? Est-ce pour rien qu'il a fait la lumière, sans
laquelle tout le reste serait inutile ?

Homme, ne sois pas ingrat ; et n'oublie pas non plus les 5
dons d'un plus grand prix, mais témoigne ta reconnaissance au
dieu pour la vue, l'ouïe et, par Zeus, pour la vie elle-même avec
ce qui la soutient, les fruits, le vin, l'huile. | Songe cependant 6

---

1. Le grec dit simplement « faculté (ou pouvoir, δύναμις) de parler », mais
ce qui est visé est bien l'art oratoire ou l'aptitude à *bien* s'exprimer. Tout au long
de ce texte, l'auteur utilise le même mot δύναμις pour désigner ce qu'en
français on appelle tantôt *talent* ou *art*, tantôt *faculté*, mais les deux choses sont
ici liées, ce qui fait qu'il est difficile de choisir.

2. Pour ce second trait, voir à partir de la phrase 30.

3. Chrysippe explique la vision par la rencontre de deux tensions, celle du
« souffle » visuel et celle de l'air intermédiaire (*cf.* Plutarque, *Opinions des
philosophes*, IV, 15).

qu'il t'a donné quelque chose qui est meilleur encore que tous ces dons, à savoir ce qui te permet de te servir d'eux, de les
7 juger, d'estimer la valeur de chacun. | Qu'est-ce en effet qui déclare, pour chacune des facultés mentionnées, ce qu'elle vaut ? La faculté elle-même ? As-tu jamais entendu la vue se prononcer sur elle-même ? Ou l'ouïe ? Non, mais comme des servantes et des esclaves, elles ont été mises à la disposition de
8 la faculté qui use des représentations. | Si pour chaque chose tu poses la question de sa valeur, à qui le demandes-tu ? Qui te répond ? Comment est-il possible qu'une autre faculté soit meilleure que celle qui se sert des autres comme de servantes, qui juge elle-même de la valeur de chaque chose en particulier
9 et se prononce sur elle ? | Laquelle de ces facultés sait ce qu'elle est et ce qu'elle vaut ? Laquelle sait quand il faut se servir d'elle et quand il ne le faut pas ? Quelle est celle qui ouvre et ferme les yeux, qui les détourne des objets dont il faut se détourner et les oriente vers les autres ? La vue ? Non, mais la faculté de choix.
10 | Quelle est celle qui nous fait nous boucher ou ouvrir les oreilles ? Quelle est celle qui rend les hommes indiscrets et curieux, ou inversement insensibles à ce qu'on leur dit ?
11 L'ouïe ? La faculté de choix et nulle autre. | Alors, quand cette faculté aperçoit qu'elle se trouve au milieu d'autres facultés qui toutes sont aveugles et sourdes, incapables de rien saisir d'autre que ces actes mêmes pour lesquels elles ont été mises à sa disposition pour la servir, quand elle voit d'autre part qu'elle seule a une vue perçante, qu'elle embrasse du regard les autres facultés et détermine leur valeur à chacune, tandis qu'elle se saisit elle-même et sa propre valeur, va-t-elle nous déclarer que ce qu'il y a de meilleur, absolument parlant, est autre chose
12 qu'elle-même ? | Un œil, quand il est ouvert, que fait-il d'autre que de voir ? Mais qui dit si et comment il faut regarder la
13 femme d'un autre ? La faculté de choix. | Qui dit s'il faut ajouter foi à ce qu'on nous dit ou s'en défier et, quand on y a

cru, s'il faut ou non s'irriter ? N'est-ce pas la faculté de choix ?
| Et ce talent même de bien dire et d'embellir le langage, s'il y a 14
réellement pour cela un talent propre, que fait-il d'autre, quand
le discours tombe sur un sujet quelconque, sinon d'embellir
le langage et de l'arranger, comme fait le coiffeur pour la
chevelure ? | Quant à savoir s'il vaut mieux parler ou se taire, 15
parler de cette façon-ci ou de cette façon-là, si tel propos
convient ou ne convient pas, ou savoir ce qui dans chaque cas
est opportun et utile, quelle autre faculté se prononce là-dessus
sinon la faculté de choix ? Veux-tu donc qu'elle vienne se
condamner elle-même ?

    « Quoi ? dit-il[1], à ce compte-là, il est possible aussi que la 16
chose qui est au service d'une autre soit meilleure qu'elle, que
le cheval soit meilleur que le cavalier, le chien que le chasseur,
l'instrument que le joueur de cithare, les serviteurs que le roi ! »
| Qu'est-ce qui se sert du reste ? La faculté de choix. Qu'est-ce 17
qui prend soin de toutes choses ? La faculté de choix. Qu'est-ce
qui fait périr l'homme tout entier, tantôt de faim, tantôt par
pendaison, tantôt en le précipitant d'un lieu escarpé ? La fa-
culté de choix. | Alors, y a-t-il quelque chose de plus puissant 18
chez les hommes ? Comment ce qui rencontre des obstacles
pourrait-il être plus puissant que ce qui n'en rencontre pas ?
| La faculté de voir, qu'est-ce qui est de par sa nature suscep- 19
tible de l'entraver ? La faculté de choix aussi bien que des
objets soustraits à notre choix. Il en va de même pour la faculté

---

1. Qui dit cela, Épictète ou un interlocuteur ? Les interprètes sont partagés,
et certains estiment que les phrases 16-19 sont interpolées. Le sens de la phrase
dépend aussi de ce à quoi renvoie εἰ οὕτως (« s'il en est ainsi », « à ce compte-
là ») : à la fin de la phrase précédente (la condamnation éventuelle de la faculté
de choix par elle-même), ou à la thèse d'Épictète ? C'est la première solution
qu'on a retenue ici ; du même coup, il est plus naturel d'attribuer la phrase à un
interlocuteur, qui vient soutenir la thèse générale du texte par une supposition
absurde.

d'entendre, et pareillement pour le talent de bien dire. Mais la faculté de choix, qu'est-ce qui est par sa nature susceptible de l'entraver ? Rien de ce qui est soustrait à notre choix : elle se met à elle-même des entraves quand elle est pervertie[1]. C'est pourquoi il n'y a pas de vice ou de vertu en dehors d'elle.

20 Dans ces conditions, étant donné qu'elle est une faculté aussi importante et qu'elle est placée au-dessus de tout le reste, qu'elle vienne nous dire que la chair est le meilleur des êtres ! Et même si la chair elle-même déclarait qu'elle est ce qu'il y a de meilleur, on ne supporterait pas une telle déclaration de 21 sa part. | Mais en réalité, Épicure, qu'est-ce qui fait cette déclaration ? Qu'est-ce qui a composé le livre *De la fin*, les *Physiques*, et le traité *Du canon* ? Qu'est-ce qui a laissé pousser la barbe[2] ? Qu'est-ce qui a écrit à l'instant de la mort : « Vivant notre dernier jour, qui est en même temps un jour de parfait 22 bonheur[3]... » ? La chair ou la faculté de choix ? | Et après cela tu confesses que tu possèdes quelque chose de meilleur qu'elle et tu n'es pas fou ? Es-tu vraiment aveugle et sourd à ce point ?

23 Quoi ? Méprise-t-on pour autant les autres talents ? Loin de là ! Affirme-t-on qu'il n'y a aucune utilité, aucun profit en

---

1. La notion de perversion (ici le verbe διαστρέφω : tordre, déformer), utilisée pour expliquer comment la raison peut être elle-même la cause du mal, figure aussi chez D. L., VII, 89 et 110.

2. Comme insigne du philosophe. Il faut entendre : quelle chose, quel principe en toi a décidé d'embrasser la philosophie ?

3. Épictète reprend les termes du début d'une lettre d'Épicure, adressée à Hermarque (Cic., *Des termes extrêmes*, II, 30, 96) ou à Idoménée (D. L., X, 22), voire aux deux ou à tous les disciples. Les titres cités auparavant figurent avec de légères variantes dans le catalogue des œuvres d'Épicure transmis par D. L., X, 27 ; ils correspondent, sans doute intentionnellement, aux trois parties qu'on distingue d'ordinaire dans l'enseignement de la philosophie à l'époque hellénistique : l'éthique, la physique et la logique, cette dernière remplacée chez les Épicuriens par le *Canon* (la *Règle*), c'est-à-dire par l'étude du critère de la vérité.

dehors de la faculté de choix ? Loin de là ! Affirmation stupide, impie, pleine d'ingratitude envers le dieu. Au contraire, on donne à chaque chose sa valeur. | L'âne aussi a une utilité, 24 moindre cependant que celle du bœuf ; le chien également, mais une utilité moins grande que celle du domestique ; le domestique de même a la sienne, inférieure néanmoins à celle des citoyens ; et ces derniers ont leur utilité aussi, mais moins grande que celle des magistrats. | Toutefois, ce 25 n'est pas parce que certaines choses sont meilleures qu'il faut mépriser l'utilité qu'offrent les autres. Le talent de bien dire a lui aussi sa valeur, valeur moins grande cependant que celle de la faculté de choix. | Donc, lorsque je parle comme je l'ai fait 26 plus haut, qu'on n'aille pas croire que je vous engage à négliger ce qui concerne la manière de dire, puisque je ne vous demande pas non plus de négliger vos yeux, vos oreilles, vos mains, vos pieds, votre vêtement ou vos chaussures. | Mais si l'on 27 me demande : « Quelle est donc la meilleure des choses qui existent ? », que puis-je répondre ? Le talent de bien dire ? Impossible. Mais : la faculté de choix quand elle est droite. | C'est cela, en effet, qui se sert aussi bien du talent de bien dire 28 que de tous les autres, petits et grands. Quand elle est correctement orientée, l'homme devient bon, et quand la bonne orientation est manquée, l'homme devient mauvais. | C'est en 29 fonction d'elle que nous connaissons l'échec ou le succès, que nous nous faisons des reproches les uns aux autres ou que nous nous plaisons les uns avec les autres ; bref, ignorer cela produit le malheur, y être attentif, le bonheur.

Supprimer le talent de bien dire, prétendre qu'il n'existe 30 pas vraiment, ce n'est pas seulement faire preuve d'ingratitude à l'égard de ceux qui nous l'ont donné, c'est en outre une attitude d'homme lâche. | En effet, un tel homme craint, me 31 semble-t-il, que s'il existe un talent en ce domaine, nous ne soyons pas capables de le dédaigner. | Dans le même genre, on 32

trouve ceux qui affirment qu'il n'y a pas de différence entre
la beauté et la laideur. Comment ? On éprouverait la même
impression à la vue de Thersite [1] et à celle d'Achille ? À la vue

33 d'Hélène et à celle d'une femme quelconque ? | Ce sont là des
sottises, des propos de gens grossiers, qui ignorent la nature de
chaque chose prise à part, et qui craignent qu'au cas où l'on
percevrait la supériorité de certaines d'entre elles, on n'en

34 vienne immédiatement à être subjugué et vaincu. | En fait, la
grande affaire est celle-ci : laisser à chaque chose la faculté qui
est la sienne et, en la lui laissant, considérer la valeur de cette
faculté ; examiner avec soin quel est le meilleur des êtres, le
rechercher en toute occasion et s'y appliquer activement après
avoir relégué le reste, comparé à lui, au rang d'accessoire, sans

35 toutefois négliger même ce reste, autant que possible. | Les
yeux par exemple, il faut en prendre soin, non comme de la
chose la meilleure, mais en fonction de la chose la meilleure ;
car cette dernière ne sera pas conforme à sa nature si elle ne fait
pas un usage raisonnable des yeux, et ne préfère pas certains
objets à d'autres.

36   Or, que se passe-t-il ? On se comporte comme un homme
rentrant dans sa patrie, qui trouverait sur sa route une belle
hôtellerie et s'y installerait parce qu'elle est à son goût.

37 | Homme, tu as oublié ta destination ; tu ne devais pas te rendre
à cette hôtellerie, seulement y passer. « Mais elle est bien jolie,
cette hôtellerie. » Il y en a tant d'autres qui le sont, tant de jolies

38 prairies aussi – comme lieux de passage, sans plus. | Ton but
était de retourner dans ta patrie, de dissiper la crainte de tes
proches et, pour ce qui te concerne, de remplir tes devoirs
de citoyen, de te marier, d'avoir des enfants, d'exercer les

---

1. Selon l'*Iliade* (II, 216-219), le plus laid des Grecs venus au siège de
Troie.

magistratures légales. | Tu n'es pas venu ici pour choisir les 39
endroits les plus jolis, mais pour retourner vivre là où tu es né et
où tu as été inscrit comme citoyen.

C'est quelque chose de semblable qui se présente dans la
question qui nous occupe. | Comme c'est par la parole et par 40
une transmission verbale qu'il faut aller vers la perfection,
purifier sa faculté de choix et rendre droite sa faculté d'user des
représentations, comme d'autre part cette transmission passe
nécessairement par des principes théoriques, un certain style,
avec une certaine variété et une certaine subtilité dans les
termes[1], | il se trouve que des gens s'y laissent prendre et s'y 41
arrêtent, l'un au style, l'autre aux syllogismes, un autre aux
raisonnements instables[2], un dernier à quelque autre « hôtellerie » de ce genre : ils y restent et s'y décomposent, comme
s'ils étaient auprès des Sirènes.

Homme, ton but était de te mettre en état d'user confor- 42
mément à la nature des représentations qui se présentent,
d'obtenir ce que tu désires, de ne pas tomber sur ce que tu veux
éviter, de ne jamais échouer, de ne jamais être malheureux,
d'être libre, de n'être ni empêché ni contraint, d'être en
harmonie avec le gouvernement de Zeus, de lui obéir et de t'y
complaire, de ne blâmer ni accuser personne, capable enfin de
dire ces vers de toute ton âme :

Conduis-moi, Zeus, ainsi que toi, Destinée[3]…

Et alors que tu vises un pareil but, sous prétexte 43
qu'une petite trouvaille de style te plaît, que certains principes
théoriques te plaisent, vas-tu t'y arrêter, choisir de t'y installer

---

1. Correction de Kronenberg (ῥημάτων au lieu de θεωρημάτων).
2. *Cf.* ci-dessus, I, 7, 1.
3. Premier vers d'un poème de Cléanthe, plus longuement cité à la fin du
Manuel, 53 ; *cf.* ci-après en III, 22, 95 ; IV, 1, 131 et 4, 34.

à demeure, ayant oublié ce que tu possèdes dans ta demeure
à toi, et dire : « Ces choses sont bien jolies » ? Qui donc nie
qu'elles soient jolies ? Mais comme un lieu de passage, comme
44 des hôtelleries. | Qu'est-ce qui empêche celui qui parle comme
Démosthène de subir un échec ? Qu'est-ce qui empêche un
homme capable d'analyser les syllogismes aussi bien que
Chrysippe d'être malheureux, de pleurer, d'éprouver de
l'envie, en un mot d'être dans le trouble et la misère ? Abso-
45 lument rien. | Tu vois bien que c'étaient là des hôtelleries sans
46 valeur, que le but était ailleurs. | Quand je m'adresse ainsi à
certains, ils croient que je dénigre l'étude de la parole ou celle
des principes théoriques. Mais ce n'est pas le cas ; ce que
je dénigre, c'est de ne jamais cesser de s'y adonner et d'y
47 mettre toutes ses espérances. | Si l'on fait tort à ses auditeurs en
soutenant cela, comptez-moi au nombre de ceux qui leur font
du tort. Mais quand j'ai les yeux fixés sur la chose la meilleure
et absolument souveraine, il m'est impossible, pour vous faire
plaisir, de dire qu'une autre mérite ce titre.

24) À L'UN DE CEUX QUI N'OBTENAIENT PAS DE LUI CE QU'ILS DEMANDAIENT

Quelqu'un lui disait : « Souvent je suis venu te voir avec 1
le désir de t'entendre, et jamais tu ne m'as répondu ; à présent,
si c'est possible, dis-moi quelque chose, je t'en prie. » | Il 2
lui répondit : « Crois-tu qu'il existe un art de la parole comme
il y en a pour d'autres choses, et que celui qui le possède parlera
avec cette compétence acquise, tandis que celui qui ne le
possède pas parlera en novice ? – Je le crois, oui. | – Or on 3
admettra, n'est-ce pas, que parle en homme compétent celui
qui, grâce à la parole, se procure un profit à lui-même et est
capable d'en procurer aux autres, tandis que l'homme qui au
contraire se lèse lui-même et lèse les autres est un novice dans
cet art de la parole ? Et des gens qui sont lésés, d'autres qui en
tirent profit, tu peux en rencontrer. | Mais les auditeurs tirent- 4
ils tous profit de ce qu'ils entendent ? Ou bien peux-tu rencontrer parmi eux aussi des gens qui en tirent profit et d'autres qui
sont lésés ? – On trouve les deux parmi eux aussi. – Ici encore,
par conséquent, ceux qui ont acquis une compétence dans
l'écoute tirent profit de ce qu'ils entendent, alors que les
novices sont lésés ? » Il en tomba d'accord. | « Il y a donc une 5
compétence en matière d'écoute comme il y en a une pour
parler ? – Il semble. | – Si tu veux bien, examine encore la chose 6
de la façon suivante. À qui, d'après toi, appartient-il de toucher
un instrument de façon musicale ? – Au musicien. | – Et de 7
façonner une statue comme il faut, à qui cela revient-il, à ton
avis ? – Au sculpteur. – Et pour la regarder avec compétence,
aucun art n'est requis, selon toi ? – Si, là aussi il en faut un.
| – Donc, si parler comme il faut est affaire de compétence, tu 8
vois, n'est-ce pas, qu'écouter avec profit appartient aussi à
celui qui en a la compétence ? | Pour ce qui est de la perfection 9
et du profit, si tu veux bien, laissons cette question de côté pour

le moment, puisque toi et moi nous sommes loin de ce genre de
10 choses. | Mais tout le monde reconnaît, je crois, qu'on a au
moins besoin de s'être exercé un certain temps à écouter, si
l'on se propose d'aller écouter les philosophes. Oui ou non ?

11   De quoi vais-je donc te parler ? Indique-le-moi. Qu'es-tu
en mesure d'entendre ? Ce qui touche les biens et les maux ?
Les biens et les maux de qui ? Du cheval, peut-être ? – Non.
– Du bœuf plutôt ? – Non. – Alors quoi ? De l'homme ? – Oui.

12 | – Savons-nous donc ce qu'est l'homme, quelle est sa nature,
quelle est la notion de l'homme ? Avons-nous les oreilles assez
bien ouvertes à cette question ? Mais ce qu'est la nature, en
as-tu la notion, ou es-tu capable de me suivre au moins partiel-

13 lement si je t'en parle ? | Vais-je me servir de démonstration
avec toi ? Comment faire ? As-tu une claire conscience de ce
qu'est précisément une démonstration, de la manière dont elle
procède, des moyens qu'elle met en œuvre ? De ce qui ressem-

14 ble à une démonstration mais n'en est pas une ? | Sais-tu ce
qu'est le vrai ou ce qu'est le faux ? Ce qui suit logiquement
d'un énoncé, ce qui le contredit ou est incompatible avec lui ou

15 ne s'accorde pas avec lui ? | Vais-je t'inciter à la philosophie ?
Comment te montrer la contradiction qui règne dans les
conceptions divergentes que la plupart des hommes se font des
biens et des maux, de ce qui est avantageux et désavantageux,
alors que tu ignores précisément ce qu'est une contradiction ?
Montre-moi donc quel résultat j'obtiendrai en m'entretenant

16 avec toi. Éveille mon envie. | Quand un mouton aperçoit
l'herbe qui lui convient, elle éveille en lui l'envie de manger,
mais si on lui propose une pierre ou du pain, son envie ne sera
pas éveillée ; il y a pareillement en nous des envies naturelles
de parler lorsque se présente quelqu'un qui s'apprête à nous
écouter et qu'il nous stimule. Mais s'il se tient près de nous
comme une pierre ou du fourrage, comment peut-il exciter le

17 désir chez un homme ? | Est-ce que par hasard la vigne dit au

viticulteur : "Prends soin de moi" ? Non, mais par sa seule apparence elle montre que celui qui prend soin d'elle en tirera profit, et ainsi elle l'incite à la soigner. | En voyant de mignons 18 petits enfants pleins de vie, qui n'est pas incité à partager leurs jeux en se roulant par terre comme eux, en babillant avec eux ? Mais qui a envie de partager les jeux d'un âne ou de braire avec lui ? Car même s'il est petit, c'est un petit âne malgré tout.

– Pourquoi donc ne me dis-tu rien ? – Je ne peux te dire 19 qu'une chose : celui qui ignore qui il est, pourquoi il est né, dans quel monde il se trouve, qui sont ceux qui dont il partage l'existence, qui ignore ce qui est bien et ce qui est mal, ce qui est beau et ce qui est laid, qui ne sait suivre un raisonnement ni une démonstration, qui ignore ce qu'est le vrai et le faux et est incapable de les distinguer, celui-là ne se conformera à la nature ni dans ses désirs et ses aversions, ni dans ses propensions et ses desseins, ni dans ses assentiments, ses néga- tions ou ses doutes ; en un mot, il tournera en rond comme un sourd et un aveugle, croyant être quelqu'un alors qu'il n'est personne.

Est-ce maintenant la première fois que cela arrive ? 20 Depuis que la race humaine existe, toutes les fautes, tous les malheurs ne sont-ils pas nés de cette ignorance ? | Pourquoi 21 Agamemnon et Achille se disputaient-ils[1] ? N'était-ce pas parce qu'ils ignoraient ce qui est avantageux et ce qui est désavantageux ? L'un ne dit-il pas qu'il est avantageux de rendre Chryséis à son père, et l'autre que ce n'est pas le cas ? Le premier ne dit-il pas qu'il doit recevoir la part de butin d'un autre, tandis que le second dit le contraire ? N'est-ce pas à cause de cette ignorance qu'ils ont oublié qui ils étaient et pourquoi ils étaient venus ? | Arrête, homme, pourquoi es-tu 22

---

1. Voir ci-dessus, I, 22, 5 *sq*.

venu ? Pour avoir des maîtresses ou pour faire la guerre ?
"Pour faire la guerre." Contre qui ? Les Troyens ou les Grecs ?
"Contre les Troyens." Alors, tu négliges Hector et tu tires
23 l'épée contre ton roi ? | Quant à toi, excellent homme, tu
négliges les actes qui incombent au roi,

> Toi à qui ont été confiés les peuples et réservés tant de
> soucis[1],

et tu te bats à coups de poing pour une fillette avec le meilleur
guerrier parmi tes alliés, l'homme qu'il te faut combler de
prévenances et garder par tous les moyens ? Et tu te montres
inférieur à l'habile grand prêtre, qui est plein d'égards, lui,
pour les bons guerriers[2] ? Tu vois ce qui arrive quand on ignore
ce qui est avantageux ?
24   – Mais je suis riche moi aussi. – Plus riche
qu'Agamemnon ? – Mais je suis également beau. – Plus
beau qu'Achille ? – Mais j'ai aussi de jolis cheveux. – Ceux
d'Achille n'étaient-ils pas plus beaux, et blonds de surcroît ?
N'y avait-il pas de la grâce dans sa façon de les peigner et de
25 les arranger ? | – Mais je suis également fort. – Es-tu par hasard
capable de soulever une pierre aussi lourde que celles que
soulevaient Hector ou Ajax[3] ? – Mais je suis en outre de noble
race. – Ta mère est-elle une déesse, et ton père un descendant
de Zeus[4] ? À quoi cela lui sert-il quand il est là, assis, à pleurer à
cause d'une fillette. – Mais je suis orateur. – Il ne l'était pas,
26 lui ? | Ne vois-tu pas comment il a agi avec les plus habiles des

1. *Iliade*, II, 25.

2. Allusion probable à Chrysès, le prêtre d'Apollon venu réclamer sa fille
Chryséis (*Iliade*, I, 11 *sq.*).

3. *Iliade*, VII, 263 *sq.*

4. Achille avait pour mère Thétis, une néréide (ou nymphe de la mer), et
pour père Pélée, fils d'Éaque, lui-même fils de Zeus.

orateurs grecs, Ulysse et Phénix, comment il les a réduits au silence[1] ?

    Voilà les seules choses que je puis te dire, et je n'ai même 27 pas envie de les dire. – Pourquoi ? – Parce que tu ne m'as pas stimulé. | Où dois-je diriger mes yeux, en effet, pour être stimu- 28 lé comme le sont les cavaliers à la vue des chevaux de race ? Vers ton misérable corps ? Tu en fais une chose honteuse, à la façon dont tu l'entretiens. Vers ton vêtement ? Trop efféminé lui aussi. Vers ton maintien, ton regard ? Il n'y a là rien à considérer. | Quand tu veux entendre un philosophe, ne lui 29 demande pas : "Tu ne me dis rien ?", montre seulement que tu as la compétence requise pour l'entendre, et tu verras comment tu le pousseras à parler. »

---

1. *Iliade*, IX, 308 *sq.*

25) EN QUEL SENS LA LOGIQUE EST NÉCESSAIRE

1   Un de ceux qui assistaient à la leçon lui dit : « Persuade-moi que la logique est utile. » Il lui répondit : « Tu veux que je te le 2 démontre ? – Oui. | – Il faut donc que je te propose un argument démonstratif ? » L'autre acquiesça et Épictète poursuivit : « Et comment sauras-tu que je ne te trompe pas par 3 un sophisme ? » | L'homme garda le silence. « Tu vois, reprit Épictète, comment tu reconnais toi-même que la logique est nécessaire, si sans elle tu n'es même pas capable de savoir si elle est nécessaire ou si elle ne l'est pas. »

26) QUEL EST LE CARACTÈRE PROPRE DE LA FAUTE

Toute faute renferme une contradiction. En effet, celui qui 1 commet une faute ne veut pas commettre de faute mais agir droitement : il est clair par conséquent qu'il ne fait pas ce qu'il veut. | Le voleur, par exemple, que veut-il faire ? Ce qui est 2 avantageux pour lui. Donc s'il n'est pas avantageux pour lui de voler, il ne fait pas ce qu'il veut. | Or toute âme rationnelle se 3 détourne naturellement de la contradiction : aussi longtemps qu'elle n'a pas clairement conscience d'être dans la contradiction, rien ne l'empêche de faire des choses contradictoires ; mais une fois qu'elle en a pris conscience, c'est pour elle une impérieuse nécessité de renoncer à la contradiction et de la fuir, de la même manière qu'une amère nécessité contraint celui qui perçoit le faux à le refuser ; mais tant qu'il ne lui apparaît pas comme tel dans sa représentation, il y adhère comme si c'était du vrai.

C'est à coup sûr un homme habile à parler, mais aussi un 4 expert en exhortation et en réfutation, celui qui est capable d'exposer à chacun la contradiction constitutive de sa faute, c'est-à-dire de lui mettre sous les yeux en quel sens il ne fait pas ce qu'il veut et fait ce qu'il ne veut pas. | Si l'on montre cela à 5 quelqu'un, il abandonnera de lui-même sa position. Mais tant que tu ne le lui montres pas, ne t'étonne pas s'il demeure inébranlable : c'est parce qu'il se représente son action comme droite qu'il agit comme il le fait.

Voilà pourquoi Socrate, qui avait confiance en cette 6 faculté <de l'être humain>, disait : « Je n'ai pas l'habitude de présenter un autre comme témoin de ce que je dis ; je me contente toujours de celui avec qui je m'entretiens, c'est son suffrage que je réclame, c'est lui que j'appelle à témoigner :

il me suffit, car à lui seul il tient la place de tous les hommes[1]. »
7 | Il savait en effet ce qui met en mouvement une âme ration-
nelle : comme une balance, elle s'inclinera[2], qu'on le veuille
ou non. Montre la contradiction au principe directeur rationnel, il s'en détournera ; si tu ne la lui montres pas, fais-toi des
reproches à toi-même, non à celui que tu ne convaincs pas.

---

1. Comme ci-dessus II, 12, 5.

2. Texte incertain, on soupçonne une lacune. Pour le sens, on comparera avec un passage de Cicéron dans les *Premiers Académiques*, II, 12, 38 (l'âme cède devant l'évidence comme le plateau d'une balance s'abaisse quand on y pose un poids).

LIVRE III

1) DE LA PARURE

Un jour entra chez lui un jeune étudiant en rhétorique, dont 1
la chevelure était arrangée avec un soin excessif et le reste de la
mise particulièrement recherché. Épictète l'interrogea :

Dis-moi, ne crois-tu pas qu'il existe de beaux chiens,
de beaux chevaux aussi, et qu'il en va de même pour
chaque espèce animale ? – Si, je le crois, répondit-il. | – Chez 2
les hommes aussi, certains sont beaux et d'autres laids ?
– Comment le nier ? – Est-ce donc selon le même critère que
nous disons de chacun d'eux qu'il est beau dans son genre, ou
bien le disons-nous selon un critère propre à chacun ? Tu vas
comprendre, écoute ceci. | Puisque nous voyons que le chien 3
est naturellement fait pour telle chose, le cheval pour telle
autre, et le rossignol, si tu veux, pour une autre encore, il ne
serait pas absurde de dire d'une manière générale que chaque
être est beau précisément quand il est le plus parfaitement
conforme à sa propre nature ; et comme chacun a une nature
différente, c'est, je pense, de manière différente que chacun est
beau. N'est-ce pas ? – Il en fut d'accord. | – Par suite, cela 4
même qui fait qu'un chien est beau fait qu'un cheval est laid ; et
ce qui fait qu'un cheval est beau, cela même fait qu'un chien
est laid, s'il est vrai que leurs natures sont différentes ? – Il
semble bien. | – Et à mon avis, ce qui fait la beauté du 5

spécialiste du pancrace ne fait pas le bon lutteur, et rend même le coureur tout à fait ridicule ; le même homme qui est beau au pentathle n'est-il pas très laid à la lutte ? – C'est bien cela, dit-il.

6 – Qu'est-ce donc qui fait qu'un homme est beau sinon ce qui, dans leur genre, fait la beauté du chien ou du cheval ? – Cela même, dit-il. – Et qu'est-ce qui fait qu'un chien est beau ? La présence en lui de l'excellence du chien. Et un cheval ? La présence en lui de l'excellence du cheval. Qu'est-ce alors qui fait qu'un homme est beau ? Ne serait-ce pas la

7 présence en lui de l'excellence de l'homme ? | Par conséquent, si toi aussi tu veux être beau, jeune homme, donne-toi la peine

8 de réaliser cette excellence humaine. | – Mais quelle est-elle ? – Considère qui sont ceux que tu loues, quand tu le fais sans passion : les hommes justes ou les hommes injustes ? – Les justes. – Les tempérants ou les intempérants ? – Les tempérants. – Ceux qui sont maîtres d'eux-mêmes ou ceux qui ne le

9 sont pas ? – Les hommes maîtres d'eux-mêmes. | – C'est donc en te rendant semblable à ces hommes, sache-le, que tu te rendras beau. Mais aussi longtemps que tu n'auras aucun souci de ces qualités, tu seras nécessairement laid, quand bien même tu recourrais à tous les artifices possibles pour paraître beau.

10 Cela étant, je ne sais plus comment te parler. Car si je dis ce que je pense, je te ferai de la peine, tu t'en iras et peut-être ne reviendras pas ; si je ne le dis pas, comprends bien quelle attitude serait alors la mienne : tu viens me voir pour recevoir de l'aide et je ne t'en fournirais aucune, tu viens à moi comme à un philosophe et je ne te parlerais pas comme un philosophe.

11 | C'est même être cruel envers toi, ô combien, de voir avec indifférence que tu ne te corriges pas ! Si plus tard l'intelligence te vient, tu auras de bonnes raisons de me faire des

12 reproches : | « Qu'est-ce donc qu'Épictète a décelé en moi pour que, en me voyant venir à lui tel que je suis, il ait regardé avec

indifférence l'état honteux dans lequel je me trouvais et ne m'ait jamais adressé ne fût-ce qu'une parole ? A-t-il désespéré de moi à ce point ? | N'étais-je pas jeune ? N'étais-je pas 13 disposé à entendre raison ? Combien d'autres jeunes commettent beaucoup de fautes pareilles à cet âge ? | J'entends dire 14 qu'un certain Polémon, qui avait été un jeune homme extrêmement dissolu, avait changé du tout au tout[1]. Soit, Épictète ne pensait pas que je serais un autre Polémon ; mais il pouvait corriger ma façon de me coiffer, me débarrasser de mes fanfreluches, il pouvait obtenir que je cesse de m'épiler ; au contraire, en me voyant avec mon allure de... (de quoi, dois-je dire ?), il s'est tu. » | Pour moi, je ne te dis pas de quelle allure il 15 s'agit ; tu le diras toi-même quand tu seras revenu à toi, et tu sauras alors comment la qualifier et qui sont les gens qui l'adoptent.

Si plus tard tu me fais ces reproches, que pourrai-je dire 16 pour ma défense ? Bon, je lui parlerai, mais il ne sera pas convaincu. Mais Laïos a-t-il été convaincu par Apollon ? En le quittant, ne s'est-il pas enivré, n'a-t-il pas envoyé promener l'oracle ? Et alors ? Apollon ne lui a-t-il pas malgré tout dit la vérité ? | Et certes je ne sais pas, moi, si je te convaincrai ou si 17 je n'y parviendrai pas, alors qu'Apollon savait parfaitement qu'il ne le convaincrait pas sans que cela le dissuade de lui parler. | – Mais pourquoi lui a-t-il parlé ? – Et pourquoi est-il 18 Apollon ? Pourquoi rend-il des oracles ? Pourquoi s'est-il établi en cette place comme devin et source de vérité, comme celui à qui viennent les habitants du monde entier ? Pourquoi la

---

1. Polémon menait une vie dissolue, mais se convertit à la philosophie après avoir entendu Xénocrate traiter de la modération. Il lui succéda ensuite comme scholarque de l'Académie. Voir D. L., IV, 16.

sentence « Connais-toi toi-même » est-elle inscrite sur le temple alors que personne ne la comprend [1] ?

19 Socrate convainquait-il tous ceux qui l'approchaient de prendre soin d'eux-mêmes ? Pas même un sur mille. Et cependant, depuis le jour où il avait été placé à ce poste par la divinité, comme il le dit lui-même, il ne l'a plus abandonné [2].

20 Et que dit-il même aux juges ? | « Si vous m'acquittez à la condition que je ne fasse plus ce que je fais maintenant, je ne le souffrirai pas, je ne relâcherai pas mon activité ; mais je continuerai à aborder le premier venu, jeune ou vieux, pour lui poser les mêmes questions que je pose aujourd'hui et, ajouta-t-il, je les poserai surtout à vous mes concitoyens, parce que vous êtes

21 plus proches de moi par la naissance [3]. » | Es-tu indiscret à ce point, Socrate, à ce point tracassier ? Que t'importe ce que nous faisons ? « Quel langage est-ce là ? Toi, mon compagnon et mon parent, tu ne prends pas soin de toi, et tu donnes à la cité un mauvais citoyen, à tes parents un mauvais parent, à tes voisins

22 un mauvais voisin. » | « Mais toi, qui es-tu ? » Ici il y a de la hardiesse à répondre : « Je suis celui à qui il incombe de prendre soin des hommes [4]. » En effet, ce n'est pas la première petite vache venue qui ose résister au lion ; mais si le taureau s'avance et lui résiste, demande-lui, si tu le juges bon : « Qui

23 es-tu, toi ? » et « Que t'importe ? » | Homme, en toute espèce il naît quelque individu exceptionnel, chez les bœufs, les chiens, les abeilles, les chevaux. À cet individu exceptionnel, ne va pas dire : « Mais toi, qui es-tu ? » Si tu le fais, recevant je ne sais d'où une voix, il te répondra : « Je suis comme la bande pourpre

1. Allusion à l'oracle de Delphes ; voir ci-dessus I, 18, 17.
2. D'après Platon, *Apologie de Socrate*, 28e.
3. Voir Platon, *Apologie*, 29 c *sq*. Comparer ci-dessus I, 9, 23.
4. *Cf*. Platon, *Apologie*, 30a.

sur un vêtement[1] ; ne me demande pas de ressembler aux autres, ou alors reproche à ma nature de m'avoir fait différent des autres. »

Qu'en conclure ? Suis-je, moi, un tel homme ? Comment 24 serait-ce possible ? Et toi, es-tu de cette sorte d'hommes qui sont capables d'entendre la vérité ? Si seulement ! Mais puisque je suis en quelque sorte condamné à porter la barbe grise et le manteau grossier, et que tu viens à moi comme à un philosophe, je ne vais pas te traiter avec cruauté, je ne vais pas désespérer de toi, mais je te dirai ceci : Jeune homme, qui veux-tu rendre beau ? Sache d'abord qui tu es, et adopte la parure appropriée. | Tu es un homme, c'est-à-dire un être 25 vivant mortel, capable d'user rationnellement de ses représentations. Que veut dire « rationnellement » ? Conformément à la nature et de façon parfaite. Qu'as-tu donc d'exceptionnel ? D'être vivant ? Non. D'être mortel ? Non. D'user des représentations ? Non. | L'élément rationnel, voilà ce que tu possèdes 26 d'exceptionnel. C'est lui que tu dois parer et embellir ; tes cheveux, laisse-les à celui qui les a faits comme il a voulu. | Allons, quels autres noms portes-tu ? Es-tu homme ou 27 femme ? – Homme. – Eh bien, embellis un homme, non une femme. Celle-ci a naturellement la peau lisse et délicate ; si elle a beaucoup de poils, c'est un monstre et on l'exhibe à Rome parmi les monstres. | Pour un homme, cela revient à ne pas 28 avoir de poils : si c'est par nature qu'il n'en a pas, c'est un monstre, mais si lui-même les coupe, s'il s'épile, qu'en ferons-nous ? Où l'exhiberons-nous ? Avec quel écriteau ? « Je vais vous montrer un homme qui préfère être une femme plutôt qu'un homme. » | Terrible spectacle ! Il n'est personne qui ne 29 reste stupéfait devant un tel écriteau. Par Zeus, je pense que

---

1. Voir ci-dessus, I, 2, 18.

ceux qui s'épilent le font sans avoir eux-mêmes clairement
30 conscience de ce qu'ils font. | Homme, qu'as-tu à reprocher à ta
nature ? De t'avoir engendré homme ? Quoi ? Aurait-elle dû
n'engendrer que des femmes ? À quoi te servirait alors de
soigner ta parure ? Pour qui le ferais-tu, s'il n'y avait que des
31 femmes ? | Mais ce petit pelage[1] ne te plaît pas ? Va jusqu'au
bout de ton idée : supprime – comment dire ? – la cause
des poils, fais-toi entièrement femme, pour que nous ne nous
trompions pas sur ton compte, et que tu ne restes pas moitié
32 homme, moitié femme. | À qui veux-tu plaire ? Aux femme-
lettes ? Plais-leur comme un homme. – Oui, mais elles aiment
les hommes imberbes. – Va te faire pendre ! Si elles aimaient
33 les invertis, tu deviendrais inverti ? | Est-ce là ton affaire ?
34 Es-tu né pour te faire aimer des femmes dissolues ? | Avec un
homme comme toi, pouvons-nous faire un citoyen de Corinthe
et, le cas échéant, un astynome, un surveillant des éphèbes,
35 un stratège, un agonothète[2] ? | Allons ! As-tu l'intention de
t'épiler même après t'être marié ? Pour qui ? Dans quel but ? Si
ensuite tu as des enfants, vas-tu les épiler eux aussi et les faire
participer dans cet état aux affaires publiques ? Ah ! Le beau
citoyen, le beau conseiller, le bel orateur ! Sont-ce de tels
jeunes gens qu'il faut souhaiter voir naître et être élevés chez
nous ?

36   Non, jeune homme, par les dieux ! Mais après avoir
entendu ces paroles, dis-toi ceci en partant : « Ce n'est pas
Épictète qui m'a dit cela : d'où l'aurait-il tiré ? C'est un dieu
bienveillant qui a parlé par sa bouche. Il ne serait pas venu à

---

1. « Cette petite chose » (πραγμάτιον), dit le texte. D'après le contexte, il
n'est pas vraisemblable qu'il s'agisse du corps en général, mais des poils qu'il
va être question de supprimer radicalement.
2. L'astynome est un magistrat chargé de la police urbaine. L'agonothète
organise et préside les jeux publics.

l'esprit d'Épictète de tenir ces propos, car d'habitude il ne parle <ainsi> à personne. | Eh bien, obéissons au dieu pour ne 37 pas encourir sa colère. » Non <ce n'est pas Épictète>. Si un corbeau te donne un signe en croassant, ce n'est pas le corbeau qui donne le signe, c'est le dieu, par son intermédiaire ; mais s'il donne un signe par l'intermédiaire d'une voix humaine, te fera-t-il croire que c'est l'homme qui te parle, et qu'ainsi tu ignores la puissance de la divinité[1] ? À savoir : qu'aux uns elle fait signe d'une façon et aux autres d'une autre, mais que pour les questions les plus importantes, celles qui décident de tout, c'est par le plus beau des messagers qu'elle fait signe. | Le 38 poète dit-il autre chose ?

> … nous-même, nous l'avions averti,
> Et par l'envoi d'Hermès, le guetteur rayonnant,
> Nous l'avions détourné de courtiser l'épouse et de tuer le roi[2].

Hermès est donc descendu pour le prévenir ; maintenant les 39 dieux te disent à toi aussi, par l'envoi d'« Hermès, le messager rayonnant[3] », de ne pas bouleverser ce qui est bon, de ne pas te donner une peine inutile, mais de laisser l'homme être un homme, la femme une femme, de laisser un bel être humain être beau comme un humain, et un humain laid, laid comme un humain. | Car tu n'es ni chair ni poils, mais faculté de choix ; 40 si en toi c'est elle qui atteint la beauté, alors tu seras beau. | Jusqu'ici je n'ai pas osé te dire que tu es laid, car, me semble-t- 41 il, tu veux tout entendre sauf cela. | Observe cependant ce que 42

---

1. Texte incertain, diversement corrigé. La traduction suit le texte édité par Schenkl.

2. *Odyssée*, I, 37-39 (trad. V. Bérard). C'est Zeus qui parle. Protestant contre les humains prompts à accuser les dieux de leurs propres fautes, il rappelle qu'il avait averti Égisthe de ne pas devenir l'amant de Clytemnestre et de ne pas tuer Agamemnon.

3. *Odyssée*, I, 84.

dit Socrate au plus beau des hommes qui était alors dans la fleur de sa jeunesse, à Alcibiade : « Tâche donc d'être beau [1] ! » Que veut-il lui dire ? « Peigne tes cheveux et épile-toi les jambes » ? Jamais de la vie ! Mais : « Pare ta faculté de choix, élimine 43 les mauvais jugements. » | Et ton pauvre corps, comment le traiter ? Conformément à sa nature. Un autre s'est occupé de 44 ces choses, confie-les-lui. | – Quoi ? Il doit rester sale ? – Loin de moi cette idée ! Mais celui que tu es par l'effet de la nature, nettoie-le : si tu es homme, sois propre comme un homme, 45 femme comme une femme, enfant comme un enfant. | Non ? Alors arrachons également la crinière du lion pour lui éviter d'être sale, ainsi que la crête du coq ; car lui aussi doit être propre. Mais comme un coq, et celui-là comme un lion, et le chien de chasse comme un chien de chasse.

---

1. D'après Platon, *Alcibiade*, 131d.

2) À QUOI DOIT S'EXERCER CELUI
QUI VEUT PROGRESSER, ET QUE NOUS NÉGLIGEONS
LES CHOSES LES PLUS IMPORTANTES

Il y a trois thèmes dans lesquels doit s'être exercé celui 1
qui veut devenir un homme de bien : le premier se rapporte aux
désirs et aux aversions, et son but est de faire que l'on ne
manque pas l'objet de son désir ni ne tombe sur ce que l'on
cherche à éviter ; | puis vient celui qui concerne les propensions 2
et les rejets, et d'une façon générale le devoir : il a pour fin de
nous permettre d'agir avec ordre, raisonnablement, sans négligence ; le troisième a pour objet la prévention de l'erreur et des
jugements hasardeux, en un mot tout ce qui touche la question
de l'assentiment. | De ces thèmes, le plus important et le plus 3
urgent est celui qui concerne les passions ; car la passion
n'a pas d'autre cause que le fait de manquer l'objet de son
désir ou de tomber sur ce que l'on cherche à éviter. C'est ici
que s'introduisent les troubles[1], les désordres, le malheur, la
malchance, et encore l'affliction, les lamentations, la malveillance, c'est ici que naissent envie et jalousie, toutes passions
qui font que nous sommes incapables d'écouter la raison.
| Le deuxième thème concerne le devoir. Il ne faut pas, en effet, 4
que je reste impassible comme une statue, mais que je préserve
les relations naturelles et acquises[2], comme homme pieux,
comme fils, comme frère, comme père, comme citoyen. | Le 5
troisième appartient à ceux qui sont déjà en train de progresser,
et il a pour objet de leur assurer la sécurité dans les domaines
que je viens de mentionner, pour éviter qu'une représentation
qui n'aurait pas été examinée ne s'impose à eux à leur insu,

---

1. Littéralement : « C'est celui-ci (ce thème) qui apporte les troubles etc. »,
mais au prix d'une légère incohérence.
2. Comparer ci-dessus II, 14, 8.

même dans leur sommeil, même quand ils sont un peu ivres ou plongés dans la mélancolie[1]. – Cela est au-dessus de nos
6 forces, dit quelqu'un. | – Cependant les philosophes d'aujourd'hui laissent de côté le premier et le deuxième thème et, s'installant dans le troisième, ils traitent des arguments instables, de ceux qui concluent par la façon d'interroger, des raisonnements hypothétiques, des sophismes comme le
7 Menteur[2]. | – C'est que, reprend l'autre, quand on est confronté à ces questions-là, il faut aussi préserver son infaillibilité.

8 – Mais qui doit la préserver ? L'homme de bien. Est-ce cette infaillibilité qui te manque ? As-tu fini de te former dans les autres matières ? Tu n'es pas exposé à l'erreur quand il s'agit d'une petite pièce de monnaie ? Si tu vois une jolie fille, tu résistes à cette représentation ? Si ton voisin fait un héritage, tu n'es pas mordu par l'envie ? Rien d'autre ne te manque à
9 présent que l'assurance ? | Malheureux, tu apprends toutes ces matières en tremblant, anxieux d'être méprisé, demandant si
10 on parle de toi. | Et si quelqu'un est venu te dire : « On discutait pour savoir qui est le meilleur philosophe, et une des personnes présentes affirmait que le seul philosophe, c'est un tel », alors ta petite âme haute d'un doigt s'est élevée de deux coudées. Mais si un autre des assistants a rétorqué : « Balivernes ! Un tel, ça ne vaut pas la peine de l'écouter. Que sait-il, en effet ? Il possède les premiers éléments, rien de plus », alors tu es sorti de tes gonds, tu as pâli et sur le champ tu t'es écrié : « Je vais lui
11 faire voir qui je suis : un grand philosophe ! » | Cela se voit précisément à ta réaction. Pourquoi vouloir le montrer par d'autres moyens ? Ne sais-tu pas que Diogène a montré un sophiste ainsi, en pointant vers lui son majeur ? Ensuite,

1. *Cf.* ci-dessus II, 17, 33.
2. Sur ces arguments ou raisonnements, voir ci-dessus I, 7, 1 et II, 17, 34.

comme l'autre était fou de rage, il dit : « Voici un tel ; je vous l'ai montré[1]. » | Car on ne montre pas un homme du doigt, 12 comme une pierre ou un morceau de bois ; c'est quand on a dévoilé ses jugements qu'on l'a révélé comme homme.

Voyons donc tes jugements à toi. N'est-il pas clair que tu 13 comptes pour rien ta faculté de choix, mais regardes hors de toi, vers ce qui est soustrait à ton choix : ce qu'un tel dira, quelle opinion on aura de toi, si on pense que tu es lettré[2], que tu as lu Chrysippe ou Antipater ? Si l'on croit que tu as en outre lu Archédème[3], tu es comblé ! | Pourquoi continuer à être 14 anxieux par crainte de ne pas nous montrer qui tu es ? Veux-tu que je te dise quel personnage tu nous as montré ? Tu nous présentes un homme plein de bassesse, mécontent de son sort, irascible, lâche, qui se plaint de tout et fait des reproches à tout le monde, jamais en repos, frivole : voilà ce que tu nous as montré. | Va maintenant et lis Archédème ; et puis si une souris 15 fait du bruit en tombant, tu es mort. La mort qui t'attend est du même genre que celle qui a emporté… comment s'appelait-il déjà ? Oui, Crinis[4]. Lui aussi était fier de comprendre Archédème. | Malheureux, ne veux-tu pas abandonner tous ces 16 enseignements qui ne te concernent pas ? Ils conviennent à

1. D. L. (VI, 34) rapporte que Diogène le Cynique a tendu ainsi son majeur vers Démosthène. Sur le sens obscène de ce geste, qui explique la réaction de la personne visée, voir la note de M.-O. Goulet-Cazé, dans D. L., *Vies et doctrines des philosophes illustres*, trad. sous la dir. de M.-O. Goulet-Cazé, Paris, Le livre de Poche, 1999, p. 714, note 1 (*cf.* Martial, *Épigrammes*, II, 28). Aux yeux d'Épictète, le tort de l'interlocuteur est de croire qu'il suffit de se présenter en personne comme philosophe, alors que la simple présence physique, comme un geste qui désigne, ne révèle rien quand il s'agit d'un homme.

2. Φιλόλογος. Selon Schweighäuser, synonyme ici de *philosophe*, par rapprochement avec la phrase 10 (*cf.* III, 10, 10).

3. Sur Antipater et Archédème, voir plus haut II, 4, 10 et II, 17, 40.

4. Philosophe stoïcien mentionné par D. L., VII, 62, 68, 71, 76. On ne sait rien d'autre sur sa mort que ce qui en est dit ici.

ceux qui sont capables de les étudier sans trouble, à ceux à qui il est permis de dire : « Je suis sans colère, sans chagrin, sans envie, je ne subis ni empêchement ni contrainte. Que me reste-

17 t-il à faire ? J'ai du loisir, je vis tranquille. | Voyons comment il faut se comporter face aux propositions instables qui apparaissent dans les raisonnements ; voyons comment on assume

18 une hypothèse sans être conduit à une absurdité. » | Voilà à qui appartiennent ces questions. C'est à ceux qui vont bien qu'il convient d'allumer le feu, de dîner et, si l'occasion se présente, de chanter et de danser. Mais toi, c'est quand le navire coule que tu hisses les voiles pour venir me voir !

3) QUELLE EST LA MATIÈRE DE L'HOMME DE BIEN, ET À QUOI IL FAUT SURTOUT S'EXERCER

La matière de l'homme de bien, c'est son propre principe 1
directeur, <comme> le corps est celle du médecin et de l'entraîneur, le champ celle de l'agriculteur. La tâche de l'homme
de bien est d'user de ses représentations conformément à la
nature. | De même que toute âme est naturellement portée à 2
donner son approbation au vrai, à la refuser au faux et à la
suspendre si le cas n'est pas clair, de même elle est naturellement mue par le désir du bien, par l'aversion pour le mal, et
n'est sujette à aucun de ces deux mouvements en présence de
ce qui n'est ni mal ni bien. | Au banquier ou au marchand de 3
légumes, il n'est pas permis de refuser la monnaie de César,
mais si on la lui présente, il doit, qu'il le veuille ou non,
l'échanger contre ce qu'il vend : eh bien, pour l'âme, il en est
de même. | Dès que le bien apparaît, il attire aussitôt l'âme à 4
lui ; le mal, pareillement, la repousse. L'âme ne refusera jamais
une représentation évidente du bien, pas plus qu'on ne refusera
la monnaie de César. De là dépend tout mouvement, tant de
l'homme que du dieu.

Pour cette raison, le bien est préféré à tout lien de parenté. 5
Mon père n'est rien pour moi, mais ce qui compte pour moi,
c'est le bien. « Es-tu dur à ce point ? » Ma nature est ainsi faite ;
c'est la monnaie que le dieu m'a donnée. | Voilà pourquoi, si le 6
bien diffère du beau et du juste[1], s'en est fait du père, du frère,

---

1. Référence implicite à la formule canonique « Seul l'honnête (τὸ καλόν,
le beau au sens moral) est un bien » ; *cf.* D.L., VII, 101 ; Cic., *Des termes
extrêmes*, III, 7, 26. Dans ce contexte, cette formulation apparemment tauto-
logique s'explique par le fait que le bien (τὸ ἀγαθόν) est ce qui met l'âme en
mouvement de façon immédiate, parce que telle est sa nature, dès qu'une chose
est perçue comme bien ; faire coïncider ce bien immédiat avec ce qui est
réellement juste ou honnête, c'est la tâche de celui qui veut être homme de bien.

7 de la patrie et de tout le reste. | Dois-je, moi, dédaigner mon bien pour que toi tu en prennes possession ? Vais-je me retirer devant toi ? En échange de quoi ? « Je suis ton père. » Mais
8 non mon bien. « Je suis ton frère. » Mais non mon bien. | Si cependant nous mettons le bien dans la rectitude de la faculté de choix, préserver nos relations avec autrui devient un bien ; et celui qui en outre renonce à certaines choses extérieures,
9 celui-là atteint le bien. | « Ton père t'enlève ta fortune. » Mais il ne me fait aucun tort. « Ton frère aura la plus grande part du champ. » Autant qu'il voudra ! Aura-t-il pour autant
10 plus de réserve, plus de loyauté, plus d'amour fraternel ? | De ce patrimoine-là, qui peut me spolier ? Pas même Zeus. Il ne l'a d'ailleurs pas voulu, mais il l'a fait dépendre de moi et me l'a donné tel qu'il le possédait lui-même, exempt d'empêchement, de contrainte, d'entraves.

11 Lorsque les gens ont des monnaies différentes, c'est en leur présentant leur monnaie qu'on obtient la marchandise en
12 échange. | Il est arrivé dans la province un proconsul qui est un voleur. De quelle monnaie se sert-il ? De l'argent. Offre-lui de l'argent et emporte ce que tu veux. Il est arrivé un adultère. De quelle monnaie se sert-il ? De jolies filles. « Prends ta monnaie, dit l'acheteur, et vends-moi cette petite chose. » Donne, et
13 achète. | Un autre est intéressé par les garçons. Donne-lui sa monnaie et prends ce que tu veux. Un autre aime la chasse. Donne-lui un beau petit cheval, ou un beau petit chien. Il va gémir, se lamenter, mais te vendra ce que tu veux en échange. Car un autre au-dessus de lui le contraint, celui qui a fixé la valeur de cette monnaie [1].

– Cette distinction du bien et du beau se trouve déjà chez Platon, par exemple en *Gorgias*, 474c.

    1. Si l'*autre*, ici comme ailleurs, désigne le dieu, cela ne signifie pas que ce dernier soit responsable du choix en question. Il faut entendre : c'est une

Voici le genre d'exercice qu'il faut principalement 14
pratiquer. Dès le matin, quand tu sors de chez toi, quelle que
soit la personne que tu vois ou entends, examine-la, et réponds
comme si on te questionnait : Qu'as-tu vu ? Un bel homme, une
belle femme ? Applique la règle. S'agit-il de quelque chose qui
est soustrait à notre choix ou de quelque chose qui en dépend ?
De quelque chose qui n'en relève pas : rejette-le. | Qu'as-tu 15
vu ? Quelqu'un qui pleure la mort de son enfant ? Applique la
règle. La mort est une chose qui ne relève pas de notre choix :
rejette loin de toi. Un consul se présente devant toi ? Applique
la règle. Quelle sorte de chose est un consulat ? Dépend-elle
de notre choix, oui ou non ? Elle n'en dépend pas : rejette-la
également, elle ne résiste pas à l'examen ; écarte-la, cela ne te
concerne pas. | Si nous agissions ainsi, si nous pratiquions cet 16
exercice tous les jours du matin au soir, par les dieux, nous
aboutirions à quelque chose ! | Mais la réalité est que nous nous 17
faisons immédiatement surprendre, tout ébahis, par n'importe
quelle représentation, et ce n'est qu'à l'école que, éventuel-
lement, nous nous réveillons un peu. Ensuite, une fois sortis
de l'école, si nous voyons un homme dans le deuil, nous
disons : « Il est perdu » ; si nous voyons un consul : « Heureux
homme ! » ; si c'est un exilé : « Le malheureux ! » ; s'il est
pauvre : « Quelle misère, il n'a pas de quoi manger ! » | Voilà 18
les jugements défectueux qu'il faut retrancher, voilà le point
sur lequel il faut concentrer ses efforts. Qu'est-ce en effet que
pleurer, gémir ? Un jugement. Le malheur ? Un jugement. Que
sont la dispute, le dissentiment, le blâme, l'accusation, l'im-
piété, la frivolité ? | Jugements que tout cela, rien d'autre ; et 19
jugements qui portent sur des choses soustraites à notre choix

disposition du dieu (ou de la nature) que nous ne puissions faire autrement que
de vouloir ce que nous considérons comme bien (*cf*. phrase 5).

comme si elles étaient des biens et des maux. Qu'on fasse porter les jugements sur les choses offertes à notre choix, et je me porte garant qu'on gardera sa fermeté, quelle que soit la situation dans laquelle on se trouve.

20   L'âme est semblable à un bassin rempli d'eau, et les représentations sont comme un rayon lumineux qui tombe
21 sur cette eau. | Quand l'eau est agitée, on dirait que le rayon
22 l'est aussi, et cependant il ne l'est pas. | Lorsqu'on a le vertige, ce ne sont pas les savoirs ni les vertus qui se brouillent, mais l'esprit [1] qui en est le siège : si l'esprit retrouve sa stabilité, ils la retrouvent aussi.

1. Littéralement : le souffle, τὸ πνεῦμα. Force active qui assure la cohésion de toutes les réalités, donc aussi celle de l'âme et de son principe directeur.

4) À L'HOMME QUI, AU THÉÂTRE, AVAIT PRIS PARTI D'UNE FAÇON DÉPLACÉE

Le procurateur d'Épire[1], qui avait pris parti pour un 1
acteur comique de façon assez déplacée et qui pour cette raison
avait été publiquement injurié, vint ensuite raconter la scène à
Épictète, ajoutant qu'il était en colère contre les auteurs des
injures. – « Quel mal faisaient-ils ? dit Épictète. Eux aussi
prenaient parti, comme toi. » | L'autre répliqua : « Est-ce une 2
façon de prendre parti ? » Alors Épictète reprit : « Étant donné
qu'ils te voyaient, toi, leur gouverneur, l'ami et le procurateur
de César, prendre parti de cette manière, ne pouvait-on
s'attendre à les voir faire la même chose ? | S'il faut éviter cette 3
manière de prendre parti, évite-la toi aussi ; sinon, pourquoi
es-tu fâché de ce qu'ils t'aient imité ? Qui, en effet, les gens du
peuple peuvent-ils imiter sinon vous qui êtes leurs supérieurs ?
Vers qui tournent-ils leurs regards quand ils vont au théâtre
sinon vers vous ? | "Regarde comment le procurateur de César 4
assiste au spectacle : il a crié, alors je vais crier moi aussi ; il
bondit, je vais moi aussi bondir. Ses esclaves dispersés dans le
théâtre sont en train de crier : moi je n'ai pas d'esclaves, alors je
crierai pour tout ce monde, aussi fort que je pourrai." »

Il faut donc que tu saches, en entrant au théâtre, que tu y 5
entres comme une règle et un modèle pour les autres, modèle
qui leur indique comment ils doivent se conduire au spectacle.
| Pourquoi alors t'ont-ils injurié ? Parce que tout homme 6
déteste ce qui le contrarie. Eux voulaient que la couronne fût
attribuée à un tel, et toi à un autre. Ils te contrariaient et tu les
contrariais. Il s'est trouvé que tu étais plus fort ; ils ont fait ce
qu'ils pouvaient faire, ils ont injurié ce qui les contrariait. | Que 7

---

1. Province romaine dont la capitale était Nicopolis, résidence d'Épictète.

veux-tu donc ? Faire, toi, ce que tu veux, mais qu'eux ne
puissent pas même dire ce qu'ils veulent ? Et pourtant, qu'y
a-t-il là d'extraordinaire ? Les agriculteurs n'injurient-ils
pas Zeus quand il contrarie leurs desseins ? Les marins ne
l'injurient-ils pas ? Et César, ne l'injurie-t-on pas sans arrêt ?
8 Quoi ? Zeus l'ignore-t-il ? | Ne rapporte-t-on pas à César ce
qu'on dit de lui ? Et que fait-il ? Il sait bien que s'il punit tous
ceux qui l'injurient, il n'aura plus personne sur qui exercer
9 son autorité. | Alors ? En entrant au théâtre, devais-tu dire :
"Allons ! Qu'on donne la couronne à Sophron" ? Tu devais
dire plutôt : "Allons ! Qu'en cette affaire je garde ma faculté de
10 choix en accord avec la nature !" | Personne ne m'est plus cher
que moi-même. Il serait par suite ridicule de me faire du
tort à moi-même pour qu'un autre triomphe au concours
11 de comédie. | – Qui est alors celui que je veux voir triompher ?
– Le vainqueur. Ainsi, c'est toujours mon favori qui
remportera la victoire. – Mais je veux qu'on donne la couronne
à Sophron ! – Organise chez toi autant de concours que tu
voudras, et proclame-le vainqueur aux jeux Néméens,
Pythiques, Isthmiques et Olympiques ; mais en public ne
cherche pas à avoir plus que ce à quoi tu peux prétendre, et ne
t'arroge pas un droit qui appartient à tous. Sinon, supporte
12 les injures ; | car en agissant comme les gens du peuple, tu
te mets au même niveau qu'eux. »

5) À CEUX QUI LE QUITTENT POUR CAUSE DE MALADIE

Je suis malade ici, dit un étudiant, et je veux m'en aller chez 1 moi. | – Parce que chez toi tu n'étais jamais malade ? Tu ne 2 cherches pas à savoir si tu fais ici des choses qui concernent ta faculté de choix et te permettent de la redresser ? Si de fait tu n'obtiens aucun résultat, ce n'était pas la peine de venir. Va-t'en, occupe-toi de tes affaires domestiques. | Si ton prin- 3 cipe directeur ne peut être maintenu en accord avec la nature, ton petit champ du moins le pourra ; tu augmenteras le montant de tes petites pièces d'argent, tu prendras soin de ton père dans sa vieillesse, tu fréquenteras l'agora, tu seras magistrat ; mauvais comme tu l'es, tu accompliras mal les tâches qui en découlent. | Si au contraire tu prends clairement conscience 4 que tu rejettes certains de tes mauvais jugements pour les remplacer par d'autres, que tu as modifié ton attitude en délaissant les choses soustraites à notre choix au profit de celles qui en dépendent, si en disant « Hélas ! » tu ne le dis pas à propos de ton père ou de ton frère mais de toi, est-ce qu'alors tu tiens encore compte de la maladie ? | Ne sais-tu pas que la 5 maladie et la mort doivent s'emparer de nous pendant une de nos activités ? Elles se saisissent de l'agriculteur pendant qu'il travaille la terre, du marin pendant qu'il navigue. | Toi, dans 6 quelle activité veux-tu qu'elles te saisissent ? Il faut bien qu'elles le fassent pendant l'une d'elles. Si au moment où elles s'emparent de toi, tu peux être en train de faire quelque chose qui vaut mieux que ce que tu fais actuellement, fais-le.

En ce qui me concerne, puissent-elles me saisir à un 7 moment où je n'aurai d'autre souci que celui de ma faculté de choix, veillant à ce qu'elle soit exempte de passion, affranchie de tout empêchement et de toute contrainte, libre en un mot. | C'est dans cette occupation que je veux qu'elles me 8 trouvent, pour que je puisse dire au dieu : « Ai-je transgressé

tes instructions ? Ai-je mésusé des ressources que tu m'as données ? Ai-je usé autrement qu'il ne convient de mes sens, de mes prénotions ? T'ai-je jamais adressé des reproches ? Ai-
9 je blâmé ton gouvernement ? | J'ai été malade quand tu l'as voulu ; les autres aussi, mais moi c'était de bon gré. Je suis né pauvre, selon ta volonté, mais je l'ai été avec joie. Je n'ai pas exercé de magistrature, parce que tu ne l'as pas voulu, et jamais je n'ai eu la passion d'en exercer. M'as-tu vu plus triste pour autant ? Ne me suis-je pas toujours présenté à toi le visage radieux, prêt à obéir à ton moindre commandement, à ton
10 moindre signal ? | À présent tu veux que je quitte la fête ; je m'en vais, plein de reconnaissance envers toi pour m'avoir jugé digne de participer à la fête avec toi, de voir tes œuvres et de prendre clairement et totalement conscience de ton
11 gouvernement. » | Puisse la mort me saisir en train de penser cela, d'écrire cela, de lire cela.
12   – Mais ma mère ne me soutiendra pas la tête quand je serai malade. – Va donc chez ta mère ; tu mérites bien qu'on te
13 soutienne la tête quand tu es malade. | – Mais chez moi je couchais dans un joli petit lit. – Va retrouver ton petit lit ; même en bonne santé, tu mérites de coucher dans un lit pareil. Ne sacrifie pas ce que tu peux faire là-bas.
14   Socrate, lui, que dit-il ? « De même que l'un se réjouit (ce sont ses mots) d'améliorer son champ, un autre son cheval, de même moi je me réjouis chaque jour en prenant claire
15 conscience que je deviens meilleur[1]. » | – Meilleur en quoi ? En belles phrases ? – Homme, ne dis pas de sottises ! – Dans la formulation de petits principes théoriques ? – Qu'est-ce que tu

---

1. On peut rapprocher cette déclaration d'un passage de Xénophon, *Mémorables*, I, 6, 8-9 et 14 ; ou encore de Platon, *Protagoras*, 318a. Mais elle n'y figure pas à la lettre, et est peut-être empruntée à un des nombreux dialogues perdus des Petits Socratiques.

racontes ? | – Mais je ne vois vraiment pas à quelle autre 16
occupation se livrent les philosophes. – Ce n'est rien, à ton
avis, de ne jamais faire de reproches à personne, dieu ou
homme ? de ne blâmer personne ? de présenter toujours le
même visage en sortant de chez soi et en rentrant [1] ? | C'est cela, 17
le savoir que possédait Socrate, et cependant il ne disait jamais
qu'il savait ou enseignait quoi que ce soit. Si quelqu'un
demandait des belles phrases ou de petits principes théoriques,
il l'amenait à Protagoras, à Hippias [2], pour la même raison que,
s'il était venu chercher des légumes, il l'aurait conduit chez le
jardinier. Qui parmi vous nourrit un tel dessein ? | Si vraiment 18
vous étiez dans ce cas, c'est volontiers que vous accepteriez
la maladie, la faim et la mort. | Si l'un de vous a été amoureux 19
d'une jolie fille, il sait que je dis la vérité.

1. Ce dernier trait est attribué à Socrate par son épouse Xanthippe, d'après
Élien, *Histoire variée*, IX, 7.
2. *Cf.* Platon, *Protagoras*, 310d-e ; *Théétète*, 151b.

6) CONSIDÉRATIONS DIVERSES

1   Quelqu'un lui demandait pour quelle raison, malgré le surcroît d'efforts actuellement déployés dans l'étude du
2 raisonnement, les progrès étaient plus grands autrefois. | Il répondit : « À quoi travaille-t-on, et en quoi les progrès étaient-ils plus grands alors ? Car dans les questions auxquelles on travaille de nos jours, on trouvera aussi de nos jours des
3 progrès. | Actuellement on travaille à résoudre des syllogismes, et on y fait des progrès. Mais c'est à garder son principe directeur conforme à la nature qu'on travaillait alors, et c'est
4 en cela qu'on faisait des progrès. | Ne prends donc pas une chose pour une autre, et ne cherche pas à progresser dans un domaine quand tu consacres ta peine à un autre. Vois plutôt s'il est quelqu'un parmi nous qui ne fait pas de progrès alors qu'il s'applique à être en accord avec la nature dans ses dispositions et dans la conduite de sa vie. Tu n'en trouveras aucun.

5   L'homme vertueux est invincible, car il n'accepte le
6 combat que là où il a la supériorité[1]. | « Si tu veux mes propriétés à la campagne, prends-les ; prends mes serviteurs, prends ma magistrature, prends mon pauvre corps. Tu ne feras pas que j'échoue dans mon désir ou que je tombe sur ce que je
7 veux éviter. » | C'est le seul combat dans lequel il s'engage, le combat relatif aux choses qui dépendent de notre choix : comment pourra-t-il se faire qu'il ne soit pas invincible ?

8   À quelqu'un qui demandait ce qu'est l'intelligence commune, il répondit : « De même qu'on pourrait appeler commune l'ouïe qui se contente de distinguer les sons, alors que celle qui distingue les tons n'est plus commune mais relève

---

1. En supprimant, avec la plupart des éditeurs, le dernier membre εἰ μὴ…, redondance sans doute fautive.

de l'art, de même il y a des choses que les hommes dont l'esprit n'est pas entièrement perverti[1] voient grâce aux notions communes originelles. Cette disposition est appelée intelligence commune.

Il n'est pas facile de pousser en avant les jeunes gens mous, 9 car « on n'attrape pas du fromage avec un hameçon[2] ; » les jeunes gens bien doués, à l'inverse, même si on les détourne de la raison, s'y attachent d'autant plus. | C'est pour cela que 10 Rufus[3] détournait les jeunes gens la plupart du temps : il se servait de cette épreuve pour faire la différence entre ceux qui étaient bien doués et ceux qui ne l'étaient pas. Il disait : « Tout comme la pierre, même jetée en l'air, retombera par terre en vertu de sa constitution propre, ainsi le jeune homme bien doué incline d'autant plus vers ce à quoi le porte sa nature qu'on le repousse davantage. »

---

1. Sur ce terme, *cf.* ci-dessus, II, 23, 19.
2. Formule attribuée à Bion de Borysthène, dans D. L., IV, 47 (avec cette précision : « On n'attrape pas de fromage *mou*… », ce qui est plus convaincant). Bion (IVe-IIIe siècles) est ordinairement regardé comme un Cynique, bien qu'il ait successivement fréquenté à peu près toutes les écoles de l'époque.
3. Musonius Rufus.

7) AU RÉFORMATEUR DES CITÉS LIBRES [1]
QUI ÉTAIT ÉPICURIEN

1   Comme le Réformateur (c'était un Épicurien) était entré chez lui, Épictète s'adressa à lui : « Il vaut la peine que nous autres profanes nous vous interrogions, vous les philosophes, sur ce qu'il y a de meilleur au monde, tout comme les gens qui arrivent dans une ville étrangère interrogent ses citoyens et ceux qui la connaissent ; de la sorte, une fois informés, nous partirons nous aussi à sa recherche pour le contempler, à
2   l'exemple de ce que font les visiteurs dans les villes. | Presque personne ne conteste qu'il y ait trois choses qui concernent l'homme : l'âme, le corps, les choses extérieures ; à vous main-
3   tenant de répondre : quelle est la meilleure ? | Que dirons-nous aux hommes ? Que c'est la chair ? Est-ce pour elle que Maxime a pris la mer en plein hiver pour Cassiopé [2], avec son fils qu'il
4   accompagnait ? C'était pour le plaisir de la chair ? » | Son interlocuteur se récria : « Non, loin de là ! – Ne convient-il pas de s'appliquer sérieusement à ce qu'il y a de meilleur ? – Avant tout, assurément ! – Qu'avons-nous donc de meilleur que la chair ? – L'âme, dit l'autre. – Les biens propres à ce qu'il y a de meilleur sont-ils supérieurs aux biens de ce qui vaut moins ?
5 | – Oui. – Les biens de l'âme relèvent-ils de notre choix ou n'en relèvent-ils pas ? – Ils en relèvent. – Le plaisir de l'âme, par conséquent, relève de notre choix ? » Il en tomba d'accord.
6 | « Or ce plaisir, de quoi dépend-il ? De lui-même ? Mais c'est inconcevable. Il faut en effet que préexiste une certaine

---

1. Fonctionnaire extraordinaire envoyé par l'empereur dans certaines provinces, pour régler des affaires qui excédaient les compétences de l'administration ordinaire.

2. Port sur l'île de Corcyre ; selon certains, il y avait un autre port de ce nom sur la côte de l'Épire près de Nicopolis.

essence du bien, et c'est quand nous atteignons cette dernière que nous éprouvons du plaisir dans notre âme. » Il accorda cela également. | « De quoi va dépendre alors ce plaisir de l'âme ? Si 7 c'est des biens de l'âme, nous avons trouvé l'essence du bien. Il n'est pas possible, en effet, que le bien soit une chose différente de ce qui avec raison nous réjouit, ni que le conséquent soit un bien si l'antécédent ne l'est pas : pour que le conséquent soit fondé en raison, il faut que l'antécédent soit un bien. | Mais 8 il n'y a pas de danger que vous parliez ainsi tant que vous serez dans votre bon sens, car ce sont là des affirmations qui ne s'accordent ni avec Épicure ni avec le reste de votre doctrine [1]. | La seule issue qui vous reste est de dire que le plaisir éprouvé 9 dans l'âme dépend des choses du corps ; et ce sont ces dernières qui redeviennent l'antécédent et l'essence du bien.

Voilà pourquoi Maxime a agi comme un sot s'il a pris la 10 mer pour une autre raison que pour la chair, c'est-à-dire pour ce qu'il y a de meilleur. | Il agit sottement aussi, celui qui, 11 lorsqu'il est juge et a la possibilité de s'emparer des biens d'autrui, s'abstient de le faire. Mais si tu es de cet avis, préoccupons-nous d'une seule chose : que le vol se fasse en cachette, en toute sécurité, de façon que personne n'en sache rien. | Car Épicure en personne déclare que le mal n'est pas de 12 voler mais de se faire prendre ; et c'est parce qu'il est impossible d'avoir l'assurance de n'être pas découvert qu'il dit : "Ne volez pas". | Mais je t'affirme, moi [2], que si la chose se 13 fait habilement et en toute discrétion, nous ne serons pas découverts ; en outre, nous avons à Rome de puissants amis,

---

1. Littéralement : « avec vos autres jugements (δόγματα) ». De même plus loin en 17, 18, 20, 22, 29.

2. Schenkl met des guillemets aux trois propositions de ce n° 13, ce qui revient à les placer dans la bouche d'Épicure. Il est clair de toute manière qu'Épictète parle ici en endossant le rôle d'un Épicurien.

hommes et femmes, et les Grecs sont des gens faibles : aucun n'aura le courage de se présenter au tribunal pour ce motif.

14 | Pourquoi t'abstiendrais-tu de ton propre bien ? C'est insensé, stupide. Même si tu me dis que tu t'en abstiens, je ne te croirai

15 pas. | En effet, de même qu'il est impossible de donner son assentiment à ce qui apparaît comme faux et de le refuser à ce qui apparaît comme vrai, de même il est impossible de se détourner de ce qui se donne comme un bien. Or la richesse est un bien et même, pour ainsi dire, le plus efficace pour produire

16 les plaisirs. | Pourquoi ne pas se la procurer ? Pourquoi ne devrions-nous pas séduire la femme du voisin si nous pouvons le faire en cachette ? Et si le mari se met à parler à tort et à travers, pourquoi ne pas lui rompre le cou par-dessus le

17 marché ? | <Tout cela s'impose > si tu veux être le philosophe que tu dois être, philosophe accompli et conséquent avec ta doctrine ! Dans le cas contraire, tu ne seras en rien différent de nous autres qu'on appelle Stoïciens : nous aussi nous parlons

18 d'une manière et agissons d'une autre. | Nous disons de belles choses et faisons des choses honteuses ; ta perversion[1] à toi sera inverse : ta doctrine est honteuse, mais tes actions sont belles.

19   Je t'en conjure par le dieu, conçois-tu une cité d'Épicuriens ? "Moi je ne me marie pas. – Moi non plus, car il ne faut pas se marier." Mais il ne faut pas non plus avoir d'enfants, ni participer à la vie politique. Que peut-il bien arriver alors ? D'où viendront les citoyens ? Qui les éduquera ? Qui sera surveillant des éphèbes, qui régisseur de gymnase ? Quelle éducation recevront-ils ? Celle que reçoivent les

20 Lacédémoniens ou celle des Athéniens ? | Prends-moi un jeune homme et dirige-le selon ta doctrine. Cette doctrine est

---

1. Voir la note ci-dessus en II, 23, 19.

détestable, elle subvertit la cité, ruine les familles, elle ne convient pas même à des femmes. Abandonne-la, homme[1].
| Tu vis dans une cité d'empire, il te faut exercer une magistra- 21 ture, juger selon la justice, t'abstenir de ce qui appartient à autrui ; aucune femme hormis la tienne ne doit te paraître belle, aucun jeune garçon ne doit te paraître beau, ni aucun vase d'argent, aucun vase d'or. | Cherche une doctrine qui soit en 22 harmonie avec ces impératifs, et appuie-toi sur elle pour t'abstenir avec plaisir d'objets qui ont un tel pouvoir de séduction pour nous gouverner et nous vaincre. | Mais si à la 23 séduction que ces objets exercent sur nous s'ajoute l'invention d'une philosophie, la vôtre, qui contribue à nous pousser vers eux et à leur donner de la force, que peut-il bien arriver ?

Dans un ouvrage ciselé, qu'est-ce qui est meilleur, l'argent 24 ou l'art de l'ouvrier ? La chair forme la substance de la main, mais ce qui occupe le premier rang, ce sont les œuvres que la main réalise. | [Il y a trois sortes de devoirs : les uns 25 sont relatifs à l'être, les autres aux qualités, les autres sont les devoirs de premier rang proprement dits[2].] Ainsi chez l'homme, ce n'est pas à la matière qu'il faut donner du prix,

1. Ici ἄνθρωπος, l'être humain ; le terme ne s'oppose donc pas aux « femmes » dont il vient d'être question.
2. Cette phrase qui rompt la suite des idées semble être une note marginale concernant les devoirs « de premier rang ». De plus, la tripartition qu'elle contient n'est pas très claire (on ne voit pas bien une différence de *devoirs* pour les deux premières catégories). Le rapprochement avec Cic., *Des termes extrêmes*, III, 16, 52 *sq.* n'éclaire que partiellement la question. – Il importe de se souvenir que les « devoirs », y compris ceux « de premier rang », sont de toute manière *seconds* par rapport à l'action droite (c'est ce que rappelle le texte cité de Cicéron) si on en envisage que le contenu ou la matière. Les exemples qui suivent (être citoyen, se marier, etc.) montrent qu'il s'agit bien des « actions convenables » ou « devoirs », qui peuvent être accomplis comme des actions droites mais ne le sont pas par eux-mêmes. *Cf.* R. Muller, *Les Stoïciens*, p. 209 *sq.*, notamment 211.

aux morceaux de chair, mais aux actions de premier rang.
26 | Quelles sont-elles ? Participer à la vie politique, se marier, avoir des enfants, honorer dieu, prendre soin de ses parents : en un mot, avoir des désirs et des aversions, des propensions et des rejets conformes à ce que chaque cas exige, c'est-à-dire
27 conformes à ce que nous sommes par nature. | Et que sommes-nous par nature ? Des hommes libres, généreux, pleins de réserve. Quel autre vivant, en effet, rougit, quel autre a une
28 représentation de ce qui est honteux ? | Quant au plaisir, subordonne-le à ces dispositions comme leur ministre, comme leur serviteur, afin qu'il stimule notre zèle et nous retienne dans les actes conformes à la nature. »

29 « Mais je suis riche et je ne manque de rien. – Pourquoi dans ce cas fais-tu semblant de pratiquer la philosophie ? Ta vaisselle d'or et d'argent te suffisent ; qu'as-tu besoin d'une
30 doctrine ? | – Mais je suis aussi juge chez les Grecs. – Et tu sais juger ? Qu'est-ce qui t'a donné cette connaissance ? – César a signé ma nomination. – Qu'il t'en signe une pour être juge en
31 musique : | à quoi cela te servirait-il ? Du reste, comment es-tu devenu juge ? De qui as-tu baisé la main ? De Symphorus ou de Numénius ? Dans l'antichambre de qui as-tu dormi ? À qui as-tu envoyé des cadeaux ? Ne te rends-tu pas compte, finalement, que ta fonction de juge vaut ce que vaut Numénius ? – Mais je
32 peux jeter en prison qui je veux. | – Comme tu peux y jeter une pierre. – Mais je peux faire bâtonner qui je veux. – Comme tu peux le faire avec un âne. Ce n'est pas ainsi qu'on commande à
33 des hommes. | Commande-nous comme à des êtres doués de raison en nous montrant ce qui est utile, et nous te suivrons ; montre-nous ce qui est nuisible et nous nous en détournerons.
34 | Fais de nous tes émules, comme Socrate faisait des émules de sa personne. Il commandait, lui, comme on commande à des hommes, en les disposant à lui soumettre leurs désirs et leurs
35 aversions, leurs propensions et leurs rejets. | "Fais ceci, ne

fais pas cela, sinon je te jetterai en prison." Ce n'est plus là commander à des êtres doués de raison. | On leur dit plutôt : 36 "Fais ceci comme Zeus l'a ordonné ; sinon tu seras puni, tu subiras un dommage". Quel dommage ? Nul autre que celui de ne pas avoir fait ce qu'il fallait ; tu détruiras en toi l'homme loyal, l'homme réservé, l'homme décent. Ne cherche pas de dommages plus grands que ceux-là. »

8) COMMENT IL FAUT S'EXERCER
POUR AFFRONTER LES REPRÉSENTATIONS

1   De la même manière que nous nous exerçons pour
affronter les interrogations sophistiques, nous devrions aussi
nous exercer quotidiennement pour affronter les représentations ; car elles nous proposent également des interrogations.
2 | Le fils d'un tel est mort. Réponds : « Cela ne relève pas de
notre choix, ce n'est pas un mal. » Le père d'un tel l'a déshérité.
Qu'en penses-tu ? « Cela ne relève pas de notre choix, ce n'est
pas un mal. » César l'a condamné. « Cela ne relève pas de notre
3 choix, ce n'est pas un mal. » | Il s'en est affligé. « Cela dépend
de notre choix, c'est un mal. » Il l'a supporté noblement. « Cela
4 dépend de notre choix, c'est un bien. » | Si nous prenons l'habi-
tude de réagir ainsi, nous ferons des progrès ; car nous ne
donnerons jamais notre assentiment qu'à ce dont nous aurons
5 une représentation perceptive[1]. | Son fils est mort. Qu'est-il
arrivé ? Son fils est mort. Rien d'autre ? Non. Le bateau a
sombré. Que s'est-il passé ? Le bateau a sombré. Il a été mené
en prison. Qu'est-il arrivé ? Il a été mené en prison. Mais dire :
« Il lui est arrivé malheur », c'est une chose que chacun ajoute
de lui-même.
6   « Mais en tout cela Zeus n'agit pas bien. » Pourquoi ?
Parce qu'il t'a rendu endurant, magnanime, parce qu'il a privé
ces événements de pouvoir être qualifiés de maux, parce qu'il
t'est permis d'être heureux tout en les subissant, parce qu'il t'a
ouvert la porte pour le cas où tu n'es pas satisfait ? Homme,
sors et ne lui fais pas de reproche.

---

1. Ou « représentation compréhensive ». Terme technique de la logique
stoïcienne, qui désigne la représentation qui contient en elle-même la marque
de sa vérité, et à laquelle seule, par conséquent, le sage donne son assentiment ;
cf. D. L., VII, 46.

Si tu veux connaître les dispositions des Romains envers 7
les philosophes, écoute ceci. Italicus, qui passait chez eux pour
un philosophe éminent, s'irritait un jour en ma présence contre
les siens parce qu'il subissait de leur part un traitement intolérable. «Je ne peux le supporter, disait-il; vous me faites
mourir, vous allez me rendre semblable à celui-là», ajouta-t-il
en me montrant[1].

1. Ce § se rattache mal à ce qui précède, et sa signification n'est pas claire.
Concernant Italicus, Schenkl renvoie à Pline le Jeune, *Lettres*, III, 7, où il est
question de la mort du poète et homme politique Silius Italicus (voir *D. Ph. A.*,
vol. III, 2000, p. 939); mais cette lettre diffère sensiblement de notre passage.
Quant au sens de la fin, on peut imaginer que Italicus craint, en étant poussé à
supporter l'intolérable, d'être vraiment pris pour un philosophe et d'être
assimilé à ce moins que rien qu'était à ses yeux l'ancien esclave Épictète
(d'après Oldfather).

9) À UN RHÉTEUR QUI SE RENDAIT
À ROME POUR UN PROCÈS

1   Un homme qui se rendait à Rome à l'occasion d'un procès pour une charge qu'il ambitionnait entra chez Épictète. Celui-ci lui ayant demandé le motif de son voyage, il l'interrogea à son tour sur ce qu'il pensait de son affaire.

2   Si tu me demandes, répondit Épictète, ce que tu feras à Rome, c'est-à-dire si tu réussiras ou échoueras, je n'ai pas de principe théorique permettant de me prononcer. Mais si tu me demandes comment tu agiras, je peux te dire ceci : si tes jugements sont droits, tu agiras bien ; s'ils sont mauvais, tu agiras mal. Car l'action de tout homme a pour cause un jugement.

3 | Qu'est-ce qui t'a fait si fort désirer être élu patron des habitants de Cnossos[1] ? Ton jugement. Qu'est-ce qui te pousse maintenant à te rendre à Rome ? Ton jugement. Et ce en plein hiver, avec des risques et à grands frais ! – Mais c'est

4   nécessaire ! – Qui te le dit ? Ton jugement. | Par conséquent, si les jugements sont cause de tout, et si les jugements d'un homme sont mauvais, l'effet sera à l'image de la cause.

5 | Avons-nous donc tous des jugements sains ? Est-ce le cas, en l'occurrence, pour toi et ton adversaire ? Comment se fait-il alors que vous ne soyez pas d'accord ? Tes jugements sont-ils plus sains que les siens ? Et pourquoi ? Tu le crois ; mais lui aussi estime les siens plus sains, et pareillement les fous ! C'est là un critère détestable.

6   Mais montre-moi que tu as fait l'examen de tes jugements et que tu en as pris soin. À présent tu t'embarques pour Rome afin d'être le patron des habitants de Cnossos ; tu ne te conten-

---

1. Représentant des habitants d'une ville, chargé de défendre leurs intérêts à Rome. Charge honorifique le plus souvent. Cnossos est la principale ville de l'île de Crète.

tes pas de rester chez toi avec les charges qui étaient les tiennes,
mais tu désires passionnément quelque chose de plus important et de plus éclatant : eh bien, quand t'es-tu embarqué de la
même manière afin d'examiner tes jugements et, au cas où il y
en aurait un mauvais, de le rejeter ? | Qui es-tu allé trouver dans 7
ce but ? Quel temps t'es-tu fixé pour cela, quelle période de ta
vie ? Passe en revue les années que tu as vécues ; fais-le en
toi-même si tu as honte de le faire devant moi. | Quand tu étais 8
enfant, mettais-tu tes jugements à l'épreuve ? N'est-il pas
vrai que tu agissais alors comme tu agis en tout ? Lorsque ado-
lescent tu écoutais les leçons des rhéteurs et t'exerçais toi-
même à la rhétorique, de quoi t'imaginais-tu manquer ?
| Quand ensuite, jeune homme, tu commençais à participer 9
aux affaires politiques, à plaider en personne au tribunal
et à acquérir une réputation, qui t'apparaissait encore comme
ton égal ? Comment aurais-tu supporté d'être examiné
par quelqu'un qui t'aurait affirmé que tes jugements sont
mauvais ? | Que veux-tu donc que je te dise ? – Aide-moi dans 10
cette affaire. – Je n'ai pas de principes théoriques pour cela.
Si c'est dans ce but que tu es venu me voir, tu n'es pas venu
à moi comme à un philosophe, mais comme à un marchand
de légumes, comme à un cordonnier. | – Pour quel objet, dans 11
ce cas, les philosophes ont-ils des principes théoriques ? – Pour
nous permettre, quoi qu'il arrive, d'avoir et de maintenir
notre principe directeur en accord avec la nature. Ce n'est pas
grand-chose, à ton avis ? – Non, au contraire, c'est ce qu'il y a
de plus important ! – Et quoi ? Suffit-il pour cela d'un court
laps de temps, et est-il possible d'acquérir cette disposition
simplement en passant voir un philosophe ? Si tu le peux,
fais-le.

Plus tard, tu diras : « Je me suis entretenu avec Épictète 12
comme j'aurais parlé avec une pierre ou avec une statue. » Car
tu m'as vu, rien de plus. S'entretenir avec un homme comme

avec un homme, c'est s'informer de ses jugements et lui faire
13 connaître les siens à son tour. | Informe-toi de mes jugements,
fais-moi connaître les tiens, et dis alors que tu t'es entretenu
avec moi. Soumettons-nous mutuellement à la réfutation : si
j'ai un jugement qui est mauvais, enlève-le-moi ; si c'est toi qui
en as un, expose-le. Voilà ce qu'est un entretien avec un philo-
14 sophe. | Toi, au contraire, tu dis : « Nous sommes de passage, et
en attendant de louer le bateau, nous pouvons même aller voir
Épictète. Voyons un peu ce qu'il raconte. » Puis, une fois parti :
« Il était nul, Épictète ; son langage n'était que solécismes et
barbarismes. » De quoi d'autre, en effet, êtes-vous capables de
juger en entrant chez moi ?
15   – Mais, objecte-t-il, si je me consacre à ce que tu dis,
je n'aurai pas de champ, tout comme toi ; comme toi, je n'aurai
16 pas de coupes d'argent ni de beau bétail. | – Peut-être suffit-il
de répondre à cela : « Mais je n'en ai pas besoin ; toi au
contraire, quand tu ferais de nombreuses acquisitions, tu aurais
toujours besoin d'autre chose et, que tu le veuilles ou non, tu es
17 plus pauvre que moi. » | – De quoi ai-je donc besoin ? – De ce
qui te fait défaut : la fermeté, une pensée en accord avec la
18 nature, l'absence de trouble. | Être ou ne pas être patron, que
m'importe ? Pour toi c'est important. Je suis plus riche que toi ;
je ne me demande pas anxieusement ce que César pensera
de moi ; je ne flatte personne pour le savoir. Voilà ce que je
possède et qui me tient lieu de vases d'argent ou de vases d'or.
Toi tu as du mobilier en or, mais ta raison, tes jugements, tes
assentiments, tes propensions et tes désirs sont en terre cuite.
19 | Mais lorsqu'en moi tout cela est en accord avec la nature,
pourquoi ne mettrai-je pas toute mon ingéniosité à l'étude du
raisonnement ? Car j'ai du loisir, ma pensée n'est pas distraite.
Que vais-je faire en voyant que rien ne distrait mon attention ?
Puis-je trouver une activité plus digne d'un être humain ?
20 | Vous autres, quand vous n'avez rien à faire, vous ne restez

pas tranquilles, vous allez au théâtre, vous flânez au hasard[1]. Pourquoi le philosophe ne cultiverait-il pas sa raison ? | Toi 21 tu as du cristal, moi l'argument du Menteur ; tu as de la porcelaine, moi l'argument du Négateur[2]. Tout ce que tu possèdes te paraît de peu de prix, tout ce que j'ai me paraît de grande valeur. Ton appétit est insatiable, le mien est comblé. | C'est ce 22 qui arrive aux enfants qui ont plongé la main dans un vase au col étroit pour en retirer des figues et des noix : s'ils se remplissent la main, ils ne peuvent plus la retirer, et ils finissent par pleurer. Laisses-en un peu et tu la retireras. Toi aussi, laisse ton désir, restreins ton appétit et tu auras satisfaction.

---

1. En lisant ἀν-αλύετε pour ce dernier verbe.

2. Sur le Menteur, voir ci-dessus II, 17, 34. Le Négateur apparaît dans la liste des œuvres de Chrysippe transmise par D. L. (VII, 197) ; il se peut qu'il ait un rapport avec l'argument que Dexippe cite sous le nom de « syllogisme de la négation » (*Commentaire sur les catégories d'Aristote*, 25, 24 Busse), lequel était formulé ainsi : « Le prédicat "homme" n'est pas le sujet "Socrate" » ; or Socrate est un homme ; donc Socrate n'est pas Socrate ».

10) COMMENT IL FAUT SUPPORTER LES MALADIES

1   Chaque fois qu'apparaît le besoin d'un jugement particulier, il faut l'avoir sous la main : à table, ceux qui concernent la table ; au bain, ceux qui concernent le bain ; au lit, ceux qui concernent le lit.

2   Ne laisse pas le sommeil tomber sur tes yeux fatigués
     Avant d'avoir pesé chacun de tes actes du jour :
3   « En quoi ai-je failli ? Qu'ai-je fait ? Qu'ai-je omis de ce que je devais faire ? »
     Commence par là et poursuis ton examen ; après quoi,
     Si tu as mal agi, blâme-toi ; si tu as bien agi, réjouis-toi[1].

4   Ces vers, il faut les retenir pour s'en servir et non pour les déclamer avec emphase comme lorsqu'on entonne le « Péan
5   Apollon[2]. » | En cas de fièvre également, avoir sous la main les jugements appropriés : si nous sommes fiévreux, il faut éviter de tout laisser tomber, de tout oublier, en disant : « Si je fais encore de la philosophie, m'arrive alors ce que voudra[3] ! Il faut que je me retire quelque part et que je soigne mon pauvre corps. » Soit, à condition que la fièvre n'y vienne pas elle aussi[4] !

6   Qu'est-ce donc que philosopher ? N'est-ce pas se préparer à faire face aux événements ? Ne te rends-tu pas compte que ta réaction revient à dire : « Si je me prépare encore à supporter

1. *Vers dorés*, 40-44. Ces vers sont attribués à Pythagore, mais les savants sont partagés sur leur véritable origine ; la tendance actuelle est d'en attribuer une part à Pythagore lui-même, et en tout cas de faire remonter le reste au moins au IVe siècle av. J.-C. Voir notamment *D. Ph. A.*, vol. III, 2000, p. 698.

2. Voir ci-dessus II, 6, 26.

3. C'est-à-dire : J'ai intérêt à ne plus philosopher, il vaut mieux que je m'arrête de philosopher.

4. Texte incertain pour les deux dernières propositions. La traduction suit le texte édité par Schenkl.

avec calme les événements, m'arrive alors ce que voudra » ?
C'est comme si au pancrace on cessait de lutter parce qu'on a
reçu des coups. | Mais au pancrace on peut mettre fin au combat 7
pour éviter de se faire rosser ; alors que dans notre cas, si nous
arrêtons de philosopher, quel avantage en retirons-nous ? Que
faut-il donc se dire à chaque épreuve qui se présente ? « C'est
pour cela que je m'entraînais, c'est à cela que je m'exerçais. »
| Le dieu te dit : « Apporte-moi la preuve que tu as lutté selon 8
les règles, que tu as pris les aliments qu'il faut, que tu as fait tes
exercices, que tu as écouté ton entraîneur. » Et ensuite, quand
arrive le moment de l'action, tu mollis ? Voici venu maintenant
le temps de la fièvre : que cela se passe dignement[1] ; voici le
temps de la soif : aie soif dignement ; voici le temps de la faim :
éprouve-la avec dignité. | Cela ne dépend pas de toi ? Qui t'en 9
empêchera ? Certes, ton médecin t'empêchera de boire, mais il
ne peut t'empêcher d'avoir soif avec dignité ; il t'empêchera de
manger, mais il ne peut t'empêcher d'avoir faim avec dignité.

– Mais je suis incapable d'étudier[2] ! – Et dans quel but 10
t'appliques-tu à l'étude ? Esclave, n'est-ce pas pour que ta vie
connaisse un cours heureux ? pour que tu trouves l'équilibre ?
pour être en accord avec la nature dans tes dispositions et dans
la conduite de ta vie ? | En cas de fièvre, qu'est-ce qui t'em- 11
pêche de garder ton principe directeur en accord avec la nature ? La voilà, la preuve qui décide de la question, la vérification des aptitudes de celui qui s'adonne à la philosophie. En
effet, la fièvre aussi fait partie de la vie, au même titre que la
promenade, la navigation ou le voyage. | Est-ce que par hasard 12

---

1. Καλῶς, c'est-à-dire : bien, de manière conforme au *kalon*, à l'action
morale.
2. En gardant la ponctuation des manuscrits (pas de point d'interrogation),
et en interprétant φιλολογῶ comme en III, 2, 13, solution qui s'accorde mieux
avec la logique de l'ensemble (*cf.* phrase 5).

tu lis en te promenant ? – Non. – Et pas non plus quand tu as de
la fièvre. Mais si tu te promènes avec dignité, tu fais ce qui sied
au promeneur ; si tu restes digne quand tu as de la fièvre, tu fais
13 ce qui sied à celui qui a de la fièvre. | Qu'est-ce qu'être digne en
cas de fièvre ? Ne blâmer ni dieu ni homme, ne pas être accablé
par les événements, attendre la mort avec un maximum de
dignité, se conformer aux prescriptions ; quand le médecin
arrive, ne pas redouter ce qu'il va dire, ni non plus se réjouir
outre mesure s'il dit : « Tu vas merveilleusement bien ! » En
14 effet, quel bien t'a-t-il annoncé ? | Car lorsque tu étais en bonne
santé, quel bien possédais-tu ? Et s'il dit : « Tu vas mal », ne pas
non plus te décourager. Qu'est-ce en effet qu'aller mal ?
S'approcher du moment où l'âme est déliée du corps. Qu'y a-
t-il là de terrible ? Si tu ne t'en approches pas maintenant, ne le
feras-tu pas plus tard ? Le monde doit-il être bouleversé si tu
15 meurs ? | Pourquoi alors flatter le médecin ? Pourquoi lui dire :
« Si tu le veux, maître, j'irai bien » ? Pourquoi lui donner
l'occasion de hausser orgueilleusement le sourcil ? Pourquoi
ne pas lui verser simplement ses honoraires ? De même qu'on
donne son dû au cordonnier pour être chaussé, au charpentier
pour la maison, pourquoi ne pas faire de même avec le médecin
pour ce pauvre corps, qui ne m'appartient pas, qui est par
nature cadavre ? Voilà ce dont la fièvre fournit l'occasion ;
si celui qui a la fièvre satisfait à ces exigences, il fait ce qui
lui sied.
16   L'œuvre du philosophe, en effet, n'est pas de sauvegarder
ces choses extérieures, ni son mauvais vin ni sa petite réserve
d'huile ni son pauvre corps ; de sauvegarder quoi, alors ?
Son propre principe directeur. Et les choses extérieures,
comment les traiter ? S'en occuper en restant dans les limites
17 du raisonnable. | Dans ces conditions, où trouvera-t-on encore
une occasion d'avoir peur ? une occasion de se mettre en
colère ? une occasion de craindre pour des choses qui ne nous

concernent pas, pour des choses sans valeur ? | Nous devons en 18
effet avoir sous la main ces deux règles : en dehors de la faculté
de choix, il n'y a ni bien ni mal ; il ne faut pas devancer les évé-
nements, mais les suivre. | « Mon frère n'aurait pas dû se 19
comporter ainsi avec moi. » Non, en effet ; mais c'est son
affaire à lui. Pour moi, quel que soit son comportement à mon
égard, j'aurai avec lui les rapports qu'il faut avoir. | Car cela 20
m'appartient, le reste ne me concerne pas ; dans le premier cas,
nul empêchement possible ; dans le second, l'empêchement
existe.

11) CONSIDÉRATIONS DIVERSES

1   Pour ceux qui désobéissent au gouvernement divin il y a
2 des châtiments qui sont réglés comme par une loi. | « Quicon-
que regarde comme un bien autre chose que ce qui relève de
notre choix, qu'il éprouve l'envie, qu'il sente le désir passionné, qu'il se livre aux flatteries, qu'il vive dans le trouble ;
quiconque regarde quelque chose d'autre comme un mal, qu'il
éprouve du chagrin, qu'il pleure, qu'il se lamente, qu'il soit
3 malheureux. » | Pourtant, en dépit de châtiments aussi durs,
nous sommes incapables de renoncer à ces opinions[1].

4   Souviens-toi de ce que dit le poète à propos de l'hôte
étranger :

> Ô mon hôte, il ne m'est pas permis, même s'il arrivait dans un
> état pire que le tien,
> De mépriser un hôte ; car tous ils viennent de la part de Zeus,
> Les hôtes comme les mendiants[2].

5   Aie également cette idée sous la main s'il s'agit d'un père :
« Il ne m'est pas permis, même s'il arrivait dans un état pire que
le tien, de mépriser un père ; car tous ils viennent de la part de
6 Zeus Protecteur des pères. » | Pareillement pour un frère : « Car
tous ils viennent de la part de Zeus Protecteur de la famille. »
Pour les autres relations sociales aussi, nous trouverons Zeus
veillant sur elles.

---

1. Sur le bien et le mal.
2. *Odyssée*, XIV, 56-58. Paroles du porcher Eumée accueillant son maître
Ulysse ; celui-ci est déguisé en mendiant et Eumée ne le reconnaît pas.

12) DE L'EXERCICE

Il ne faut pas que nos exercices consistent en pratiques 1
contraires à la nature et actions extravagantes, car dans ce cas,
nous qui prétendons philosopher, nous ne nous distingue-
rons pas des faiseurs de tours. | Il est assurément difficile de 2
marcher sur une corde tendue, et non seulement difficile mais
dangereux. Est-ce une raison pour que nous devions nous aussi
nous entraîner à marcher sur une corde, à redresser un palmier
ou à embrasser des statues[1] ? Nullement. | Il n'est pas vrai que 3
toute difficulté et tout danger conviennent à l'exercice : ce
qu'il faut, c'est accomplir les efforts qui servent notre but. | Et 4
quel est le but proposé à nos efforts ? Vivre sans rencontrer
d'empêchement dans nos désirs et nos aversions. C'est-à-
dire ? Ne pas échouer dans nos désirs, ni tomber sur ce
que nous cherchons à éviter. C'est à cela, donc, que doit
tendre l'exercice. | Car puisqu'il n'est pas possible, si l'on ne 5
s'astreint pas à un exercice intense et continu, de ne pas
échouer dans ses désirs et de ne pas tomber sur ce qu'on
cherche à éviter, sache que, si tu laisses l'exercice s'orienter
vers l'extérieur, c'est-à-dire vers les choses soustraites à notre
choix, tu n'auras pas satisfaction pour tes désirs, et ne seras pas
à l'abri de tomber sur ce que tu cherches à éviter. | Comme 6
l'habitude se manifeste à nous avec une grande force quand
nous sommes habitués à éprouver désir et aversion uniquement envers les objets extérieurs, il faut opposer à cette
habitude l'habitude contraire, et opposer l'exercice à la grande
instabilité des représentations.

1. Exemples de tours de force que pratiquaient certains cyniques (*cf.* D. L.,
VI, 23 : Diogène se roulant dans le sable brûlant en été et, en hiver, embrassant
des statues couvertes de neige). En quoi consistait l'action de redresser (ou de
dresser) un palmier reste obscur ; peut-être à rester planté droit et ferme comme
un palmier, geste qui ferait penser à ce que désigne en français « faire le
poirier ».

7   Je suis enclin au plaisir : entraîné dans le roulis, je
me jetterai du côté opposé, en exagérant, pour m'exercer. Je
déteste le travail : j'entraînerai et exercerai mes représentations contre cette tendance, dans le but de mettre fin à
8   mon aversion pour tout ce qui ressemble au travail. | Quel est
l'homme qui s'exerce ? Celui qui s'emploie à n'avoir aucun
désir, à n'éprouver d'aversion que pour ce qui relève de notre
choix [1], et qui privilégie les exercices dont il a du mal à venir à
bout. Par suite, l'un doit s'exercer plutôt dans un domaine, et
9   un autre dans un autre. | Dans ces conditions, à quoi sert de
redresser un palmier, de porter à la ronde une tente de cuir, un
10 mortier, un pilon [2] ? | Si tu es emporté, homme, exerce-toi à
supporter les injures, à ne pas pâtir du mépris. Tu progresseras
alors de manière que, même si on te frappe, tu te dises à toi-
11 même : « Pense que tu viens d'embrasser une statue. » | Exerce-
toi encore à user du vin avec décence, non dans le but d'en
boire beaucoup (car il y a des maladroits qui s'y exercent !)
mais, dans un premier temps, en vue de t'en abstenir ; exerce-
toi aussi à renoncer à une fillette, à un gâteau. Puis un jour, en
guise d'épreuve de vérification, si l'occasion se présente, tu
descendras dans l'arène au moment opportun, pour savoir si,
comme auparavant, tu es encore vaincu par tes représentations.
12 | Mais au début, fuis loin de celles qui sont trop fortes. Le
combat est inégal quand une jolie fille s'attaque à un jeune
qui commence à philosopher. « Cruche et pierre, dit-on, ne
s'accordent pas. »

1. D'après les manuscrits : « À n'avoir de désir et d'aversion que pour ce
qui relève de notre choix. » L'ajout d'une négation au premier membre (ὀρέξει
μὲν μὴ χρῆσθαι) est reçu par la plupart des éditeurs, d'après le *Manuel*, 48, 3,
où il s'agit comme ici du « progressant » (*cf.* phrase 10), de celui qui doit encore
s'exercer.

2. Voir la note 1, p. 303. Même critique avec des exemples en partie
identiques chez Sénèque, *De la colère*, II, 12, 5.

Après le désir et l'aversion, le deuxième thème[1] est celui 13 qui concerne les propensions et les rejets ; le but visé ici est d'obéir à la raison, de ne pas contrevenir à ce qu'exigent le temps et le lieu, et de ne braver aucune autre convenance de ce genre.

Le troisième thème a pour objet les assentiments et 14 concerne les objets persuasifs et entraînants. | De même que 15 Socrate disait qu'on ne doit pas vivre sans soumettre son genre de vie à l'examen, de même il ne faut pas accepter une représentation sans examen, mais il faut lui dire : « Attends, laisse-moi voir qui tu es et d'où tu viens », à la manière dont les gardes de nuit demandent : « Montre-moi tes papiers. » « Possèdes-tu la marque de reconnaissance donnée par la nature, marque que doit posséder une représentation pour être acceptée ? »

Disons pour finir que tous les exercices auxquels 16 soumettent leur corps ceux qui lui font subir un entraînement peuvent aussi, s'ils sont d'une manière ou d'une autre orientés vers le désir et l'aversion, servir d'exercice pour ces derniers. Mais s'ils visent la parade, ils sont bons pour celui qui incline vers les choses extérieures et poursuit un autre but, pour celui qui cherche des spectateurs s'écriant : « Oh ! Le grand homme ! » | C'est pourquoi Apollonios[2] avait raison de dire : 17 « Quand tu veux t'exercer pour toi-même, si tu as soif un jour de grande chaleur, prends une gorgée d'eau fraîche, puis crache-la et n'en parle à personne. »

---

1. Voir ci-dessus III, 2, 1 *sq.*

2. Apollonios est un nom très répandu : on en trouve 27 dans le *D. Ph. A.*, I, 1989, parmi lesquels au moins quatre Stoïciens ou proches du Stoïcisme. Compte tenu des contraintes chronologiques et du peu que l'on sait de leur activité philosophique, et s'il s'agit bien d'un Stoïcien, il n'y a guère qu'Apollonios de Nysa (fin IIe siècle, disciple de Panétius) qu'on puisse proposer ici.

13) CE QU'EST L'ISOLEMENT,
ET QUEL GENRE D'HOMME EST ISOLÉ

1   L'isolement est la condition de l'homme privé de secours. En effet, celui qui est seul n'est pas pour autant isolé, pas plus que n'échappe à l'isolement celui qui se trouve au milieu d'une
2   foule. | Par exemple, lorsque nous avons perdu un frère, un fils ou un ami, c'est-à-dire quelqu'un sur qui nous pouvions nous reposer, nous disons que nous sommes abandonnés et isolés, alors même que, souvent, nous vivons à Rome où nous rencontrons beaucoup de monde, où un grand nombre de gens habitent avec nous, et que parfois nous possédons quantité
3   d'esclaves. | Car d'après la signification de la notion, l'isolé est celui qui est privé de secours et sans défense face à ceux qui veulent lui nuire. Aussi, au cours d'un voyage, c'est précisément quand nous tombons sur des brigands que nous disons que nous sommes isolés. Car ce n'est pas la simple vue d'un être humain qui nous fait échapper à l'isolement, mais la vue
4   d'un homme loyal, plein de réserve et secourable. | Si en effet il suffit d'être seul pour être isolé, tu dois dire que, dans la conflagration[1], Zeus lui aussi est isolé et pleure sur lui-même : « Malheureux que je suis ! Je n'ai ni Héra ni Athéna ni Apollon ; en bref, je n'ai plus ni frère, ni fils, ni petit-fils, ni
5   parent. » | C'est bien ce qu'il fait, aux dires de certains, quand il est seul dans la conflagration. Ces gens ne conçoivent pas qu'on puisse vivre seul, parce qu'ils s'appuient sur une donnée naturelle, à savoir la sociabilité et l'affection mutuelle qui lient

---

1. La destruction périodique du monde par le feu ; cet incendie marque la fin d'un cycle et précède le renouvellement du monde, à l'identique, au cours d'un nouveau cycle. Il n'y a donc pas disparition ou anéantissement, mais absorption de toutes choses par le feu, qui se confond avec Zeus et la raison universelle.

naturellement les hommes, ainsi que le plaisir que ceux-ci éprouvent à vivre ensemble. | Il faut néanmoins se préparer 6 aussi à cela : être capable de se suffire à soi-même, de vivre en compagnie de soi-même. | De même que Zeus[1] vit en compa- 7 gnie de lui-même, se repose en lui-même, réfléchit à la nature de son gouvernement et nourrit des pensées dignes de lui, de même nous devons nous aussi être capables de nous entretenir avec nous-mêmes, de nous passer des autres et de ne pas être dans l'embarras sur la manière d'occuper notre temps ; | nous 8 devons pouvoir arrêter notre pensée sur le gouvernement divin et sur le rapport que nous entretenons avec les autres choses ; examiner la manière dont nous nous comportions auparavant envers les événements, comparée à celle d'aujourd'hui ; voir quelles sont les choses qui continuent à nous accabler, comment on peut remédier à cela aussi, comment on peut les éliminer ; et si certaines de ces tâches ont encore besoin d'être menées à terme, le faire conformément à la règle qui les régit.

Vous constatez que César nous procure apparemment une 9 grande paix : il n'y a plus de guerres, plus de combats, plus de brigandage à grande échelle, plus de piraterie ; on peut voyager en toute saison, naviguer de l'orient à l'occident. | Est-ce que 10 par hasard César peut aussi nous mettre en paix avec la fièvre, le naufrage, l'incendie, le tremblement de terre, la foudre ? Voyons, et avec l'amour ? Non. Avec la douleur ? Non. Avec l'envie ? Non. Avec absolument aucune de ces choses. | Par 11 contre, le discours[2] des philosophes promet de nous mettre en paix avec elles. Que dit-il ? « Si vous appliquez votre esprit à ce que je dis, hommes, où que vous soyez, quoi que vous fassiez, vous n'éprouverez ni chagrin ni colère, vous ne serez ni

1. Même comparaison chez Sénèque, *Lettres*, 9, 16.
2. *Logos* : la raison, le discours rationnel ou l'enseignement des philosophes.

contraints ni empêchés, vous vivrez sans passions et libres
12 à tous égards. » | Celui qui possède cette paix-là, proclamée
non par César (comment le pourrait-il ?) mais par le dieu au
moyen de la raison, ne se suffit-il pas quand il se trouve être
13 seul ? Car, jetant les yeux sur tout cela, il se dit : | « À présent il
ne peut m'arriver aucun mal ; pour moi, il n'y a ni brigand ni
tremblement de terre ; partout la paix règne, partout absence
de trouble ; aucune route, aucune cité, aucun compagnon de
voyage, aucun voisin ni aucun associé ne représente un risque
pour moi. Un autre[1], à qui cette occupation revient, fournit la
nourriture, un autre procure le vêtement, un autre a donné les
14 sens et les prénotions. | Lorsqu'il ne fournit plus le nécessaire,
il donne le signal de la retraite ; après t'avoir ouvert la porte, il
te dit : « Va ! » Où ? En aucun cas dans un endroit redoutable,
mais dans le lieu d'où tu es venu, chez des êtres qui sont tes
15 amis et tes parents, vers les éléments. | Tout ce qui en toi était
feu retournera au feu, tout ce qui était terre à la terre, tout ce qui
était air à l'air, tout ce qui était eau à l'eau. Il n'y a ni Hadès, ni
Achéron ni Cocyte ni Pyriphlégéton[2], mais tout est plein de
16 dieux et de puissances divines[3]. » | Celui qui peut se dire cela,
qui dirige son regard vers le soleil, la lune et les astres, qui jouit
de la terre et de la mer, n'est pas plus isolé qu'il n'est sans
17 secours. | « Mais quoi ? Si on m'attaque et m'égorge quand je
suis seul ? » Insensé, ce n'est pas toi qui es égorgé, c'est ton
pauvre corps.
18   Dans ces conditions, quelle sorte d'isolement subsiste-t-il,
quelles difficultés ? Pourquoi nous rendons-nous inférieurs
aux enfants ? Quand on les laisse seuls, que font-ils ? Ils

---

1. Voir ci-dessus I, 25, 13.
2. Achéron, Cocyte et Pyriphlégéton sont des fleuves de l'Hadès, c'est-
à-dire des enfers.
3. *Cf.* un célèbre mot de Thalès, dans D. L., I, 27.

ramassent des tessons et de la terre, en font une construction, puis la détruisent et en font une autre ; ainsi ils ne sont jamais en mal d'occupations. | Et moi, si vous prenez le bateau, vais-je 19 rester assis à pleurer parce qu'alors on m'aura laissé seul et isolé ? N'aurai-je pas à ma disposition des tessons et de la terre ? Mais les enfants agissent ainsi sans réfléchir : et nous, c'est la réflexion qui nous rend malheureux ?

Tout grand pouvoir est périlleux pour le débutant. Il faut 20 donc supporter ce genre de choses selon ses capacités, mais en même temps conformément à la nature[1]. <Par exemple, la lutte est utile à un homme bien portant[2]> mais non à celui qui souffre de consomption. | Exerce-toi quelquefois à vivre 21 comme un malade, pour vivre un jour comme un homme en bonne santé ; jeûne, bois de l'eau. Abstiens-toi parfois de tout désir, pour avoir un jour des désirs raisonnables. S'ils sont raisonnables, quand tu possèderas en toi un bien, tu désireras comme il faut. | Mais non ! Nous voulons sans délai vivre 22 comme des sages et être utiles aux hommes. De quelle utilité es-tu ? Que fais-tu pour eux ? As-tu été utile à toi-même ? Mais tu veux les faire progresser. Et toi, tu as progressé ? Tu veux leur être utile : | montre-leur en ta personne quel genre 23 d'hommes la philosophie produit, et arrête de débiter des sornettes. Quand tu manges, sois utile à tes compagnons de table, quand tu bois, sois utile à ceux qui boivent, en leur cédant à tous, en te retirant devant eux, en les supportant : sois leur utile de cette façon, et ne vomis pas ta bile sur eux.

1. D'après une suggestion de Schenkl. Passage corrompu, semble-t-il, et de sens peu clair (on peut le rapprocher de I, 8, 8). En outre, les phrases 20-23 se rattachent mal à ce qui précède.
2. Proposition de Schenkl à titre d'exemple, pour combler une lacune manifeste.

14) CONSIDÉRATIONS DIVERSES

1   De même que les bons[1] choristes de tragédie ne peuvent chanter en solistes mais seulement en groupe, de même il y a
2   des gens qui ne peuvent se promener seuls. | Homme, si tu es quelqu'un, promène-toi seul, parle avec toi-même, ne te cache
3   pas dans le chœur. | Accepte qu'on se moque de toi quelquefois, regarde autour de toi, secoue-toi afin de savoir qui tu es.

4   Quand on boit de l'eau ou qu'on se livre à quelque exercice, on ne manque pas une occasion pour le dire à tout le
5   monde. « Je bois de l'eau, moi. » | Bois-tu de l'eau à seule fin de boire de l'eau ? Homme, s'il est bon pour toi d'en boire,
6   bois-en ; sinon tu agis d'une manière ridicule. | Et si cela est bon pour toi et que tu en boives, n'en parle pas à ceux qui ne supportent pas les buveurs d'eau[2]. Mais quoi ? Est-ce justement à eux que tu veux plaire ?

7   Parmi nos actions, les unes sont accomplies comme des actions de premier rang[3], d'autres le sont en fonction des circonstances, d'autres par souci d'une bonne administration domestique, d'autres en fonction de notre entourage, d'autres encore selon notre règle de vie.

---

1. Schenkl et d'autres éditeurs corrigent en « les *mauvais* choristes » pour des raisons de vraisemblance. Mais celle-ci impose plutôt de garder le texte original : il est facile de vérifier que de *bons* choristes ne font pas nécessairement de bons solistes ; inversement, si des chanteurs de qualité moyenne peuvent compenser leurs faiblesses quand ils chantent en chœur, il est plus rare de voir de *mauvais* choristes obtenir de bons résultats du simple fait qu'on les ait réunis dans un chœur. Il n'y a pas de raison, en outre, de supposer que les promeneurs incapables de se promener seuls soient de *mauvais* promeneurs quand ils sont en groupe.

2. D'après une correction de Meibom (« de tels hommes » au lieu de « les hommes »).

3. Προηγουμένως : voir ci-dessus III, 7, 24-25.

Il faut supprimer chez les hommes les deux choses 8
suivantes : la prétention à savoir[1] et la défiance. La première
consiste à croire qu'on n'a rien à demander à personne ; la
défiance, à penser qu'il est impossible d'être heureux au milieu
de tant de circonstances contraires. | La prétention à savoir est 9
supprimée par la réfutation, et c'est ce que Socrate fait d'entrée
de jeu. Quant au fait qu'il n'est pas impossible d'être heureux,
examine la question, cherche. | Cette recherche ne te causera 10
aucun mal ; et peut-être que faire de la philosophie consiste
précisément à chercher comment il est possible de ne
pas rencontrer d'empêchement dans le désir et l'aversion.

« Je vaux mieux que toi, car mon père est un personnage 11
consulaire. » | Un autre dit : « J'ai été tribun, toi non. » Si nous 12
étions des chevaux, est-ce que tu dirais : « Mon père était plus
rapide que le tien » ? « Moi, j'ai de l'orge et du foin en abon-
dance », ou : « J'ai de beaux colliers » ? Et si, quand tu parles
ainsi, je te répondais : « Soit ; dans ce cas, courons » ? | Eh bien ! 13
N'existe-t-il rien pour l'homme qui soit comparable à ce qu'est
la course pour le cheval et qui permettrait de reconnaître celui
qui vaut moins et celui qui vaut plus ? N'y a-t-il pas la réserve,
la loyauté, la justice ? | Montre que tu vaux mieux sur ce 14
terrain, afin de valoir mieux en tant qu'homme. Si tu me dis :
« Je donne de grands coups de pied[2] », je te répondrai quant à
moi : « Tu es fier de faire l'âne. »

1. Sur cette expression, voir ci-dessus II, 11, 6 ; 17, 1.
2. À la manière des athlètes du pancrace.

15) QUE NOUS NE DEVONS ENTREPRENDRE CHACUNE DE NOS ACTIONS QU'APRÈS UN EXAMEN APPROFONDI[1]

1   Pour chacun de tes actes, examine les antécédents et les conséquences, et alors passe à l'action. Sinon, tu seras plein d'ardeur au début parce que tu n'auras pas du tout réfléchi à la suite, puis quand telle ou telle conséquence apparaîtra, tu aban-
2 donneras honteusement. | « Je veux être vainqueur aux Jeux Olympiques. » Soit, mais examine les antécédents et les conséquences ; si tu dois en retirer quelque avantage, attelle-toi
3 à la tâche. | Il faut que tu t'astreignes à une discipline, adoptes un régime, t'abstiennes de friandises ; que tu t'exerces bon gré mal gré, à heure fixe, dans la chaleur ardente comme dans le froid, que tu ne boives pas froid, que tu ne prennes pas de vin n'importe quand ; pour le dire en un mot, que tu te remettes entre les mains de ton entraîneur comme tu te confierais à un
4 médecin. | Ensuite, dans le combat, il te faut creuser la terre[2], et tu ne pourras éviter quelquefois de te démettre la main, de te tordre la cheville, d'avaler force poussière, d'être fouetté[3] ; et après tous ces désagréments, tu dois encore parfois subir une
5 défaite. | Si après avoir réfléchi à tout cela tu persistes à vouloir concourir, va combattre ; sinon, note bien que tu te conduis avec la même inconstance que les enfants : ils jouent tantôt aux athlètes, tantôt aux gladiateurs, tantôt ils sonnent de la trompette ; ensuite ils font du théâtre en reproduisant tout ce
6 qu'ils ont vu et qui les a frappés. | De la même manière, tu es tantôt athlète et tantôt gladiateur, ensuite philosophe, puis rhéteur, mais tu n'es rien de toute ton âme ; comme un singe, tu

---

1. Texte repris dans le *Manuel*, 29, avec quelques variantes.
2. Au début du combat, pour jeter de la poussière sur l'adversaire (*cf.* D. L., VI, 27).
3. On pouvait fouetter un athlète pour sanctionner une faute.

imites tout ce que tu vois, et toujours te plaît une chose après une autre : une activité devenue habituelle ne te satisfait pas. | C'est que tu t'es engagé dans ton projet sans examen, sans 7 l'avoir parcouru dans tous ses aspects, sans l'avoir éprouvé, mais au hasard et avec tiédeur.

Il y a ainsi des gens qui, après avoir vu un philosophe et en 8 avoir entendu un parler comme Euphratès[1] (et pourtant, qui peut parler comme lui ?), veulent eux aussi faire de la philosophie. | Homme, examine d'abord de quoi il s'agit, puis examine ta propre nature pour savoir quelle charge tu es en mesure de porter. S'il s'agit d'être lutteur, regarde tes épaules, tes cuisses, tes reins. | Car chaque homme est naturellement doué 10 pour une chose différente. Crois-tu qu'en agissant comme tu le fais tu sois capable de faire de la philosophie ? Crois-tu que tu puisses manger et boire comme tu fais, te mettre ainsi en colère et manifester ainsi ta mauvaise humeur ? | Il faut veiller, 11 travailler durement, vaincre certains désirs, quitter tes proches, subir le mépris d'un petit esclave, endurer les moqueries de ceux que tu rencontres, être désavantagé en tout, en magistratures, en honneurs, au tribunal. | Après avoir bien examiné tout 12 cela et dans le cas où tu le juges bon, va vers la philosophie si tu veux gagner en échange l'absence de passions, la liberté, l'absence de trouble. Dans le cas contraire, n'approche pas, ne fais pas comme les enfants en étant philosophe aujourd'hui, demain percepteur, ensuite rhéteur et enfin procurateur de César. | Ces activités ne s'accordent pas. Il faut que tu sois un 13 seul homme, ou bon ou mauvais. Il faut que tu cultives ou bien ton principe directeur ou bien les choses extérieures, que tu consacres tous tes soins à ce qui est à l'intérieur ou à ce qui est

---

1. Philosophe stoïcien, contemporain d'Épictète (mais sans doute un peu plus âgé). Une lettre de Pline le Jeune (I, 10) en fait un bel éloge, et Épictète cite de lui un court passage (ci-après IV, 8, 17 *sq.*).

hors de toi, en d'autres termes que tu occupes la position du philosophe ou celle du profane.

14   Après l'assassinat de Galba, quelqu'un dit à Rufus[1] : « Et maintenant le monde est gouverné par la providence ? » Rufus alors : « Me suis-je jamais servi de Galba, fût-ce en passant, pour établir que le monde est gouverné par la providence ? »

1. L'empereur Galba, successeur de Néron, a été assassiné en l'an 69. Pour Rufus, voir I, 1, 27. – Ce dernier § semble étranger à ce qui précède, et ne figure pas dans le texte parallèle du *Manuel*.

16) QU'IL FAUT FAIRE PREUVE DE CIRCONSPECTION[1]
QUAND ON ACCEPTE DE NOUER DES RELATIONS

Celui qui accepte de nouer des relations plus suivies avec 1
certaines gens, que ce soit pour une conversation, pour des
repas ou simplement pour garder le contact avec son entourage, il faut nécessairement ou qu'il se rende semblable à eux
ou qu'il les change et les gagne à ses propres conceptions. | En 2
effet, si on pose un charbon éteint auprès d'un charbon en train
de brûler, ou bien il l'éteindra ou bien le second enflammera le
premier. | Vu la gravité du risque, il faut faire preuve de cir- 3
conspection quand on accepte de nouer de telles relations avec
des profanes, et se rappeler qu'il est impossible pour qui se
frotte à un objet couvert de suie de ne pas en récolter sa part.
| Que feras-tu si ton interlocuteur entame une conversation sur 4
les gladiateurs, sur les chevaux, sur les athlètes ou, pire encore,
sur les hommes ? « Un tel est méchant, un tel est bon. Ceci a été
bien fait, cela a été mal fait. » Si en outre il se moque, s'il fait le
bouffon, s'il a mauvais caractère ? | L'un de vous possède-t-il 5
la préparation du bon cithariste grâce à laquelle, quand il saisit
sa lyre[2], il lui suffit de toucher les cordes pour savoir lesquelles
ont perdu l'accord, et qui lui permet aussitôt d'accorder
son instrument ? Possède-t-il le pouvoir qu'avait Socrate,
chaque fois qu'il était en relation avec des gens, d'amener les
assistants à ses vues ? D'où ce pouvoir vous viendrait-il ? | Au 6
contraire, ce sont les profanes qui, nécessairement, finissent
par vous gagner à leurs positions.

---

1. Voir la note à II, 1, 1.
2. La cithare et la lyre sont deux instruments à cordes pincées assez
comparables ; et le terme *cithariste* désigne l'un ou l'autre instrumentiste,
lyriste étant peu employé.

7   Et pourquoi sont-ils plus forts que vous ? Parce que les
propos malsains qu'ils tiennent viennent de leurs jugements,
tandis que les belles paroles que vous prononcez, vous les dites
du bout des lèvres ; ce sont, pour cette raison, des paroles sans
vigueur, des paroles mortes ; et il y a de quoi donner la nausée à
celui qui entend vos exhortations et ce malheureux mot de
« vertu » que vous répétez sans arrêt à tort et à travers. Voilà
8   comment les profanes l'emportent sur vous. | Car la force est
9   toujours du côté du jugement, le jugement est invincible. | Par
conséquent, jusqu'à ce que vos belles pensées soient fixées en
vous et que vous vous soyez procuré un pouvoir à même
d'assurer votre sécurité, je vous conseille de faire preuve de
circonspection dans vos relations avec les profanes. Sans quoi,
le peu que vous aurez noté à l'école fondra de jour en jour
10   comme la cire au soleil[1]. | Retirez-vous donc quelque part loin
du soleil, aussi longtemps que vous aurez des pensées de cire.
11 | C'est pour cela que les philosophes nous conseillent même
de nous éloigner de notre patrie, parce que les anciennes
coutumes nous entraînent et ne nous permettent pas de
contracter une autre habitude, et parce que nous ne supportons
pas d'entendre les gens qui nous rencontrent dire : « Vois, un
tel fait de la philosophie, lui qui était comme ceci et comme
12   cela. » | D'ailleurs les médecins font de même : ils envoient
ceux qui souffrent d'une longue maladie dans un autre pays
13   respirer un autre air, et ils ont raison. | Vous aussi, prenez
d'autres habitudes à la place des anciennes ; fixez vos pensées,
exercez-vous avec elles.
14   Mais non ; de l'école vous vous précipitez au spectacle : au
combat de gladiateurs, au gymnase couvert, au cirque ; ensuite

---

1. Épictète fait allusion aux tablettes enduites de cire sur lesquelles les
élèves prenaient leurs notes.

vous revenez ici, et d'ici vous repartez là-bas, en restant
toujours les mêmes. | Aucune bonne habitude, aucune 15
attention à vous-mêmes, aucune réflexion sur vous-mêmes,
aucune surveillance de vous-mêmes : « Comment vais-je user
des représentations qui se présentent ? En me conformant à la
nature ou en m'y opposant ? Comment vais-je leur répondre ?
Comme il faut ou non ? Est-ce que je dis à celles qui ne
dépendent pas de mon choix qu'elles ne sont rien pour moi ? »
| Dans le cas où vous n'êtes pas encore dans ces dispositions, 16
fuyez vos habitudes antérieures, fuyez les profanes, si vous
voulez commencer un jour à être quelqu'un.

17) DE LA PROVIDENCE

1   Quand tu adresses des reproches à la providence, considère les choses avec attention et tu reconnaîtras que ce 2 qui est arrivé est conforme à la raison. | « Oui, mais l'homme injuste est mieux loti que moi. » En quoi ? En argent : en cette matière il est en effet meilleur que toi, parce qu'il flatte, qu'il bannit toute pudeur, qu'il ne dort pas la nuit. Qu'y a-t-il 3 d'étonnant ? | Mais regarde s'il est mieux loti pour ce qui est de la loyauté, pour ce qui est de la réserve. Tu trouveras que non ; mais tu découvriras que là où tu es meilleur tu es mieux loti.

4   Je demandai un jour à quelqu'un qui s'indignait de la bonne fortune de Philostorge : « Voudrais-tu, toi, coucher avec 5 Sura ? – Que ce jour-là n'arrive jamais ! | – Pourquoi alors t'indignes-tu s'il obtient quelque chose en échange de ce qu'il vend ? Et comment peux-tu estimer bienheureux un homme qui acquiert ces choses par des moyens que tu repousses énergiquement ? Quel mal fait la providence si elle donne la meilleure part aux meilleurs ? Ou bien être réservé n'est-il pas meilleur qu'être riche ? » Il le reconnut. « Pourquoi donc 6 t'indignes-tu, homme, si tu as la meilleure part ? » | Remettez-vous toujours ceci en mémoire, et gardez-le à l'esprit : c'est une loi de la nature que celui qui est meilleur soit mieux loti, dans le domaine où il est meilleur, que celui qui est moins bon ; et vous ne vous indignerez plus jamais.

7   « Mais ma femme me traite mal. » Bon. Si on te demande ce que tu veux dire par là, réponds : « Ma femme me traite 8 mal. » « Rien d'autre ? » Rien. | « Mon père ne me donne rien[1]. » Faut-il que tu ajoutes en toi-même que c'est un mal, et

---

1. Schenkl et d'autres admettent ici la possibilité d'une lacune, qui reprendrait le modèle de l'exemple précédent (« Si on te demande etc. »). Mais le texte se comprend très bien en l'état.

que tu commettes de surcroît une erreur ? | Voilà pourquoi ce 9
n'est pas la pauvreté qu'il faut chasser, mais le jugement que
nous portons sur elle, et ainsi nous coulerons une vie heureuse.

18) QUE NOUS NE DEVONS PAS NOUS TROUBLER POUR LES NOUVELLES QU'ON NOUS ANNONCE

1   Quand on t'annonce une chose susceptible de te troubler, aie bien présente à l'esprit l'idée qu'une nouvelle ne concerne 2 rien de ce qui est soumis à notre choix. | Quelqu'un peut-il t'annoncer que tes pensées ou tes désirs étaient mauvais ? – En aucun cas. – Mais on peut t'annoncer qu'un tel est mort : quel rapport cela a-t-il avec toi ? Qu'on dit du mal de toi : quel rapport avec toi ? Que ton père prend certaines dispositions. 3 | Contre qui ? Contre ta faculté de choix, peut-être ? Comment le pourrait-il ? Mais contre ton pauvre corps, contre ta petite fortune : te voilà sauvé, ce n'est pas contre toi.

4   Mais le juge déclare que tu as commis une impiété. Les juges n'ont-ils pas déclaré la même chose à propos de Socrate ? Cette déclaration n'est pas une fonction qui t'incombe[1], n'est-ce pas ? – Non. – Pourquoi alors continues-tu à t'en 5 préoccuper ? | Ton père a une certaine fonction à accomplir : s'il y a manqué, il a détruit en lui le père, l'homme affectueux et doux avec ses enfants. Ne demande pas que, pour cette raison, il subisse une autre perte[2]. Jamais en effet celui qui a commis une faute sur un point ne subit de dommage sur un autre point. 6 | De ton côté, ta fonction à toi est de te défendre avec fermeté, avec réserve, sans colère. Sinon, tu as aussi détruit quelque chose en toi : le fils, l'homme réservé, le noble caractère. 7 | Quoi ? Le juge ne court-il aucun risque ? Si, le risque est égal pour lui. Pourquoi encore redouter sa sentence ? Le mal 8 d'autrui te concerne-t-il ? | Le mal qui te guette, toi, est de présenter une défense bâclée ; voilà la seule chose dont tu doives te garder. Étant donné que te juger coupable ou non

---

1. Σὸν ἔργον : ton œuvre, ton affaire.
2. Par exemple en cherchant à faire condamner son père.

coupable est la fonction d'un autre, le mal est aussi celui d'un autre. | « Un tel te menace. » Moi ? Non. « Il te blâme. » À lui de 9 voir comment il accomplit sa fonction propre. « Il est sur le point de te condamner injustement. » Le malheureux !

19) QUELLE EST L'ATTITUDE D'UN PROFANE
ET CELLE D'UN PHILOSOPHE

1   La première différence entre un profane et un philosophe est que le premier dit : « Malheur à moi, à cause de mon enfant, à cause de mon frère ! Malheur à moi à cause de mon père ! », alors que le second, s'il arrive qu'il soit forcé de dire « Malheur

2 à moi », ajoute après une pause : « À cause de moi. » | Car rien de ce qui est soustrait à notre choix ne peut constituer un empêchement pour notre faculté de choix ni lui causer de dommage

3 si ce n'est cette faculté elle-même. | Si donc nous inclinons nous aussi dans cette direction, de sorte que, lorsque nous rencontrons des difficultés sur notre route, nous nous accusons nous-mêmes et nous rappelons que rien d'autre n'est pour nous cause de trouble ou d'agitation en dehors de notre jugement, je vous jure par tous les dieux que nous avons fait des progrès.

4   Mais en réalité, dès le début nous avons suivi une autre route. Déjà, alors que nous n'étions encore que des enfants, s'il arrivait qu'en bayant aux corneilles nous heurtions une pierre, notre nourrice ne nous réprimandait pas mais frappait la pierre. Qu'avait-elle fait, la pierre ? Devait-elle changer de place à

5 cause de la sottise de l'enfant que tu étais[1] ? | Ou encore si, enfants, en sortant du bain nous ne trouvons pas à manger, jamais notre précepteur ne cherche à contenir notre appétit, mais il étrille le cuisinier. Homme, nous ne t'avons pas établi précepteur du cuisinier, n'est-ce pas ? Mais de notre enfant :

6 corrige-le, lui, sois lui utile à lui. | Ainsi s'explique que, même

---

1. Comme il arrive plusieurs fois, le texte passe sans prévenir d'une situation à une autre (même problème parfois, on l'a vu, pour la répartition des répliques entre les interlocuteurs). Dans toute cette fin, il mêle le souvenir de *notre* enfance, exprimé au passé, au cas de l'enfance en général et de notre attitude avec nos enfants, exprimé au présent.

après avoir grandi, nous ayons encore l'air d'être des enfants. Car celui qui ne sait pas la musique est un enfant en musique ; celui qui ignore les lettres, un enfant en littérature ; et un homme sans éducation est un enfant dans la vie.

20) QU'IL EST POSSIBLE DE TIRER AVANTAGE
DE TOUTES LES CHOSES EXTÉRIEURES

1   Dans la théorie[1], tous ou presque ont admis que le bien
et le mal résident en nous et non dans les choses extérieures.
2 | Personne n'affirme que soit un bien le fait qu'il fasse jour,
ni que ce soit un mal qu'il fasse nuit, ni que le plus grand
3 des maux soit que trois égalent quatre. | Mais quoi ? On dit
aussi que le savoir est un bien et l'erreur un mal, de sorte que le
faux lui-même est l'occasion d'un bien, en l'occurrence le
4 savoir du faux comme tel. | Il devrait donc en être de même
dans la vie. La santé est-elle un bien, la maladie un mal ? Non,
homme. Qu'en est-il alors ? Faire bon usage de la santé est
un bien, en faire mauvais usage un mal. – De sorte qu'il est
possible de tirer avantage même de la maladie ? – Je t'en
conjure par le dieu, n'est-il pas possible de tirer avantage de la
5 mort ? Et d'une infirmité, n'est-ce pas possible ? | Crois-tu
que Ménécée[2] ait tiré peu d'avantages de sa mort ? – Puisse
celui parle ainsi en tirer le même avantage que lui ! – Voyons,
homme, n'a-t-il pas sauvegardé en lui le patriote, l'homme
6 magnanime, loyal, de noble caractère ? | S'il avait survécu,
n'aurait-il pas détruit tout cela ? N'aurait-il pas gagné le
contraire ? N'aurait-il pas acquis le caractère d'un lâche, d'un
être sans noblesse, d'un ennemi de sa patrie, d'un homme
accroché à la vie ? Allons donc, crois-tu qu'il ait obtenu peu
7 d'avantages en mourant ? | Non. Mais le père d'Admète[3] a-t-il

1. Littéralement : « Dans les représentations théoriques ».

2. Dans les *Phéniciennes* d'Euripide, Ménécée, fils de Créon, se sacrifie
pour le salut de Thèbes, sa patrie (voir v. 991 *sq.*).

3. L'*Alceste* du même Euripide expose comment le père d'Admète a
refusé, malgré son âge, de mourir à la place de son fils, ce qui a conduit Alceste,
l'épouse d'Admète, à accepter de mourir pour lui (voir notamment les vers
614 *sq.*).

tiré de grands avantages d'avoir vécu de façon si peu noble et si
misérable ? Et n'a-t-il pas fini par mourir ? | Cessez, je vous en 8
conjure par les dieux, de vous laisser impressionner par ce qui
est matière [1], cessez, pour commencer, de vous rendre esclaves
des choses puis, à travers elles, esclaves des hommes qui ont
le pouvoir de vous les procurer ou de vous les enlever.

– Il est donc possible de tirer avantage de ces choses ? – 9
De toutes. – Même de l'homme qui m'insulte ? – Quels
avantages procure à l'athlète celui qui s'entraîne avec lui ? Les
plus grands. Celui qui m'insulte devient pareillement mon
camarade d'entraînement : il m'entraîne à être patient, à ne pas
me mettre en colère, à montrer de la douceur. | Non ? Mais celui 10
qui me saisit par le cou et me fait redresser les reins et les
épaules m'est utile, et l'entraîneur a raison de me dire :
« Soulève le pilon à deux mains », et plus le pilon est lourd,
plus cela m'est utile ; et si quelqu'un m'entraîne à ne pas me
mettre en colère, il ne m'est pas utile ? | C'est ne pas savoir 11
tirer avantage des hommes. Mon voisin est méchant ? Pour
lui-même, mais pour moi il est bon : il m'entraîne à être
bienveillant, à être indulgent. Mon père est méchant ? Pour lui-
même, mais pour moi il est bon. | C'est la baguette d'Hermès : 12
« Touche ce que tu veux, dit-on [2], ce sera de l'or. » De l'or, non ;
mais apporte-moi ce que tu veux, j'en ferai un bien. Apporte la
maladie, apporte la mort, apporte la pauvreté, apporte l'insulte,
la condamnation au châtiment ultime : par la vertu de la
baguette d'Hermès, tout cela sera utile. | « De la mort, que 13
feras-tu ? » Quoi d'autre, sinon qu'elle soit pour toi une parure,
ou un moyen de montrer dans les faits ce qu'est un homme qui

1. Comparer ci-dessus II, 6, 2.
2. Sans doute proverbial, par allusion à la fois à la baguette magique
d'Hermès (Lucien, *Dialogue des morts*, 23) et à l'aventure de Midas (Ovide,
Métamorphoses, XI, 102 *sq.*).

14 suit la volonté de la nature ? | « Que feras-tu de la maladie ? »
    J'en montrerai la nature, je brillerai en elle, je serai ferme,
    heureux, je ne flatterai pas le médecin, je n'appellerai pas la
15 mort de mes vœux. | Que demandes-tu de plus ? Quoi que tu me
    donnes, j'en ferai une chose bienheureuse, un bonheur,
    quelque chose de vénérable et d'enviable.

16   Ce n'est pas ce que vous dites, mais : « Veille à ne pas
    tomber malade, c'est un mal. » Comme si l'on disait : « Veille à
    ne jamais te représenter que trois égalent quatre, c'est un mal. »
    En quel sens, homme, est-ce un mal ? Si j'en pense ce qu'il
    faut, comment cela pourra-t-il encore me nuire ? Ne vais-je
17 pas plutôt en tirer avantage ? | Si donc je pense ce qu'il faut de
    la pauvreté, de la maladie, de la privation de toute magistra-
    ture, cela ne me suffit-il pas ? Ne me seront-elles pas utiles ?
    Pourquoi alors me faut-il continuer à chercher les maux et les
    biens dans les choses extérieures ?

18   Mais quoi ? Ces réflexions ne sortent pas d'ici, personne
    ne les emporte chez lui ; chez lui c'est tout de suite la guerre,
    avec son esclave, avec les voisins, avec les railleurs et les
19 moqueurs. | Grand bien advienne au Lesbien[1] de ce qu'il me
    convainc tous les jours que je ne sais rien !

---

1. Probablement un esclave originaire de Lesbos. Les esclaves étaient
souvent désignés simplement par le nom de leur pays d'origine.

21) À CEUX QUI S'ORIENTENT AVEC DÉSINVOLTURE
VERS L'ENSEIGNEMENT[1]

Ceux qui ont reçu simplement les principes théoriques et 1
rien d'autre veulent immédiatement les régurgiter, comme les
dyspeptiques régurgitent la nourriture. | Digère-les d'abord, 2
et ensuite évite de les régurgiter de cette manière ; sinon, cela
devient réellement une vomissure, une chose sale et imman-
geable. | Au contraire, après avoir digéré les principes, montre- 3
nous qu'il en résulte un changement dans ton principe
directeur, tout comme les athlètes montrent que leurs épaules
ont changé à la suite des exercices qu'ils ont pratiqués et de la
nourriture qu'ils ont absorbée, comme aussi ceux qui ont
appris un métier montrent le résultat de l'enseignement qu'ils
ont reçu. | Le charpentier ne vient pas nous dire : « Écoutez-moi 4
discourir sur l'art des charpentes », mais après avoir loué ses
services pour la construction d'une maison, il la construit, et
montre ainsi qu'il possède l'art en question. | À ton tour fais-en 5
autant : mange comme un homme, bois comme un homme,
pare-toi, marie-toi, aie des enfants, participe à la vie de la cité ;
endure patiemment les injures, supporte un frère ingrat, supporte un père, un fils, un voisin, un compagnon de voyage.
| Montre-nous cela, pour que nous voyions que tu as vraiment 6
appris quelque chose des philosophes. Mais non ! Au lieu
de cela, vous dites : « Venez entendre mes commentaires. »
Va, cherche sur qui vomir ! | « En vérité, je vous expliquerai 7
comme personne les écrits de Chrysippe, j'analyserai très

---

1. Σοφιστεύειν, «faire le sophiste», mais sans nuance péjorative :
enseigner en général, *donner une conférence* ; c'est l'enseignement de la
philosophie qui est ici visé au premier chef.

clairement son style, et je pourrai y mettre à l'occasion la vivacité d'Antipater et d'Archédème[1]. »

8   Et c'est pour cela que les jeunes gens quitteraient leur patrie et leurs parents, pour venir t'entendre expliquer de belles
9 phrases ? | Ne faut-il pas qu'ils rentrent chez eux capables de patience, serviables, exempts de passions, sans trouble, pourvus pour la traversée de la vie de provisions grâce auxquelles ils pourront supporter comme il convient les événe-
10 ments et en orner leur existence ? | Et comment peux-tu leur communiquer ce que tu n'as pas ? As-tu toi-même fait autre chose, depuis le commencement, que de consacrer ton temps à la manière d'analyser les syllogismes, les arguments instables
11 et ceux qui concluent par la façon d'interroger[2] ? | « Mais un tel tient une école, pourquoi n'en aurais-je pas une moi aussi ? » Esclave, cela ne se fait pas au hasard et n'importe comment ; il faut avoir un certain âge, mener un certain genre de vie et avoir
12 un dieu pour guide. | Non, dis-tu. Mais personne ne quitte le port sans avoir sacrifié aux dieux et invoqué leur secours, et les hommes ne sèment pas à la légère, sans avoir imploré l'aide de Déméter ; et quand quelqu'un entreprend une tâche d'une telle importance, il le fera en toute sécurité s'il se prive de l'aide des dieux ? Ceux qui viendront à lui se féliciteront-ils d'être
13 venus ? | Que fais-tu d'autre, homme, sinon de parodier les mystères et de dire : « Il y a un temple à Éleusis ; regarde, il y en a un ici également. Il y a là-bas un hiérophante[3] ; je ferai moi aussi un hiérophante. Il y a là-bas un héraut ; j'instituerai un héraut moi aussi. Il y a là-bas un porteur de torche, j'en aurai moi aussi. Il y a là-bas des torches ; ici aussi. Les mots sont les mêmes : en quoi ce qui se passe ici diffère-t-il de ce qui se passe

---

1. Pour Antipater et Archédème, voir ci-dessus II, 17, 40 et II, 4, 10.
2. Voir ci-dessus I, 7, 1.
3. Prêtre qui explique les mystères.

là-bas ? » | Homme impie entre tous ! Il n'y a aucune 14
différence ? Ces rites servent-ils à quelque chose s'ils sont
pratiqués en dehors du lieu et du temps voulus [1] ? Ils doivent en
outre s'accompagner de sacrifices et de prières, ils exigent
qu'on se soit préalablement purifié et qu'on ait d'avance
préparé son esprit à l'idée qu'on va s'approcher de rites sacrés,
de rites sacrés très anciens. | Voilà comment les mystères 15
deviennent utiles, voilà comment nous en venons à nous
représenter que les anciens ont établi tous ces rites pour notre
éducation et l'amendement de notre vie. | Mais toi tu les 16
divulgues et tu les parodies, sans considération ni du temps ni
du lieu, sans sacrifices, sans purification ; tu ne portes pas
l'habit que doit porter l'hiérophante, tu n'as ni la chevelure ni
les bandelettes requises, tu n'as ni sa voix ni son âge, tu ne t'es
pas gardé pur comme lui ; tu as seulement repris ses mots et tu
les récites. Est-ce que les mots sont sacrés par eux-mêmes ?

C'est d'une autre manière qu'il faut s'approcher de cette 17
occupation. La chose est importante, elle requiert une initia-
tion, elle n'est pas donnée n'importe comment ni au premier
venu. | Peut-être même ne suffit-il pas d'être sage pour s'occu- 18
per des jeunes gens ; il faut de surcroît un certain empressement et une certaine aptitude pour cette activité, par Zeus, et
même certaines qualités physiques ; il faut avant tout que le
dieu vous engage à occuper ce poste, | comme il a engagé 19
Socrate à occuper le poste de réfutateur, Diogène celui du roi
qui admoneste, Zénon celui de l'enseignant qui expose une
doctrine. | Toi tu ouvres une boutique de médecin sans disposer 20
d'autre chose que de remèdes ; quant à l'endroit et à la manière
de les appliquer, tu l'ignores et ne t'en soucies nullement.

---

1. Le texte des manuscrits n'est pas tout à fait cohérent, mais le point
d'interrogation proposé ici par Upton suffit à donner un sens satisfaisant.

21   « Regarde ce qu'il a, celui-là : des collyres ; moi aussi j'en
ai. » Est-ce que tu aurais aussi la capacité de t'en servir ? Est-ce
que tu saurais aussi quand, comment et à qui ils seront utiles ?

22 | Pourquoi jouer aux dés dans les matières les plus impor-
tantes ? Pourquoi agir à la légère ? Pourquoi entreprendre une
tâche qui ne te convient absolument pas ? Laisse-la à ceux qui
en ont la capacité et qui honorent la profession. Ne contribue
pas toi aussi par ton comportement à couvrir la philosophie
d'opprobre, ne sois pas de ceux qui calomnient cette activité.

23 | Si les principes théoriques te séduisent, assieds-toi et médite-
les en toi-même ; mais ne dis jamais que tu es philosophe et
ne permets pas qu'un autre le dise ; dis plutôt : « Il est dans
l'erreur ; car mes désirs ne sont pas différents de ce qu'ils
étaient auparavant, mes propensions non plus ne sont pas
différentes, ni mes assentiments ; en un mot, dans l'usage de
mes représentations, je n'ai rien changé par rapport à mon état

24 antérieur. » | Voilà ce que tu dois penser et dire de toi, si tu veux
penser ce qui sied à ta condition ; sinon, continue à laisser jouer
le hasard et à faire ce que tu fais. Cela te va bien, en effet.

22) DU CYNISME[1]

Un de ses disciples, qui manifestait un penchant pour le 1
mode de vie cynique, lui demanda quelle qualité devait avoir
celui qui adopte ce mode de vie et ce que contient la notion de
cet état. Nous allons examiner cela à loisir, répondit-il. | Il y a 2
une chose importante que je peux te dire : celui qui s'engage
sans dieu dans une entreprise aussi considérable s'expose à sa
colère, et ne veut rien d'autre, en fait, qu'afficher en public des
manières indécentes. | En entrant dans une maison bien admi- 3
nistrée, on ne se dit pas à soi-même : « C'est à moi d'en être
l'intendant ! » Si on le fait, lorsque le maître s'en aperçoit et
voit l'individu en question assigner à chacun sa tâche avec
arrogance, il l'entraîne dehors et lui inflige une correction. | Il 4
en va de même dans cette grande cité[2]. Car ici aussi il y a un
maître de maison qui assigne à chaque être sa tâche. | « Toi, tu 5
es le soleil ; par ta révolution, tu as le pouvoir de produire
l'année et les saisons, de faire croître et de nourrir les fruits, de
mettre en branle et de calmer les vents, de réchauffer avec
modération les corps des hommes ; va, accomplis ta révolution
et donne ainsi le mouvement à toutes choses, des plus grandes
aux plus petites. | Toi, tu es un jeune veau ; quand un lion paraît, 6
fais ce qu'il t'appartient de faire, sinon tu t'en repentiras. Toi,
tu es un taureau ; avance et combats, car cela te revient, cela te
convient et tu en es capable. | Toi, tu es capable de commander 7
l'expédition contre Ilion, sois Agamemnon. Toi, tu es capable
de livrer à Hector un combat singulier, sois Achille. » | Mais si 8

1. C'est-à-dire : de la philosophie cynique. Les Stoïciens considéraient les
Cyniques comme des maîtres ou des modèles de sagesse (voir les fréquentes
mentions que fait Épictète de Diogène). Mais ils interprètent la philosophie
cynique à leur manière, et l'exposé qui suit est tout autant une présentation
idéalisée du sage stoïcien que du sage cynique.
2. La grande cité qu'est le monde.

Thersite[1] s'était avancé et avait revendiqué le commandement, ou il aurait échoué ou, s'il avait réussi, une foule de gens auraient été témoins de son comportement indécent.

9 Quant à toi, délibère avec soin sur cette affaire ; elle n'est
10 pas telle que tu crois. | « Maintenant déjà je porte un manteau grossier, alors aussi j'en aurai un ; je couche déjà sur un lit dur, j'y coucherai aussi alors ; je prendrai avec moi une petite besace et un bâton, je ferai le tour de la ville et commencerai à quémander auprès des gens que je rencontrerai et à les injurier ; si j'en vois un qui s'épile, je lui ferai la leçon, ainsi qu'à celui qui est coiffé avec recherche[2] ou à celui qui se promène en
11 habits écarlates. » | Si c'est ainsi que tu te représentes la chose, tu en es loin ; ne t'en approche pas, elle ne te concerne pas.
12 | Mais si tu te la représentes telle qu'elle est et ne t'en estimes pas indigne, examine la grandeur de l'entreprise dans laquelle tu t'engages.

13 Tout d'abord, pour ce qui te regarde, il faut que tu cesses complètement de ressembler à celui que tu montres actuellement dans tes façons d'agir, et que tu n'accuses ni dieu ni homme ; il faut que tu supprimes tout désir, que tu tournes ton aversion uniquement vers ce qui relève de ton choix, que tu n'éprouves ni colère, ni ressentiment, ni envie, ni pitié ; que tu sois indifférent à l'attrait d'une fille, à celui d'un petit renom,
14 d'un garçon ou d'un bon gâteau. | Les autres hommes en effet, il faut que tu le saches, s'abritent derrière les murs de leurs maisons et dans l'obscurité quand ils agissent de cette façon, et ils ont de nombreux moyens de se cacher[3]. On tient sa porte fermée après avoir posté quelqu'un devant la chambre à

---

1. Voir ci-dessus II, 23, 32.

2. Ce qui n'est pas en soi répréhensible aux yeux d'Épictète, voir la même expression en IV, 11, 25.

3. *Cf.* Platon, *La République*, II, 365 c-d.

coucher : « Si on vient, dis : Il est sorti, il n'a pas le temps. » | Le 15
Cynique, lui, au lieu de toutes ces précautions, doit s'abriter
derrière sa pudeur ; sinon, c'est tout nu et au grand jour qu'il
étalera sa conduite indécente. Sa pudeur, voilà sa maison, sa
porte, les gardiens de sa chambre, son obscurité. | Car il ne doit 16
rien vouloir cacher de ce qui le concerne (dans le cas contraire,
s'en est fait du Cynique, il l'a détruit en lui, il a détruit l'homme
qui vit au grand jour, l'homme libre, il s'est mis à avoir
peur des choses extérieures, il s'est mis à avoir besoin d'une
cachette), et s'il lui arrive de le vouloir il ne peut le faire. Où se
cacherait-il, et comment ? | Si par hasard il est pris sur le fait, lui 17
l'éducateur de tous, le pédagogue, quels tourments il aura à
subir, de toute nécessité ! | Par suite, un homme qui nourrit ce 18
genre de craintes est-il encore en état de ne pas perdre courage,
de mettre toute son âme à diriger les autres hommes ? Aucun
moyen, impossible.

En conséquence, il faut d'abord que tu purifies ton principe 19
directeur et te fixes le programme suivant : | « Désormais ma 20
pensée est pour moi la matière à ouvrer, comme le bois pour le
charpentier, comme le cuir pour le cordonnier ; mon travail,
c'est l'usage correct des représentations. | Mon pauvre corps 21
n'est rien pour moi, ses parties non plus. La mort ? Qu'elle
vienne quand elle voudra, que ce soit celle du corps tout entier
ou celle d'une partie. | L'exil ? Et où peut-on me chasser ? 22
Hors du monde, c'est impossible. Où que j'aille, le soleil sera
là, ainsi que la lune, les astres, les songes, les présages, et la
compagnie des dieux. »

Ensuite, le Cynique véritable ne saurait se contenter de 23
cette préparation ; il doit savoir que Zeus l'a envoyé aux
hommes comme messager, avec pour mission de leur montrer
qu'ils sont dans l'erreur sur le chapitre des biens et des maux, et
qu'ils cherchent l'essence du bien et du mal là où elle n'est pas,
mais ne pensent pas à la chercher où elle est ; | il doit savoir 24
aussi, comme l'a dit Diogène quand il fut conduit auprès de

Philippe après la bataille de Chéronée, qu'il est un observateur[1]. Le Cynique est bien l'observateur de ce qui est favo-
25 rable aux hommes et de ce qui leur est hostile. | Et après avoir
procédé à une observation rigoureuse, il lui faut venir leur
annoncer la vérité, sans se laisser intimider par la peur au point
de désigner comme ennemis ceux qui ne le sont pas, sans non
plus se laisser troubler ni confondre de quelque autre manière
26 par ses représentations. | Il doit donc être capable, le cas
échéant, de se faire menaçant et de monter sur la scène tragique
en reprenant l'apostrophe de Socrate[2] :

Hélas ! Hommes, où vous laissez-vous emporter ? Que
faites-vous, malheureux ? Comme des aveugles vous roulez
d'un côté et de l'autre ; vous avez quitté la bonne route pour
en emprunter une autre, vous cherchez la sérénité et le bonheur
là où ils ne sont pas, et si quelqu'un d'autre vous les indique,
27 vous ne le croyez pas. | Pourquoi les cherchez-vous au dehors
de vous ? Ils ne se trouvent pas dans le corps. Si vous ne le
croyez pas, regardez Myron, regardez Ophellios[3].

Ils ne se trouvent pas dans les possessions. Si vous ne le
croyez pas, regardez Crésus, regardez les riches d'aujourd'hui,
de quelles lamentations leur vie est remplie !

Ils ne se trouvent pas dans le pouvoir ; si c'était le cas, ceux
qui ont été deux ou trois fois consuls devraient être heureux,
28 mais ils ne le sont pas. | Qui croirons-nous sur cette question ?

---

1. Ou un espion, terme qui convient peut-être mieux à la réponse que
rapporte D. L., VI, 43 : à l'occasion de la victoire décisive remportée par
Philippe de Macédoine sur les Grecs à Chéronée en 338, Diogène fut fait
prisonnier et conduit devant Philippe ; interrogé sur son identité, il répondit :
« Je suis l'espion de ton insatiable avidité. »

2. Le début du passage suivant reprend une formule prêtée à Socrate (dans
le *Clitophon* attribué à Platon, 407 a), mais la suite n'en retient que le ton et
l'inspiration, comme on voit d'après le contenu.

3. Des athlètes apparemment, ou des gladiateurs.

Vous, qui voyez leur état de l'extérieur et êtes éblouis par la représentation que vous en avez, ou eux-mêmes ? | Et que 29 disent-ils ? Écoutez-les quand ils se lamentent et gémissent, quand ils s'estiment plus malheureux et davantage exposés en raison même de leurs consulats, de leur renom et de l'éclat qui les environne.

Sérénité et bonheur ne se trouvent pas non plus dans la 30 royauté. Sinon Néron aurait été heureux, ainsi que Sardana-pale. Agamemnon lui-même n'était pas heureux, bien qu'il fût moins grossier que Sardanapale et Néron ; que fait-il pendant que le reste de ses gens ronflent ?

> Il se tire et s'arrache par poignées les cheveux de la tête.

Lui-même, que dit-il ?

> Je vais et je viens, comme tu vois,

ce sont ses mots ; et encore

> Je suis anxieux, et mon cœur
> bondit hors de ma poitrine [1].

Malheureux ! Laquelle de tes affaires va mal ? Tes 31 possessions ? Non, au contraire, « tu es riche en or et en bronze [2] ». Ton corps ? Non plus. Qu'est-ce donc qui va mal chez toi ? Cette part de toi-même, quelle qu'elle soit pour l'instant, que tu as négligée et laissé se corrompre, et qui préside à nos désirs et à nos aversions, à nos propensions et à nos rejets. | Négligée de quelle manière ? Elle ignore l'essence 32 du bien à laquelle l'a destinée la nature, ainsi que l'essence du mal, elle ignore ce qui est proprement de son ressort et ce qui

---

1. Successivement : *Iliade*, X, 15 ; 91 ; 94-95.
2. *Iliade*, XVIII, 289 (dans le texte d'Épictète, cette proposition se trouve après « Ton corps ? Non plus »).

lui est étranger. Lorsqu'une de ces choses étrangères va mal, elle s'écrie : « Malheur à moi ! Les Grecs sont en danger[1] ! »

33 | Misérable principe directeur, la seule chose à être négligée et laissée sans soins ! « Ils vont mourir, exterminés par les Troyens ! » Mais si les Troyens ne les tuent pas, est-ce que par hasard ils ne mourront pas ? « Si, mais pas tous à la fois. » Quelle différence ? Si mourir est un mal, qu'ils meurent tous en une fois ou un à un, c'est un mal dans les deux cas. Doit-il arriver autre chose que la séparation du pauvre corps et de

34 l'âme ? Non. | Et si les Grecs périssent, la porte est-elle fermée pour toi ? N'as-tu pas la possibilité de mourir ? « Si. » Pourquoi alors pleures-tu ? « Ah ! Moi qui suis roi, qui porte le sceptre de Zeus ! » Un roi n'est pas atteint par le malheur, pas plus qu'un

35 dieu. | Qu'es-tu donc ? Un berger[2], en vérité, car tu pleures comme les bergers quand un loup leur ravit un de leurs moutons, et ceux à qui tu commandes sont des moutons.

36 | Pourquoi les commandais-tu ? Est-ce que par hasard le désir courait un danger chez vous, ou l'aversion, la propension, le rejet ? « Non, répond-il, mais la femme de mon frère a été

37 enlevée. » | N'est-ce donc pas un grand avantage d'être débarrassé d'une femme adultère ? « Faut-il alors que nous subissions le mépris des Troyens ? » Que sont-ils, ces Troyens ? Des hommes sages ou des insensés ? Si ce sont des hommes sages, pourquoi leur faire la guerre ? Si ce sont des insensés, pourquoi vous soucier d'eux ?

38   « Si le bien ne se trouve pas dans tous ces objets, où est-il donc ? Dis-le-nous, Monsieur le messager et l'observateur[3].

1. Le dialogue imaginaire qui suit se réfère toujours à l'*Iliade* et à Agamemnon en particulier.

2. Allusion probable à l'expression homérique « pasteur de peuples » désignant un roi.

3. Reprise de l'argument entamé ci-dessus § 26-27.

– Là où vous ne croyez pas qu'il soit et où vous ne voulez pas le chercher. Si vous le vouliez, en effet, vous l'auriez trouvé en vous et vous ne vous égareriez pas au-dehors, vous ne rechercheriez pas les choses qui vous sont étrangères comme si elles étaient de votre ressort. | Tournez vos pensées vers vous- 39
mêmes, examinez avec soin les prénotions que vous possédez.
Quel genre de réalité vous représentez-vous comme étant le bien ? La sérénité, le bonheur, l'absence d'entraves. Voyons, ne vous le représentez-vous pas comme une réalité naturellement grande, comme une chose de valeur, comme quelque chose qui est à l'abri de tout dommage ? | En quelle matière, 40
dans ce cas, faut-il chercher la sérénité et l'absence d'entraves ? Dans la matière serve ou dans la matière libre ? – Dans la matière libre. – Le pauvre corps que vous possédez, est-il libre ou esclave ? – Nous ne savons pas. – Vous ne savez pas qu'il est esclave de la fièvre, de la goutte, de l'ophtalmie, de la dysenterie, du tyran, du feu, du fer, de tout ce qui est plus fort que lui ? – Il en est l'esclave, oui. | – Comment, dans ces conditions, 41
quelque chose qui appartient au corps peut-il encore être sans entraves ? Comment ce qui est par nature sans vie – la terre, l'argile – peut-il être une chose grande ou une chose de valeur ? Mais quoi ? N'avez-vous rien qui soit libre ? – Peut-être bien que non. | – Mais qui peut vous forcer à donner votre assen- 42
timent à ce qui apparaît comme faux ? – Personne. – Qui peut vous forcer à refuser votre assentiment à ce qui apparaît comme vrai ? – Personne. – Vous apercevez donc ici qu'il y a en vous quelque chose qui est libre par nature. | Qui de vous 43
peut avoir un désir ou une aversion, une propension ou un rejet, préparer ou projeter quelque chose, s'il ne s'est pas représenté l'utilité ou au contraire le manque de convenance de la chose en question ? – Personne. – Par conséquent, là encore vous possédez quelque chose qui n'est pas empêché, qui est libre. | Malheureux, c'est cela que vous devez cultiver, dont vous 44
devez prendre soin, c'est là que vous devez chercher le bien ! »

45   Comment est-il possible à qui n'a rien, qui est nu, sans
maison ni foyer, qui est crasseux, sans esclave et sans cité,
46 de mener une vie sereine ? | Tenez, le dieu vous a envoyé
l'homme qui va vous montrer dans les faits que c'est possible.
47 | « Regardez-moi, je n'ai pas de maison, pas de cité, pas de
ressources, pas d'esclave ; je couche par terre ; je n'ai ni femme
ni enfants, pas de petit palais de gouverneur ; je n'ai que la
48 terre, le ciel et un malheureux manteau grossier. | Et que me
manque-t-il ? Ne suis-je pas exempt de chagrin, ne suis-je pas
sans peur, ne suis-je pas libre ? Quand l'un de vous m'a-t-il
vu échouer dans mes désirs, quand m'a-t-il vu tomber sur ce
que je voulais éviter ? Quand ai-je blâmé un dieu ou un homme,
quand ai-je fait des reproches à quelqu'un ? Est-ce que
49 d'aventure l'un de vous m'a vu d'humeur sombre ? | Quelle
est ma manière d'aborder les gens que vous redoutez et qui
vous impressionnent ? N'est-ce pas comme s'ils étaient
des esclaves ? Qui, en me voyant, ne croit voir son roi et son
maître ? »
50   Voilà le langage d'un Cynique, voilà son caractère, voilà
son projet. Mais non ! Selon toi [1], ce qui le caractérise, c'est une
misérable besace, un bâton, de fortes mâchoires ; dévorer ou
mettre en réserve tout ce qu'on lui donne ; injurier de façon
intempestive ceux qu'il rencontre, montrer sa belle épaule.
51 | Vois-tu de quelle manière tu vas t'attaquer à une entreprise
aussi considérable ? Commence par prendre un miroir, regarde
tes épaules, examine soigneusement tes reins, tes cuisses.
C'est aux Olympiades, homme, que tu es sur le point de
52 t'inscrire, non à un misérable concours de second ordre. | Aux
Jeux Olympiques, on ne peut simplement se faire battre et s'en
aller ; d'abord, c'est aux yeux de la terre entière que, nécessairement, on se couvre de honte et pas seulement sous le regard

1. *Cf.* § 10 ci-dessus.

des Athéniens, des Lacédémoniens ou des gens de Nicopolis ; ensuite, celui qui s'est inconsidérément retiré du combat devra être durement châtié[1] et, avant cela, il a dû souffrir de la soif, de la chaleur et il lui a fallu avaler beaucoup de poussière.

Délibère plus soigneusement, connais-toi toi-même, 53 interroge la divinité, n'entreprends rien sans dieu. S'il t'engage à tenter l'entreprise, sache qu'il veut que tu deviennes grand, ou que tu reçoives de nombreux coups. | Voici en effet la 54 vie fort plaisante qui a été tressée pour le Cynique : il faut qu'il soit battu comme un âne et, avec cela, qu'il aime ceux-là mêmes qui le battent, comme s'il était leur père ou leur frère à tous. | Mais ce n'est pas ton avis. Dans ce cas, si on te bat, va- 55 t'en plutôt crier devant tout le monde : « Ô César, au sein de cette paix que nous te devons, comme je souffre ! Allons devant le proconsul. » | Mais pour un Cynique, qu'est-ce qui 56 est César, proconsul ou une autre autorité, sinon celui qui l'a envoyé ici-bas et dont il est le serviteur, Zeus ? Invoque-t-il quelqu'un d'autre que lui ? N'est-il pas convaincu, quoi qu'il endure, que c'est Zeus qui lui impose un exercice ? | Lorsqu' Héraclès se soumettait aux exercices que lui imposait 57 Eurysthée, il ne s'estimait pas malheureux, mais il accomplissait sans hésiter tout ce qui lui était commandé ; et celui que Zeus éprouve et exerce va crier et s'indigner, lui qui est digne de porter le sceptre de Diogène ? | Écoute ce que ce dernier, 58 pendant un accès de fièvre, dit aux passants : « Mauvaises têtes ! Vous ne vous arrêtez pas ? Pour voir des athlètes périr[2] ou combattre, vous partez pour un long voyage jusqu'à Olympie ; mais vous ne voulez pas voir le combat d'un homme avec la fièvre ? » | Un tel homme, sans doute, reprocherait au 59

---

1. Voir ci-dessus III, 15, 4.
2. Ou, avec la correction de Blass, « de voir combattre de misérables athlètes », la mort d'un athlète n'étant pas l'issue normale des concours.

dieu qui l'a envoyé ici-bas de recevoir un traitement qu'il ne
méritait pas, lui qui se glorifiait de son épreuve et jugeait bon
de l'offrir en spectacle aux passants ! Quel reproche, en effet,
adresser au dieu ? D'avoir, lui Diogène, une attitude pleine de
dignité ? Quelle accusation porter contre le dieu ? De donner
60 plus d'éclat à sa vertu ? | Voyons, que dit-il de la pauvreté ? de
la mort ? de la fatigue ? En quels termes comparait-il son
bonheur avec celui du Grand Roi ? Il pensait plutôt, en fait,
61 qu'ils n'étaient pas comparables. | Car là où sont réunis les
troubles, les peines, les peurs, les désirs insatisfaits et les
aversions contrariées, les envies, les jalousies, comment
trouver, au milieu de tout cela, une voie d'accès pour le
bonheur ? Là où se rencontrent des jugements corrompus, tous
ces malheurs sont inévitables.

62   Le jeune homme demanda alors si, au cas où le Cynique
tomberait malade et qu'un ami juge bon qu'il vienne chez lui se
faire soigner, il accepterait l'invitation. – Où me trouveras-tu,
63 répondit Épictète, un ami du Cynique ? | Car il faut que cet
homme soit un autre Cynique pour mériter de compter parmi
ses amis. Il faut qu'il soit associé à son sceptre et à sa royauté,
qu'il soit un serviteur de valeur, s'il se propose d'être jugé digne
de son amitié, comme Diogène l'a été de celle d'Antisthène et
64 Cratès de celle de Diogène. | Ou bien crois-tu que le simple fait
de venir le saluer fasse de notre homme un ami du Cynique, et
65 incite ce dernier à le juger digne d'entrer chez lui ? | Si tu le
crois, si tu penses une chose pareille, cherche plutôt alentour
un joli tas de fumier pour y faire ton accès de fièvre : il te mettra
66 à l'abri du vent du nord et t'évitera de te refroidir. | Mais ce que
tu veux, me semble-t-il, c'est te rendre dans une certaine
maison pour t'y engraisser quelque temps. Pourquoi, dans ce
cas, t'engager en plus dans une entreprise aussi considérable ?

67   – Et le mariage, les enfants, dit le jeune homme, le
Cynique en assumera-t-il la charge comme un devoir de

premier rang ? – Si tu me donnes une cité de sages, répondit Épictète, peut-être que personne n'en viendra aisément à embrasser la vie cynique. À quelle fin, en effet, adopterait-on ce genre de vie ? | Si pourtant nous admettons cette hypothèse, 68 rien ne l'empêchera de se marier et d'avoir des enfants. Car sa femme sera un autre lui-même, son beau-père aussi, et ses enfants seront élevés de la même manière. | Mais dans la 69 situation actuelle qui ressemble à une bataille rangée, ne faut-il pas que le Cynique, tout entier au service du dieu, ne soit jamais distrait par quoi que ce soit, qu'il puisse rencontrer les gens sans être enchaîné par des devoirs privés ni impliqué dans des relations sociales telles que, s'il les néglige, il ne sauve-gardera pas son rôle d'homme de bien, et s'il les préserve, il fera périr en lui le messager, l'observateur et le héraut des dieux ? | Rends-toi compte : il a l'obligation de manifester de 70 l'attention pour son beau-père, il faut qu'il rende des services aux autres parents de sa femme et à sa femme elle-même ; et finalement, pour pouvoir soigner les malades et procurer le nécessaire à sa famille, il se trouve empêché d'accomplir sa tâche. | Sans parler du reste, il a besoin d'un récipient dans 71 lequel il fera chauffer de l'eau pour laver son enfant dans la baignoire ; il lui faut de la laine pour sa femme qui vient d'accoucher, de l'huile, un grabat, un récipient pour boire (et déjà le petit mobilier s'accroît !) ; et puis il y a les autres occupations, les autres affaires qui le distraient de sa tâche. | Où reste-t-il, dis-moi, ce fameux roi qui se consacre aux 72 affaires publiques,

> À qui les peuples ont été confiés et qui a tant de soucis[1],

qui doit veiller sur les autres, ceux qui sont mariés, ceux qui ont des enfants, voir qui traite bien sa femme et qui la traite mal,

1. *Iliade*, II, 25.

qui se dispute, quelle famille jouit de stabilité et laquelle en est
73 privée ; | ce roi qui doit, à la manière d'un médecin, faire le tour
de la ville et tâter les pouls ? « Toi, tu as de la fièvre ; toi, tu as
mal à la tête ; toi, tu souffres de la goutte ; toi, continue ta diète ;
toi, mange ; toi, ne prends pas de bain ; toi, il faut t'opérer ; toi,
74 tu as besoin d'un cautère. » | Où trouve-t-il le loisir de faire tout
cela, celui qui est enchaîné à ses devoirs privés ? Ne faut-il pas
qu'il procure des vêtements à ses enfants ? Voyons, ne doit-il
pas les envoyer chez le maître de grammaire munis de leurs
tablettes, stylets et planchettes, et en plus tenir prêt un petit lit
pour eux ? Car ils ne peuvent pas être des Cyniques à peine
sortis du sein de leur mère. S'il ne fait pas tout cela, il aurait
mieux valu les exposer à la naissance plutôt que de les laisser
75 mourir ainsi. | Voilà à quoi nous réduisons le Cynique, voilà
76 comment nous lui enlevons sa royauté. | – Oui, mais Cratès
s'est marié. – Tu me parles d'une circonstance particulière née
de l'amour, et tu fais allusion à une femme qui était un autre
Cratès[1]. Mais l'objet de notre recherche, ce sont les mariages
ordinaires, sans égard pour les circonstances particulières, et
cette recherche ne nous révèle pas que, dans la situation présente, le mariage soit pour le Cynique une chose de première
importance.

77 – Dans ces conditions, comment travaillera-t-il au
maintien de la société ? – Je t'en conjure, au nom du dieu : ceux
qui introduisent dans la société, pour les remplacer, deux ou
trois enfants grognons font-ils plus de bien aux hommes que
ceux qui les surveillent tous, autant qu'ils peuvent, pour savoir
ce qu'ils font, comment ils mènent leur vie, ce qui leur tient à
78 cœur et ce qu'ils négligent en manquant à leur devoir ? | La
foule de ceux qui ont donné des enfants à la cité ont-ils rendu
un plus grand service aux Thébains qu'Épaminondas, qui est

1. Hipparchia ; voir D. L., VI, 96-98.

mort sans enfants ? Est-ce que Priam et les cinquante scélérats qu'il a engendrés, ou Danaos, ou Éole, ont davantage contribué au bien de la société qu'Homère ? | Par ailleurs, d'un homme 79 écarté du mariage et de la paternité par un commandement militaire ou par la composition d'un ouvrage, on ne croira pas que c'est pour rien qu'il a renoncé à avoir des enfants ; mais la royauté du Cynique ne sera pas, elle, une compensation de même valeur ? | Ne percevons-nous jamais sa grandeur, 80 ne nous représentons-nous jamais le caractère de Diogène comme il le mérite, et avons-nous toujours devant les yeux, au contraire, ceux d'aujourd'hui, ces « parasites qui montent la garde aux portes[1] » et qui n'imitent aucunement leurs prédé-cesseurs, sinon en lâchant des vents, rien de plus ? | Sans cela, 81 tous ces traits ne nous perturberaient pas et nous ne serions pas étonnés que le Cynique ne se marie pas et n'ait pas d'enfants. Homme, ses enfants, c'est l'humanité entière ; il a les hommes pour fils et les femmes pour filles. C'est avec ce visage qu'il se présente à tous, de cette façon qu'il prend soin de tous. | Ou 82 bien crois-tu que c'est par une ingérence indiscrète qu'il injurie ceux qui le rencontrent ? Il le fait comme père, comme frère, et comme serviteur de Zeus, notre père commun.

Si tu veux, demande-moi encore s'il fera de la politique ! 83 Grand bêta, tu cherches une politique plus haute que la sienne ? | Va-t-il se présenter devant les Athéniens pour faire des 84 discours sur les revenus ou les ressources, celui qui doit s'entretenir avec tous les hommes, avec les Athéniens comme avec les Corinthiens ou les Romains, non sur les ressources et les revenus, ni sur la paix ou la guerre, mais sur le bonheur et le malheur, la chance et la malchance, l'esclavage et la liberté ? | Quand un homme est engagé dans une politique si haute, tu 85

---

1. *Iliade*, XXII, 69. « Ceux d'aujourd'hui » vise manifestement les Cyniques du temps d'Épictète.

me demandes s'il fera de la politique ? Demande-moi aussi s'il
sera magistrat, je te répondrai de nouveau : « Espèce de fou,
quelle magistrature est plus haute que la sienne ? »

86   Un tel homme a encore besoin de certaines qualités
physiques. Car s'il vient à nous dans un état d'épuisement,
tout maigre et pâle, son témoignage n'a plus le même poids.

87 | Il doit non seulement, par ses explications se rapportant à
l'âme, établir aux yeux des profanes qu'il est possible d'être un
homme de bien sans tout ce à quoi ils donnent, eux, de la
valeur, il doit encore montrer par l'état de son corps qu'un
régime sans apprêts, frugal et une vie en plein air ne détériorent

88 pas non plus le corps. | « Tenez, de cela aussi je témoigne, moi
avec mon corps. » C'est ce que faisait Diogène : il circulait par
la ville tout resplendissant de santé, et son corps même attirait

89 l'attention de la foule. | Mais un Cynique qui suscite la pitié
passe pour un mendiant ; tout le monde se détourne, tout le
monde est choqué. Il ne doit pas non plus paraître sale pour
éviter, là encore, de faire fuir les gens, mais il faut que même la
poussière qui le couvre soit propre et exerce une certaine
séduction.

90   Le Cynique doit aussi avoir beaucoup de charme naturel et
d'esprit (sinon ce n'est qu'un morveux), pour être capable
de trouver rapidement la riposte appropriée en toute

91 circonstance. | C'était le cas de Diogène ; à l'homme qui lui
demandait : « C'est toi le Diogène qui ne croit pas que les dieux
existent ? » il rétorqua : « Comment cela, puisque je te regarde

92 comme un ennemi des dieux ? » | Ou encore, à Alexandre qui
était survenu pendant son sommeil et lui avait dit :

Il ne faut pas qu'il dorme toute la nuit, le héros qui a voix au
Conseil,

Diogène répondit, encore à demi endormi :

> À qui les peuples ont été confiés et qui a tant de soucis[1].

Mais il faut avant tout que le principe directeur du Cynique 93
soit plus pur que le soleil ; sinon, il joue un jeu, nécessairement,
et un jeu pervers, puisque, englué lui-même dans un vice, il va
en accuser les autres. | Note bien de quoi il s'agit ici. Les rois et 94
les tyrans qui nous entourent ont d'ordinaire des gardes du
corps et des armes, qui leur permettent d'accuser des gens,
voire de châtier ceux qui commettent des fautes, alors qu'eux-
mêmes sont des scélérats ; pour le Cynique, ce ne sont ni les
armes ni les gardes qui lui donnent ce pouvoir, mais la
conscience de ce qu'il est. | Lorsqu'il considère qu'il a veillé 95
pour les hommes et travaillé pour eux, qu'il s'est couché en état
de pureté et que le sommeil l'a laissé plus pur encore, que
toutes ses pensées sont celles d'un ami et serviteur des dieux,
d'un être associé à la souveraineté de Zeus, qu'en toute
circonstance il a présente à l'esprit cette pensée :

> Conduis-moi, Zeus, ainsi que toi, Destinée[2],

et se dit : « Si cela plaît aux dieux, qu'il en soit ainsi[3] »,
| lorsque donc il considère tout cela, pourquoi n'aurait-il pas le 96
courage de parler en toute franchise[4] à ses frères, à ses enfants,
à ses parents en somme ? | Pour cette raison, celui qui est dans 97

---

1. *Cf.* ci-dessus, 72. Les deux vers sont empruntés à l'*Iliade*, II, 24-25. La
réplique de Diogène ne porte pas, on le voit, sur le fond, mais témoigne de sa
présence d'esprit, puisqu'il est capable, même dans un demi-sommeil, de citer
instantanément le vers suivant de l'*Iliade*.

2. Voir ci-dessus, II, 23, 42.

3. Comme ci-dessus, I, 29, 18.

4. Le franc-parler ou liberté de parole (παρρησία) était un droit
fondamental du citoyen dans la démocratie athénienne, mais aussi une pratique
ordinaire de Socrate ; les Cyniques en ont fait une application systématique
dans leur pratique philosophique.

de telles dispositions n'est pas un indiscret qui se mêle de ce qui ne le regarde pas ; car il ne se mêle pas des affaires d'autrui quand il surveille les affaires humaines, mais des siennes propres. Ou alors tu dois dire aussi que le général se mêle de ce qui ne le regarde pas lorsqu'il surveille ses soldats, les passe en revue, veille sur eux et châtie les indisciplinés. | Mais si tu accuses les autres en tenant caché sous ton bras un petit gâteau, je te dirai : « Ne ferais-tu pas mieux de t'en aller dans un coin dévorer ce que tu viens de voler ? | Qu'as-tu à voir avec les affaires des autres ? Qui es-tu ? Es-tu le taureau <du troupeau > ou la reine des abeilles ? Montre-moi les marques de reconnaissance de ton autorité, semblables à celles que la reine des abeilles tient de la nature. Mais si tu es un frelon et réclames en justice la royauté des abeilles, ne crois-tu pas que tes concitoyens vont te chasser comme les abeilles chassent les frelons ? »

100   Il faut que le Cynique ait une endurance telle qu'aux yeux des gens du commun il paraisse insensible et ait l'air d'une pierre. Personne ne l'injurie, personne ne le frappe, personne ne le maltraite [1] ; son pauvre corps, il l'a lui-même livré à qui le veut pour en user comme il l'entend. | Car il a présent à l'esprit que ce qui est inférieur est nécessairement vaincu, sur le point où il est inférieur, par ce qui est supérieur (or le corps est inférieur à la foule), et le plus faible par ceux qui sont plus forts. | En conséquence, jamais il ne s'engage dans un combat où il peut être vaincu, mais il renonce immédiatement à ce qui n'est pas à lui, et ne réclame pas la possession des choses qui sont esclaves [2]. | Mais là où entrent en jeu la faculté de choix et l'usage des représentations, on s'apercevra qu'il possède des

98

99

101

102

103

---

1. Dans l'esprit du Cynique, c'est comme si ces faits n'existaient pas. Comparer ci-dessus I, 25, 28-30 ; *Manuel*, 20.

2. Pour le sens, voir ci-dessus § 40.

yeux si nombreux qu'on en viendrait à dire qu'Argus était
aveugle en comparaison. | Est-ce que par hasard on trouvera 104
chez lui un assentiment précipité, une propension irréfléchie,
un désir non réalisé, une aversion contrariée, un projet qui
n'aboutit pas, un reproche, de la bassesse, de l'envie ? | Voilà 105
à quoi il apporte une grande attention et applique tous ses
efforts ; pour ce qui est du reste, il se couche et il ronfle : c'est la
paix complète. Pour la faculté de choix, il n'existe ni voleur
ni tyran. | Mais pour le pauvre corps ? Il y en a, oui. Et pour 106
les misérables possessions ? Certainement, ainsi que pour les
magistratures et les honneurs. Que lui importe tout cela ?
Lorsque quelqu'un tente de lui faire peur avec des choses
pareilles, il lui dit : « Allons ! va plutôt chercher les enfants : les
masques leur font peur, à eux ; moi je sais qu'ils sont en terre
cuite et qu'il n'y a rien à l'intérieur. »

Voilà le genre d'affaire sur lequel porte ta délibération[1]. 107
Donc, si tu veux bien – je t'en conjure, au nom du dieu – remets
ta décision à plus tard, et considère d'abord ta préparation.
| C'est aussi ce qu'Hector dit à Andromaque : « Allons ! rentre 108
plutôt à la maison et tisse ta toile ;

             la guerre, c'est aux hommes de s'en occuper,
        À tous, et surtout à moi »[2].

Cela montre qu'il avait conscience à la fois de sa propre
préparation et de l'impuissance de son épouse.

---

1. *Cf.* ci-dessus § 9, puis 51, 53. Il s'agit toujours de l'intention du jeune
homme d'embrasser la vie cynique.
2. *Iliade*, VI, 490-493.

23) À CEUX QUI PRATIQUENT DES LECTURES
ET DES DISCUSSIONS D'APPARAT

1   Commence par te dire à toi-même qui tu veux être ; ensuite,
agis en te conformant à ce modèle. Dans presque tous les autres
domaines, en effet, nous voyons que cela se passe ainsi.
2 | Les athlètes décident d'abord ce qu'ils veulent être et ils
agissent ensuite en conséquence. Si l'on vise la course de fond,
ce sera telle nourriture, tel parcours, tel massage, tel exercice ;
si c'est la course du stade[1], toute la préparation sera différente,
3   et plus encore si c'est le pentathle. | On trouvera qu'il en va de
même dans les arts. Si l'on veut être charpentier, on aura telles
choses à faire ; si l'on veut être forgeron, telles autres. Car pour
chacune de nos actions, si nous ne la rapportons pas à une fin,
nous agirons au hasard ; et si nous la rapportons à une fin
inappropriée, nous agirons de travers.
4   Cela dit, il y a une fin commune et une fin particulière. Le
premier but à poursuivre, c'est d'agir en homme. Qu'est-ce
que cela implique ? De ne pas se comporter comme un mouton,
même si on agit avec douceur[2], ni être malfaisant comme une
5   bête sauvage. | Le but particulier, lui, est en rapport avec le
genre de vie et la faculté de choix de chacun. Le citharède doit
agir en citharède[3], le charpentier en charpentier, le philosophe
6   en philosophe, le rhéteur en rhéteur. | Donc quand tu dis :
« Venez écouter la lecture que je vais faire », prends garde
d'abord à ne pas te lancer dans cette entreprise sans but défini.
Ensuite, si tu es parvenu à cerner ce but, prends garde à ce que

1. Le stade est une mesure de longueur valant environ 180 mètres.
La course de fond (ou du long stade) pouvait aller jusqu'à 24 stades, soit environ
4,3 km.

2. D'après une correction du manuscrit principal. Schenkl juge le passage
gravement corrompu.

3. Voir ci-dessus, I, 29, 59.

ce soit bien celui qu'il faut. | Veux-tu être utile ou bien recevoir 7
des éloges ? Immédiatement tu entends la question : « Quel
compte tenir de l'éloge de la foule ? » Bonne question. Ce
genre d'éloge ne compte pas pour le musicien en tant que tel,
pas plus que pour le géomètre. | Donc tu veux être utile ? Utile à 8
quoi ? Dis-le-nous, pour que nous accourions à ta salle de
conférences. Maintenant, peut-on être utile à autrui en une
chose dont on n'a pas tiré profit soi-même ? Non. Car celui qui
n'est pas charpentier ne peut être utile en matière de char-
penterie, ni celui qui n'est pas cordonnier en matière de cor-
donnerie. | Veux-tu savoir si tu as tiré profit de la chose en 9
question ? Apporte-nous tes jugements, philosophe. Que se
promet ton désir ? De ne pas manquer son objet. Ton aversion ?
De ne pas tomber sur ce qu'elle cherche à éviter. | Allons ! 10
Réalisons-nous ces promesses ? Dis-moi la vérité ; si tu mens,
voici ce que je te dirai :

L'autre jour, le groupe de tes auditeurs t'ayant écouté
plutôt fraîchement et sans t'acclamer, tu es parti tout humilié.
| Un autre jour, alors qu'ils t'avaient fait des éloges, tu faisais le 11
tour de l'assistance en disant : « Comment m'as-tu trouvé ?
– Tu as été merveilleux, maître, je te le jure sur ma vie !
– Comment ai-je rendu ce passage ? – Lequel ? – Celui où j'ai
fait une description de Pan et des Nymphes. – De façon extra-
ordinaire ! » | Après cela, tu viens me dire que, dans le désir 12
comme dans l'aversion, ton comportement est conforme à la
nature ? Allons, à d'autres ! | Ne faisais-tu pas dernièrement 13
l'éloge d'un tel en allant à l'encontre de ton sentiment ? Ne
flattais-tu pas un tel, le sénateur ? Voulais-tu que tes enfants lui
ressemblent ? – Jamais de la vie ! | – Pourquoi alors faisais-tu 14
son éloge, pourquoi l'entourais-tu de prévenances ? – C'est un
jeune homme doué, et quelqu'un qui écoute volontiers les
propos qu'on lui tient. – D'où le sais-tu ? – Il m'admire. – La
voilà, la preuve que j'attendais ! Et puis, que crois-tu ? Est-ce

que ces mêmes personnes ne te méprisent pas secrètement ?
15 | Lorsqu'un homme qui a conscience de n'avoir rien fait ni rien
conçu de bon trouve un philosophe qui lui affirme : « Tu es
supérieurement doué, et sincère, et intègre », que crois-tu qu'il
se dise, sinon : « Voilà sans doute quelqu'un qui a besoin de
16 moi pour un service quelconque » ? | Ou bien, dis-moi, quelle
œuvre supérieure a-t-il produite ? Voyons, il y a si longtemps
qu'il te fréquente, il t'a écouté mener des discussions, il t'a
écouté faire des lectures : s'est-il rangé, a-t-il fait retour sur
lui-même ? S'est-il rendu compte de l'état déplorable où il se
trouve ? A-t-il rejeté ce qu'il croit savoir[1] ? Est-il à la recherche
17 de l'homme qui l'instruira ? – Oui. | – Cherche-t-il celui qui lui
apprendra comment il faut vivre ? Non pas, sot que tu es, mais
comment il faut parler, car c'est pour cela qu'il t'admire.
Écoute ses paroles : « C'est du grand art, ce qu'écrit cet
homme, c'est bien plus beau que Dion[2]. » C'est là tout autre
18 chose. | Est-ce que par hasard il dit : « Cet homme est plein de
réserve ; cet homme est loyal ; cet homme est sans trouble » ?
Quand bien même il le dirait, je lui demanderais : « Puisque
cet homme est loyal, qu'est donc cette loyauté dont il fait
preuve ? » Et s'il n'avait rien à répondre, j'ajouterais : « Commence par t'instruire de ce dont tu parles, ensuite tu parleras. »
19   C'est dans ces piteuses dispositions, attendant avidement
les éloges et comptant tes auditeurs, que tu veux être utile
aux autres ? « Aujourd'hui ils étaient bien plus nombreux à
m'écouter. – Oui, il y en avait beaucoup. – Cinq cents,
croyons-nous. – Sottise, mets-en mille. – Dion n'a jamais eu
tant d'auditeurs. – Comment le pourrait-il ? – Et ce sont des

---

1. Sur cette expression, voir ci-dessus II, 17, 1.

2. Allusion probable à Dion de Pruse, dit Dion Chrysostome (« Bouche
d'or ») en raison de ses talents de conférencier. Philosophe et rhéteur à peu près
contemporain d'Épictète.

auditeurs de goût. – Le beau, maître, peut émouvoir même une
pierre. » | Voilà des paroles de philosophe, voilà l'état d'esprit 20
de quelqu'un qui se propose d'être utile aux hommes ! Voilà un
homme qui a entendu la voix de la raison, qui a lu les écrits des
Socratiques comme on doit les lire et non comme on lit ceux de
Lysias et d'Isocrate ! « Je me suis souvent demandé par quels
arguments[1]… » Non, dites-vous, mais : « par quel argument »,
c'est d'un style plus coulant. | C'est que vous n'avez pas lu ces 21
écrits autrement que comme on lit des chansonnettes, n'est-ce
pas ? Car si vous les lisiez comme il faut, vous ne feriez pas ce
genre de remarques ; votre regard se dirigerait plutôt vers ceci :
« Anytos et Mélétos peuvent me faire périr, mais ils ne peuvent
me nuire[2] », et encore : « Car j'ai toujours été tel que, parmi les
raisons qui se présentent à moi, je ne prête attention qu'à
celle qui, après examen, se révèle la meilleure[3]. » | Aussi, qui 22
a jamais entendu Socrate dire : « Je possède un savoir et je
l'enseigne » ? Au contraire, il envoyait ses visiteurs chez l'un
ou chez l'autre. Ainsi quand ils allaient le voir en lui demandant d'être présentés à des philosophes, il les conduisait à ces
derniers et les leur présentait. | Non ? D'après vous, tout en les 23
adressant aux autres, il leur disait : « Viens donc écouter la
conférence que je donne aujourd'hui chez Quadratus[4] » ?

---

1. Première phrase des *Mémorables* de Xénophon, que les prétendus
philosophes s'empressent de corriger. Au début de son ouvrage, Xénophon se
demande par quels arguments on a réussi à persuader les Athéniens que Socrate
méritait la mort.

2. Comme ci-dessus I, 29, 18 (citation de Platon, *Apologie*, 30c).

3. Épictète cite de mémoire un passage du *Criton* de Platon (46b).

4. C'est-à-dire : dans la demeure d'un particulier. Ce genre de conférence
se pratiquait assez couramment à l'époque, chez des particuliers ou dans des
locaux publics. On y faisait des lectures (de ses propres écrits ou des écrits
d'autres auteurs), accompagnées ou non d'explications et de commentaires
Voir par exemple Pline le Jeune, *Lettres*, I, 13 ; II, 19. Le terme διαλέγομαι

Pourquoi irai-je t'écouter ? Veux-tu me montrer que tu
assembles les mots de façon élégante ? C'est le cas, homme ; et
24 quel bien en retires-tu ? « Mais fais mon éloge ! » | Qu'entends-
tu par faire ton éloge ? « Dis-moi : Bravo ! Admirable ! » Voilà,
je le dis. Mais si l'éloge porte sur une de ces choses que les
philosophes rangent dans la catégorie du bien[1], quel bien ai-je
à louer en l'occurrence ? Si c'est un bien de parler correc-
25 tement, apprends-le-moi et je te le ferai, cet éloge. | Mais quoi ?
Faut-il écouter les discours de ce genre sans plaisir ? En aucun
cas ! Moi-même, ce n'est pas sans plaisir que j'écoute un
citharède ; mais est-ce une raison pour que je doive me lever et
chanter en m'accompagnant de la cithare ? Écoute ce que dit
Socrate : « Il ne serait pas convenable à mon âge, Athéniens, de
me présenter à vous comme un petit jeune homme qui cisèle
26 ses phrases[2]. » « Comme un petit jeune homme », dit-il. | Car
c'est réellement une chose élégante, ce petit art qui consiste à
choisir de jolis mots, à les assembler et à venir les lire ou les
réciter avec talent, en ajoutant au milieu de la lecture : « Sur
votre vie, il n'y en a pas beaucoup qui soient capables de
comprendre cela ! »
27   Est-ce qu'un philosophe invite les gens à venir l'écouter ?
Ne serait-ce pas plutôt que, comme le soleil attire par lui-même
à lui sa nourriture[3], le philosophe attire à lui ceux à qui il sera
utile ? Quel médecin invite les gens à se faire soigner par lui ?
Soit dit en passant, j'entends pourtant aujourd'hui qu'à Rome

employé ici, comme dans le titre de ce chapitre, suggère qu'en l'occurrence il
s'agit plutôt d'entretiens, de discussions.
    1. D'autres traduisent littéralement : « si l'éloge *est* une de ces choses
qui… ». Mais si l'éloge est en soi (indépendamment de son objet) un bien, la
question qui suit est inutile.
    2. Inspiré de Platon, *Apologie*, 17 b-c.
    3. D'après la physique stoïcienne, le soleil se nourrit des vapeurs qui
montent de l'océan (*cf.* D. L., VII, 145).

même les médecins adressent ce genre d'invitation ; de mon temps, c'est eux qu'on faisait venir. | « Je t'invite à venir 28 entendre que tu vas mal, que tu te soucies de tout plutôt que de ce dont tu devrais te soucier, que tu ne sais pas ce que sont le bien et le mal, que tu es malheureux et malchanceux. » Belle invitation ! Et pourtant, si les paroles du philosophe ne produisent pas cette prise de conscience, elles sont mortes, et leur auteur avec elles. | Rufus[1] avait l'habitude de dire : « Si 29 vous avez le loisir de faire mon éloge, c'est que je ne dis rien qui vaille. » C'est pourquoi il parlait de telle façon que chacun de nous qui étions assis près de lui croyait que quelqu'un lui avait révélé nos défauts, tellement il touchait juste en parlant de ce qui nous arrivait, tellement bien il mettait devant les yeux de chacun ses propres maux. | Messieurs, l'école du philo- 30 sophe est un cabinet médical. Quand on en sort, on ne doit pas avoir éprouvé du plaisir mais de la douleur. Car vous n'y entrez pas en bonne santé, mais l'un avec l'épaule démise, l'autre avec un abcès, un autre avec une fistule, un autre avec un mal de tête. | Est-ce que moi, ensuite, je m'assois et vous récite mes 31 petites pensées et mes petites moralités pour que vous me fassiez des éloges en sortant de chez moi, tout en remportant qui son épaule telle qu'il l'avait apportée, qui sa tête dans l'état où elle était, qui sa fistule, qui son abcès ? | Est-ce donc pour 32 cela que des hommes jeunes doivent quitter leur patrie, laisser père et mère, les amis, les parents, leur petit avoir : pour te crier bravo après que tu leur auras récité quelques petites moralités ? C'est cela que faisait Socrate, ou Zénon, ou Cléanthe ?

« Quoi ? Le style protreptique n'existe pas ? » Qui donc 33 nie qu'il existe ? Il existe au même titre que le style réfutatif et

1. Il s'agit toujours de Musonius Rufus, *cf.* ci-dessus I, 1, 27. L'idée formulée ici par Musonius est plus longuement développée dans un passage conservé par Aulu-Gelle, *Nuits attiques*, V, 1.

le style didactique. Mais qui a jamais affirmé qu'après eux
34 il y en eût un quatrième, le style épidictique[1] ? | Qu'est-ce,
en effet, que le style protreptique ? Il se manifeste dans la capacité d'expliquer, aussi bien à une seule personne qu'à un
grand nombre de gens, la contradiction dans laquelle ils sont
empêtrés en leur montrant qu'ils s'inquiètent de tout plutôt que
de ce qu'ils veulent. Car ce qu'ils veulent, c'est la voie qui
conduit au bonheur, mais ils la cherchent là où elle n'est pas.
35 | Pour atteindre ce but, faut-il que l'on mette en place un millier
de sièges, que tu invites les gens à venir t'écouter, que tu
t'installes sur une chaire revêtu d'une jolie robe ou d'un élé-
gant petit manteau, tout cela pour décrire la mort d'Achille ?
Cessez, je vous en conjure au nom des dieux, d'avilir, autant
que cela dépend de vous, de beaux noms et de belles actions !
36 | Le style protreptique ne réussirait jamais mieux que quand
celui qui parle rend manifeste à ses auditeurs qu'il a besoin
37 d'eux[2] ! | Dis-moi, quel auditeur de tes lectures ou de tes dis-
cussions a été saisi d'anxiété sur son compte, ou a fait retour
sur lui-même, ou a dit en sortant : « Pour ce qui me concerne, le
philosophe a touché juste, il ne faut plus que j'agisse ainsi » ?
38 | Ce n'est pas le cas, mais si tu te distingues tout spécialement,
il dit à un autre auditeur : « Il a joliment tourné le passage sur
Xerxès ! » À quoi l'autre répond : « Je ne trouve pas ; plutôt
celui sur la bataille des Thermopyles. » Est-ce ainsi qu'on
écoute un philosophe ?

1. L'épidictique, ou éloquence d'apparat, est un genre oratoire qui a pour
objet l'éloge et le blâme (*cf*. Aristote, *Rhétorique*, I, 3). Il ne s'agit pas ici de
genres oratoires, mais des manières d'écrire ou de parler du philosophe, auquel
ne conviennent, d'après Épictète, que trois styles : celui de la réfutation, celui de
l'enseignement et enfin le protreptique, celui de l'exhortation, de la persuasion
morale.

2. Certains corrigent le texte et comprennent cette phrase comme une
question.

24) QUE NOUS NE DEVONS PAS NOUS ÉMOUVOIR POUR LES CHOSES QUI NE DÉPENDENT PAS DE NOUS

< Ce qui nous appartient en propre >

Que ce qui est contre nature chez un autre ne devienne pas 1
un mal pour toi ; car tu n'es pas né pour partager l'abaissement
d'autrui ni ses malheurs, mais son bonheur. | Si quelqu'un est 2
malheureux, souviens-toi que ce malheur vient de lui : en effet,
le dieu a créé tous les hommes pour le bonheur, pour la séré-
nité. | Il leur a fait don de moyens permettant d'atteindre cette 3
fin, en donnant à chacun certaines choses comme propres, les
autres comme étrangères : ce qui peut être empêché, enlevé,
contraint ne nous appartient pas en propre, ce qui est sans
empêchement nous appartient en propre. Or l'essence du bien
et du mal, le dieu l'a mise dans les choses qui nous appartiennent en propre, ainsi qu'il convenait à celui qui prend soin
de nous et nous protège comme un père.

« Mais j'ai quitté un tel, et il s'en afflige. » Pourquoi donc 4
a-t-il regardé comme sa chose propre ce qui lui est étranger ?
Pourquoi, quand il se réjouissait de te voir, n'a-t-il pas réfléchi
au fait que tu es mortel, que tu étais susceptible de quitter le
pays ? Il subit donc la peine de sa propre sottise. | Mais toi, de 5
quoi payes-tu la peine ? Pourquoi pleures-tu sur toi-même ?
Serait-ce que tu as toi aussi négligé de t'exercer en cette
matière et, à la façon des femmes frivoles, que tu jouissais de
toutes les choses qui te plaisaient comme si tu devais en jouir
toujours, qu'il s'agisse des lieux, des hommes ou de tes occupations ? Et maintenant te voilà assis en larmes, parce que tu ne
vois plus les mêmes personnes et ne vis plus dans les mêmes
lieux ! | Tu mérites en effet d'être plus malheureux que les 6
corbeaux et les corneilles, qui peuvent voler où ils veulent,
bâtir leur nid ailleurs, franchir les mers sans se lamenter ni
regretter leurs premiers séjours. | – Oui, mais c'est parce que ce 7

sont des êtres sans raison qu'ils supportent cela. – À nous, par
conséquent, les dieux ont donné la raison pour notre infortune
et notre malheur, pour que nous passions toute notre vie dans la
8 misère et les regrets ? | Ou alors, que les hommes soient tous
immortels, que personne ne quitte son pays ! N'allons pas
habiter ailleurs, mais restons sur place, enracinés comme
des plantes ; et si l'un de nos familiers vient à quitter le pays,
devons-nous rester assis à pleurer, puis, si d'aventure il
revient, danser et battre des mains comme les enfants ?

<L'ordre de l'univers ; l'homme de bien n'y est jamais malheureux >

9 Ne saurons-nous donc jamais nous sevrer ? Ne nous
rappellerons-nous pas ce que nous avons entendu de la bouche
10 des philosophes ? | À moins que nous ne les ayons écoutés
comme on écoute des enchanteurs, quand ils disaient que ce
monde est une seule cité, que la substance dont il est fait
est une, qu'il y a nécessairement un retour périodique et un
échange mutuel des places, certaines choses étant détruites et
d'autres venant à l'existence, certaines restant à la même place
11 et d'autres se mettant en mouvement. | Ils disent encore que
tout est plein d'amis : de dieux d'abord, puis d'hommes, que la
nature a unis les uns aux autres comme les membres d'une
famille ; que les uns doivent vivre ensemble et les autres se
séparer, se plaisant en compagnie de ceux qui vivent avec eux,
et supportant sans peine d'être séparés de ceux qui les quittent.
12 | L'homme en effet, outre qu'il tient de la nature grandeur
d'âme et mépris pour tout ce qui est soustrait à son choix, a la
particularité de ne pas avoir de racines, de ne pas être attaché à
la terre, mais d'aller d'un lieu à un autre, tantôt poussé par la
nécessité, tantôt pour le simple intérêt du spectacle.

C'était bien là, en somme, le sort d'Ulysse :   13

> De beaucoup d'hommes il a visité les cités et connu la pensée.

Et encore auparavant, ce fut celui d'Héraclès de parcourir toute la terre habitée,

> Observant et la démesure des hommes et leur bonne conduite,

bannissant l'une et en purgeant le monde, et mettant l'autre à sa place [1]. | Et pourtant combien crois-tu qu'il avait d'amis à 14 Thèbes, à Argos, à Athènes, combien il s'en fit dans ses voyages, lui qui allait jusqu'à se marier quand l'occasion lui paraissait favorable, qui avait des enfants, et les abandonnait sans plaintes ni regrets, les quittant sans considérer que cet abandon en faisait des orphelins ? | Il savait bien, en effet, 15 qu'aucun homme n'est orphelin, mais que tous ont un père qui ne cesse jamais de prendre soin d'eux : | il avait entendu dire 16 que Zeus est le père des hommes, et ce n'était pas pour lui une simple façon de parler ; il le regardait en tout cas comme son père, il l'appelait ainsi, et il accomplissait ses actions le regard tourné vers lui. Voilà pourquoi il pouvait mener une vie heureuse partout. | Mais en aucun cas il n'est possible de faire 17 aller ensemble le bonheur et le regret des choses absentes. Car l'être heureux doit obtenir tout ce qu'il veut, et donner l'image d'un homme comblé : il ne doit éprouver ni soif ni faim. | – Mais Ulysse éprouvait douloureusement l'absence de 18 sa femme, et il pleurait, assis sur un rocher. – Et tu te fies à Homère, et crois tout ce qu'il raconte ? S'il est vrai qu'Ulysse pleurait, qu'était-il sinon un malheureux ? Mais quel homme de bien est malheureux ? | L'univers est réellement mal 19 gouverné si Zeus ne prend pas soin de ses concitoyens de sorte

---

1. Voir *Odyssée*, I, 3 et XVII, 487 (la deuxième citation s'applique, dans Homère, aux dieux en général).

20 qu'ils soient semblables à lui, c'est-à-dire heureux. | Non, il est
interdit et impie de penser cela ; si Ulysse pleurait et se
plaignait, il n'était pas un homme bon. Qui donc est bon s'il ne
sait pas qui il est ? Et qui le sait s'il a oublié que ce qui naît est
périssable, et qu'il n'est pas possible que deux êtres humains
21 soient toujours réunis ? | Quoi donc ? Désirer l'impossible est
le fait d'un esclave, d'un sot, d'un étranger à la cité, qui combat
contre les dieux de la seule manière dont il puisse le faire, avec
ses propres jugements.

> *<La source du malheur : vouloir ce qui ne dépend pas
> de nous >*

22   – Mais ma mère se lamente quand elle ne me voit pas. –
Pourquoi n'a-t-elle pas appris ces leçons ? Non qu'il ne faille
pas y mettre du sien pour qu'elle ne pleure pas, je ne dis pas
cela, je dis qu'il ne faut pas vouloir à tout prix des choses qui
23 nous sont étrangères. | Or la peine d'autrui est quelque chose
d'étranger, c'est ma peine à moi qui est mienne. Je ferai donc
cesser la mienne à tout prix, car elle dépend de moi. Pour celle
d'autrui, j'essayerai autant que je le peux, mais je n'essayerai
24 pas à tout prix[1]. | Sinon, je combattrai contre les dieux, je
m'opposerai à Zeus, je rivaliserai avec lui pour l'organisation
de l'univers. Et le prix de ce combat contre les dieux et de cette
désobéissance, ce ne sont pas « les enfants de mes enfants[2] »
qui le payeront, mais moi, le jour, la nuit, quand mes rêves me
feront sursauter ; je serai agité, tremblant à toute nouvelle
qu'on m'annonce, ma tranquillité suspendue aux lettres qui me
25 viennent des autres. | Une lettre est arrivée de Rome : « Pourvu
seulement qu'elle ne contienne rien de mal ! » Mais quel mal

---

1. Sur les phrases 22 et 23, voir plus bas la note à la phrase 47.
2. Réminiscence de l'*Iliade*, XX, 308.

peut t'arriver là où tu n'es pas ? Une autre de Grèce : « Pourvu seulement qu'elle ne contienne rien de mal ! » Ainsi n'importe quel lieu peut être pour toi cause d'infortune ! | Il ne te suffit pas 26 d'être malheureux là où tu te trouves, tu l'es aussi au-delà des mers et par lettres ? Est-ce ainsi que tes affaires sont en sécurité ?

– Quoi ! Et s'il arrive que mes amis de là-bas meurent ? – 27 Qu'arrive-t-il d'autre alors, sinon que des êtres mortels ont péri ? Comment veux-tu à la fois vieillir et ne voir mourir aucun de ceux que tu aimes ? | Ne sais-tu pas que dans un long 28 intervalle de temps il se produit nécessairement bien des événements de toute sorte ? que nécessairement l'un est vaincu par la fièvre, un autre par un brigand, un autre par un tyran ? | Car le 29 milieu physique est ainsi fait, et aussi les gens qui nous entourent : froid et chaleur, aliments inadaptés, voyages par terre et par mer, vents, vicissitudes en tout genre, tout cela fait que l'un périsse, qu'un autre soit exilé, que celui-ci soit envoyé en ambassade et celui-là à l'armée. | Reste donc assis à t'effrayer 30 de tous ces accidents, en larmes, infortuné, misérable, à la merci de quelque événement extérieur, et non d'un ou de deux, mais de milliers et de milliers d'autres.

<La vie de l'homme est celle d'un soldat en campagne >

Est-ce là ce que tu entendais chez les philosophes, est-ce 31 là ce que tu apprenais ? Ne sais-tu pas que notre condition est celle de soldats en campagne ? L'un doit monter la garde, l'autre partir en reconnaissance et l'autre au combat. Il n'est pas possible que tous restent au même endroit, et cela ne vaudrait pas mieux. | Mais toi tu te dispenses d'exécuter les 32 ordres du général, tu protestes quand on t'a donné un ordre trop pénible à ton goût ; tu ne te rends pas compte dans quel état, autant qu'il dépend de toi, tu mets l'armée ; car si tous viennent à t'imiter, il n'y aura personne pour creuser une tranchée,

personne pour entourer le camp d'une palissade, pour monter la garde de nuit, pour combattre, mais tout le monde sera
33 regardé comme inutile pour le service. | Ou encore si tu prends la mer comme matelot, empare-toi d'une place et ne la quitte pas ; s'il faut grimper au mât, refuse ; s'il faut se précipiter à la proue, refuse. Quel capitaine te supportera ? Ne va-t-il pas te jeter à la mer comme un meuble inutile, comme une pure gêne
34 et un mauvais exemple pour les autres matelots ? | Il en va de même en ce monde : la vie de chacun est un genre de campagne militaire, une campagne longue et pleine d'incidents variés. Il faut que tu conserves ton rôle de soldat, et exécutes chaque ordre sur un signe du général, si possible en devinant ce qu'il
35 veut. | Car ce général et le précédent ne se ressemblent pas,
36 qu'il s'agisse de la force ou de la supériorité du caractère. | On t'a assigné un poste dans un grand empire, à un rang qui n'est pas médiocre puisque tu es sénateur à vie[1]. Ne sais-tu pas qu'un homme de ce rang est dans l'obligation de ne consacrer que peu de temps à ses affaires domestiques, qu'il doit le plus souvent partir de chez lui, comme chef ou comme exécutant, au service d'une magistrature, pour faire campagne, pour exercer la justice ? Et toi tu viens me dire que, tel une plante,
37 tu veux être fixé au même endroit et prendre racine ? | – Oui, car c'est bien agréable. – Qui dit le contraire ? Mais la sauce aussi est agréable, une belle femme également est chose agréable. Que disent d'autre ceux qui font du plaisir leur fin ?

<Être digne du nom de Stoïcien >

38   Ne vois-tu pas qui sont les hommes dont tu adoptes le langage ? que ce langage est celui des Épicuriens et des

---

1. Le texte de cette phrase est incertain, et a été diversement corrigé ; cependant l'idée n'est pas douteuse.

débauchés[1] ? Et ensuite, agissant et jugeant comme eux, tu nous récites les paroles de Zénon et de Socrate ? Ne vas-tu pas rejeter le plus loin que tu pourras ces atours étrangers dont tu t'apprêtes, alors qu'ils ne te conviennent absolument pas ? | Que veulent-ils d'autre ces gens-là, sinon dormir sans gêne 39 ni contrainte et, une fois levés, bailler à leur aise, se laver le visage, ensuite écrire et lire ce qui leur plaît, débiter des sornettes en récoltant, quoi qu'ils disent, les éloges de leurs amis ; puis partir en promenade et, après s'être un peu promenés, prendre un bain, manger et aller se coucher – et dans quel lit doit-on s'attendre à voir de pareilles gens aller se coucher ? Qu'en dire ? On peut le deviner.

Allons, fais-moi connaître toi aussi le genre d'occupation 40 auquel tu aspires, ô partisan zélé de la vérité, de Socrate et de Diogène ! Que veux-tu faire à Athènes ? Cela même que je viens de dire ? Rien d'autre ? | Pourquoi alors te dis-tu 41 Stoïcien ? Ceux qui usurpent la citoyenneté romaine sont sévèrement punis : faut-il laisser impunis ceux qui usurpent une chose et un nom aussi grands, aussi vénérables ? | Impossible, n'est-ce pas ? Mais s'il existe une loi divine, 42 puissante et inexorable, n'est-ce pas celle qui exige les peines les plus grandes pour les plus grands coupables ? | Et que 43 dit-elle ? « Celui qui feint d'avoir des qualités qui n'ont aucun rapport avec lui, qu'il soit réputé fanfaron, vaniteux ; que celui qui désobéit au gouvernement divin soit un être vil, un esclave, qu'il éprouve peine, jalousie et pitié[2] ; en un mot, qu'il soit malheureux et se lamente. »

---

1. Épictète se montre généralement sévère envers Épicure et les Épicuriens, mais cette accusation de débauche est exceptionnelle ; il leur reproche d'ordinaire d'être inconséquents (comparer III, 7, 18).
2. Sur la pitié, voir I, 28, 9.

<La dignité dans les relations sociales >

44   – Quoi ? Tu veux donc que je fasse la cour à un tel ? que
j'aille assiéger sa porte[1] ? – Si c'est cela que la raison décide,
pour la patrie, pour tes parents, pour l'humanité, pourquoi ne
pas y aller ? Tu n'as pas honte d'aller à la porte du cordonnier
quand tu as besoin de chaussures, à celle du jardinier quand tu
as besoin de laitues ; mais tu as honte d'aller à celle des riches
quand tu as besoin d'une chose qu'on trouve chez les riches ?
45 | – Oui, car je n'ai pas de considération pour le cordonnier.
– N'en aie pas non plus pour le riche. – Et je ne flatterai pas le
46 jardinier. – Ne flatte pas le riche non plus. | – Comment alors
obtenir ce dont j'ai besoin ? – Est-ce que je te dis d'y aller
comme si tu devais l'obtenir, et non simplement pour faire
47 ton devoir ? | – Pourquoi alors m'y rendre ? – Pour y aller,
pour t'acquitter de tes fonctions de citoyen, de frère, d'ami[2].
48 | Souviens-toi, du reste, que tu es allé trouver un cordonnier ou
un marchand de légumes, un homme dont le pouvoir ne s'étend
sur rien de grand ni de vénérable, même s'il le vend cher. Tu y

1. La transition est brutale : on doit supposer que, dans l'intervalle voire
avant l'entretien, l'interlocuteur a été prié d'intervenir auprès d'un homme
riche et influent.
2. Malgré ce que suggère la phrase précédente, s'acquitter de ses fonctions
(ici : *erga*) implique qu'on prenne les moyens de ses fins, le contraire (faire
n'importe quoi) ne serait pas un comportement rationnel. À rapprocher des
phrases 22-23 et 61 : pour consoler sa mère ou se défendre au tribunal, le
disciple est bien invité à agir efficacement (*cf.* II, 2, 20). La limite indiquée en
22-23 (« pas à tout prix ») rappelle la différence entre le but (l'objet immédiat de
l'action) et la fin (agir vertueusement) ; sur cette différence, voir Cic., *Des
termes extrêmes*, III, 6, 22. Le fait que la fin l'emporte sur le but ne signifie pas
qu'il faille se désintéresser de ce dernier ; plusieurs passages d'Épictète
soulignent ce point, ainsi que la difficulté de trouver le bon équilibre entre les
deux (*cf.* II, 5).

vas pour des laitues ; elles coûtent une obole et non un talent[1].
| Il en va de même ici : l'affaire en question vaut qu'on se   49
présente à la porte de quelqu'un. Soit, j'irai. Qu'on lui parle.
Soit, je lui parlerai. Mais il faut aussi lui baiser la main et le
caresser par quelque compliment. Arrête, c'est payer un talent
pour une laitue ! Il n'est profitable ni à moi ni à la cité ni à mes
amis de perdre un bon citoyen et un ami.

    – Mais si tu n'aboutis pas, tu paraîtras avoir manqué de   50
zèle. – Encore une fois, as-tu oublié pourquoi tu y es allé ? Ne
sais-tu pas qu'un homme de bien ne fait rien dans le but de
paraître avoir fait une bonne action, mais dans celui de l'avoir
faite ? | – Et à quoi lui sert-il de faire une bonne action ? – Mais   51
à quoi sert-il à celui qui écrit le nom de Dion de l'écrire
comme il faut ? À l'écrire. – Donc sans autre récompense ?
– Demandes-tu, toi, pour un homme de bien une récompense
plus grande que celle de faire ce qui est beau et juste ? | À   52
Olympie, personne ne demande autre chose, mais tu estimes
qu'avoir obtenu la couronne olympique suffit. Et c'est une
chose dérisoire et sans valeur, à tes yeux, d'être un homme de
bien et un homme heureux ? | C'est pour cela que les dieux   53
t'ont introduit dans cette cité[2] ; et maintenant que tu dois entreprendre des actions viriles, tu regrettes tes nourrices et ta
maman, de sottes femmes te font plier et t'amollissent par leurs
pleurs ? Ne cesseras-tu donc jamais d'être un petit enfant ? Ne
sais-tu pas que celui qui fait l'enfant est d'autant plus ridicule
qu'il est plus vieux ? | À Athènes, ne voyais-tu personne,   54
n'allais-tu rendre visite à personne ? – Je voyais qui je voulais.
– Ici aussi, décide-le, et tu verras qui tu veux ; seulement, que
ce soit sans bassesse, sans désir ni aversion, et les choses iront

    1. Le talent est une unité de compte variable selon les cités et les époques.
À Athènes à l'époque classique, il vaut 36000 oboles.
    2. Le monde, plutôt qu'une cité particulière.

55 bien pour toi. | Ce résultat ne s'obtient cependant pas en faisant
des visites ni en stationnant devant les portes, on le trouve
56 en soi, dans ses jugements. | Une fois que tu es parvenu à
dédaigner les choses extérieures et celles qui ne relèvent pas de
ton choix, à ne regarder comme tienne aucune d'entre elles, à
considérer au contraire que ce qui t'appartient, c'est uniquement de bien juger, de bien penser, d'avoir les propensions, les
désirs et les aversions qu'il faut, quelle place reste-t-il pour la
flatterie, quelle place pour la bassesse ? Pourquoi regretter
encore la tranquillité que tu avais là-bas, les lieux qui t'étaient
57 familiers ? | Attends un peu, et ceux-ci te seront familiers à leur
tour. Mais si tu es lâche à ce point, pleure et gémis quand tu les
quitteras eux aussi.

<Les liens d'affection >

58   – Comment alors puis-je manifester mon affection ? –
Comme un homme de noble caractère, comme un homme que
la fortune favorise. Jamais la raison ne demande de s'abaisser,
de se lamenter, de se mettre sous la dépendance d'autrui, de
faire des reproches, en quelque occasion que ce soit, à un dieu
59 ou à un homme. | Voilà comment je veux te voir manifester ton
affection : en observant ces préceptes. Mais si par cette affection (quel que soit le sentiment que tu appelles ainsi) tu dois
être esclave et malheureux, il n'y a aucun avantage pour toi à
60 être affectueux. | Qu'est-ce qui empêche d'aimer quelqu'un
comme un être mortel, comme un être qui doit quitter le pays ?
Socrate n'aimait-il pas ses enfants ? Mais il les aimait en
homme libre, en homme qui se souvient qu'il faut d'abord être
61 ami des dieux. | Aussi n'a-t-il rien omis de ce qui convient à un
homme de bien, ni dans sa défense, ni dans l'estimation de sa
peine, ni non plus auparavant quand il était membre du Conseil
62 ou servait comme soldat. | Mais nous, nous ne manquons
pas de prétextes pour être lâches : les uns allèguent un enfant,

les autres une mère, d'autres encore des frères. | Pourtant, 63
personne ne doit être cause de notre malheur, tous au contraire
doivent être cause de bonheur, et par-dessus tout le dieu qui
nous a équipés pour cela.

<Diogène et la vraie liberté>

Allons ! Diogène n'aimait-il personne, lui qui était si 64
doux, si bienveillant envers les hommes que, pour le bien
commun de l'humanité, il supportait avec joie un grand
nombre de fatigues et de souffrances physiques ? | Mais 65
comment aimait-il ? Comme devait le faire un serviteur de
Zeus, à la fois soucieux du bien des hommes et soumis au
dieu. | C'est pourquoi à lui seul il avait pour patrie la terre 66
entière et aucun pays en particulier ; fait prisonnier[1], il ne
regrettait pas Athènes, ni les relations et amis qu'il y avait ;
mais il allait jusqu'à nouer des relations avec les pirates et à
tenter de les corriger. Plus tard, vendu comme esclave à
Corinthe, il y vivait comme auparavant à Athènes, et s'il était
allé chez les Perrhèbes[2], il s'y serait comporté de la même
manière.

Voilà comment naît la liberté. C'est pour cela qu'il 67
disait : « Depuis qu'Antisthène m'a libéré, je n'ai plus jamais
été esclave. » | Comment l'a-t-il libéré ? Écoute ce qu'il dit : 68
« Il m'a enseigné ce qui est à moi et ce qui n'est pas à moi.
Mes biens ne sont pas à moi. Parents, membres de ma maison,
amis, réputation, lieux familiers, occupations, tout cela, m'a-
t-il appris, m'est étranger. | "Qu'est-ce donc qui est à toi ? 69
L'usage des représentations". Cet usage, il m'a montré que je
le possède sans empêchement ni contrainte ; personne ne peut

---

1. Voir D. L., VI, 74 ; cf. 30-32 et 36.
2. Tribu du nord de la Thessalie.

y mettre obstacle, personne ne peut me forcer à user de mes
70 représentations autrement que je ne veux. | Qui donc a encore
pouvoir sur moi ? Philippe, Alexandre, Perdiccas, le Grand
Roi[1] ? D'où tireraient-ils ce pouvoir ? Car celui qui est sur le
point d'être vaincu par un homme doit, bien auparavant, avoir
71 été vaincu par les choses. » | Quiconque n'est pas dominé par le
plaisir, la souffrance, la gloire, la richesse et qui peut, quand il
lui plaît, cracher son pauvre corps tout entier au visage de son
interlocuteur puis s'en aller[2], de qui cet homme est-il encore
72 esclave, à qui est-il encore soumis ? | Mais si, au lieu de cela, il
avait mené une vie agréable à Athènes et s'était laissé séduire
par ce mode de vie, ses affaires auraient été à la merci de tout un
chacun, et un plus fort que lui aurait été maître de lui nuire.
73 | L'imagines-tu en train de flatter les pirates pour être vendu à
un Athénien et revoir un jour le beau Pirée, les Longs Murs
74 et l'Acropole ? | Quel homme serais-tu, esclave, en allant les
75 revoir ? Un être servile et bas ; | et quel avantage en tirerais-tu ?
– Non, je ne suis pas un esclave, je suis un homme libre.
– Montre-moi comment tu es libre. Imagine : quelqu'un s'est
emparé de toi, il te fait quitter tes occupations habituelles et te
dit : « Tu es mon esclave, car il dépend de moi de t'empêcher
de vivre comme tu veux, il dépend de moi de te relâcher ou
de t'humilier ; quand je le voudrai, tu pourras de nouveau te
76 réjouir et aller fièrement à Athènes. » | Que réponds-tu à cet
homme qui te traite en esclave ? Quelle sorte d'homme lui
indiques-tu pour t'affranchir ? N'est-ce pas plutôt que tu
n'oses pas même le regarder en face et que, coupant court à
77 tous les discours, tu le supplies de te relâcher ? | Homme, si tu

1. Désignation traditionnelle du souverain de Perse. Le Perdiccas
mentionné ici est sans doute le général d'Alexandre, un de ceux qui se sont
disputé le pouvoir après la mort de ce dernier.

2. Allusion probable à Anaxarque (voir D. L., IX, 59).

dois aller en prison, il faut y aller avec joie, avec empressement, en devançant ceux qui t'y conduisent. Et puis, dis-moi,
tu répugnes à vivre à Rome, tu regrettes la Grèce ? Et quand il te
faudra mourir, tu viendras te lamenter auprès de nous en disant
que tu ne verras plus Athènes et ne te promèneras plus au
Lycée ?

< La bonne pratique de la philosophie >

Est-ce pour cela que tu as quitté ton pays ? Est-ce pour cela 78
que tu as cherché à rencontrer quelqu'un qui pût t'être utile ?
Utile à quoi ? À te familiariser davantage avec l'analyse des
syllogismes ou l'examen des raisonnements hypothétiques ?
C'est pour cette raison que tu as quitté frère, patrie, amis,
proches, pour retourner ensuite chez toi avec ces connais-
sances-là ? | Donc, si tu as quitté ton pays, ce n'est pas pour 79
acquérir la fermeté ou l'absence de trouble, ce n'est pas pour
devenir invulnérable et, comme tel, n'adresser à personne ni
blâme ni reproche, ne subir de tort de personne, et sauvegarder
ainsi tes relations avec autrui sans rencontrer d'obstacle ? | La 80
belle marchandise que tu as rapportée là : des syllogismes, des
arguments instables, des raisonnements hypothétiques[1] ! Si
cela te fait plaisir, installe-toi au marché avec une enseigne,
comme les vendeurs de médicaments. | Ne devrais-tu pas 81
plutôt nier savoir tout ce que tu as appris, pour ne pas exposer
les théories philosophiques à l'accusation d'inutilité ? Quel
mal t'a fait la philosophie ? Quel tort t'a fait Chrysippe pour
que tu fournisses par tes actes la preuve de l'inutilité de ses
efforts ? Ils ne te suffisaient pas, les maux qui t'accablaient là-
bas, les multiples motifs d'affliction et de larmes que tu y avais
sans avoir à quitter ton pays, mais tu voulais en outre en

---

1. Voir ci-dessus I, 7, 1.

82 accroître le nombre ? | Et si tu noues d'autres relations et te fais
d'autres amis, tu auras encore plus de motifs de te lamenter,
tout comme si tu t'attaches à un autre pays. Pourquoi donc
vis-tu ? Pour empiler les uns sur les autres les tracas qui te
83 rendent malheureux ? | Et ensuite tu viens me dire que cela
s'appelle de l'affection ? Quel genre d'affection, homme ? Si
elle est un bien, il n'en résulte aucun mal ; si elle est un mal,
aucun rapport entre elle et moi. Je suis né pour les biens qui
sont les miens, je ne suis pas né pour les maux.

84   Quel est l'exercice approprié à cette fin ? En premier lieu,
l'exercice capital et le plus décisif, celui qui, pour ainsi dire,
apparaît directement à l'entrée, consiste, quand on s'attache à
quelque chose, à ne pas le faire comme s'il s'agissait d'un objet
qu'on ne peut nous enlever, à considérer au contraire qu'il
est du même genre qu'une marmite ou une coupe en verre :
si on brise un tel objet, on n'en est pas troublé, parce qu'on
85 se souvient de ce qu'il était. | De même ici : si tu embrasses
ton enfant, ton frère, ton ami, ne t'abandonne pas sans retenue à
ton imagination, ne laisse pas tes effusions se donner libre
cours, mais retiens-les, empêche-les, comme font ceux qui se
tiennent derrière les triomphateurs et leur rappellent qu'ils sont
86 des hommes [1]. | Rappelle-toi pareillement que tu aimes un être
mortel, que tu aimes quelque chose qui ne fait pas partie de ce
qui est à toi ; cela t'a été donné pour le moment présent, non
comme si on ne pouvait te l'enlever, ni donné pour toujours,
mais comme une figue, comme une grappe de raisin, à une
saison déterminée de l'année : si tu en as envie en hiver, tu es
87 stupide. | Ainsi, regretter ton fils ou ton ami en un temps où ils
ne te sont pas donnés, sache que c'est avoir envie d'une figue

---

1. Allusion à la cérémonie du triomphe, à Rome, en l'honneur des
généraux vainqueurs.

en hiver. Car ce qu'est l'hiver pour la figue, chaque circonstance résultant de l'état de l'univers l'est pour les objets que
cette circonstance nous enlève. | Donc, dans le moment même   88
où tu jouis de quelque chose, propose-toi les représentations
opposées. Quel mal y a-t-il, quand tu embrasses ton enfant, à
murmurer pour toi-même : « Demain tu mourras », et de même
à ton ami : « Demain toi ou moi nous nous expatrierons et nous
ne nous verrons plus » ? | – Mais ce sont là des paroles de   89
mauvais augure ! – Soit, certaines incantations le sont aussi ;
néanmoins, parce qu'elles sont utiles, je n'y prête pas attention : pourvu seulement qu'elles soient utiles ! Mais toi, appelles-tu « de mauvais augure » d'autres mots que ceux qui signi-
fient un mal ? | Lâcheté est un terme de mauvais augure,   90
bassesse en est un autre, ainsi que affliction, peine, impudence ; voilà des mots de mauvais augure. Et pourtant il ne faut
pas hésiter à les prononcer pour nous préserver des choses
qu'ils désignent. | Mais tu me dis qu'un terme qui signifie une   91
réalité naturelle est de mauvais augure ? Dans ce cas, dis aussi
que la moisson des épis est de mauvais augure, car elle signifie
la destruction des épis – mais non celle du monde. Dis encore
que sont de mauvais augure la chute des feuilles, le rempla-
cement des figues fraîches par les figues sèches, celui des
raisins mûrs par les raisins secs. | En fait, toutes ces choses sont   92
des transformations d'états antérieurs en des états différents ; il
n'y a pas là destruction, mais ordonnance et administration
réglées. | Voilà ce que c'est de quitter son pays, une petite   93
transformation ; voilà ce qu'est la mort, une transformation
plus importante, qui va de l'état actuel non pas vers ce qui n'est
pas, mais vers ce qui actuellement n'est pas. | – Je ne serai donc   94
plus ? – Tu ne seras plus, mais autre chose sera, une chose dont

le monde a besoin désormais[1]. Tu n'es pas né, en effet, quand tu l'as voulu, mais quand le monde a eu besoin de toi.

< L'obéissance au dieu >

95   En conséquence, parce qu'il se rappelle qui il est, d'où il est venu et par qui il a été engendré, l'homme de bien se propose un seul objectif : comment occuper son poste
96 avec discipline et en obéissant au dieu. | « Tu veux que je continue à exister ? Je vivrai en homme libre, de noble caractère, comme tu l'as voulu ; car tu m'as créé dégagé de
97 toute entrave en ce qui est mien. | Tu n'as plus besoin de moi ? Bien, à ton gré. C'est à cause de toi et non d'un autre que je restais jusqu'à aujourd'hui ; aujourd'hui je t'obéis et je m'en
98 vais. » | – Comment t'en vas-tu ? – De nouveau comme tu l'as voulu : comme un homme libre, comme ton serviteur, comme
99 quelqu'un qui a compris tes ordres et tes interdictions. | Mais tant que je continue à vivre à ton service, que veux-tu que je sois ? Magistrat ou simple particulier, membre du Sénat ou homme du peuple, soldat ou général, maître d'école ou chef de famille ? Quels que soient le poste ou le rang que tu m'assigneras, je mourrai mille fois, comme dit Socrate, plutôt que de
100 l'abandonner[2]. | Où veux-tu que je sois ? À Rome, à Athènes, à Thèbes, à Gyaros[3] ? Seulement, souviens-toi de moi quand j'y
101 serai. | Si tu m'envoies en un endroit où il n'est pas possible de mener une vie d'homme conformément à la nature, je t'obéirai et j'irai, mais dans la pensée que tu me donnes le signal de la retraite ; je ne t'abandonne pas, au grand jamais ! Mais je

1. Texte controversé, mais quelle que soit la restitution adoptée, le sens n'est pas douteux : les êtres naissent et disparaissent selon que l'ordre du monde le demande, en a besoin.

2. *Cf.* ci-dessus I, 9, 24.

3. Voir I, 25, 19.

comprends que tu n'as pas besoin de moi. | Si par contre il 102
m'est accordé de vivre conformément à la nature, je ne
chercherai pas d'autre endroit que celui où je me trouve ni
d'autres hommes que ceux avec qui je vis. »

<Anticiper les événements >

Ces pensées, garde-les sous la main nuit et jour ; écris-les, 103
lis-les, qu'elles soient l'objet de tes entretiens, que tu te parles à
toi-même ou que tu t'adresses à quelqu'un d'autre : « Ne peux-
tu m'aider en cette occasion ? » Renouvelle ensuite ta demande
auprès d'un autre, et d'un autre encore. | Alors, s'il se produit 104
un de ces événements qu'on appelle des malheurs, la première
chose qui aussitôt soulagera ta peine, c'est la pensée que l'évé-
nement en question n'était pas inattendu. | Elle est en effet d'un 105
grand secours en toute circonstance, cette formule : « Je savais
que j'avais engendré un mortel[1]. » Voilà ce que tu diras, et
aussi : « Je savais que j'étais mortel », « Je savais que je pouvais
quitter mon pays », « Je savais que je pouvais être exilé », « Je
savais que je pouvais être jeté en prison ». | Ensuite, si tu fais 106
retour sur toi-même et cherches à quel domaine ressortit
l'événement, tu te rappelleras tout de suite qu'« il ressortit
aux choses soustraites à mon choix, à celles qui ne sont pas à
moi : en quoi donc me concerne-t-il ? » | Puis vient la question 107
principale : « Qui l'a envoyé ? » Le Prince ou le général, la
cité, la loi de la cité. « Donne-le-moi par conséquent. Car il me
faut obéir à la loi, toujours et en tout. » | Alors, lorsqu'une 108
représentation donnée te torture (cela ne dépend pas de toi, en
effet), engage la lutte avec elle au moyen de la raison,
bats-toi contre elle, ne lui permets pas de se renforcer et de

---

1. Formule attribuée à divers auteurs : Solon, Anaxagore, Xénophon. Voir
Cicéron, *Tusculanes*, III, 14, 30 ; D. L., II, 13.

figurer sans arrêt de nouvelles images, à son gré et à sa
109 façon[1]. | Si tu es à Gyaros, ne te figure pas la vie que tu avais
à Rome, avec les nombreux délassements que tu y trouvais
quand tu y vivais, et que tu retrouverais si tu y retournais ;
efforce-toi au contraire de mener à Gyaros la vie courageuse
que doit y mener l'habitant de Gyaros. Si tu es à Rome, ne
te figure pas la vie qu'on mène à Athènes, préoccupe-toi
uniquement de celle de Rome.

<Le philosophe, témoin du dieu >

110   Après cela, à la place des autres délassements sans
exception, mets celui qui résulte de la claire conscience que tu
as d'obéir au dieu et d'accomplir les tâches de l'homme de
111 bien non en paroles mais en acte. | Qu'il est beau, en effet, de
pouvoir se dire : « À présent, ce dont les autres traitent solen-
nellement dans les écoles et qu'ils prennent pour des paradoxes, moi je l'accomplis ; eux sont assis et commentent mes
vertus, ils font des recherches sur moi, ils chantent mes louan-
112 ges. | De tout cela, Zeus a voulu que je fournisse la preuve en
ma personne, il a voulu savoir s'il y a en moi le soldat qu'il faut,
le citoyen qu'il faut, il a voulu me produire aux yeux des autres
hommes comme témoin sur la question des réalités soustraites
à notre choix. "Voyez, <dit-il, > vous vous effrayez inconsidérément, vous désirez vainement ce que vous désirez. Ne
cherchez pas les biens hors de vous, cherchez-les en vous-
113 mêmes, sinon vous ne les trouverez pas. " | C'est pour cela que
tantôt il me conduit ici et tantôt m'envoie là-bas, qu'il
me montre aux hommes pauvre, sans magistrature, malade,
qu'il me dépêche à Gyaros, m'emmène en prison. Non qu'il
me haïsse – loin de moi une telle idée ! qui donc hait le

1. *Cf*. ci-dessus II, 18, 25.

meilleur de ses serviteurs ? – Ni non plus qu'il me néglige, lui qui ne néglige pas même les plus petites choses ; en réalité, il m'exerce et se sert de moi comme témoin devant les autres hommes. | Affecté à un tel service, dois-je encore m'inquiéter 114 du lieu où je réside, des gens avec qui je vis, de ce qu'on dit de moi ? Ne suis-je pas tout entier tendu vers le dieu, vers ses instructions et ses commandements ? »

< *La sérénité du philosophe* >

Si tu as sans cesse ces principes sous la main, si tu les 115 remâches en toi-même et te les rends faciles à appliquer, tu n'auras jamais besoin de personne pour t'encourager et te forti-fier. | Car ce qui est honteux, ce n'est pas de ne pas avoir de 116 quoi manger, c'est de ne pas avoir assez de raison pour t'éviter la crainte et la peine. | Une fois que tu t'es procuré de quoi 117 n'éprouver ni peine ni crainte, y aura-t-il encore pour toi un tyran, un prétorien, des partisans de César ? Te sentiras-tu encore piqué de jalousie envers celui qui a reçu une promotion ou ceux qui sacrifient au Capitole pour leur prise de fonction, toi qui as reçu de Zeus une si haute magistrature ? | Seulement, 118 n'en fais pas étalage, ne t'en vante pas, montre-la par ta conduite ; et même si personne ne s'en aperçoit, qu'il te suffise d'être toi-même en bonne santé et heureux.

25) À CEUX QUI ABANDONNENT LEURS RÉSOLUTIONS

1   Parmi tes résolutions initiales, examine quelles sont celles que tu as tenues et celles pour lesquelles ce n'est pas le cas ; et aussi comment le souvenir des premières te réjouit, comment au contraire celui des secondes te pèse ; si c'est possible,

2 reprends même celles qui te sont sorties de l'esprit. | Car ceux qui livrent le plus grand des combats ne doivent pas hésiter, ils

3 doivent même accepter les coups. | Ce combat, en effet, n'a rien à voir avec la lutte ou le pancrace : dans ces derniers, selon qu'on y connaît le succès ou l'échec, on peut se voir gratifié des plus grands honneurs ou ne recueillir qu'une estime médiocre et ainsi, par Zeus, on peut être le plus fortuné des hommes ou le plus malheureux ; mais ici il y va de la bonne fortune et du

4 bonheur eux-mêmes. | Quelle conséquence ? Ici, même si nous nous laissons abattre, personne ne nous empêche de recommencer le combat ; et il n'est pas nécessaire d'attendre une nouvelle période de quatre ans pour voir revenir d'autres Jeux Olympiques, mais une fois qu'on s'est ressaisi, qu'on a retrouvé ses forces et pour peu qu'on y apporte la même ardeur, il est possible de reprendre le combat aussitôt. Si on succombe de nouveau, de nouveau la même possibilité existe. Et si une bonne fois on remporte la victoire, on est pareil à celui qui n'a jamais succombé.

5   Seulement veille à ce qu'à force de répéter le même comportement, tu n'en viennes à agir ainsi par plaisir, et ne finisses, comme un mauvais athlète, par parcourir le cycle des épreuves en éternel vaincu, à la manière des cailles qui

6 s'enfuient[1]. | « Je suis vaincu par la représentation d'une jolie

---

1. D'après un texte de Pollux (IX, 109), on peut y voir une allusion à une sorte de jeu-combat, dans lequel les cailles qui ont résisté aux épreuves (et

fille. Eh quoi ? N'ai-je pas déjà été vaincu l'autre jour ? J'ai envie de blâmer quelqu'un ; ne l'ai-je pas fait déjà l'autre jour ? » | Tu nous parles de cela comme si tu t'en étais sorti sans 7 dommage ; c'est comme si quelqu'un disait au médecin qui lui interdit de prendre un bain : « Mais n'ai-je pas pris un bain l'autre jour ? » Le médecin pourrait bien lui répondre : « Allons ! Comment te sentais-tu après le bain ? N'as-tu pas eu de la fièvre ? N'as-tu pas eu mal à la tête ? » | Et toi, en adressant 8 ce blâme l'autre jour, n'as-tu pas fait preuve de malveillance ? N'as-tu pas agi en pur bavard ? N'as-tu pas nourri ta mauvaise disposition en lui jetant en pâture des actes qui lui sont conformes ? Quand tu as été vaincu par la fille, t'en es-tu sorti sans dommage ? | Pourquoi mentionner ce que tu as fait l'autre 9 jour ? Tu aurais dû t'en souvenir, je pense, comme les esclaves se souviennent des coups, et ainsi t'éviter les mêmes fautes. | Mais ce n'est pas la même chose : chez les esclaves, le 10 souvenir est produit par la douleur ; mais pour les fautes, quelle douleur éprouve-t-on, quel châtiment subit-on ? Quand donc t'es-tu habitué à fuir les mauvaises actions ?

même perdu des plumes) sont néanmoins considérées comme victorieuses ; les vaincues, elles, se réjouissent de pouvoir s'envoler et d'être en vie (*cf.* le coq de IV, 1, 124 ci-dessous).

26) À CEUX QUI CRAIGNENT LE DÉNUEMENT

1   N'as-tu pas honte d'être plus lâche et plus méprisable que les esclaves fugitifs ? Comment font-ils, eux, quand ils s'enfuient et abandonnent leurs maîtres ? Sur quels champs comptent-ils, sur quels serviteurs ? Après avoir dérobé le peu qu'il leur faut pour les premiers jours, ne se lancent-ils pas ensuite sur terre ou sur mer en inventant sans cesse un nouvel 2 expédient pour subsister ? | Quel esclave fugitif est jamais mort de faim ? Mais toi tu trembles, de peur de manquer du néces- 3 saire, et tu n'en dors pas la nuit. | Malheureux, es-tu assez aveugle pour ne pas distinguer cette route, pour ne pas voir où conduit le manque du nécessaire ? Quelle est donc la destination ? Celle à laquelle mène aussi la fièvre, à laquelle mène aussi la pierre qui te tombe sur la tête, la mort. N'as-tu pas toi-même souvent tenu ce propos à tes camarades, n'as-tu pas lu bien des fois des choses de ce genre, n'as-tu pas beaucoup écrit sur le sujet ? Combien de fois t'es-tu vanté de garder la mesure face à la mort ?

4   – Oui, mais les miens auront faim eux aussi. – Eh quoi ? Est-ce que d'aventure leur faim les conduit ailleurs ? Ne s'agit-il pas de la même descente ? Les choses d'en bas ne sont-elles 5 pas les mêmes que pour toi ? | Ne veux-tu pas affronter courageusement toute espèce de dénuement et de manque, et tourner alors ton regard vers ce lieu où doivent descendre aussi les gens les plus riches, ceux qui exercent les plus hautes magistratures, les rois et les tyrans eux-mêmes, à cette différence près que toi, si tel est ton sort, c'est la faim qui t'y précipite, alors qu'eux ce 6 sont les indigestions et les excès de boisson ? | Quel mendiant as-tu jamais vu ne pas atteindre aisément la vieillesse ? et même l'extrême vieillesse ? Au contraire, tout en grelottant de nuit comme de jour, en gisant par terre, en se nourrissant du 7 strict nécessaire, ils sont bien près de ne pouvoir mourir ! | Et

toi, qui es un homme en parfait état, qui disposes de tes mains et
de tes pieds, tu as tellement peur de la faim ? Ne peux-tu puiser
de l'eau [1], écrire, accompagner les enfants à l'école, être portier
chez les autres ? – Mais c'est une honte d'être réduit à cette
nécessité ! – Pour commencer, apprends quelles choses sont
honteuses, et ensuite viens nous dire que tu es philosophe.
Mais pour le moment, ne supporte même pas qu'un autre le
dise de toi.

Est-ce que tu regardes comme honteuse une chose qui 8
n'est pas ton œuvre, dont tu n'es pas la cause, qui t'est arrivée
par accident comme un mal de tête ou un accès de fièvre ?
Supposons que tes parents soient pauvres, ou bien qu'ils soient
riches mais aient institué héritiers d'autres que toi, supposons
en outre que de leur vivant ils ne te viennent pas en aide : tout
cela est-il une honte pour toi ? | Est-ce là ce que tu apprenais 9
chez les philosophes ? N'as-tu jamais entendu dire que ce qui
est honteux est blâmable, et qu'est blâmable ce qui mérite
d'être blâmé ? Mais qui mérite de l'être pour ce qui n'est pas
son œuvre, pour ce qu'il n'a pas fait ? | Est-ce toi qui as créé 10
cette situation, qui as fait que ton père est ce qu'il est ? Ou bien
t'est-il possible de le corriger ? Est-ce que cela t'a été accordé ?
Quoi ? Faut-il que tu veuilles les choses qui ne t'ont pas été
accordées, ou que tu aies honte d'y avoir échoué ? | Est-ce aussi 11
en pratiquant la philosophie que tu t'habituais à tourner ton
regard vers les autres et à ne rien espérer de toi-même ? | Dans 12
ce cas, lamente-toi, gémis et mange dans la crainte de ne pas
avoir de quoi te nourrir demain ! Et pour tes esclaves, tremble
qu'il n'y en ait un qui te vole, un qui s'enfuie, un qui meure !
| Vis donc ainsi, ne cesse jamais de le faire, toi qui n'as eu accès 13
à la philosophie que de nom, qui as déshonoré ses principes

1. Comparer ci-dessous, phrase 23, fin.

théoriques autant que cela dépendait de toi en rendant manifeste qu'ils sont inutiles et vains pour ceux qui les accueillent.
Jamais tu n'as cherché à atteindre la fermeté, l'absence de
trouble, l'absence de passions. Tu n'as courtisé personne
dans ce but, mais tu en as courtisé beaucoup pour apprendre
les syllogismes. Jamais tu n'as sérieusement examiné en toi-
même une de ces représentations dont nous parlons, en te
demandant : « Suis-je capable de supporter cela, oui ou non ?

14 Que me reste-t-il à faire ? » | Mais, comme si tu étais à tout
point de vue en bon état et en sécurité, tu t'es installé dans le
thème qui vient en dernier, celui de l'assurance inébranlable[1] ;
mais que voulais-tu rendre inébranlable ? Ta lâcheté, ta bassesse, ton admiration pour les riches, tes désirs insatisfaits, tes
aversions contrariées. Voilà ce dont la sécurité te préoccupait !

15 Ne faudrait-il pas que la raison commence par produire un
résultat, qu'on mettra en sécurité ensuite ? A-t-on jamais vu
quelqu'un couronner une maison d'une corniche sans cons-
truire les murs extérieurs ? Quel portier est placé à une porte

16 qui n'existe pas ? | Mais toi tu t'exerces pour acquérir la capa-
cité de démontrer ; de démontrer quoi, en fait ? Tu t'exerces à
ne pas être égaré par des sophismes. Égarer à partir d'où ?

17 | Montre-moi d'abord ce que tu conserves, ce que tu mesures
ou ce que tu pèses ; et ensuite fais-moi voir ta balance ou ton

18 médimne[2]. Jusqu'à quand vas-tu mesurer de la cendre ? | Ce
qu'il te faut démontrer, n'est-ce pas ce qui rend les hommes
heureux, ce qui fait avancer leurs affaires comme ils le veulent,

---

1. Voir ci-dessus II, 17, 15 et III, 2, 1-5. La question de l'ordre des matières
ou des thèmes d'étude ne reçoit pas toujours la même réponse ; en I, 17, 6,
Épictète se place à un autre point de vue et demande qu'on commence par la
logique. Voir aussi III, 2, 16-18 où sur le même sujet il fait une distinction en
fonction de l'avancement du disciple.

2. Mesure de capacité.

ce qui leur permet de n'avoir personne à blâmer, personne à qui faire des reproches, mais de se soumettre au gouvernement de l'univers ? Montre-moi tout cela. | « Voici, je te le montre, dit 19 l'autre, je vais analyser des syllogismes. » Cela, esclave, c'est ce qui mesure, non ce qui est mesuré. | C'est pourquoi tu es 20 maintenant châtié pour tes négligences : tu trembles, tu ne dors pas, tu demandes conseil à tout le monde, et si tes résolutions ne doivent pas être agréées par tous, tu penses qu'elles sont mauvaises.

Ensuite tu redoutes la faim, à ce que tu crois. Mais ce n'est 21 pas elle que tu redoutes, tu as peur de ne pas avoir de cuisinier, de maître d'hôtel, de ne pas avoir quelqu'un qui te chausse, un autre qui t'habille, de ne pas avoir de gens qui te frictionnent, d'autres qui t'accompagnent au bain, | pour que, une fois 22 déshabillé et étendu comme ceux qu'on crucifie, tu te fasses frictionner un peu partout, puis que le masseur s'approche et commande : « Change de place, donne-moi ton côté ; toi, tiens-lui la tête, présente-moi son épaule » ; et qu'enfin, de retour du bain, tu te mettes à crier : « Personne ne m'apporte à manger ? » et encore : « Enlève la table et nettoie-la. » | Voilà ce que tu 23 redoutes : de ne pouvoir mener la vie d'un malade ; car s'il s'agit de vivre celle des gens bien portants, apprends comment vivent les esclaves, les ouvriers, les authentiques philosophes, comment a vécu Socrate qui avait femme et enfants, comment a vécu Diogène, comment a vécu Cléanthe qui puisait de l'eau en même temps qu'il étudiait[1]. | Si c'est cela que tu veux 24 obtenir, tu l'obtiendras partout et tu vivras en toute confiance. Confiance en quoi ? En cela seul à quoi on puisse se fier, la chose sûre, qu'on ne peut empêcher ni enlever, à savoir

---

1. D. L. rapporte que Cléanthe puisait l'eau dans les jardins pour gagner sa vie (VII, 168).

25 ta propre faculté de choix. | Mais pourquoi t'es-tu rendu à
ce point inutile et vain que personne ne consente à t'accueillir
chez lui, que personne ne consente à s'occuper de toi ?
Pourtant, tout homme découvrant un ustensile jeté au rebut,
mais intact et pouvant encore servir, le ramassera en pensant y
trouver profit ; tandis qu'avec toi personne n'aura une idée
26 pareille, mais tout le monde croira que c'est pure perte. | Ainsi
tu n'es même pas capable de rendre le service que rend un
chien ou un coq. Pourquoi donc veux-tu continuer à vivre si tu
es un être de cette espèce ?

27   Un homme de bien craint-il que les vivres puissent lui
manquer ? Ils ne manquent pas aux aveugles, ils ne manquent
pas aux boiteux ; manqueront-ils à l'homme de bien ? Au bon
soldat ne manque pas celui qui le paie, ni non plus au bon
ouvrier, ni au bon cordonnier ; mais il manquera à l'homme de
28 bien ? | Le dieu se désintéresse-t-il à ce point de ses créatures,
de ses serviteurs, de ses témoins, des seuls êtres dont il se serve
comme exemples à destination des gens sans éducation pour
montrer qu'il existe, qu'il gouverne bien l'univers, qu'il ne se
désintéresse pas des affaires humaines, que « pour l'homme de
bien il n'y a rien qui soit un mal, ni de son vivant ni après sa
mort[1] » ?

29   – Que dire alors lorsqu'il ne me procure pas de vivres ? –
Quoi d'autre, sinon qu'à la manière d'un bon général il m'a
donné le signal de la retraite ? J'obéis, je le suis, en glorifiant
30 celui qui me commande et en chantant ses œuvres. | Je suis en
effet venu quand il l'a décidé, et je repars parce qu'il le décide ;
tant que je vivais, mon œuvre était de chanter le dieu, à part moi
31 comme devant les autres, qu'il y en ait un ou plusieurs. | Il me
procure peu de choses, sans profusion, il ne veut pas que je

---

1. Citation presque littérale de Platon, *Apologie de Socrate*, 41d.

vive dans le luxe. Il n'en procurait pas non plus beaucoup à
Héraclès, son propre fils, mais c'est un autre qui régnait à
Argos et à Mycènes alors que lui recevait des ordres, supportait
les fatigues et les épreuves. | Eurysthée[1] de son côté, qui était 32
roi d'Argos et de Mycènes, ne l'était pas en réalité puisqu'il ne
régnait même pas sur lui-même ; tandis qu'Héraclès exerçait le
pouvoir et le commandement sur la terre et la mer tout entières,
il les purgeait de l'injustice et du désordre, y introduisait la
justice et la piété, et tout cela il l'accomplissait bien qu'il fût nu
et solitaire. | Quand Ulysse fit naufrage et fut jeté sur le rivage, 33
le dénuement où il se trouvait lui a-t-il fait perdre courage,
l'a-t-il brisé ? Au contraire : comment allait-il vers les jeunes
filles pour leur demander le nécessaire, alors qu'une telle
requête adressée à autrui passe pour la chose la plus honteuse
qui soit ?

> Comme un lion nourri dans la montagne[2].

Sur quoi se reposait-il ? Non pas sur sa réputation ni sur 34
ses richesses ni sur les pouvoirs qui étaient les siens, mais sur
sa force à lui, c'est-à-dire ses jugements sur ce qui dépend
ou ne dépend pas de nous. | Eux seuls, en effet, rendent les 35
hommes libres, les affranchissent des obstacles, eux seuls font
redresser la tête aux humiliés et permettent de regarder en face,
droit dans les yeux, les riches et les tyrans. | Voilà le cadeau du 36
philosophe ; et toi tu ne partiras pas d'ici avec confiance, mais
en tremblant de tous tes membres pour tes pauvres vêtements
et tes petits vases d'argent ? Malheureux ! C'est ainsi que tu as
perdu ton temps jusqu'à maintenant ?

– Et qu'arrivera-t-il si je tombe malade ? – Tu seras 37
malade honorablement. – Qui me soignera ? – Le dieu, tes

---

1. Voir ci-dessus, II, 16, 44.
2. *Odyssée*, VI, 130.

amis. – Je coucherai sur la dure ! – Mais comme un être viril.
– Je n'aurai pas de chambre convenable. – Et dans une chambre
convenable tu ne seras pas malade ? – Qui me préparera ma
nourriture ? – Ceux qui la préparent aux autres aussi bien : tu
seras malade comme Manès[1]. – Et quel sera le terme de ma
38 maladie ? | – En est-il un autre que la mort ? Est-ce que tu
réfléchis bien au fait que, pour l'homme, le fondement de tous
les maux, de la bassesse, de la lâcheté, ce n'est pas la mort mais
39 bien plutôt la peur de la mort ? | C'est contre elle que je te
demande de t'exercer ; que tous tes raisonnements, toutes tes
études, toutes tes lectures tendent à cela, et tu verras que c'est la
seule façon pour les hommes d'acquérir la liberté.

---

1. Nom d'esclave. Allusion probable à un mot de Zénon : malade, ce
dernier refuse qu'on lui serve un mets plus délicat, et demande qu'on le traite
« comme Manès » (trait rapporté par Musonius Rufus ; voir Télès et Musonius,
Prédications, Paris, Vrin, 1978, p. 116-117).

LIVRE IV

1) DE LA LIBERTÉ

<Définition. Conséquence : l'homme mauvais n'est pas libre >

Est libre celui qui vit comme il veut[1], qu'on ne peut 1
ni contraindre, ni empêcher, ni forcer, dont les propensions
ne sont pas entravées, dont les désirs atteignent leur but, dont
les aversions ne sont pas contrariées. | Qui donc veut vivre 2
dans l'échec ? – Personne. – Qui veut mener une vie de dupe,
une vie d'homme emporté, injuste, intempérant, pleurnicheur,
indigne ? – Personne. | – Donc aucun homme mauvais[2] ne vit 3
comme il veut, et par conséquent aucun homme mauvais n'est
libre. | Et qui veut vivre dans la peine, la crainte, l'envie, la 4
pitié[3], éprouvant des désirs qu'il ne peut satisfaire et tombant
sur ce qu'il veut éviter ? – Pas un seul. | – Or, trouvons-nous 5
un homme mauvais qui soit sans peine, sans crainte, sans

---

1. Cette formule n'est pas une innovation stoïcienne : à quelques variantes
près, elle figure chez les historiens, chez Platon, Aristote et d'autres. Elle est
présentée tantôt comme l'expression adéquate de la liberté, tantôt comme une
interprétation dangereuse de l'aspiration à la liberté.
2. Voir la note à II, 22, 25.
3. Sur la pitié, voir I, 28, 9.

aversions contrariées, sans désirs insatisfaits ? – Aucun. – Donc aucun non plus qui soit libre.

<Différents aspects de la servitude. La sujétion à l'empereur>

6 Si un homme qui a été deux fois consul entend cela, et que par ailleurs tu ajoutes : « Mais toi du moins tu es un sage, cela
7 ne te concerne nullement », il te pardonnera. | Si au contraire tu lui dis la vérité, à savoir : « Pour ce qui est d'être esclave, tu ne diffères en rien de ceux qui ont été vendus trois fois, tu l'es toi aussi », à quoi dois-tu t'attendre sinon à des coups ?
8 | « Comment, dit-il, je suis esclave, moi ? Mon père est libre, ma mère est libre, et personne ne possède d'acte de vente me concernant. De surcroît, je suis membre du Sénat, ami de César, j'ai été consul, et je possède beaucoup d'esclaves. »
9 | Tout d'abord, très honorable sénateur, peut-être que ton père subissait le même esclavage que toi, ainsi que ta mère, ton
10 grand-père et toute la série de tes ancêtres. | Et même s'ils étaient aussi libres qu'on peut l'être, quel rapport avec toi ? Qu'est-ce que cela fait s'ils avaient noble caractère et si tu es, toi, sans noblesse ? S'ils étaient dépourvus de crainte et si toi tu es lâche ? S'ils étaient maîtres d'eux-mêmes et si tu es
11 intempérant ? | – Quel rapport, réplique-t-il, avec le fait d'être esclave ? – D'après toi, agir contre son gré, être contraint, gémir, tout cela n'a aucun rapport avec le fait d'être esclave ?
12 | – Soit, admet-il. Mais qui a le pouvoir de me contraindre sinon
13 le Souverain universel, César ? | – Tu as donc toi aussi un maître, tu viens toi-même d'en convenir. Qu'il soit, comme tu l'affirmes, le maître commun de tous ne doit pas te consoler ; rends-toi compte seulement que tu es esclave dans une grande
14 maison. | Les habitants de Nicopolis eux aussi ont coutume de s'écrier : « Par la fortune de César, nous sommes libres ! »

<Le désir>

Mais, si tu veux bien, laissons César pour l'instant ; 15
réponds plutôt à cette question : n'as-tu jamais été épris de
quelqu'un, fille ou garçon, esclave ou libre ? | – Qu'est-ce que 16
cela a à voir avec le fait d'être esclave ou libre ? | – N'as-tu 17
jamais reçu de la personne aimée l'ordre de faire quelque chose
que tu ne voulais pas ? N'as-tu jamais flatté ta petite esclave ?
Ne lui as-tu jamais baisé les pieds ? Pourtant, si on te force
à baiser ceux de César, tu considères cela comme un outrage
et le comble de la tyrannie. | L'esclavage est-il donc autre 18
chose ? N'es-tu jamais, la nuit, allé où tu ne voulais pas ?
N'as-tu pas dépensé plus que tu ne voulais ? N'as-tu pas
proféré gémissements et lamentations, supporté d'être injurié,
d'être empêché d'entrer ? | Mais si tu as honte d'en convenir 19
pour ce qui te concerne, regarde un peu comment parle et agit
Thrasonidès[1], un soldat qui a fait beaucoup de campagnes,
plus que toi sans doute. D'abord il est sorti la nuit, à un moment
où Gétas n'avait pas le courage de le faire (s'il y avait
été contraint par son maître, il serait sorti en poussant force
cris et en déplorant son amer esclavage). | Ensuite, que dit 20
Thrasonidès ?

> Une fillette *(ce sont ses mots)* m'a réduit en esclavage, une
> fillette de vil prix,
> Moi que jamais aucun ennemi n'a pu soumettre.

Malheureux ! tu es esclave d'une fillette, et d'une fillette 21
de vil prix ! Pourquoi continuer à te dire libre ? Pourquoi faire
étalage de tes campagnes ? | Et voici qu'il réclame une épée, se 22
fâche contre celui qui la lui refuse par bonté d'âme, envoie des

---

1. Personnage de la comédie de Ménandre intitulée *Misouménos* (*Le Haï*).
Thrasonidès est un mercenaire, Gétas est son esclave.

cadeaux à celle qui le hait, supplie, pleure, et inversement se
23 rengorge après un petit succès. | Du reste, même dans ce cas,
comment un tel homme, qui n'a pas appris à ne pas désirer et à
ne pas craindre, possèderait-il la liberté[1] ?

< L'exemple de la liberté des animaux >

24 Réfléchis à la manière dont nous appliquons la notion de
25 liberté au cas des animaux. | Il y a des gens qui élèvent des lions
apprivoisés après les avoir mis en cage, ils les nourrissent,
et certains même les emmènent avec eux en voyage : qui
dira qu'un tel lion est libre ? N'est-il pas vrai que plus il a la
vie facile, plus il est esclave ? Quel lion qui viendrait à
acquérir le sentiment et la raison voudrait être un de ces lions-
26 là ? | Et ces oiseaux qu'on a attrapés et qu'on élève en cage, que
ne souffrent-ils pas en cherchant à s'échapper ? Certains
d'entre eux se laissent mourir de faim plutôt que de supporter
27 une telle existence ; | ceux qui survivent ont une vie difficile,
pénible, ils se consument, et si jamais ils trouvent la moindre
ouverture ils s'élancent au-dehors : si grand est le désir de la
liberté naturelle, d'une vie indépendante et sans obstacles.
28 | Mais quel mal y a-t-il pour toi à être en cage ? « Quelle
question ! Je suis né pour voler où je veux, vivre en plein ciel,
chanter quand je veux. Tu me prives de tout cela et me
demandes : "Quel mal y a-t-il pour toi à être en cage ?" »
29 Pour cette raison, nous appelons libres les seuls animaux
qui ne supportent pas la captivité et qui, aussitôt qu'ils sont
30 capturés, s'échappent par la mort. | C'est en ce sens que Dio-
gène également dit quelque part qu'il n'y a qu'un moyen
d'accéder à la liberté, à savoir accepter de bon cœur de mourir,

---

1. Pour la fin de la phrase 23, la traduction suit la restitution conjecturale de
C. Schenkl.

et qu'il écrit au roi de Perse[1] : « Tu ne peux pas réduire en esclavage la cité des Athéniens ; pas plus, ajoute-t-il, que les poissons. | – Comment ? Je ne prendrai pas ces gens-là ? – Si tu 31 les prends, rétorque-t-il, ils auront tôt fait de te quitter et de s'en aller, à la manière des poissons : si tu en attrapes un, en effet, il meurt ; et si les Athéniens que tu auras pris meurent, à quoi te sert ton armement ? » | Ce sont là les mots d'un homme libre, 32 qui a examiné la question avec soin et a, comme il se doit, trouvé la réponse. Si tu la cherches ailleurs que là où elle est, qu'y a-t-il d'étonnant si tu ne la trouves jamais ?

<L'esclave et la liberté >

L'esclave souhaite être affranchi sans délai et devenir un 33 homme libre. Pourquoi ? À votre avis, parce qu'il a envie de verser de l'argent aux percepteurs de l'impôt du vingtième[2] ? Non, mais parce qu'il s'imagine que, faute d'avoir obtenu sa liberté, il a jusqu'ici mené une existence pleine d'entraves et malheureuse. | « Si je suis affranchi, se dit-il, tout prend 34 aussitôt un cours heureux : je n'ai à faire attention à personne, je m'adresse à tous comme un égal et un semblable, je voyage où je veux, je quitte les lieux que je veux, je vais où je veux. » | Ensuite, une fois affranchi, comme il ne sait où trouver à 35 manger, il se met immédiatement à la recherche de quelqu'un à flatter, de quelqu'un chez qui dîner. Alors, ou bien il trafique de son corps et endure les pires outrages, même s'il a une mangeoire, et le voilà tombé dans un esclavage bien plus dur que le précédent ; | ou bien, s'il s'est enrichi, l'homme grossier 36

---

1. Schenkl propose de supprimer « de Perse ». Mais il peut s'agir d'Artaxerxès Ochus, un roi de Perse qui a eu des différends avec Athènes au temps de Diogène.

2. Impôt payé à l'occasion d'un affranchissement.

qu'il est s'éprend d'une fille de rien ; dès lors il est malheureux,
37 il éclate en sanglots, et finit par regretter l'esclavage. | « En
quoi était-ce un mal pour moi ? Un autre m'habillait, un autre
me chaussait, me nourrissait, me soignait, et mon service
auprès de lui se réduisait à peu de choses. À présent, malheureux que je suis, comme je souffre en servant plusieurs maîtres
38 au lieu d'un ! | Cependant, ajoute-t-il, si j'obtiens les bagues [1],
alors du moins j'aurai une vie facile et heureuse au plus haut
point ! » D'abord, pour les obtenir, il subit ce qu'il mérite ;
39 puis, s'il les obtient, la même histoire recommence. | Il dit
alors : « Si je m'engage comme soldat, je suis débarrassé de
tous mes maux ! » Il s'engage, subit tout ce qu'un vaurien de
son espèce subit, et réclame néanmoins une deuxième puis une
40 troisième campagne [2]. | À la fin, arrivé au sommet et devenu
sénateur, il devient esclave dès qu'il entre dans l'assemblée, et
il endure alors l'esclavage le plus honorable et le plus brillant.

< Le mauvais usage des prénotions >

41   Eh bien, qu'il ne perde pas le sens, qu'il apprenne plutôt,
comme le disait Socrate, « ce qu'est chacun des êtres [3] », qu'il
n'applique pas au hasard les prénotions aux natures parti-
42 culières. | C'est cela, en effet, la cause de tous les maux pour les
hommes : être incapable d'appliquer les prénotions communes
43 aux cas particuliers. | Chacun de nous s'imagine une chose
différente. Un tel croit qu'il est malade ; il n'en est rien, mais
c'est qu'il applique mal les prénotions. Un autre croit être
pauvre, un autre qu'il a un père ou une mère difficiles à

---

1. À Rome, les bagues d'or étaient le privilège de l'ordre équestre.
2. Voir II, 14, 17.
3. La formule se trouve notamment chez Xénophon, *Mémorables*, IV, 6, 1.
Mais l'idée est présente aussi dans les dialogues platoniciens.

supporter, un autre que César n'est pas bien disposé à son égard. Tout cela se ramène à un seul et même point : on ne sait pas appliquer les prénotions. | Par exemple, qui donc n'a pas la 44 prénotion du mal et ignore qu'il est nuisible, qu'il faut l'éviter, l'écarter par tous les moyens ? Une prénotion n'est pas en contradiction avec une autre, la contradiction surgit lorsqu'on en vient à l'application. | Quel est donc ce mal, cette chose 45 nuisible et qu'il faut éviter ? Il affirme que c'est de ne pas être ami de César : cet homme s'est fourvoyé, il a manqué la bonne application, il est accablé, il cherche une chose qui n'a rien à voir avec ce qu'il se proposait, car s'il obtient l'amitié de César, il ne s'en trouve pas moins frustré de l'objet de sa recherche. | En effet, qu'est-ce que tout homme cherche ? À 46 trouver son équilibre, à être heureux, à tout faire comme il veut, à ne pas être empêché, à ne pas être contraint. Or quand il est devenu ami de César, a-t-il cessé d'être empêché, a-t-il cessé d'être contraint, a-t-il trouvé l'équilibre, la sérénité ? À qui devons-nous le demander ? Avons-nous un témoin plus digne de foi que celui-là même qui est devenu ami de César ? | Viens 47 parmi nous, et dis-nous quand ton sommeil était moins troublé, maintenant ou avant d'être devenu ami de César ? La réponse ne tarde pas : « Au nom des dieux, arrête de plaisanter sur mon sort ! Tu ne sais pas ce que j'endure, malheureux que je suis ! Le sommeil ne m'approche même plus, mais quelqu'un arrive et me dit que César est déjà réveillé, que déjà il s'avance ! Et tracas et soucis ne font que commencer ! » | Voyons, quand 48 avais-tu plus de plaisir à prendre tes repas, maintenant ou auparavant ? Écoute encore ce qu'il répond à cette question : s'il n'est pas invité, il en est chagriné ; s'il est invité, il prend son repas comme un esclave auprès de son maître, veillant sans relâche à ne pas dire ou faire de sottise. Et de quoi penses-tu qu'il ait peur ? D'être fouetté comme un esclave ? Ce serait trop beau ! Mais, comme il sied à un homme de ce rang, à un ami de

49 César, il a peur de perdre sa tête. | Quand prenais-tu ton bain plus tranquillement ? Quand avais-tu plus de loisir pour les exercices du gymnase ? Bref, quelle vie préfères-tu mener,
50 celle de maintenant ou l'ancienne ? | Je peux te jurer que personne n'est assez insensible ou assez hypocrite pour ne pas se lamenter sur ses malheurs, et d'autant moins qu'il est plus ami de César.

> *<La liberté exclut le malheur, parce qu'elle implique l'autonomie >*

51   – Mais alors, si ni ceux qu'on appelle rois ni les amis des rois ne vivent comme ils veulent, que reste-t-il comme hommes libres ? – Cherche, et tu trouveras. La nature t'a donné des ressources pour trouver la vérité. Si tu n'es pas capable de trouver par toi-même le parti qu'on peut en tirer en t'appuyant simplement sur elles, mets-toi à l'écoute de ceux qui ont fait
52 cette recherche. | Que disent-ils ? <Écoute : > La liberté est-elle un bien, selon toi ? – Le plus grand des biens ! – Celui qui obtient le plus grand bien peut-il être malheureux ou être dans une situation difficile ? – Non. – Donc tous ceux que tu vois malheureux, misérables, en larmes, affirme résolument
53 qu'ils ne sont pas libres. – Je l'affirme. | – Ainsi nous voilà déjà bien loin de l'achat, de la vente et des opérations du même genre qui permettent d'acquérir un bien[1]. Car si tu as eu raison d'accepter les propositions précédentes, le Grand Roi n'est pas libre s'il est malheureux, pas plus qu'un petit roi, un personnage de rang consulaire ou un homme qui a été deux fois consul. – Soit.
54   – Eh bien, réponds-moi encore sur ce point : la liberté, d'après toi, est-elle une chose importante, noble, de grande

---

1. Allusion au mode ordinaire d'acquisition des esclaves.

valeur ? – Comment le nier ? – Est-il possible alors que celui qui obtient une chose si importante, d'une aussi grande valeur et si noble ait l'âme basse ? – Ce n'est pas possible. | – Donc 55 lorsque tu vois quelqu'un faire l'empressé auprès d'un autre, lui adresser des flatteries qui contredisent ce qu'il pense, déclare résolument que cet homme non plus n'est pas libre ; et ce non seulement s'il le fait pour un malheureux petit repas, mais aussi si c'est pour un poste de gouverneur ou pour le consulat. Tout au plus, appelle « petits esclaves » ceux qui agissent ainsi pour de petites choses, et les autres, comme ils le méritent, « grands esclaves. » – Je t'accorde cela également.

– Penses-tu que la liberté inclue le fait de disposer 56 absolument de soi-même et d'être autonome[1] ? – Comment dire le contraire ? – Par conséquent, celui qu'un autre homme peut empêcher ou contraindre d'agir, affirme résolument qu'il n'est pas libre. | Et, je t'en prie, ne considère pas ses grands- 57 parents ou ses arrière-grands-parents, ne cherche pas d'acte d'achat ou de vente ; mais si tu l'entends dire du fond du cœur et avec émotion : « Seigneur ! », fût-il précédé de douze faisceaux[2], affirme qu'il est esclave. Si tu l'entends dire : « Malheureux que je suis ! Quelles souffrances ! », affirme qu'il est esclave. Si, pour faire bref, tu le vois verser des larmes, se plaindre, être malheureux, affirme que c'est un esclave en robe prétexte[3]. | S'il ne fait rien de tout cela, ne dis pas encore 58 qu'il est libre, mais informe-toi de ses jugements, et vois s'ils trahissent d'une manière ou d'une autre la contrainte, l'empêchement, le malheur ; si c'est le cas, affirme que c'est un

1. Les deux termes grecs (αὐτεξούσιον, αὐτόνομον) signifient exactement, pour le premier, un pouvoir absolu de soi sur soi, et pour le second, la faculté de se donner à soi-même sa loi.

2. Les consuls étaient précédés de douze licteurs portant des faisceaux.

3. Voir I, 24, 6.

esclave en congé à l'occasion des Saturnales[1], ou que son
maître est en voyage : il va revenir, et tu verras alors quelles
59   souffrances il endure. – Qui va revenir ? | – Quiconque dispose
du pouvoir de procurer ou d'enlever à notre homme ce qu'il
veut avoir. – C'est donc pour cela que nous avons tant de
maîtres ? – Oui. C'est que, avant eux, nous avons pour maîtres
les choses elles-mêmes, et elles sont nombreuses. D'où il suit
nécessairement que ceux qui disposent du pouvoir sur une de
60   ces choses sont aussi nos maîtres. | Car, crois-moi, personne ne
craint César lui-même ; ce que l'on craint, c'est la mort, l'exil,
la confiscation des biens, la prison, la privation des droits. Et
personne non plus n'aime César, à moins que, pour une raison
ou une autre, il ne mérite toute notre estime ; mais nous aimons
la richesse, le tribunat, la préture, le consulat. À partir du
moment où nous aimons, haïssons ou craignons toutes ces
choses, il est inévitable que ceux qui en disposent soient nos
maîtres. Pour cette raison, nous nous prosternons aussi devant
61   eux comme devant des dieux ; | car nous pensons que l'être qui
dispose du pouvoir de nous assurer les plus grands avantages
est divin. Nous posons alors, par erreur, cette mineure : « Or cet
homme dispose du pouvoir de nous assurer les plus grands
avantages. » La conclusion qui en découle est nécessairement
fausse elle aussi.

< Ce qui dépend de nous et ce qui n'en dépend pas >

62   Qu'est-ce donc qui fait que l'homme n'est pas empêché et
dispose absolument de lui-même ? Ce n'est pas la richesse, en
effet, ni le consulat, ni un poste de gouverneur, ni la royauté ; il
63   faut trouver autre chose. | Voyons, quand on écrit, qu'est-ce
qui fait qu'on n'est pas empêché ni entravé ? – La science de

---

1. Comme ci-dessus I, 25, 8.

l'écriture. – Et quand on joue de la cithare ? – La science du jeu
de la cithare. – Donc, quand il s'agit de vivre, c'est la science
de la conduite de la vie. | Cela, tu l'as entendu énoncé de façon 64
générale, mais examine aussi à présent les cas particuliers.
Celui qui désire quelque chose qui dépend d'autrui, est-il
possible qu'il ne soit pas empêché ? – Non. – Qu'il ne soit
pas entravé ? – Non. | – Il n'est donc pas possible qu'il soit 65
libre. Considère alors ceci : n'avons-nous rien qui dépende de
nous seuls, ou bien toutes choses dépendent-elles de nous
seuls ? N'est-ce pas plutôt que les unes dépendent de nous, et
les autres d'autres choses ? | – Que veux-tu dire ? – Prenons ton 66
corps : quand tu veux qu'il reste intact, cela dépend-il de toi,
oui ou non ? – Cela ne dépend pas de moi. – Et qu'il soit en
bonne santé ? – Cela non plus. – Et qu'il soit beau ? – Non plus.
– Et s'il s'agit de vivre et de mourir ? – Non plus. – Donc ton
corps est chose étrangère, il est soumis à tout ce qui est plus
fort. – Soit. | – Et ton champ, dépend-il de toi de le posséder 67
quand tu veux, aussi longtemps que tu veux, tel que tu le veux ?
– Non. – Et tes petites esclaves ? – Non. – Et tes vêtements ?
– Non. – Et ta petite maison ? – Non. – Et tes chevaux ? – Rien
de tout cela. – Et quand tu veux à tout prix que tes enfants
vivent, ou ta femme, ton frère, tes amis, cela dépend-il de toi ? –
Cela non plus.

– Ne possèdes-tu donc rien dont tu disposes absolument, 68
qui dépende exclusivement de toi, ou possèdes-tu quelque
chose de ce genre ? – Je ne sais pas. – Eh bien, considère la
question ainsi et examine le point suivant. | Quelqu'un peut-il 69
te faire donner ton assentiment[1] au faux ? – Personne. – Par
conséquent, quand il s'agit d'assentiment, tu ne subis aucun
empêchement, aucune entrave ? – Je te l'accorde. | – Voyons. 70

1. Sur les trois points évoqués ici, l'assentiment (§ 69), la propension (§ 70)
et le désir (§ 74), voir notamment l'*Entr*. III, 2, 1-5.

Peut-on te contraindre à te porter vers[1] ce que tu ne veux pas ?
– Oui. Quand quelqu'un me menace de mort ou d'emprison-
nement, il me contraint à me porter vers ce que je ne veux pas.
– Cependant, si tu méprises la mort ou la prison, lui prêtes-tu
71 encore attention ? – Non. | – Mais est-ce ton affaire à toi, oui ou
non, de mépriser la mort ? – C'est mon affaire. – C'est donc
aussi ton affaire de te porter vers tel ou tel objet, n'est-ce pas ?
– Soit, c'est mon affaire. – Et de te détourner de quelque
72 chose ? Cela aussi est ton affaire. | – Mais quoi ! Supposons
que je veuille[2] me promener et que celui-là m'en empêche ?
– Quelle part de toi empêchera-t-il ? Serait-ce ton assentiment ? – Non, mais mon pauvre corps. – Oui, comme on arrête
une pierre. – Certes, mais moi, du coup, je ne me promène
73 plus ! | – Qui donc t'a dit : « C'est ton affaire de te promener
sans en être empêché » ? Je disais, moi, que la seule chose
exempte d'empêchement est la faculté de te porter vers
quelque chose. Mais dans les domaines où l'on a besoin du
corps et de sa collaboration, tu as depuis longtemps appris que
rien n'est à toi. – D'accord aussi sur ce point.

74   Et désirer ce que tu ne veux pas, un individu quelconque
peut-il t'y contraindre ? – Personne. – À faire des projets, t'y
appliquer, et généralement parlant à faire usage des représen-
75 tations qui surviennent ? | – À cela non plus. Mais si je désire
quelque chose, il va m'empêcher d'atteindre l'objet de mon
désir. – Comment t'en empêchera-t-il si l'objet de ton désir fait
partie des choses qui sont à toi et qu'on ne peut empêcher ?
– D'aucune manière. – Et qui te dit que celui qui désire une
76 chose étrangère ne peut être empêché ? | – Mais alors je ne

---

1. Dans les phrases 70-73, le verbe *se porter* se réfère à la propension,
hormè (et *se détourner* à son contraire, *aphormè*).
2. Il s'agit toujours du même verbe et donc de la même référence à la
propension.

peux pas désirer la santé ? – En aucun cas, pas plus qu'aucune
autre chose étrangère. | Car ce qu'il ne dépend pas de toi de te   77
procurer ou de conserver quand tu le veux est chose étrangère.
Éloignes-en non seulement tes mains, mais surtout ton désir.
Faute de quoi, tu t'es déjà toi-même livré comme esclave, tu as
tendu le cou en te laissant impressionner par ce qui n'est pas à
toi, en t'attachant passionnément à une de ces choses, quelle
qu'elle soit, qui sont soumises au pouvoir d'autrui et péris-
sables[1]. | – Ma main n'est-elle pas à moi ? – C'est une partie qui   78
est à toi, mais par nature c'est de l'argile, quelque chose qui
peut être empêché, contraint, et se trouve esclave de tout ce qui
est plus fort. | Et pourquoi te parler de ta main ? C'est ton corps   79
tout entier qu'il te faut tenir pour un ânon qui a reçu une charge,
aussi longtemps qu'il en est capable, aussi longtemps qu'il
t'est accordé. Si une réquisition a lieu et qu'un soldat s'en
saisisse, laisse-le, ne t'y oppose pas, ne gronde pas. Sinon tu
recevras des coups et n'en perdras pas moins ton ânon. | Et si   80
tu dois te comporter ainsi à l'égard du corps, vois ce qui reste
pour les autres choses qu'on se ménage en vue du corps. Si ce
dernier est un ânon, le reste, ce sont les petites brides de l'ânon,
le petit harnais, les petits sabots, l'orge, le fourrage. Laisse
aller cela aussi, détache-t'en plus vite et plus aisément encore
que de l'ânon.

<*Cette distinction nous libère des passions* >

   Ainsi préparé et exercé à distinguer les choses étrangères   81
de celles qui te sont propres, celles qu'on peut empêcher de
celles qu'on ne peut empêcher, à considérer que les dernières
ont rapport à toi mais non les premières, à prendre grand soin
de diriger ton désir vers les secondes, et aussi ton aversion,

---

1. Texte incertain.

82 peux-tu encore craindre quelqu'un[1] ? – Non, personne. | – En
   effet, à quel sujet éprouveras-tu de la crainte ? Au sujet de ce
   qui est à toi, là où se trouve pour toi l'essence du bien et du
   mal ? Qui donc a pouvoir sur cela ? Qui peut te l'enlever, qui
   peut y mettre obstacle ? Personne, pas plus qu'on ne peut le
83 faire au dieu. | Mais craindras-tu pour ton corps et tes biens ?
   Pour des choses qui te sont étrangères ? Qui n'ont aucun
   rapport à toi ? À quoi t'es-tu donc entraîné depuis le début,
   sinon à distinguer ce qui est à toi et ce qui ne l'est pas, ce qui
   dépend de toi et ce qui n'en dépend pas, ce qui peut être
   empêché et ce qui ne peut l'être ? Dans quel but es-tu allé
   trouver les philosophes ? Pour être aussi infortuné et misérable
84 qu'auparavant ? | Donc, grâce à cette distinction, tu seras
   délivré de crainte et de trouble. Quant à la peine, quel rapport
   a-t-elle avec toi ? Car c'est ce que l'on craint par anticipation
   qui engendre la peine quand la chose arrive. Et pour ce qui est
   du désir passionné, quel en sera l'objet désormais ? En effet,
   pour les choses qui dépendent de ton choix, parce qu'elles sont
   belles et à ta portée, ton désir est mesuré et stable, et pour celles
   qui sont soustraites à ton choix, tu n'as aucun désir susceptible de faire le lit de l'élément irrationnel, véhément, qui se
   précipite au-delà de toute mesure.

85   Quand tu es ainsi disposé envers les choses, quel homme
   peut encore t'inspirer de la crainte ? Qu'a donc un homme qui
   puisse inspirer de la crainte à un autre homme ? Son aspect, son
   langage, ou simplement les relations qu'on peut avoir avec
   lui ? Non, pas plus qu'un cheval n'a de quoi inspirer de la
   crainte à un cheval, un chien à un chien, une abeille à une
   abeille. Ce sont les choses qui inspirent de la crainte à chacun

---

1. Sont successivement abordées ici trois des quatre passions
fondamentales de la doctrine stoïcienne : la crainte (φόβος, § 81), la peine ou le
chagrin (λύπη) et le désir passionné ou l'appétit (ἐπιθυμία, § 84).

de nous ; et quand un homme peut les procurer ou les enlever à un autre, c'est alors qu'il inspire lui aussi de la crainte.

< La citadelle intérieure >

Comment une citadelle est-elle détruite[1] ? Ni par le fer ni 86 par le feu, mais par les jugements. En effet, si nous abattons la citadelle qui se trouve dans la cité, avons-nous abattu pour autant celle de la fièvre, celle des jolies petites femmes, en un mot la citadelle qui est en nous ? Avons-nous chassé les tyrans qui résident en nous, qui pèsent quotidiennement sur chacune de nos activités, tantôt les mêmes et tantôt différents ? | C'est 87 par là qu'il faut commencer, en partant de là qu'il faut abattre la citadelle et expulser les tyrans : laisser le pauvre corps et ses membres, les talents, les biens, la réputation, magistratures, honneurs, enfants, frères, amis, et regarder tout cela comme choses étrangères. | Si les tyrans sont expulsés de cette place, 88 pourquoi encore abattre les murs de la citadelle, pour ce qui me concerne du moins ? Qu'est-ce que cela me fait qu'elle reste debout ? Pourquoi encore expulser les gardes du corps ? Est-ce que je les aperçois ? Où ça ? Leurs verges, leurs lances, leurs épées, c'est pour d'autres qu'ils les portent. | Pour ce qui me 89 concerne, je n'ai jamais été empêché de faire ce que je voulais, ni contraint de faire ce que je ne voulais pas. Comment est-ce possible ? J'ai joint ma propension au dieu. Il veut que j'aie de la fièvre, je le veux aussi. Il veut que je dirige ma propension vers tel objet, je le veux aussi. Il veut que j'éprouve un désir, je

---

1. Comme on voit dans la suite, il s'agit de la forteresse où se réfugie ordinairement le tyran d'une cité, et qui symbolise la menace qui pèse sur les habitants. En conséquence, dans la suite du paragraphe, « la citadelle qui est en nous » ne doit pas être confondue avec la citadelle à laquelle Marc-Aurèle compare l'intelligence libre de passions (*Pensées*, VIII, 48), ni avec la ville fortifiée évoquée par Épictète en IV, 5, 25.

le veux aussi. Il veut que j'obtienne telle chose, je le souhaite
90 aussi. Il ne le veut pas, je ne le souhaite pas. | Je veux donc
mourir ; je veux donc[1] être torturé. Qui peut encore m'empêcher ou me contraindre en s'opposant à ce que je me représente comme bon ? Aussi impossible que d'empêcher ou de
contraindre Zeus.

< S'attacher au dieu >

91   C'est aussi dans cet esprit qu'agissent les plus prudents
parmi les voyageurs. Le bruit court que la route est infestée de
voleurs ; on n'ose pas se déplacer seul, mais on attend la
compagnie d'un ambassadeur, d'un questeur, d'un proconsul ;
92 on se joint à leur escorte, et on fait la route en sécurité. | Et voici
comment, dans le monde, agit l'homme sensé : « Nombreux
sont les voleurs en bandes, les tyrans, les tempêtes, les priva-
tions, les pertes de ce qu'on a de plus cher. Où trouver refuge ?
93 | Comment faire route à l'abri des voleurs ? Quelle compagnie
94 attendre pour voyager en sécurité ? | À qui se joindre ? À un tel,
à cet homme riche, à ce personnage consulaire. Mais à quoi
cela me servira-t-il ? Lui-même est dépouillé, il se lamente,
il pleure. Et si mon compagnon de route se retourne contre
95 moi et me vole ? Que ferai-je ? | Je serai l'ami de César ; si je
suis un de ses familiers, personne ne me fera de mal. Mais
– première objection – pour le devenir, combien de choses
me faut-il supporter et subir, combien de vols, combien de
voleurs ! Ensuite, au cas où je le deviens, il est mortel lui aussi.
96 | Et si quelque circonstance fâcheuse fait de lui mon ennemi ?
Vaut-il mieux que je me retire quelque part ? Dans un désert ?
97 | Mais quoi ! la fièvre ne pénètre-t-elle pas jusque-là ? Que

---

1. Ces propositions ne peuvent être prises absolument ; les « donc » invitent
à sous-entendre : « dans le cas où le dieu le veut. »

peut-il arriver alors ? N'est-il pas possible de trouver un
compagnon de route sûr, loyal, fort, et dénué d'intentions mal-
veillantes à mon endroit ? » | Voilà les réflexions auxquelles se   98
livre l'homme sensé, et il comprend alors qu'il accomplira son
trajet en sécurité s'il se joint au dieu.

    – Que veux-tu dire par « se joindre » ? – Faire en sorte que   99
ce que le dieu veut, l'homme le veuille aussi ; et que ce que le
dieu ne veut pas, il ne le veuille pas non plus. – Mais comment
cela peut-il se faire ? | – Comment, sinon en examinant les pro-   100
pensions du dieu et son gouvernement ? Que m'a-t-il donné qui
soit à moi et dont je dispose absolument, que s'est-il réservé
pour lui-même ? Il m'a donné les actes qui relèvent de la
faculté de choix, il a fait qu'ils dépendent de moi, qu'ils
soient exempts d'entraves, non empêchés. Ce corps d'argile,
comment pouvait-il faire qu'il fût exempt d'empêchement ?
Il l'a en conséquence soumis à la révolution universelle, de
même que mes biens, mon mobilier, ma maison, mes enfants,
ma femme. | Pourquoi donc combattre contre la divinité ?   101
Pourquoi vouloir ce qu'elle ne veut pas, vouloir à tout prix
posséder ce qu'elle ne m'a pas donné ? Comment posséder
alors ? Conformément à la façon dont cela m'a été donné, et
aussi longtemps que la chose est possible. Mais celui qui me l'a
donné me l'enlève. Pourquoi résister ? Je ne dis pas que ce
serait sot de ma part d'user de violence contre plus fort que
moi, je dis que ce serait d'abord injuste. | En effet, d'où tenais-   102
je toutes ces choses en arrivant dans ce monde ? C'est mon père
qui me les a données ; mais qui les lui avait données ? Et qui a
fait le soleil, les fruits, les saisons, qui a fait l'union entre les
hommes et la communauté qu'ils forment les uns avec les
autres ?

<Savoir participer à la fête, et savoir se retirer >

103   Après cela, alors que tu as reçu d'un autre toutes ces choses et ta personne elle-même, tu t'indignes et tu adresses des reproches au donateur s'il t'en enlève une ? Qui es-tu pour
104 réagir ainsi, et pourquoi es-tu venu en ce monde ? | N'est-ce pas lui qui t'y a introduit ? N'est-ce pas lui qui t'a fait voir la lumière ? Lui qui t'a donné des collaborateurs, des sens, la raison ? En quelle qualité t'a-t-il introduit dans le monde ? N'est-ce pas comme un être mortel ? Comme un être destiné à vivre sur terre avec un misérable petit morceau de chair, et, pour un temps, à contempler son gouvernement, à lui faire
105 cortège, à participer avec lui à la fête ? | Ne veux-tu donc pas contempler, aussi longtemps que cela t'a été accordé, le cortège et l'assemblée réunie pour la fête, puis, quand il te fait sortir, t'en aller après l'avoir humblement salué et remercié
106 pour ce que tu as entendu et vu ? | « Non, je voulais encore participer à la fête ! » Certes, les initiés aussi veulent que les initiations se poursuivent, et à Olympie les spectateurs veulent sans doute aussi voir d'autres athlètes encore. Mais l'assemblée prend fin ; quitte les lieux, éloigne-toi en homme reconnaissant et réservé. Fais place à d'autres. Il faut que d'autres naissent comme toi-même tu es né, et une fois nés qu'ils aient un territoire, des maisons et tout le nécessaire. Mais si les premiers ne s'en vont pas, que reste-t-il pour les suivants ? Pourquoi te montrer insatiable ? Pourquoi n'es-tu jamais satisfait ? Pourquoi obstruer le monde ?
107   – Oui, mais je veux que mes enfants et ma femme soient avec moi. – Sont-ils à toi ? Ne sont-ils pas à celui qui te les a donnés ? À celui qui t'a fait ? Ne renonceras-tu donc pas à ce qui n'est pas à toi ? Ne céderas-tu pas devant celui qui t'est
108 supérieur ? | – Mais pourquoi m'a-t-il introduit dans le monde sous ces conditions ? – Si elles ne te conviennent pas, va-t'en ; il n'a pas besoin d'un spectateur qui se lamente sans arrêt sur

son sort. Il lui faut des êtres qui prennent part avec lui à la fête et aux chœurs, pour applaudir plutôt que pour se lamenter, pour accueillir l'inspiration divine et chanter des hymnes en l'honneur de l'assemblée. | Ceux qui ne supportent pas les 109 fatigues et les lâches, c'est sans déplaisir qu'il les verra écartés de l'assemblée ; car, quand ils étaient présents, ils ne vivaient pas comme dans une fête, ils n'occupaient pas le poste qui leur convenait, mais ils étaient anxieux, s'en prenaient à la divinité, à la fortune, aux gens de leur entourage ; ils n'avaient pas conscience de ce que la fortune leur avait accordé, ni des pouvoirs qu'ils avaient reçus pour combattre l'adversité : la grandeur d'âme, la noblesse de caractère, le courage, et cette liberté même que nous sommes en train de chercher.

– Dans quel but ai-je donc reçu tout cela ? – Pour t'en 110 servir. – Jusqu'à quand ? – Aussi longtemps que celui qui a mis ces dons à ta disposition le voudra. – Mais s'ils me sont nécessaires ? – Ne t'y attache pas et ils ne le seront pas. Ne dis pas qu'ils te sont nécessaires, et ils ne le sont pas.

Voilà l'exercice que tu devrais pratiquer du matin au soir. 111 Commence par les choses les plus insignifiantes et les plus fragiles, un vase, une coupe ; continue ensuite l'exercice avec une petite tunique, un petit chien, un petit cheval, un petit champ ; de là, passe à toi-même, à ton corps, aux membres de ton corps, à tes enfants, à ta femme, à tes frères : | regarde bien 112 de tous côtés autour de toi, et rejette tout cela loin de toi. Purifie tes jugements, de manière à ce que rien de ce qui n'est pas à toi ne finisse par adhérer à toi, par faire partie de toi, et ne te fasse souffrir si on te l'arrache. | Et en faisant tes exercices quoti- 113 diens, comme au gymnase, dis-toi non pas que tu pratiques la philosophie (admettons que ce nom soit lourd à porter), mais que tu présentes un émancipateur au juge [1]. C'est cela, en effet, la véritable liberté.

<La vraie liberté. Diogène, modèle d'homme libre >

114   C'est elle que Diogène a reçue d'Antisthène, et il disait que plus personne ensuite n'avait été en mesure de
115 l'asservir. | Vois de quelle façon, en conséquence, s'est déroulée sa capture, comment il se comporta avec les pirates [2] ! A-t-il appelé l'un d'eux maître ? (Je ne parle pas du nom, car je n'ai pas peur du mot mais de l'état d'esprit d'où vient le mot [3]).
116 | Comment il leur reproche de mal nourrir leurs prisonniers ! Et comment s'est passée sa vente ! Cherchait-il un maître ? Non, un esclave. Une fois vendu, quelle fut son attitude envers son maître ! Tout de suite, il s'est mis à discuter avec lui, lui disant qu'il ne devait pas s'habiller de telle façon, ne pas se faire couper les cheveux de telle façon et, concernant ses fils,
117 comment ils devaient vivre. | Qu'y a-t-il là d'étonnant ? Si cet homme avait acheté un maître de gymnastique, l'aurait-il traité, dans les exercices de la palestre, comme un serviteur ou comme un maître ? Et pareillement dans le cas d'un médecin ou d'un architecte. Ainsi, en toute matière, c'est une nécessité absolue que l'homme compétent l'emporte sur l'incompétent.
118 | Si donc, de façon générale, quelqu'un possède la science de la vie, quelle autre conséquence s'impose sinon qu'il soit le maître ? Qui est maître sur un navire ? – Le pilote. – Pourquoi ?

---

1. C'est-à-dire : tu es en voie d'obtenir la liberté grâce à un tiers. La phrase suivante (114) montre comment on peut appliquer cette situation au disciple libéré par un maître de philosophie.

2. Anecdote déjà évoquée en III, 24, 66.

3. Allusion à une définition de la voix humaine (*phônè*) attribuée à Diogène le Babylonien par D. L. (VII, 55), et qui devait être une formule scolaire bien connue.

Parce que celui qui lui désobéit est puni. – Mais mon maître peut me maltraiter. | – Peut-il le faire impunément ? – Non ; 119 c'est ce que je pensais aussi. – Mais parce qu'il ne peut le faire impunément, cela ne lui est pas permis. Personne ne peut commettre l'injustice impunément. | – Et d'après toi, quel est le 120 châtiment qu'encourt celui qui a mis son esclave aux fers ? – Le fait de l'avoir mis aux fers. Tu l'admettras toi aussi, si tu veux sauver l'idée que l'homme n'est pas une bête sauvage mais un être vivant civilisé. | Par exemple, quand une vigne est-elle en 121 mauvais état ? Quand elle est dans une situation contraire à sa nature. Et un coq ? Également. | Un homme aussi, par consé- 122 quent. Or quelle est la nature de ce dernier ? De mordre, de ruer, de jeter en prison, de décapiter ? Non, mais de faire du bien, de prêter son concours, d'adresser des prières. Il est donc en mauvais état, que tu le veuilles ou non, quand il agit avec violence.

– Socrate, par conséquent, n'était pas en mauvais état ? 123 – Non, mais ses juges et ses accusateurs l'étaient. – Ni non plus Helvidius[1], à Rome ? – Non, mais bien celui qui l'a fait mettre à mort. | – Que veux-tu dire ? – La même chose que toi 124 <en d'autres circonstances> : tu ne dis pas qu'un coq est en mauvais état quand il a remporté la victoire, fût-il sérieusement blessé, mais quand il a été vaincu, fût-il indemne. Tu ne déclares pas non plus heureux un chien qui ne court ni ne se fatigue, mais bien celui que tu vois en sueur, souffrant, épuisé par la course. | Que disons-nous de paradoxal si nous affirmons 125 que, pour tout être, est mal ce qui est contraire à sa nature ? Est-ce là un paradoxe ? N'est-ce pas ce que tu dis toi-même quand il s'agit de tous les autres êtres ? Pourquoi en juges-tu autrement dans le seul cas de l'homme ? | Mais dire que la 126

---

1. Helvidius Priscus était le gendre de Thraséa Paetus (voir *Entr.*, I, 1, 26). Tacite, *Histoires*, IV, 5, en fait un bel éloge.

nature de l'homme est celle d'un être civilisé, aimant, loyal, ce
127 n'est pas un paradoxe, n'est-ce pas ? – Cela non plus. | – En
quel sens alors ne subit-on aucun dommage lorsqu'on est
maltraité, jeté en prison, décapité ? N'est-ce pas que, dans ce
cas, l'homme endure les épreuves noblement et s'en retire à
son avantage, en en tirant profit, alors que l'homme qui subit
un dommage est celui qui endure les épreuves les plus
pitoyables et les plus infamantes et qui, au lieu d'être un
homme, devient loup, vipère ou guêpe ?

\<Résumé des points précédents \>

128   Allons, reprenons les points sur lesquels nous sommes
d'accord. Est libre l'homme qui n'est pas empêché, qui a les
choses à sa disposition conformément à sa volonté. Celui que
l'on peut empêcher ou contraindre, entraver, jeter contre son
129 gré dans quelque entreprise, celui-là est esclave. | Mais quel est
celui qui n'est pas empêché ? Celui qui ne désire rien de ce qui
lui est étranger. Quelles choses nous sont étrangères ? Celles
qu'il ne dépend pas de nous d'avoir ou de ne pas avoir, ni
d'avoir avec telle et telle qualité ou de telle et telle manière.
130 | Par conséquent, notre corps nous est étranger, étrangers ses
membres, étrangers nos biens. Si donc tu t'attaches à l'une de
ces choses comme si elle t'appartenait en propre, tu recevras le
châtiment que mérite celui qui désire les choses étrangères.
131 | Voilà la route qui conduit à la liberté, le seul moyen d'échap-
per à l'esclavage et de pouvoir dire un jour de toute son âme :

> Conduis-moi, Zeus, et toi, Destinée,
> Au but que jadis vous m'avez assigné[1].

---

1. Citation de Cléanthe (*S.V.F.*, I, n° 527). Cf. *Entr.*, II, 23, 42 et III, 22, 95 ;
Manuel, 53.

*<L'évidence morale. Le philosophe à l'école et en dehors
de l'école >*

Mais que dis-tu de ceci, philosophe ? Le tyran te demande 132
de dire quelque chose qu'il ne convient pas que tu dises. Le
diras-tu, oui ou non ? Réponds-moi. – Laisse-moi examiner la
question. – C'est maintenant que tu l'examines ? Et quand tu
étais à l'école, qu'examinais-tu ? Ne t'exerçais-tu pas à reconnaître les biens, les maux, et ce qui n'est ni l'un ni l'autre ?
– Si. | – Et quelles étaient vos conclusions ? – Que les choses 133
justes et belles étaient des biens, que les choses injustes
et laides étaient des maux [1]. – Vivre serait-il un bien ? – Non.
– Et mourir, un mal ? – Non. – Et la prison ? – Non. – Mais une
parole vile et déloyale, la trahison d'un ami, la flatterie envers
le tyran, comment cela vous apparaissait-il ? – Comme des
maux. | – Eh bien, quoi ? Il n'est pas vrai que tu examines la 134
question à présent, ni que ton examen soit achevé et ta décision
prise. Qu'est-ce que cet examen où il s'agit de savoir si, quand
je peux me procurer les plus grands biens, il convient d'éviter
de me procurer les plus grands maux ? Bel examen, bien
nécessaire et réclamant une longue délibération ! Pourquoi te
moques-tu de nous, homme ? Jamais un tel examen n'a lieu.
| Si tu te représentais vraiment les choses laides comme des 135
maux et le reste comme indifférent, tu n'en serais pas venu
à demander un délai de réflexion, loin de là ; au contraire, tu
pouvais sur-le-champ trancher la question par la pensée, aussi
aisément que s'il s'agissait d'en juger par la vue. | T'arrive-t-il 136
jamais d'examiner si le noir est blanc, si le lourd est léger ? Est-
ce que tu ne suis pas l'évidence des phénomènes ? Comment
peux-tu dire maintenant que tu examines s'il faut plus éviter ce
qui est indifférent que ce qui est mal ? | En réalité, tu n'assumes 137

---

1. Sur cette formule voir la note à III, 3, 6.

pas ces jugements : à tes yeux, les premiers de ces objets ne sont pas indifférents mais constituent les pires des maux, et tu crois que les seconds ne sont pas des maux mais qu'ils n'ont aucun rapport avec nous[1].

138   C'est en effet une habitude que tu as prise depuis le commencement. «Où suis-je ? À l'école. Et qui sont ceux qui m'écoutent ? Je parle avec des philosophes. Mais à présent j'ai quitté l'école : épargne-moi ces discours scolaires, ces

139 folies !» | C'est ainsi qu'un philosophe témoigne contre son ami[2], qu'un philosophe fait le métier de parasite ou se vend pour de l'argent ; c'est ainsi qu'au Sénat un homme parle

140 contre sa pensée, | tandis qu'à l'intérieur de l'école il clame son jugement, non une froide et misérable petite opinion, suspendue à des raisonnements aventureux comme par un cheveu, mais un jugement solide, de bon usage, et formé par l'exercice

141 pratique. | Observe-toi : dans quel état es-tu si tu apprends – je ne dis pas : que ton enfant est mort ; tu ne le supporterais pas !

142 – que ton huile s'est répandue, que ton vin a été bu ? | On aimerait que quelqu'un vienne te voir alors, dans l'état de tension où tu te trouverais, et te dise simplement ceci : «Philosophe, tu parles autrement à l'école. Pourquoi nous tromper ? Pourquoi dire que tu es un homme quand tu n'es

143 qu'une larve ?» | J'aimerais être près d'un ces philosophes pendant qu'il fait l'amour, pour voir le mal qu'il se donne, les mots qu'il prononce, pour voir s'il se souvient de son nom[3], des raisonnements qu'il entend, qu'il formule ou qu'il lit.

1. Voir § 133 : «les premiers» renvoie à la mort, à la prison, etc. ; «les seconds», aux paroles viles, à la trahison…

2. *Cf.* Tacite, *Annales*, XVI, 32.

3. C'est-à-dire : du nom de philosophe qu'il s'attribue.

<La servitude de ceux qui briguent les honneurs >

– En quoi cela concerne-t-il la liberté ? – Mais c'est 144
justement cela qui la concerne, et rien d'autre, que cela vous
plaise ou non, à vous les riches ! – Quelle caution en as-tu ?
| – Nulle autre que vous-mêmes qui, avec le maître puissant[1] 145
qui est le vôtre, réglez votre vie sur le moindre de ses signes de
tête ou de ses gestes, qui défaillez pour peu qu'il regarde de
travers l'un d'entre vous, qui courtisez les vieilles femmes et
les vieillards, et qui dites : « Je ne peux pas faire telle chose,
cela ne m'est pas permis. » | Pourquoi cela ne t'est-il pas 146
permis ? Ne m'objectais-tu pas tout à l'heure que tu étais libre ?
« Mais Aprylla m'en a empêché ! » Dis donc la vérité, esclave,
ne te sauve pas de chez tes maîtres, ne les renie pas, n'aie pas le
front de nous présenter ton émancipateur quand il y a tant de
preuves de ton esclavage ! | À vrai dire, celui que l'amour 147
contraint à agir contre ce qu'il pense, et qui a beau voir ce qui
est meilleur mais n'a pas la force de le suivre, pourrait plutôt
être jugé digne de pardon, possédé qu'il est par une force
violente et pour ainsi dire divine. | Mais toi, qui peut supporter 148
de te voir en amoureux des vieilles femmes et des vieillards, en
train de moucher et de laver les premières, de les gagner par des
cadeaux, occupé tantôt à les soigner comme un esclave quand
elles sont malades, tantôt à former des vœux pour qu'elles
meurent, et sondant les médecins pour savoir si elles ne vont
pas bientôt mourir ? Ou encore quand, pour obtenir ces hautes,
ces prestigieuses magistratures et dignités, tu vas baiser les
mains des esclaves d'autrui, tout cela pour être l'esclave de
gens qui ne sont même pas libres ? | Ensuite tu parades devant 149
moi, pénétré de ton importance de préteur ou de consul ! Est-ce
que je ne sais pas comment tu es devenu préteur, par quel

---

1. L'empereur.

150 moyen tu as obtenu le consulat, qui te l'a donné ? | Quant à moi,
je ne voudrais même pas vivre s'il me fallait vivre par la grâce
de Félicion[1], et supporter son air suffisant et son insolence
d'esclave. Car je sais ce qu'est un esclave qui se croit favorisé
par la fortune et qui en a l'esprit obnubilé.

<Deux exemples d'homme libre : Diogène et Socrate >

151 – Mais toi, dit l'interlocuteur, tu es libre ? – Je veux l'être,
par les dieux, je forme des vœux pour cela, mais je suis encore
incapable de regarder mes maîtres en face, je fais encore cas de
mon pauvre corps, et j'attache un grand prix à le conserver
152 intact bien qu'il ne le soit plus[2]. | Mais je peux te montrer un
homme libre, pour que tu n'aies plus à chercher de modèle.
Diogène était libre. Comment cela ? Ce n'est pas parce que ses
parents étaient libres (ce n'était pas le cas), mais parce que lui-
même l'était, parce qu'il avait rejeté tout ce qui donne prise à
l'esclavage, parce qu'il n'y avait aucun moyen de s'approcher
de lui ni d'endroit par où le saisir pour le réduire en esclavage.
153 | De tout ce qu'il possédait il pouvait aisément se détacher,
toute chose était seulement suspendue à lui[3]. Si tu avais mis la
main sur ses biens, il te les aurait abandonnés plutôt que de te
suivre à cause d'eux ; si on l'avait saisi par sa jambe, il aurait
abandonné sa jambe ; si on s'était emparé de son pauvre corps
tout entier, c'est le corps entier qu'il aurait abandonné ; pareillement pour ses proches, ses amis, sa patrie. Il savait d'où il les
154 tenait, de qui et à quelles conditions il les avait reçus. | Ses
véritables ancêtres, les dieux, et sa vraie patrie, jamais il ne

---

1. Voir I, 19, 17 *sq.*
2. Allusion manifeste à l'infirmité dont il souffrait.
3. C'est-à-dire : ne faisait pas partie de lui, mais était accrochée comme un
objet extérieur à sa personne.

les aurait abandonnés, jamais il n'aurait cédé à un autre le privilège de leur montrer plus d'obéissance et de soumission, et personne d'autre n'aurait plus volontiers donné sa vie pour sa patrie. | Car il ne cherchait jamais à *faire croire* qu'il faisait 155 quelque chose pour l'univers, mais il se souvenait que tout ce qui arrive trouve sa source dans l'univers, s'accomplit au profit de cette patrie, et nous est confié par celui qui la gouverne. | Regarde ce que, en conséquence, il dit et écrit lui-même : 156 « Pour cette raison – ce sont ses mots – il t'est permis à toi, Diogène, de t'entretenir à ta guise avec le roi des Perses et avec Archidamos, le roi des Lacédémoniens. » | Est-ce parce qu'il 157 était né de parents libres ? Mais les Athéniens, les Lacédémoniens, les Corinthiens, est-ce parce qu'ils étaient tous nés d'esclaves qu'ils ne pouvaient pas s'entretenir à leur guise avec ces rois, qu'ils craignaient au contraire, et courtisaient ? | Pourquoi alors dit-il que cela lui est permis à lui ? « Parce que 158 je ne regarde pas ce pauvre corps comme mien, parce que je n'ai besoin de rien, parce que la loi est tout pour moi et que le reste ne compte pas. » Voilà ce qui lui a donné la possibilité d'être libre.

Et pour que tu n'ailles pas croire que je me contente de te 159 présenter le modèle d'un homme isolé, sans femme ni enfants, sans patrie, sans amis, sans parents, qui tous pouvaient le faire fléchir et le distraire de ses occupations, prends Socrate et regarde bien : il avait femme et enfants, mais comme des choses étrangères ; une patrie, juste autant qu'il le devait et comme il le devait ; des amis, des parents, toutes ces relations étant subordonnées à la loi et à l'obéissance à la loi. | Pour cette 160 raison, quand il devait servir comme soldat, il était le premier à partir et, une fois à son poste, il s'exposait au danger sans le moindrement se ménager. Lorsque les tyrans l'envoyèrent

arrêter Léon [1], estimant que c'était là une action honteuse, il ne
délibéra même pas tout en sachant qu'il lui faudrait mourir, si
161 tel était son sort. | Que lui importait ? C'est autre chose qu'il
voulait sauver : non sa pauvre chair, mais l'homme loyal,
162 l'homme plein de réserve. | Ce sont des choses qu'on ne peut
attaquer, qu'on ne peut soumettre. Plus tard, quand il lui fallut
plaider pour sauver sa vie, s'est-il comporté comme quelqu'un
qui a des enfants, qui a une femme ? Non, mais en homme seul
au monde. Et quand il a fallu boire le poison, comment s'est-il
163 comporté ? | Alors qu'il pouvait être sauvé et que Criton lui
disait : « Évade-toi, à cause de tes enfants », que répond-il ?
A-t-il pensé que c'était une bonne aubaine ? Comment l'imaginer ? Il n'a en vue que l'honneur [2] ; le reste, il ne le voit même
pas, il n'en tient aucun compte. Car, dit-il, il voulait sauver non
son pauvre corps, mais ce qui est grandi et sauvé par la justice,
164 qui s'amoindrit et périt par l'injustice [3]. | Socrate ne sauve pas
sa vie par des moyens déshonorants, lui qui a refusé de faire
voter une motion en résistant à l'injonction des Athéniens [4], qui
méprisait les tyrans, qui a eu de si beaux entretiens sur la vertu
165 et l'honnêteté. | Il n'est pas possible de sauver cet homme par
des moyens déshonorants ; c'est par la mort qu'il se sauve, non
par la fuite. Le bon acteur, en effet, se sauve en s'arrêtant quand
166 il faut plutôt qu'en jouant à contretemps. | Que feront alors ses
enfants ? « Si je partais pour la Thessalie, vous preniez soin
d'eux ; et quand je serai descendu chez Hadès, il n'y aura

1. Voir IV, 7, 30 et la note.

2. Τὸ εὔσχημον : « ce qui est convenable », en un sens assez général ;
notion proche de celle de « devoir » (καθῆκον), mais ce dernier mot est utilisé
par les Stoïciens comme un terme technique, et renvoie à des « fonctions », à des
activités mieux déterminées socialement ou politiquement.

3. Dans tout ce passage sur les derniers instants de Socrate, Épictète
s'inspire du *Criton* de Platon ; plus précisément de 47d pour la fin du § 163.

4. Platon, *Apologie de Socrate*, 32b ; Xénophon, *Mémorables*, I, 1, 18.

personne pour en prendre soin [1] ? » Observe comme il parle de
la mort en termes lénifiants, comme il s'en moque.

S'il s'était agi de toi ou de moi, nous aurions tout de suite 167
établi philosophiquement « qu'il faut se défendre contre les
gens qui nous font du tort par des moyens identiques aux
leurs », et nous aurions ajouté : « Si je suis sauf, je serai utile à
beaucoup de monde ; mort, je ne serai utile à personne » ; et s'il
avait fallu passer par un trou de souris pour nous échapper,
nous l'aurions fait ! | Comment donc aurions-nous été utiles à 168
quelqu'un ? Où nous attendraient-ils, ces hommes à qui nous
serions utiles ? Ou bien, à supposer que nous leur soyons utiles
en restant en vie, n'aurions-nous pas rendu bien davantage
service aux hommes en mourant quand il le fallait et comme il
le fallait ? | Maintenant que Socrate est mort, son souvenir est 169
tout aussi utile aux hommes, sinon plus, que ce qu'il a fait et dit
quand il était encore en vie.

\<Conclusion\>

Médite tout cela, ces jugements, ces arguments, fixe les 170
yeux sur ces modèles si tu veux être libre, si tu désires passion-
nément cette chose comme elle le mérite. | Qu'y a-t-il d'éton- 171
nant si tu achètes une denrée d'une si grande valeur à un prix
aussi élevé, aussi considérable ? Pour ce qu'on croit être la
liberté, il y a des hommes qui se pendent, d'autres qui se jettent
dans un précipice, il est arrivé même que des villes entières
aient été détruites ; | et pour la liberté véritable, celle qui est 172
inattaquable et sûre, tu ne cèderas pas au dieu s'il te réclame ce
qu'il t'a donné ? Refuseras-tu de t'exercer, non seulement à
mourir, comme dit Platon [2], mais aussi à être torturé, exilé,

1. Platon, *Criton*, 54a.
2. Platon, *Phédon*, 64a et 67d-e.

173 maltraité, en un mot à rendre tout ce qui t'est étranger ? | Tu
seras alors un esclave parmi des esclaves, quand bien même tu
serais dix mille fois consul ; et tu ne le seras pas moins si tu
montes au Palatin[1]. Tu t'apercevras que, comme dit Cléanthe,
les philosophes énoncent peut-être des paradoxes, mais
174 sûrement pas de paralogismes[2]. | Car tu sauras par la réalité
des faits que ce qu'ils disent est vrai, et que les choses que l'on
admire et poursuit activement ne sont d'aucune utilité à ceux
qui les obtiennent ; ceux qui ne les ont pas encore obtenues
s'imaginent que si elles leur échoient tous les biens sans
exception seront à leur disposition ; puis, quand elles sont là,
la fièvre n'a pas baissé, et l'agitation, le dégoût, le désir
175 passionné de ce qu'on n'a pas sont les mêmes. | En effet, ce
n'est pas en se rassasiant des objets de ce désir qu'on se procure
176 la liberté, mais en le supprimant. | Et pour que tu saisisses bien
que cela est vrai, transfère à cette suppression la peine que tu as
dépensée pour atteindre les objets dudit désir ; consacre tes
177 veilles à acquérir le jugement qui te rendra libre. | Au lieu de
courtiser un riche vieillard, fais ta cour à un philosophe ;
montre-toi à sa porte, tu ne seras pas déshonoré si on t'y voit, tu
ne t'en iras pas les mains vides ni sans profit si tu l'approches
comme il faut. Dans tous les cas, essaie au moins : il n'y a pas
de honte à essayer.

1. Le palais des empereurs se trouvait sur le mont Palatin.
2. Ou, plus explicitement : les philosophes énoncent des propositions qui
peuvent heurter l'opinion commune, mais qui en aucun cas ne heurtent la
raison. Formule comparable de la part de Zénon, voir *S.V.F.*, I, n° 281.

2) DES RELATIONS AVEC AUTRUI

Voici un thème auquel tu dois t'appliquer avant tout autre : 1
ne jamais renouer avec une de tes anciennes connaissances ou
un de tes anciens amis au point de descendre aussi bas qu'eux ;
sinon tu te perdras. | Mais s'il te vient à l'esprit cette pensée : 2
« Je lui paraîtrai malappris, et il ne se comportera plus avec
moi comme avant », souviens-toi qu'on n'obtient rien gratui-
tement, et que si on n'agit plus de la même façon on ne
peut rester le même qu'on était. | Choisis donc : préfères-tu 3
conserver l'affection de tes anciens amis en restant semblable à
celui que tu étais précédemment, ou bien être meilleur et
perdre cette affection ? | Si ce dernier parti vaut mieux, adopte- 4
le sans délai, et ne t'en laisse pas détourner par les autres considérations. Car personne ne peut faire de progrès quand il hésite
entre deux partis ; mais si tu as choisi le second de préférence
à tout autre, si tu veux t'y tenir de façon exclusive et lui consa-
crer tous tes efforts, laisse tout le reste. | Sinon, ton hésitation 5
produira ce double effet : tu ne feras pas les progrès qu'il faut,
et tu n'obtiendras pas ce que tu obtenais auparavant.

Auparavant, en effet, quand tu désirais sans détours les 6
choses qui n'ont aucune valeur, tu plaisais à tes camarades. | Tu 7
ne peux te porter des deux côtés à la fois ; mais, nécessairement, dans l'exacte mesure où tu t'engages dans une direction
tu dois être distancé dans l'autre. En ne buvant plus avec les
gens avec qui tu buvais, tu ne peux leur paraître aussi agréable :
choisis donc si tu veux t'enivrer et leur être agréable, ou leur
déplaire en restant sobre. En ne chantant plus avec ceux avec
qui tu chantais, tu ne peux être aimé d'eux de la même façon :
choisis donc ici aussi le parti que tu préfères. | Car s'il vaut 8
mieux être réservé et décent que de s'entendre dire « Quel
homme agréable ! », laisse le reste, renonce, détourne-toi,
n'aie rien à voir avec eux. | Mais si ce parti ne te satisfait pas, 9

tourne-toi entièrement vers le parti opposé : deviens l'un de
ces débauchés, de ces adultères, agis en conséquence, et tu
obtiendras ce que tu veux. Acclame le danseur en sautant de
10 joie. | Mais des personnages aussi différents ne se mélangent
pas : tu ne peux interpréter à la fois le rôle de Thersite [1] et celui
d'Agamemnon. Si tu veux être Thersite, il faut que tu sois
bossu et chauve ; si c'est Agamemnon, il te faut être grand,
beau, et aimer ceux qui sont sous tes ordres.

---

1. *Cf.* II, 23, 32. Dans l'*Iliade*, II, 212 *sq.*, on trouve, entre autres, les traits
évoqués par Épictète dans la phrase suivante. La comparaison du sage avec
l'acteur ayant à jouer les rôles de Thersite ou d'Agamemnon avait été utilisée
par Ariston de Chios, selon D. L., VII, 160.

3) QUELLES CHOSES ON DOIT ÉCHANGER, ET CONTRE QUOI

Voici une question que tu dois avoir à l'esprit quand 1 il t'arrive de perdre une chose extérieure : qu'est-ce que tu acquiers en échange ? Et s'il s'agit de quelque chose qui vaut davantage, ne dis jamais : « Je suis lésé. » | Tu ne le dis pas si 2 en échange d'un âne tu acquiers un cheval, en échange d'un mouton un bœuf, en échange de menue monnaie une belle action ; ou si, au lieu de paroles futiles, tu acquiers la tranquillité qui convient, et au lieu de propos obscènes, la pudeur[1]. | Si 3 tu te souviens de cela, tu conserveras partout le rôle que tu dois avoir. Sinon, considère que tu consumes ton temps pour rien, et que tu t'apprêtes à gaspiller et à ruiner tous les efforts que tu déploies actuellement. | Il suffit de peu pour tout perdre et tout 4 ruiner, il suffit d'un petit écart de la raison. | Pour faire chavirer 5 son navire, le pilote n'a pas besoin d'autant de préparatifs que pour le garder sauf, mais s'il se tourne un peu contre le vent, il est perdu ; même s'il ne le fait pas exprès et ne fait que relâcher son attention, il est perdu. | Il en va de même ici : si tu te mets à 6 somnoler, aussitôt s'en est fait de tout ce que tu as amassé jusqu'à présent. | Consacre donc toute ton attention à tes 7 représentations, veille sur elles. Car ce n'est pas peu de chose, ce dont tu as la garde, c'est la pudeur, la loyauté, la fermeté, l'absence de passions, de peine, de crainte, de trouble, en un mot : la liberté. | À quel prix te proposes-tu de vendre tout cela ? 8 Regarde combien vaut ce que tu obtiens en échange. – Mais je n'obtiendrai rien d'équivalent en retour ! – Mais si au contraire tu l'obtiens, regarde bien ce que tu reçois en échange. | « Moi, 9 ce que j'ai <à échanger>, c'est une conduite réglée, lui une

---

1. Dans les deux derniers exemples, l'« échange » consiste non pas à donner, mais à s'abstenir de quelque chose pour gagner autre chose.

charge de tribun ; lui, la préture et moi la pudeur. Mais je ne crie
pas quand cela ne convient pas ; je ne me lèverai pas quand il ne
faut pas[1]. Car je suis libre et ami du dieu, de sorte que je lui
10 obéis de mon plein gré. | Pour ce qui est des autres choses, il
n'en est aucune que je doive revendiquer : ni corps, ni biens, ni
magistrature, ni réputation, rien en un mot. Il ne veut pas que je
les revendique ; s'il l'avait voulu, en effet, il en aurait fait des
biens pour moi. Mais en réalité il ne l'a pas fait ; en conséquence, je ne peux transgresser aucune de ses instructions. »
11 | Veille sur ton propre bien en toutes circonstances ; quant au
reste, selon ce qui t'est donné, qu'il te suffise d'en faire un
usage raisonnable. Sinon, tu seras éprouvé par le malheur et
12 l'échec, tu rencontreras obstacles et entraves. | Telles sont les
lois envoyées de là-bas, telles sont les prescriptions ; c'est
d'elles que tu dois te faire l'interprète, c'est à elles tu dois être
soumis, non à celles de Masurius et de Cassius[2].

1. Allusion à des attitudes jugées inconvenantes, notamment au théâtre
(cf. III, 4, 4 et IV, 2, 9, fin).
    2. Célèbres juristes.

4) À CEUX QUI S'APPLIQUENT À MENER
UNE VIE TRANQUILLE

Souviens-toi que ce n'est pas seulement le désir passionné 1
d'une magistrature et de la richesse qui abaisse les hommes
et les assujettit à d'autres hommes, mais aussi le désir de la
tranquillité, du loisir, des voyages, de la science littéraire. Car
la nature de l'objet extérieur n'y change rien : la valeur que
nous lui accordons crée une sujétion. | Quelle différence y a-t-il 2
entre le désir d'être membre du Sénat et celui de ne pas être
sénateur ? Quelle différence entre le désir d'avoir une magistrature et celui de ne pas en avoir ? Quelle différence entre dire :
« Cela va mal pour moi, je ne peux rien faire, je suis lié à mes
livres comme un cadavre », et dire : « Cela va mal pour moi, je
n'ai pas le loisir de lire » ? | En effet, tout comme les salutations 3
officielles et une magistrature, un livre fait partie des choses
extérieures et soustraites à notre choix. | Ou alors, pourquoi 4
veux-tu lire ? Dis-le moi. Si tu poursuis jusqu'au bout ta lecture
pour te divertir ou pour apprendre ceci ou cela, tu es vain et
misérable. Si tu rapportes ta lecture à la fin qu'elle doit avoir,
cette fin est-elle autre chose qu'une vie sereine ? Et si la lecture
ne te procure pas la sérénité, à quoi sert-elle ? | – Mais elle me la 5
procure, dit l'interlocuteur, et c'est pour cela que je suis fâché
d'en être privé. – Quelle est donc cette sérénité que le premier
venu est en mesure d'empêcher, je ne dis pas César ou un ami
de César, mais un corbeau, un joueur d'aulos, la fièvre et mille
autres choses ? Or aucun trait ne caractérise la vie sereine aussi
bien que l'absence d'interruption et d'entraves.

Voilà maintenant qu'on m'appelle pour quelque 6
affaire ; je m'en vais à l'instant avec l'intention de respecter la
mesure qu'il faut garder, c'est-à-dire d'agir avec réserve, avec
sécurité, sans désir ni aversion pour les choses extérieures ;
| ensuite j'applique mon attention aux hommes pour voir ce 7

qu'ils disent, quels sont leurs mouvements, et cela non par malveillance, pour avoir de quoi blâmer ou me moquer, mais pour faire retour sur moi-même et me demander si je commets les mêmes fautes qu'eux. « Comment m'arrêter d'en faire ? » « Il y eut un temps où je commettais ces fautes moi aussi ; mais ce n'est plus le cas, grâce au dieu. »

8   Eh bien, quand tu as agi ainsi et t'es consacré à cela, as-tu accompli une action plus mauvaise que si tu avais lu un millier de lignes ou en avais écrit autant ? Quand tu manges, souffres-tu de ne pas lire ? Ne te suffit-il pas de manger en conformité avec ce que tu as lu ? Et quand tu prends un bain, quand tu

9   t'exerces au gymnase ? | Pourquoi donc ne pas te montrer égal à toi-même en toutes circonstances, que tu t'approches de

10   César ou de tel ou tel ? | Si tu conserves en toi l'homme exempt de passions, inébranlable et calme, si tu aimes mieux regarder ce qui arrive plutôt que d'être regardé, si tu n'envies pas ceux qu'on te préfère, si la réalité des choses[1] ne t'effraie pas, que te manque-t-il ? Des livres ? Comment cela, et dans quel but ?

11 | Ne sont-ils pas une préparation à la vie ? Mais la vie est remplie d'autres choses que de livres. C'est comme si l'athlète se mettait à pleurer en entrant dans le stade parce qu'il ne

12   fait pas ses exercices hors du stade. | C'est pour le stade que tu t'exerçais, c'était la raison des haltères, de la poussière, des jeunes gens avec qui tu t'entraînais. Et c'est cela que tu demandes maintenant, quand est venu le moment de

13   l'action ? | C'est comme si, dans le thème de l'assentiment, quand se présentent des représentations dont les unes sont « compréhensives » et les autres non[2], nous voulions, non pas

---

1. Littéralement : « les matières », c'est-à-dire la matière ou le contenu des choses et des événements.
2. Voir la note à III, 8, 4.

opérer la distinction entre elles, mais lire un traité *Sur la compréhension.*

Quelle en est donc la cause ? C'est que nous n'avons jamais 14 pratiqué la lecture ni l'écriture dans le but de faire, dans nos actions, un usage conforme à la nature des représentations qui s'offrent à nous ; nous n'avons pas d'autre objectif, en réalité, que de comprendre ce qui est dit, d'être capables de l'expliquer à autrui, d'analyser le syllogisme et d'examiner le raisonnement hypothétique. | Par suite, là où se porte notre 15 application, là aussi se trouve l'obstacle. Tu veux à tout prix ce qui ne dépend pas de toi ? Dans ce cas, subis les empêchements, les obstacles, les échecs. | Si nous lisions un ouvrage 16 *Sur la propension* non pas pour savoir ce qui est dit de la propension, mais pour bien diriger les nôtres ; un traité *Sur le désir et l'aversion* pour ne pas subir d'échec dans nos désirs ni rencontrer les objets de notre aversion ; un traité *Sur le devoir* pour garder en mémoire nos rapports avec autrui, et ne jamais agir de façon déraisonnable ni contrairement à nos devoirs, | alors nous ne nous emporterions pas lorsque nous rencontrons 17 des empêchements dans nos lectures, mais nous serions satisfaits d'accomplir les actes qui s'accordent avec elles ; nous ne compterions pas comme nous avions l'habitude de le faire jusqu'ici : « Aujourd'hui j'ai lu tant de lignes, j'ai écrit tant de lignes », | mais nous dirions : « Aujourd'hui j'en ai usé 18 avec mes propensions comme le recommandent les philosophes, je n'ai pas eu de désir, je n'ai manifesté d'aversion que pour ce qui dépend de mon choix, je n'ai pas été impressionné par un tel, je n'ai pas été décontenancé par un tel, je me suis exercé à être patient, à m'abstenir, à être secourable. » De cette façon, nous rendrions grâce au dieu pour ce dont il faut lui rendre grâce.

En réalité nous ignorons que, tout en agissant autrement 19 que la multitude, nous sommes en fait semblables à elle. Un autre a peur de ne pas avoir de magistrature ; toi, d'en avoir

20 une. | Tu n'y es pas du tout, homme ! Mais comme tu te moques de celui qui a peur de ne pas avoir de magistrature, moque-toi pareillement de toi-même ! Avoir soif quand on a de la fièvre et avoir peur de boire comme celui qui a la rage, cela revient

21 au même. | Ou alors, comment pourras-tu encore dire avec Socrate : « Si cela plaît au dieu, qu'il en soit ainsi [1] » ? Crois-tu que, si Socrate avait passionnément désiré consacrer son loisir à fréquenter le Lycée ou l'Académie, et discuter tous les jours avec les jeunes gens, il lui eût été facile d'être soldat aussi souvent qu'il l'a été ? Ne se serait-il pas plaint, lamenté ? « Je suis bien malheureux ! Je n'ai pas de chance : je suis ici à souffrir, alors que je pourrais être au Lycée et me chauffer au

22 soleil ! » | Était-ce là ta fonction, te chauffer au soleil ? N'est-ce pas plutôt de mener une vie sereine, de n'être ni empêché ni entravé ? Comment aurait-il encore été Socrate, s'il s'était plaint ainsi ? Comment aurait-il encore écrit des péans [2] dans sa prison ?

23 Bref, rappelle-toi que si tu donnes de la valeur à quoi que ce soit d'extérieur à ta faculté de choix, tu as déjà détruit cette faculté. Or ce n'est pas seulement une magistrature qui lui est extérieure, c'est aussi l'absence de magistrature ; ce n'est pas

24 seulement le manque de loisir, mais aussi le loisir. | « Me faut-il donc maintenant passer ma vie dans ce tumulte ? » Que veux-tu dire en parlant de tumulte ? Au milieu de beaucoup de monde ? Qu'y a-t-il là de pénible ? Imagine que tu es à Olympie, et regarde ce tumulte comme une assemblée de fête. Là aussi on pousse toute sorte de cris, les gens font tous des choses différentes, on se bouscule. Aux bains, c'est la foule. Et qui d'entre

1. Citation légèrement modifiée de Platon, *Criton*, 43d, et déjà utilisée en I, 4, 24.
2. Voir ci-dessus II, 6, 26.

nous ne prend plaisir à cette fête et ne la quitte à regret ?
| Ne sois pas chagrin et amer face aux événements. «Le 25
vinaigre est gâté, il est âcre.» «Le miel est gâté, il me soulève
le cœur.» «Je n'aime pas les légumes.» C'est de la même
façon que tu dis : «Je n'aime pas le loisir, on est tout seul !»,
«Je n'aime pas la foule, ce n'est que tumulte !» | Au contraire, 26
si les circonstances font que tu passes ta vie seul ou avec un
petit nombre de gens, appelle cela tranquillité, et utilise la
situation pour le but qu'il faut lui donner : converse avec toi-
même, exerce tes représentations, développe tes prénotions.
Si par contre tu tombes sur une foule, appelle-la concours,
assemblée de fête, réjouissances, et essaie de célébrer la fête
avec les gens. | Quel spectacle plus agréable, en effet, pour 27
qui aime les hommes, qu'un grand concours d'hommes ? Nous
avons plaisir à regarder des troupeaux de chevaux ou de
bœufs ; quand nous avons devant les yeux un grand nombre de
bateaux, nous sommes enchantés : et on serait ennuyé en
voyant un grand nombre d'hommes ? | «Mais ils me cassent les 28
oreilles !» Soit, ton ouïe est brouillée ; mais quel rapport cela
a-t-il avec toi ? Est-ce que la faculté d'user des représentations
est brouillée elle aussi ? Et qui t'empêche d'user du désir et
de l'aversion, de la propension et du rejet de façon conforme
à la nature ? Quel tumulte est assez fort pour cela ?

Souviens-toi seulement des principes généraux : 29
«Qu'est-ce qui est à moi, qu'est-ce qui n'est pas à moi ?
Qu'est-ce qui m'a été accordé ? Qu'est-ce que le dieu veut que
je fasse maintenant, qu'est-ce qu'il ne veut pas que je fasse ?»
| Il y a quelque temps, il voulait que tu aies du loisir, que tu 30
converses avec toi-même, que tu écrives sur ces questions,
fasses des lectures, écoutes, te prépares. Tu avais pour cela
un temps suffisant. Maintenant il te dit : «Entre dans la lutte,
montre-nous ce que tu as appris, comment tu t'es entraîné.
Jusqu'à quand vas-tu t'exercer dans la solitude ? Le moment

est venu pour toi de savoir si tu fais partie des athlètes qui
méritent de vaincre ou de ceux qui parcourent le monde en
31 vaincus. » | Pourquoi donc es-tu irrité ? Il n'y a pas de lutte sans
tumulte. Il est inévitable qu'il y ait beaucoup d'entraîneurs,
beaucoup de gens qui crient, beaucoup d'officiels, beaucoup
32 de spectateurs. | – Mais je voulais, moi, avoir une vie tran-
quille. – Eh bien, lamente-toi, gémis, c'est ce que tu mérites.
Quel châtiment plus grand, en effet, pour un homme sans
éducation et qui n'obéit pas aux prescriptions divines, que le
chagrin, les pleurs, l'envie, en un mot l'échec et le malheur ?
Ne veux-tu pas te débarrasser de ces maux ?
33   – Et comment m'en débarrasser ? – N'as-tu pas souvent
entendu dire qu'il te faut entièrement supprimer le désir,
tourner tes aversions uniquement vers ce qui dépend de ton
choix, laisser aller tout le reste, le corps, les biens, la réputation, les livres, le tumulte, les magistratures et l'absence
de magistrature ? De quelque côté que tu penches, te voilà
esclave, assujetti, empêché, contraint, tout entier dépendant
34 d'autrui. | Pourtant, tu as sous la main le vers de Cléanthe [1] :

> Conduis-moi, Zeus, et toi, Destinée.

Vous voulez que j'aille à Rome ? Je vais à Rome.
À Gyaros [2] ? Je vais à Gyaros. À Athènes ? Je vais à Athènes.
35 En prison ? Je vais en prison. | Si une seule fois tu dis « Quand
part-on pour Athènes ? », tu es perdu. Du moins est-il nécessaire que, si ce désir n'est pas réalisé, il te mette en situation
d'échec ; s'il est réalisé, qu'il te remplisse de vanité pour
des choses dont il n'y a pas à s'enorgueillir ; et si un nouvel
obstacle se présente, il te rend malheureux parce que tu te
heurtes à quelque chose que tu voulais éviter. | Laisse donc tout

1. Le vers suivant figure déjà ci-dessus, en IV, 1, 131.
2. Voir I, 25, 19.

cela. « Athènes est belle ! » Mais le bonheur est bien plus beau, ainsi que l'absence de passions, l'absence de trouble, et aussi le fait que tes affaires à toi ne dépendent de personne. | « À Rome, 37 c'est le tumulte, les salutations officielles ! » Mais le cours heureux de l'existence vaut tous les désagréments. Si le temps est venu de les supporter, pourquoi ne pas te défaire de ton aversion à leur égard ? Quelle nécessité y a-t-il de porter ton fardeau comme un âne roué de coups ? | Sinon, considère qu'il 38 te faut toujours être l'esclave de celui qui a le pouvoir de t'assurer une issue[1] <ou, au contraire>, le pouvoir de te créer des obstacles à tout propos ; et cet homme, il te faut le servir comme un Mauvais Génie[2].

Il n'y a qu'une route qui conduise à la vie heureuse (que 39 cette pensée soit présente à ton esprit dès le point du jour, et le jour, et la nuit), c'est de renoncer aux choses soustraites à notre choix, de n'en regarder aucune comme nous appartenant en propre, de les abandonner toutes à la divinité, à la fortune, d'en confier la gestion à ceux à qui Zeus les a confiées ; | de ne nous 40 consacrer nous-mêmes qu'à une seule tâche, à ce qui nous appartient en propre et ne subit aucun empêchement ; de pratiquer la lecture en rapportant ce que nous lisons à cette fin, et d'y rapporter de même ce que nous écrivons et ce que nous écoutons. | C'est pourquoi je ne peux pas appeler travailleur 41 celui dont j'entends dire qu'il lit ou écrit, sans plus ; et quand bien même on ajouterait qu'il y passe des nuits entières, je ne l'appelle pas encore travailleur tant que j'ignore le but de son labeur. Toi non plus tu n'appelles pas travailleur celui qui veille pour l'amour d'une fillette ; certes non, pas plus que moi. | S'il le fait pour la gloire, je l'appelle ambitieux ; si c'est pour 42

---

1. Littéralement : « de te procurer une sortie », sans doute au sens de « te tirer d'embarras », par opposition au membre de phrase suivant.
2. Lui rendre un culte, comme en I, 19, 6 (fin).

43 l'argent, je l'appelle cupide et non travailleur. | Mais s'il
rapporte son labeur à son propre principe directeur, dans le but
de le mettre en accord avec la nature et de le maintenir dans
cette disposition, alors et alors seulement je l'appelle travail-
44 leur. | Ne louez jamais personne, ne blâmez jamais personne
pour des choses communes [1], mais pour ses jugements ; c'est là
ce qui est propre à chacun et qui rend les actions laides ou
45 belles. | Souviens-toi de cela et réjouis-toi du présent, sois
46 content de ce que le moment t'offre. | Si tu vois des doctrines
que tu as apprises et bien examinées se présenter à toi pour être
mises en pratique, qu'elles deviennent pour toi un sujet de joie.
Si tu as écarté de toi ou diminué la méchanceté et l'insulte, ou
l'emportement, les propos obscènes, ou encore la légèreté, la
négligence, si ce qui te bouleversait auparavant ne te touche
plus, ou en tout cas moins qu'avant, alors chaque jour peut être
pour toi un jour de fête, aujourd'hui parce que tu t'es bien
comporté dans telle action, et demain parce que ce sera dans
47 une autre. | C'est une bien meilleure raison d'offrir un sacrifice
qu'une charge de consul ou de gouverneur ! Cela te vient de
toi-même et des dieux. Rappelle-toi qui est le donateur, à qui il
48 donne et pourquoi. | Si tu te nourris de ces réflexions, le lieu où
tu dois être heureux, où tu dois plaire au dieu a-t-il encore de
l'importance ? N'est-on pas partout à la même distance de lui ?
N'a-t-on pas partout la même vue sur les événements ?

---

1. Qui peuvent être communes aux bons et aux méchants, et par suite
indifférentes (cf. IV, 8, 1 et 15).

5) AUX GENS QUERELLEURS ET BRUTAUX

L'homme de bien ne se querelle avec personne pour ce qui 1
le concerne, et dans la mesure du possible ne permet pas qu'un
autre le fasse. | Pour ce cas comme pour les autres, c'est encore 2
la vie de Socrate qui nous fournit le modèle : en effet, non
content d'éviter lui-même les querelles, il ne permettait pas
non plus aux autres de se quereller. | Vois dans le *Banquet* de 3
Xénophon à combien de querelles il a mis fin, et comment par
ailleurs il s'est montré patient avec Thrasymaque, avec Polos,
avec Calliclès[1], comment il était patient avec sa femme, ou
encore avec son fils quand celui-ci tentait de le réfuter par
des sophismes[2]. | Il s'était en effet bien fermement pénétré 4
de l'idée que personne n'est le maître du principe directeur
d'autrui. Aussi n'exerçait-il sa volonté que sur ce qui lui appar-
tenait en propre. | En quoi cela consiste-t-il ? Il ne s'agit pas 5
de faire en sorte qu'autrui agisse conformément à la nature[3]
(car cela ne nous appartient pas), mais, tout en laissant les
gens traiter leurs propres affaires comme ils l'entendent, de se
mettre néanmoins soi-même en accord avec la nature, et de
maintenir cet accord en ne s'occupant que de ses affaires à soi,
dans le but de voir les autres se mettre à leur tour en accord avec
la nature. | C'est cela que se propose toujours l'homme de bien. 6
Accéder à la préture ? Non, mais si elle lui est attribuée, veiller

---

1. Personnages bien connus de la *République* et du *Gorgias* de Platon.
2. Plusieurs éditeurs renvoient ici à Xénophon, *Mémorables*, II, 2, où est
rapporté un entretien de Socrate avec son fils Lamproclès. Mais dans ce texte
c'est le père qui fait la leçon au fils, lequel se défend à peine et n'use d'aucun
sophisme. Épictète connaissait sans doute d'autres anecdotes, puisées dans les
nombreux écrits des Petits Socratiques dont il ne nous reste que de courts
fragments.
3. Interprétation conjecturale d'un passage corrompu.

en cette matière sur son propre principe directeur. Se marier ?
Non, mais si le mariage lui échoit, se conserver en cette matière
7 en accord avec la nature. | Mais s'il veut que son fils ou son
épouse ne commette pas de faute, il veut s'approprier ce qui ne
lui appartient pas. L'éducation consiste précisément à apprendre quelles choses nous appartiennent en propre et lesquelles
8 ne nous appartiennent pas. | Où y a-t-il encore place pour la
querelle quand un homme est dans de telles dispositions ? Est-
il impressionné par un événement quelconque ? Le trouve-t-il
inattendu ? Ne s'attend-il pas de la part des gens malveillants à
des choses plus méchantes et plus pénibles encore que celles
qui lui arrivent ? Ne compte-t-il pas comme un gain tout ce qui
<, de leur part, > reste en deçà du pire ?
9   « Un tel t'a insulté. » Grand merci à lui qu'il ne m'ait pas
frappé. « Mais il t'a aussi frappé ! » Grand merci qu'il ne m'ait
pas blessé. « Mais il t'a blessé aussi ! » Grand merci qu'il ne
10 m'ait pas tué. | Quand ou de qui a-t-il appris que l'homme est
un animal civilisé, qu'il a de l'affection pour ses semblables,
que l'injustice est par elle-même un grand dommage pour
l'homme injuste ? Puisqu'il n'a pas appris cela, qu'il n'en
est pas persuadé, pourquoi ne suivrait-il pas ce qui lui apparaît
11 comme son intérêt ? | « Mon voisin m'a lancé des pierres ! »
Alors ce n'est pas toi qui as commis la faute, n'est-ce pas ?
« Mais les objets que j'avais chez moi ont été brisés ! » Es-tu
12 donc un meuble ? Non, tu es une faculté de choix. | Et quel
moyen t'est donné pour faire face à cette attaque ? Si c'est celui
dont est doté le loup, il consiste à mordre en retour, en
l'occurrence à lancer à ton voisin plus de pierres qu'il ne t'en
a lancé ; mais si tu cherches à agir selon ce qui est donné à
l'homme, examine tes réserves, vois avec quelles facultés tu
13 es venu en ce monde : est-ce la brutalité ? La rancune ? | Un
cheval, par exemple, quand est-il misérable ? Lorsqu'il est

privé des facultés que la nature lui a données : non pas quand il
ne peut pas pousser le cri du coucou, mais quand il ne peut
pas courir. Et le chien ? Quand il ne peut pas voler ? Non, mais
quand il ne peut suivre une piste. | Ne suit-il pas de là que   14
l'homme malheureux n'est pas celui qui ne parvient pas à
étrangler des lions ou à embrasser des statues (car ce n'est pas
pour cela que sont faites les facultés qu'il a reçues de la nature
lorsqu'il est venu en ce monde), mais celui qui a perdu la
bienveillance et la loyauté ?

C'est à propos de ce dernier qu'il faudrait « se réunir pour   15
se lamenter sur les nombreux maux auxquels le voue sa venue
au monde » ; non, par Zeus, « à propos de celui qui est né » ou
« de celui qui est mort[1] », mais de celui a eu la malchance,
vivant, de perdre ce qui était proprement à lui : non pas
son patrimoine, son petit champ, sa petite maison, son auberge,
ses petites esclaves (car rien de tout cela n'appartient en
propre à l'homme, ce ne sont que choses étrangères, asservies,
dépendantes d'autrui, distribuées tantôt aux uns et tantôt aux
autres par ceux qui en sont les maîtres), | mais les qualités   16
humaines, les empreintes qu'il porte dans sa pensée[2] en venant
au monde, empreintes semblables à celles que nous cherchons
sur les pièces de monnaie ; si nous les y trouvons, nous les
jugeons bonnes, si nous ne les trouvons pas, nous rejetons
les pièces. | « De qui ce sesterce porte-t-il l'empreinte ? De   17
Trajan ? Donne-le moi. De Néron ? Jette-le, il est de mauvais
aloi, sans valeur. » Il en va de même pour notre propos.
Quelle empreinte portent ses jugements ? « La marque de la

---

1. Citations approximatives tirées d'un passage de *Cresphonte*, une
tragédie d'Euripide dont il ne reste que des fragments ; voir fr. 6 Jouan-Van
Looy = 449 Nauck[2]-Kannicht.

2. Διάνοια.

civilisation, de la sociabilité, de la patience, de l'amour du semblable. » Donne, je l'accepte, j'en fais mon concitoyen, je l'accepte comme voisin, comme compagnon de traversée.

18 | Regarde seulement s'il ne porte pas l'empreinte de Néron. N'est-il pas colérique, rancunier, mécontent de son sort ? « S'il le juge bon, il fracasse la tête des gens qu'il rencontre. »

19 | Pourquoi alors disais-tu que c'est un homme ? Est-ce qu'on distingue les différents êtres simplement d'après leur forme extérieure ? Si c'est le cas, dis aussi que ce morceau de cire est

20 une pomme ; | encore faut-il qu'il en ait l'odeur et le goût, le contour extérieur ne suffit pas. Par conséquent, pour être un homme le nez et les yeux ne sont pas non plus une condition suffisante, il faut voir encore si ses jugements sont ceux d'un

21 être humain. | Voici quelqu'un qui n'entend pas raison, qui ne comprend pas quand on le réfute : c'est un âne. Chez tel autre, le sens de la réserve est mort : c'est quelqu'un d'inutile, tout plutôt qu'un homme. Celui-ci cherche à rencontrer quelqu'un pour lui donner un coup de pied ou le mordre[1] : ce n'est ni un mouton ni un âne, mais une sorte de bête sauvage.

22   – Quoi ? Tu veux que je sois méprisé ? – Par qui ? Par des gens qui connaissent la question ? Et comment des gens qui s'y connaissent mépriseront-ils l'homme doux, l'homme réservé ? Par les ignorants alors ? Pourquoi t'en soucier ? Pas plus qu'un

23 homme de métier ne se soucie des profanes. | – Mais ils vont s'acharner bien davantage contre moi ! – Qu'entends-tu en disant « contre moi » ? Peut-on nuire à ta faculté de choix, ou t'empêcher de faire un usage conforme à la nature des repré-

24 sentations qui s'offrent à toi ? – Non. | – Pourquoi donc te troubler encore ? Pourquoi veux-tu montrer que tu es redou- table ? Pourquoi ne pas aller au-devant des gens et proclamer

---

1. Le vocabulaire rappelle le *Gorgias* de Platon, en 516a.

que tu vis en paix avec tous les hommes, quoi qu'ils fassent, et que tu te moques particulièrement de ceux qui croient te nuire ? « Ces esclaves ne savent pas qui je suis, ni où se trouvent pour moi le bien et le mal ; ils n'ont pas accès à ce qui est mien. »

C'est ainsi que les habitants d'une cité bien fortifiée se 25 moquent des assiégeants : « Les voilà qui se donnent beaucoup de mal pour rien ! Nos murailles sont sûres, nous avons des vivres pour très longtemps, et aussi tout le reste de l'équipement nécessaire. » | C'est cela qui rend une cité forte et im- 26 prenable ; quant à l'âme d'un homme, ce n'est rien d'autre que ses jugements. Quelle muraille est aussi solide, quel corps aussi résistant, quelle possession aussi bien à l'abri du vol, quelle dignité aussi inattaquable ? | Toutes choses, en tous 27 lieux, sont périssables, faciles à dérober ; qui s'y attache d'une manière ou d'une autre sera de toute nécessité troublé, sujet aux faux espoirs, à la crainte et aux larmes, insatisfait dans ses désirs et exposé à rencontrer les objets de ses aversions. | Dans 28 ces conditions, ne voulons-nous pas renforcer la seule sécurité qui nous ait été donnée ? Nous détacher des choses périssables et serviles, et consacrer nos efforts à obtenir ce qui est immortel et libre par nature ? Ne nous souvenons-nous pas qu'un homme ne nuit ni n'est utile à un autre, mais que c'est le jugement porté sur chacune de ces choses qui nuit et qui bouleverse ? Que c'est de là que viennent la querelle, la sédition, la guerre ? | Ce qui a 29 fait le conflit entre Étéocle et Polynice n'est rien d'autre que leur jugement sur la tyrannie[1], leur jugement sur l'exil : celui-ci était pour eux le pire des maux, celle-là le plus grand des

---

1. Il ne s'agit pas ici de la valeur morale de la tyrannie, mais de l'exercice du pouvoir suprême. Allusion à la légende thébaine selon laquelle les deux fils d'Œdipe se disputaient le pouvoir après la mort de leur père. Voir notamment Eschyle, *Les sept contre Thèbes*, et Sophocle, *Antigone*.

30 biens. | Or c'est la nature de tout être de rechercher le bien et de
     fuir le mal, et de regarder celui qui nous enlève l'un et nous
     précipite dans l'autre comme un ennemi, comme un traître, fût-
31 il un frère, un fils, un père. | Car rien ne nous est plus apparenté
     que le bien. Par suite, si ces choses sont des biens et des maux,
     le père n'est plus cher à ses fils, ni le frère à son frère, et de tous
32 côtés tout est rempli d'ennemis, de traîtres, de délateurs. | Mais
     si le seul bien est la faculté de choix telle qu'elle doit être, et le
     seul mal la même telle qu'elle ne doit pas être, quelle place
     reste-t-il pour la querelle, pour l'insulte ? À quel sujet ? Pour
     des choses qui ne nous concernent pas ? Et à qui chercher que-
     relle ou adresser des insultes ? À des ignorants, à des malheu-
     reux, à ceux qui ont été trompés sur les questions les plus
     importantes ?
33   C'est parce qu'il gardait cela dans son esprit que Socrate
     administrait sa maison en se montrant patient avec une épouse
     acariâtre et un fils ingrat. Et à quelles extrémités en venait-elle,
     cette femme acariâtre ? À lui verser sur la tête toute l'eau qu'il
     lui plaisait, à lui piétiner son gâteau[1]. Qu'est-ce que cela me
34 fait, si je pense que ces choses-là ne me concernent pas ? | Cette
     pensée est mon affaire à moi, et si je veux qu'il en soit ainsi,
     aucun tyran ne m'en empêchera, ni aucun maître, aucune
     multitude n'en empêchera un individu, ni un plus fort un
     plus faible, car il s'agit là d'un don que chacun a reçu du dieu
35 comme une chose qu'on ne peut empêcher. | Voilà les juge-
     ments qui réalisent l'affection dans une famille, la concorde
     dans une cité, la paix entre les peuples, qui rendent l'homme
     reconnaissant envers le dieu et confiant en toutes circons-
     tances, par la conviction qu'il s'agit de choses étrangères, sans
36 valeur. | Mais si nous sommes capables d'écrire cela, de le lire,

---

1. Voir notamment Sénèque, *De la constance*, XIX, 1 ; D. L., II, 36.

de l'approuver quand nous le lisons, nous ne sommes pas près d'en être persuadés ! | C'est pourquoi ce mot qu'on dit des 37 Lacédémoniens

> Chez eux, des lions ; mais à Éphèse, des renards [1]

s'appliquera aussi à nous : à l'école, des lions ; mais au-dehors, des renards.

---

1. Adaptation des vers 1189-1190 de *La Paix* d'Aristophane, destinés à stigmatiser les Lacédémoniens pendant la guerre du Péloponnèse : ceux-ci se montrent vaillants en Grèce, mais négocient avec Tissapherne, satrape en Asie mineure. – Les renards ne symbolisent pas ici la ruse mais la couardise (« … au combat, des renards », dit le texte d'Aristophane).

6) À CEUX QUI S'AFFLIGENT D'ÊTRE PRIS EN PITIÉ

1   Je suis chagriné, dit quelqu'un, quand on me prend en pitié.
– Est-ce ton affaire d'être pris en pitié, ou celle de ceux qui ont
pitié de toi ? Eh quoi ! Dépend-il de toi de faire cesser cela ?
– Oui, si je leur montre que je ne mérite pas leur pitié.
2 | – Mais tient-il dès maintenant à toi de ne pas mériter la pitié,
oui ou non ? – Il me semble que oui. Cependant ces gens-là ne
ressentent pas de pitié pour les choses qui le mériteraient (s'il
en existe[1]), à savoir mes fautes, mais pour la pauvreté, l'absence de magistrature, les maladies, les décès et autres choses
3   semblables. | – Es-tu prêt, alors, à persuader la masse des gens
que rien de tout cela n'est un mal, mais qu'on peut être heureux
tout en étant pauvre, sans magistrature, sans honneurs ? Ou
bien à t'afficher comme un homme riche et en charge d'une
magistrature ?
4   De ces deux solutions, la seconde est le fait d'un fanfaron,
d'un être vain et sans valeur. Et vois un peu par quels moyens
tu pourrais donner corps à cette imposture : il faudra te faire
prêter de petites esclaves, acquérir quelques petits vases
d'argent et les montrer fréquemment en public, si possible,
toujours les mêmes mais en tâchant de cacher que ce sont les
mêmes ; il te faudra des habits voyants et autres atours
fastueux ; il faudra faire voir que tu es honoré par les gens
distingués, essayer de dîner chez eux ou du moins de faire
croire que tu y dînes ; user d'artifices pour que ta personne
5   paraisse plus gracieuse et plus noble qu'elle ne l'est. | Voilà
tous les manèges auxquels tu dois avoir recours si tu veux
emprunter la seconde des voies permettant de ne pas être pris
en pitié.

1. Voir I, 28, 9.

La première, elle, traîne inutilement en longueur, et c'est une voie dans laquelle Zeus n'a pas pu obtenir de résultat ; elle consiste précisément à essayer de convaincre tous les hommes de ce que sont les biens et les maux. | Est-ce que par hasard 6 ce pouvoir t'a été donné ? La seule chose qui t'ait été donnée, c'est de t'en convaincre toi-même. Or tu n'en es pas encore convaincu, et tu viens me dire maintenant que tu essaies d'en convaincre les autres ? | Qui donc vit en ta compagnie aussi 7 longtemps que toi-même ? Qui te semble aussi capable de te convaincre que toi-même ? Qui est mieux disposé envers toi, plus proche de toi que toi-même ? | Comment se fait-il alors 8 que tu ne te sois pas encore convaincu toi-même d'apprendre cela ?

N'est-ce pas, en réalité, tout mettre sens dessus dessous ? Est-ce pour cela que tu as prodigué tes efforts ? Et non pour apprendre à être sans affliction, sans trouble, à ne pas être abattu, à être libre ? | N'as-tu pas entendu dire qu'une seule 9 voie mène à ce but, à savoir laisser ce qui est soustrait à notre choix, s'en éloigner et reconnaître que c'est quelque chose d'étranger ? | Cela étant, à quelle catégorie appartient l'opinion 10 qu'un autre a de toi ? – À celle des choses soustraites à notre choix. – Par conséquent, elle n'a rien à voir avec toi ? – Non. – Donc, si tu es encore blessé et troublé en raison de l'opinion d'autrui, crois-tu avoir été convaincu dans la question des biens et des maux ?

Ne veux-tu pas laisser les autres, et devenir toi-même à la 11 fois ton élève et ton maître ? « Les autres verront bien si c'est leur intérêt d'avoir des dispositions et une conduite contraires à la nature ; quant à moi, personne n'est plus proche de moi que moi-même. | Comment comprendre alors que j'aie entendu les 12 arguments[1] des philosophes et leur donne mon assentiment sans que, dans les faits, mes soucis en aient été le moins du monde allégés ? Serais-je si mal doté par la nature ? Pourtant, dans tous les autres domaines que j'ai voulu aborder, on ne m'a pas trouvé trop mal doté ; j'ai appris les lettres rapidement, ainsi que la lutte, la géométrie, l'analyse des syllogismes.

13 | Serait-ce alors que la doctrine[2] ne m'a pas convaincu ? À dire vrai, depuis le début, rien d'autre n'a été de ma part l'objet d'une approbation ou d'une préférence comparables, et actuellement encore, sur ces questions, je fais des lectures, j'écoute des leçons, j'écris ; jusqu'à aujourd'hui, nous n'avons pas

14 trouvé de doctrine plus forte que celle-là. | Qu'est-ce donc qui me manque ? Peut-être que les jugements contraires n'ont pas été totalement éliminés ? Que les pensées elles-mêmes n'ont pas été exercées ni habituées à se confronter à la réalité, mais que, comme des pièces d'armure abandonnées, elles se

15 rouillent et ne peuvent plus s'ajuster à moi ? | Pourtant, comme dans le cas de la lutte, de l'écriture ou de la lecture, je ne me contente pas d'apprendre, au contraire, je retourne en tous sens les arguments proposés, j'en confectionne de nouveaux,

16 et je traite pareillement les arguments instables[3]. | Mais les principes théoriques indispensables, qui permettent à celui qui s'appuie sur eux d'être exempt de peine, de crainte, de passion, de ne pas subir d'empêchement, d'être libre, je n'en fais pas la matière de mes exercices, je ne leur applique pas

17 l'entraînement qu'il faudrait. | Et après cela je m'inquiète de ce

---

1. Ou plus simplement : les paroles, les propos tenus par les philosophes (λόγοι).

2. Λόγος ; au singulier, le terme désigne vraisemblablement un discours philosophique déterminé, et en l'occurrence, d'après la suite, celui des Stoïciens.

3. Voir I, 7, 1.

que les autres diront de moi, me demandant si je vais leur
paraître digne d'estime, si je vais leur paraître heureux ? »

Malheureux ! Ne veux-tu pas tourner les yeux vers ce que 18
tu dis, toi, de toi-même ? Voir quel homme tu es à tes yeux ?
Quel homme tu es dans tes pensées, tes désirs, tes aversions ?
Quel homme tu es dans tes propensions, dans les dispositions
que tu prends, dans tes projets, ainsi que dans les autres actes
humains ? En revanche, tu t'inquiètes de savoir si les autres te
prennent en pitié ? | – Oui ; c'est que je ne mérite pas cette pitié. 19
– Et c'est pour cela que tu t'affliges ? Mais celui qui s'afflige,
du moins, est digne de pitié ? – Oui. – Comment dès lors ne
mérites-tu pas d'être pris en pitié ? En effet, cela même que tu
éprouves à l'occasion de la pitié qu'on te témoigne te rend
digne de pitié. | N'as-tu donc jamais entendu ce que dit 20
Antisthène ? « C'est le lot d'un roi, Cyrus, d'entendre dire du
mal de soi quand on agit bien[1]. » | Ma tête est saine, et tout le 21
monde croit que j'ai mal à la tête. Que m'importe ? Je n'ai
pas de fièvre, et on s'apitoie sur moi comme si j'en avais :
« Malheureux, cela fait un bon moment que la fièvre ne te
quitte pas ! » Je prends un air sombre et je réponds : « Oui, en
vérité, il y a longtemps déjà que je vais mal. – Que va-t-il donc
arriver ? » Il en ira comme le veut le dieu. Et en même temps je
ris en moi-même de ceux qui me plaignent. | Qu'est-ce qui 22
m'empêche de réagir de la même façon dans le cas présent ? Je
suis pauvre, mais j'ai un jugement droit sur la pauvreté. Que
m'importe s'ils ont pitié de moi à cause de ma pauvreté ? Je
n'exerce pas de magistrature, tandis que d'autres le font. Mais

---

1. La même réplique (sans la mention de Cyrus) est adressée par
Antisthène à Platon, d'après D. L., VI, 3. Elle est citée aussi par Marc-Aurèle,
Pensées, VII, 36. Antisthène ayant écrit plusieurs ouvrages dont le titre porte le
nom de Cyrus, le présent texte d'Épictète laisse à penser que la même phrase
figurait dans l'un au moins d'entre eux.

je pense ce qu'il faut penser du fait d'avoir ou de ne pas avoir
23 de magistrature. | À ceux qui ont pitié de moi de voir ; quant à
moi, je n'ai ni faim ni soif ni froid, mais d'après leur propre
expérience de la faim ou de la soif, ils croient que j'en souffre
moi aussi. Que ferai-je donc pour eux ? Vais-je faire le tour de
la ville et proclamer à la manière d'un héraut : « Ne vous y
trompez pas, hommes, je vais bien ; je ne me préoccupe ni de la
pauvreté ni de l'absence de magistrature ni, en un mot, de quoi
que ce soit d'autre que de la rectitude de mes jugements ; je les
garde exempts d'empêchement et ne me soucie plus de rien » ?
24 | Qu'est-ce que ce bavardage ? Comment garder encore la
rectitude de mes jugements s'il ne me suffit pas d'être ce que je
suis et que je sois tourmenté par l'idée de le paraître ?
25   – Mais d'autres obtiendront plus que moi, et me seront
préférés dans l'attribution des honneurs. – Qu'y a-t-il donc de
plus raisonnable que de voir ceux qui ont prodigué leurs efforts
pour quelque chose avoir l'avantage en ce pour quoi ils se sont
employés ? Ils ont déployé leurs efforts pour des magistratures,
et toi pour tes jugements ; eux, pour la richesse, et toi pour
26 l'usage de tes représentations. | Vois s'ils ont l'avantage dans
les domaines où tu t'es donné du mal, mais dont ils se sont
désintéressés : s'ils ont plus d'égard aux critères naturels dans
leurs assentiments, si leurs désirs sont mieux satisfaits que les
tiens, s'ils évitent mieux les objets de leur aversion, si dans
leurs projets, leurs desseins, leurs propensions ils atteignent
mieux leur but, s'ils observent leurs devoirs de mari, de fils,
de parents et ainsi de suite, selon les autres termes désignant
27 les rapports humains. | S'ils exercent des magistratures, ne
consens-tu pas à te dire la vérité à toi-même : à savoir que tu ne
fais rien pour en obtenir, alors qu'eux font tout pour cela, et
qu'il serait hautement déraisonnable que celui qui donne tous
ses soins à une chose reçoive moins que celui qui s'en désin-
28 téresse ? | – Mais puisque j'ai le souci de la rectitude de mes

jugements, il est plus raisonnable que ce soit moi qui exerce le pouvoir. – Dans le domaine dont tu te soucies, en matière de jugement ; dans celui dont d'autres se sont souciés plus que toi, désiste-toi en leur faveur. C'est comme si, parce que tes jugements sont droits, tu prétendais mieux réussir au tir à l'arc que les archers, ou mieux que les forgerons à la forge. | Aban- 29 donne donc le zèle que tu déploies pour tes jugements et tourne-toi vers les choses que tu veux acquérir : alors, verse des larmes si tu n'y réussis pas, car tu mérites bien de pleurer. | En 30 fait, tu affirmes que tu donnes ton attention et tes soins à d'autres objets, et les gens ont raison de dire qu'« un travail ne fait pas bon ménage avec un autre. »

Voici un homme qui se lève dès l'aube et se met à la 31 recherche de quelqu'un du palais à saluer, de quelqu'un à qui adresser un mot aimable, de quelqu'un à qui envoyer un cadeau, de la façon de plaire au danseur, du moyen de dénigrer l'un pour être agréable à l'autre. | Quand il prie, c'est pour cela 32 qu'il prie ; quand il offre un sacrifice, c'est pour cela qu'il l'offre. La sentence de Pythagore

Ne laisse pas le sommeil gagner tes yeux fatigués[1],

c'est à cela qu'il l'applique. | « *En quoi ai-je failli* ? » En 33 matière de flatterie. « *Qu'ai-je fait* ? » Aurais-tu par hasard agi en homme libre, avec noblesse ? Et s'il découvre qu'il a accompli un acte de ce genre, il se le reproche et s'accuse : « Qu'avais-tu à parler ainsi ? N'était-il pas possible de mentir ? Les philosophes eux aussi disent que rien n'empêche de proférer un mensonge. » | Mais toi, puisqu'en vérité ton seul 34 souci est d'user comme il faut de tes représentations, lève-toi dès l'aurore et aussitôt pense à ceci : « Que me manque-t-il

1. Premier des *Vers dorés* cités ci-dessus en III, 10, 2-3. On a mis en italiques les termes de ce même passage des *Vers dorés* repris ici par Épictète.

pour être exempt de passions ? pour être sans trouble ? Qui
suis-je ? Un misérable corps, des biens, une réputation ? Je ne
suis rien de tout cela ? Quoi alors ? Je suis un être vivant
35 doué de raison. » | Et qu'exige-t-on d'un tel être ? Repasse tes
actions dans ton esprit : « *En quoi ai-je failli* dans les actions
qui assurent à la vie un cours heureux ? *Qu'ai-je fait* de
contraire à l'amitié, à la sociabilité, à l'humanité ? *Qu'ai-je
omis de ce que je devais faire* en ces matières ? »

36   Étant donné qu'il y a une telle différence entre les désirs,
entre les actes, entre les prières, veux-tu encore avoir part égale
dans les matières pour lesquelles tu ne t'es donné aucun mal,
37 mais auxquelles eux ont consacré leurs efforts ? | Et après cela
tu t'étonnes qu'ils aient pitié de toi, tu vas jusqu'à t'indigner ?
Ils ne s'indignent pas, eux, si toi tu as pitié d'eux. Pourquoi ?
Parce qu'eux sont convaincus qu'ils obtiennent des biens, mais
38 que toi tu ne l'es pas. | En conséquence, tu ne te contentes pas
de tes biens, mais tu convoites les leurs ; eux au contraire se
contentent des leurs et ne convoitent pas les tiens. Si tu étais
véritablement convaincu que, pour ce qui est des biens, c'est
toi qui touches au but alors qu'eux ont fait fausse route, tu ne
penserais même pas à ce qu'ils disent de toi.

7) SUR L'ABSENCE DE CRAINTE

Qu'est-ce qui fait qu'on craint le tyran ? – Les gardes du 1
corps avec leurs épées, répond l'interlocuteur, les chambellans
et ceux qui interdisent d'entrer. | – Pourquoi alors un enfant, 2
conduit auprès du tyran entouré de ses gardes, n'éprouve-t-il
aucune crainte ? Est-ce parce que l'enfant ne les remarque
pas ? | Et si quelqu'un aperçoit les gardes et voit qu'ils portent 3
des épées, mais s'approche du tyran en voulant précisément
mourir parce qu'un malheur le frappe, et avec le dessein de
mourir de la main d'autrui parce que c'est plus facile, cet
homme craint-il les gardes par hasard ? – Certes non, car il veut
justement ce qui les rend redoutables. | – Si donc on s'approche 4
du tyran en ne voulant pas à tout prix ou mourir ou vivre, mais
en voulant les choses comme elles sont données, qu'est-ce qui
empêche de l'approcher sans crainte ? – Rien. | – Dès lors, si 5
quelqu'un a envers ses biens les mêmes dispositions que le
précédent envers son corps, s'il les a encore envers ses enfants
et sa femme, voire si un simple accès de folie ou un égarement
d'esprit le dispose à ne faire aucun cas de leur possession ou de
leur perte ; si comme les enfants qui jouent avec des tessons et
se battent pour le jeu sans attacher d'importance aux tessons,
notre homme ne fait aucun cas des réalités matérielles mais se
plaît à jouer avec elles et à les tourner en tous sens, quel tyran
craint-il encore, quels gardes, quelles épées ?

Ainsi donc, sous l'effet de la folie – et, comme chez les 6
Galiléens[1], sous l'effet de l'habitude – un homme peut être
mis dans de semblables dispositions envers ces objets ; mais
personne ne peut-il comprendre par raison et démonstration
que le dieu a fait tout ce qui est dans le monde, qu'il a fait le

---

1. Il est généralement admis que par ce terme Épictète désigne les
Chrétiens.

monde lui-même dans sa totalité exempt d'empêchement et ayant sa fin en lui-même, et qu'il a fait ses parties pour l'utilité du tout ?

7   Les autres êtres sont tous privés du pouvoir de comprendre[1] le gouvernement divin ; mais l'être vivant doué de raison possède les moyens de réfléchir à toutes ces choses, de saisir qu'il est une partie, quel genre de partie il est, et qu'il

8 est bon que les parties se soumettent à l'ensemble. | En outre, étant par nature noble, magnanime et libre, il voit que parmi les choses qui le concernent il possède les unes exemptes d'empêchement et dépendant de lui, les autres frappées d'empêchement et dépendant d'autrui : sont sans empêchement celles qui relèvent de son choix, empêchées celles qui lui sont sous

9 traites. | Par suite, s'il juge que son bien et son avantage résident uniquement dans ce qui n'est pas empêché et dépend de lui, il sera libre, serein, heureux, hors d'atteinte, généreux, pieux, reconnaissant envers le dieu pour toutes choses, sans jamais récriminer contre aucun événement, sans jamais faire

10 de reproche à personne. | Si par contre il juge que bien et avantage résident dans les choses extérieures et soustraites à son choix, il est nécessaire qu'il soit empêché, entravé, esclave de ceux qui ont en leur pouvoir ces choses qui l'ont impressionné

11 et qu'il craint ; | il est nécessaire qu'il soit impie, puisqu'il se croit lésé par le dieu ; qu'il soit injuste, puisqu'il cherche sans cesse à se procurer pour lui-même plus que sa part ; nécessaire enfin qu'il ait des sentiments bas et mesquins.

12   Qu'est-ce qui empêche, une fois qu'on a fait ces distinctions, de vivre le cœur léger et docile, en attendant avec calme tout ce qui peut arriver et en supportant pareillement ce

---

1. Παρακολουθεῖν : *suivre par la pensée, être clairement conscient de.*

qui est déjà arrivé ? | Tu veux la pauvreté[1] ? Apporte-la-moi, et 13
tu verras ce qu'est la pauvreté quand elle a trouvé un bon
acteur. Tu veux que j'exerce des magistratures ? Apporte-les.
[Tu veux que je sois privé de magistratures ? Apporte cette
privation. Ce sont des souffrances que tu veux ?][2] Apporte
aussi les souffrances. | Plutôt l'exil ? Où que j'aille, cela ira 14
bien pour moi ; car ici ce n'est pas à cause du lieu où je me
trouvais que cela allait bien pour moi, mais à cause de mes
jugements, et eux je compte bien les emporter avec moi.
Personne ne peut me les enlever, ce sont les seules choses qui
soient à moi de façon inaliénable, et leur présence me suffit, où
que je me trouve et quoi que je fasse. | « Mais voici venu le 15
moment de mourir. » Pourquoi dis-tu « mourir » ? Ne prends
pas ce ton tragique, dis les choses comme elles sont : « Voici
venu, pour la matière <qui te constitue>, le moment de
retourner aux éléments dont elle a été composée. » Qu'y a-t-il
là d'effrayant ? Laquelle des choses qui existent dans le monde
doit être anéantie ? Que doit-il arriver d'extraordinaire, ou qui
soit contraire à la raison ?

Est-ce pour cela que le tyran suscite la crainte ? Pour cette 16
raison que les gardes paraissent avoir des épées longues et
tranchantes ? À d'autres d'en juger ainsi ; en ce qui me
concerne, j'ai tout examiné, personne n'a de pouvoir sur moi.
| J'ai été libéré par le dieu, je connais ses instructions, personne 17
ne peut désormais me réduire en esclavage ; pour m'affranchir,
j'ai celui qu'il faut, et j'ai des juges de l'espèce qu'il faut. | « Ne 18
suis-je pas le maître de ton corps ? » Quel rapport avec moi ?
« De ton maigre bien ? » Quel rapport avec moi ? « N'ai-je pas
le pouvoir de t'exiler, de te jeter en prison ? » Encore une fois,

---

1. *Cf.* II, 16, 42.
2. Entre crochets, une scholie à la phrase 14 qui semble à sa place ici.

tout cela et mon pauvre corps tout entier, je te les abandonne sur le champ, quand tu voudras. Essaie ton pouvoir sur moi, et tu sauras jusqu'où il s'étend.

19   Qui puis-je craindre encore ? Les chambellans ? Qu'ai-je à redouter de leur part ? Ils me fermeront la porte ? S'ils me trouvent à vouloir entrer, qu'ils ferment la porte ! – Pourquoi dans ce cas vas-tu à la porte ? – Parce que je regarde comme un

20 devoir de participer au jeu[1] tant qu'il dure. | – En quel sens alors peux-tu dire que la porte ne t'est pas fermée ? – C'est que, si on ne me reçoit pas, je ne veux pas entrer : je choisis toujours de vouloir ce qui arrive. Je pense en effet que ce que veut le dieu vaut mieux que ce que je veux. Je lui serai dévoué comme son serviteur et son suivant ; je partage ses propensions et ses désirs, en un mot je veux ce qu'il veut. Pour moi il n'y a pas de

21 porte fermée, il n'y en a que pour ceux qui veulent la forcer. | Et pourquoi ne pas la forcer ? Parce que je sais qu'à l'intérieur on ne distribue aucun bien à ceux qui sont entrés. Quand j'entends quelqu'un se féliciter d'être honoré par César, je dis : « Qu'est-ce qui lui revient ? Un poste de préfet ? Mais a-t-il reçu aussi le jugement que requiert ce poste ? Une charge de procurateur ? Et aussi la bonne manière de l'exercer ? Pourquoi encore me

22 frayer un passage ? | Quelqu'un jette des figues et des noix ; les enfants les ramassent et se les disputent, les hommes non, car ils ne leur accordent guère de valeur. Si on jette des tessons,

23 même les enfants ne les ramassent pas. | On répartit des préfectures : aux enfants d'aller voir. De l'argent : aux enfants d'aller voir. Un commandement militaire, un consulat : que les enfants se les disputent ; qu'on leur ferme la porte, qu'on les frappe, qu'ils baisent les mains du donateur, de ses esclaves :

24 pour moi ce sont des figues et des noix. » | Mais si une figue

1. Sur le jeu, comparer I, 25, 7 *sq.* ; II, 5, 15 *sq.*

lancée au hasard tombe dans un pli de mon vêtement ?
Prends-la et mange-la ; dans cette limite, en effet, on peut
donner de la valeur même à une figue. Mais me baisser jusqu'à
terre, faire tomber quelqu'un d'autre ou être renversé par lui,
flatter les gens qui entrent <dans le palais >, une figue n'en vaut
pas la peine, ni aucune de ces choses qui ne sont pas bonnes,
puisque les philosophes m'ont convaincu de ne pas les prendre
pour des biens.

Montre-moi les épées des gardes. « Vois comme elles sont 25
longues et tranchantes. » Que font donc ces épées longues et
tranchantes ? « Elles tuent. » | Et la fièvre, que fait-elle ? « Rien 26
d'autre. » Et une tuile, que fait-elle ? « Rien d'autre. » Tu veux
donc que je sois impressionné à la vue de toutes ces choses,
que je me prosterne devant elles, que je tourne autour d'elles
comme un esclave ? | Jamais de la vie ! Au contraire, depuis 27
que j'ai compris, une fois pour toutes, que ce qui est né doit
aussi périr pour éviter que le monde s'arrête et soit entravé, il
ne m'importe plus de savoir si c'est la fièvre, une tuile ou un
soldat qui produira cette issue ; mais s'il faut les comparer, je
sais que le soldat la produira de façon moins douloureuse et
plus rapide.

Donc, quand je ne crains rien de ce que le tyran peut me 28
faire, ni ne désire passionnément aucune des choses qu'il est en
mesure de m'accorder, quel motif me reste-t-il d'être impressionné en face de lui, d'être frappé de stupeur en sa présence ?
Pourquoi craindre ses gardes ? Pourquoi me réjouir s'il m'a
aimablement adressé la parole et fait bon accueil, pourquoi
raconter aux autres comment il s'est adressé à moi ? | Est-il 29
Socrate, est-il Diogène pour que l'éloge qu'il fait de moi
constitue une preuve en ma faveur ? Ai-je cherché à imiter ses
mœurs ? | Mais je continue à jouer le jeu, je vais à lui et je le 30
sers aussi longtemps qu'il ne commande rien d'insensé ni
d'inconvenant. Si par contre il me dit : « Va chercher Léon de

Salamine[1] », je lui réponds : « Trouve quelqu'un d'autre ; je ne
31 joue plus. » | « Qu'on l'emmène ! » J'y vais, cela fait partie du
jeu. « Mais on te coupera la tête ! » Et la sienne, restera-t-elle
toujours en place ? Et la vôtre, à vous qui lui obéissez ? « Mais
tu seras jeté sans sépulture ! » Si le cadavre c'est moi, je serai
jeté sans sépulture ; mais si je ne me confonds pas avec le
cadavre, exprime-toi de façon moins grossière et dis la chose
32 comme elle est, sans chercher à m'effrayer. | Ces choses-là
effraient les jeunes enfants et les faibles d'esprit. Mais si, une
fois entré à l'école d'un philosophe, on ignore ce qu'on est, on
mérite d'éprouver la peur et de flatter ceux qu'on allait flatter
par la suite[2] puisqu'on n'a pas encore compris qu'on n'est ni
chair ni os ni nerfs, mais ce qui se sert d'eux, ce qui à la fois
gouverne les représentations et en a une conscience réfléchie.
33   – Oui, mais de pareils discours font qu'on méprise les lois.
– Au contraire, quels discours rendent ceux qui s'y réfèrent
plus obéissants aux lois ? N'est pas loi ce qui relève du pouvoir
34 d'un sot. | Vois pourtant comment ces discours nous préparent
à nous comporter comme il faut même avec ces gens-là, je
parle des discours qui nous enseignent à ne pas entrer en
concurrence avec eux dans les domaines où ils sont en mesure
35 de l'emporter sur nous. | Pour ce qui concerne notre pauvre
corps, ces discours nous enseignent à céder la place, à céder
aussi pour ce qui est de nos biens ; s'il s'agit des enfants, des
parents, des frères, à renoncer à tout, à tout abandonner. Seule
exception : nos jugements, dont Zeus même a voulu qu'ils
36 fussent l'apanage exclusif de chacun de nous. | Qu'y a-t-il là de

---

1. Socrate avait reçu des Trente tyrans l'ordre d'aller arrêter Léon de
Salamine, mais il s'y refusa. Il évoque lui-même cet épisode au cours de son
procès (d'après Platon, *Apologie de Socrate*, 32c).
2. Texte incertain et diversement corrigé ; la traduction suit la conjecture
de Schweighäuser (οὓς ὕστερον).

contraire à la loi, qu'y a-t-il d'insensé ? Là où tu m'es
supérieur, où tu es plus fort, je te cède la place ; où en revanche
c'est moi qui suis plus fort, retire-toi devant moi. | J'en ai fait 37
l'objet de mes soins, toi non. Toi, ce qui te préoccupe, c'est
comment vivre dans des appartements de marbre, ou encore la
manière dont tes esclaves et tes affranchis te servent, comment
porter un vêtement qui se remarque, avoir beaucoup de chiens
de chasse, de citharèdes et d'acteurs tragiques. | Est-ce que je 38
te concurrence sur ce terrain ? Mais toi, est-ce que tu prends
soin de tes jugements ? de ta propre raison ? Sais-tu de quelles
parties elle est constituée, comment elle est unifiée, quelles
sont ses articulations, quelles facultés elle possède et de quelle
nature ? | Pourquoi donc t'indignes-tu si un autre, à force 39
d'exercices, a l'avantage sur toi en ces matières ? – Mais ce
sont les sujets les plus importants ! – Et qui t'empêche de
t'intéresser à eux et de leur consacrer tes soins ? Qui est mieux
pourvu que toi en livres, en loisirs, en gens prêts à t'aider ? | Tu 40
n'as qu'à te tourner un jour vers ces questions et à consacrer ne
fût-ce qu'un peu de temps à ton principe directeur ; examine ce
qu'est cette chose que tu possèdes, d'où elle est venue, elle qui
se sert de toutes les autres choses, qui met toutes les autres à
l'épreuve, qui choisit et rejette. | Mais aussi longtemps que tu 41
t'intéresseras aux choses extérieures, tu en auras, et plus que
personne ; mais ton principe directeur, tu l'auras tel que tu veux
l'avoir : sale et négligé.

8) À CEUX QUI ADOPTENT PRÉCIPITAMMENT
LA TENUE DES PHILOSOPHES

1   Ne partez jamais des choses communes[1] pour louer ou
blâmer quelqu'un, ni pour chercher confirmation de son habi-
leté ou de sa maladresse. Vous vous affranchirez ainsi tout à la
2 fois de la précipitation et de la malveillance. | « Cet homme se
baigne bien vite ! » Agit-il mal pour autant ? Pas du tout. Que
3 fait-il alors ? Il se baigne bien vite. | – Tout est bien, par consé-
quent ? – En aucun cas : est bien fait ce qui découle de jugements droits, mal fait ce qui découle de jugements mauvais.
Pour ce qui te concerne, tant que tu n'as pas bien compris le
jugement d'où procède chacun des actes d'un homme, évite de
louer ou de blâmer son action.
4   Il n'est cependant pas facile d'évaluer un jugement
d'après les éléments extérieurs. « Cet homme est charpentier. »
Pourquoi ? « Il se sert d'une hache à deux tranchants. » Et
alors ? « Celui-ci est musicien, car il chante. » Et alors ? « Cet
homme est philosophe. » Pourquoi ? « Il porte un manteau
5 grossier et des cheveux longs. » | Et les devins ambulants, que
portent-ils ? Voilà pourquoi, si l'on voit l'un de ces hommes se
comporter de façon inconvenante, on dit aussitôt : « Regarde
ce que fait le philosophe ! » Il aurait plutôt fallu déduire de ces
6 actes inconvenants qu'il n'est pas philosophe. | Si c'est cela
que contient la notion de philosophe et ce que le philosophe
annonce[2], à savoir porter un manteau grossier et des cheveux
longs, alors on aurait raison ; mais si être philosophe consiste
plutôt à être exempt de faute, pourquoi ne lui retire-t-on pas ce
7 titre puisqu'il est infidèle à ce qu'il annonce ? | C'est bien ce

---

1. Voir ci-dessus IV, 4, 44 et la note.
2. *Annonce* ou *promet* ; voir I, 15.

qu'on fait pour les autres arts. Si l'on voit quelqu'un se servir
maladroitement de la hache, on ne dit pas : « À quoi donc sert
l'art du charpentier ? Regarde comme les charpentiers travaill-
lent mal ! » ; on dit tout le contraire : « Ce n'est pas un charpen-
tier, car il se sert mal de la hache. » | De même si l'on entend 8
quelqu'un mal chanter, on ne dit pas : « Regarde comme les
musiciens chantent ! », mais plutôt : « Ce n'est pas un musi-
cien. » | C'est uniquement pour la philosophie que les gens ont 9
cette réaction : lorsqu'ils voient quelqu'un agir d'une manière
contraire à ce qu'annonce le terme de philosophe, ils ne lui
retirent pas le nom, mais ils posent qu'il est philosophe et
ensuite, s'appuyant sur ce qui arrive, ils énoncent cette
mineure : « Or il se comporte de façon inconvenante », pour
conclure qu'être philosophe ne sert à rien.

Quelle en est donc la cause ? C'est que nous avons un 10
certain respect pour la notion de charpentier, pour celle de
musicien, et pareillement pour celles des autres artistes et
artisans, mais non pour celle de philosophe ; et comme cette
dernière est confuse, mal articulée, nous en jugeons unique-
ment d'après l'extérieur. | Et quel autre art s'acquiert grâce à la 11
tenue et à la chevelure, sans qu'il ait par ailleurs des principes
théoriques, une matière, une fin ?

Quelle est alors la matière du philosophe ? Un manteau 12
grossier ? Non, mais la raison. Quelle est sa fin ? De porter un
manteau grossier ? Non, mais de posséder une raison droite.
Quels sont ses principes théoriques ? Seraient-ce ceux qui ont
trait aux moyens d'avoir une longue barbe ou une épaisse
chevelure ? Bien plutôt ceux qu'énonce Zénon : connaître les
éléments de la raison, la nature de chacun d'eux, la manière
dont ils s'ajustent l'un à l'autre, et tout ce qui suit de là. | Ne 13
veux-tu donc pas voir d'abord si en se conduisant de façon
inconvenante notre homme est fidèle à ce qu'il annonce, et
alors seulement lui reprocher son genre de vie ? Mais en fait,

alors que tu te conduis toi-même sagement, tu déclares, en te fondant sur les mauvaises actions qu'il te paraît commettre : « Regarde le philosophe ! » (comme s'il convenait d'appeler philosophe celui qui agit ainsi) ; et encore : « C'est cela, un philosophe ? » Pourtant tu ne dis pas : « Regarde le charpentier ! » quand tu apprends que l'un d'eux est adultère ou quand tu en vois un se livrer à la gourmandise, ni non plus : « Regarde

14 le musicien ! » | Ainsi tu perçois bien toi aussi, jusqu'à un certain point, ce que le terme de philosophe annonce, mais tu perds prise et tu t'embrouilles faute d'exercice.

15   C'est un fait que ceux qu'on appelle philosophes ambitionnent ce titre en recourant eux aussi à des moyens communs[1] : à peine ont-ils revêtu un manteau grossier et laissé pousser leur barbe qu'ils déclarent : « Je suis philosophe. »

16 | Pourtant personne ne dira : « Je suis musicien » après avoir fait l'acquisition d'un plectre et d'une cithare, ni non plus : « Je suis forgeron » s'il s'est coiffé d'un bonnet de feutre et a ceint un tablier ; mais la tenue s'adapte au métier et c'est du métier,

17 non de la tenue, que ces gens reçoivent leur nom. | C'est pour cela qu'Euphratès[2] disait à juste titre :

> J'ai longtemps essayé de cacher que j'étais philosophe, et
> – ce sont ses termes – cela m'était utile. En premier lieu, je
> savais que tout ce que je faisais de bien, je ne le faisais pas par
> égard pour ceux qui me voyaient mais par égard pour moi-
> même ; c'est pour moi que je mangeais avec décence, que je
> gardais la retenue dans mon regard et dans ma démarche ; tout
18   cela était pour moi et pour le dieu. | Ensuite, tout comme
> j'étais seul à combattre, j'étais seul aussi à courir un risque ; si
> je commettais un acte immoral ou inconvenant, la cause de la
> philosophie ne risquait rien de mon fait, et je ne faisais aucun

1. Comme ci-dessus phrase 1.
2. Voir ci-dessus III, 15, 8.

tort au public comme si c'était en tant que philosophe que je
commettais la faute. | Aussi ceux qui ignoraient mes inten- 19
tions se demandaient-ils avec étonnement comment il se
faisait que je fréquente tous les philosophes et vive avec eux
sans être philosophe moi-même. | Quel mal y avait-il à ce 20
qu'on reconnût en moi le philosophe à mes actes et non à des
signes de reconnaissance extérieurs ? »

Regarde comment je mange, comment je bois, comment je
dors, comment je supporte, comment je m'abstiens, comment
j'aide les autres, comment j'en use avec mes désirs et mes aversions, comment je respecte mes obligations dans les relations
sociales, naturelles ou acquises, sans confusion ni entraves :
juge-moi d'après cela, si tu peux. | Mais si tu es assez sourd et 21
aveugle pour penser qu'Héphaïstos lui-même n'est pas un bon
forgeron si tu n'aperçois pas le bonnet de feutre coiffant sa tête,
quel mal y a-t-il à ne pas être reconnu par un juge aussi sot ?

C'est ainsi que la plupart des gens méconnaissaient 22
Socrate : ils allaient le voir pour lui demander d'être présentés
à des philosophes. | Est-ce que, comme nous, il s'irritait et 23
disait : « Mais ne suis-je pas, moi, un philosophe à tes yeux ? »
Non, mais il les emmenait et les présentait ; il lui suffisait
simplement d'*être* philosophe, se félicitant en outre de ne pas
être blessé de ne pas le paraître ; car il gardait à l'esprit ce
qu'était sa fonction propre. | Et quelle est la fonction d'un 24
homme de bien ? D'avoir beaucoup de disciples ? En aucun
cas. C'est l'affaire de ceux qui se sont donné du mal pour en
avoir. De déterminer exactement le sens de propositions théoriques embarrassantes ? C'est l'affaire d'autres gens encore.
| Sur quel terrain Socrate était-il quelqu'un <qui compte> et 25
voulait-il l'être ? Là où il était question de tort et d'utilité. « Si
l'on peut me causer du tort, dit-il, ce que je fais ne vaut rien ; si
j'attends qu'un autre me soit utile, je ne suis rien. Je veux une
chose et elle ne se produit pas : je suis malheureux. » | C'est 26

dans cette grande lice qu'il défiait tout le monde, quel que fût l'adversaire, et il ne me semble pas qu'il ait reculé devant personne ; que croyez-vous ? qu'il faisait une annonce publique en disant : « Voilà quel genre d'homme je suis » ? Jamais

27 de la vie ! mais il *était* ce genre d'homme. | Car, je le répète, il faut être fou et fanfaron pour déclarer : « Je suis sans passion et sans trouble ; sachez-le, hommes : pendant que vous vous agitez et êtes bouleversés pour des choses qui n'en valent pas la peine, moi seul suis délivré de toute espèce de trouble. »

28 | Il ne te suffit donc pas de ne pas souffrir sans proclamer de surcroît : « Venez tous à moi, vous les goutteux, les migraineux, les fiévreux, les boiteux, les aveugles, et voyez comme

29 je me porte bien, sans aucune maladie » ? | Propos vains et grossiers, à moins de pouvoir, comme Asclépios[1], indiquer tout de suite quel traitement les guérira eux aussi sur le champ de leur mal, et d'apporter pour cela ta propre santé en exemple.

30　　Voilà le genre d'homme qu'est le Cynique, digne de recevoir de Zeus le sceptre et le diadème ; il dit : « Pour que vous voyiez, hommes, que vous ne cherchez pas le bonheur et

31 l'absence de trouble où ils sont mais là où ils ne sont pas, | me voici, envoyé par le dieu comme un exemple ; je n'ai ni biens, ni maison, ni femme, ni enfants, pas même un matelas, une tunique ou un meuble, et voyez comme je me porte bien ; mettez-moi à l'épreuve, et si vous me voyez sans trouble,

32 écoutez mes remèdes et les moyens qui m'ont guéri. » | Voilà une attitude pleine d'humanité et de noblesse. Mais voyez bien qui est à l'œuvre ici : c'est Zeus, ou celui qu'il juge digne de ce service, et dont la tâche est de ne jamais rien dévoiler à la foule qui invalide le témoignage qu'il apporte lui-même en faveur de la vertu et contre les choses extérieures,

---

1. Dieu de la médecine.

Ni pâleur sur son beau teint
Ni larme essuyée sur ses joues [1].

Davantage encore, il n'a pas de regret, il ne recherche rien, 33
ni homme, ni lieu, ni genre de vie, comme les enfants qui récla-
ment la saison des vendanges ou les vacances ; il est paré en
tout lieu du sentiment de sa dignité, comme les autres le sont
par des murs, des portes et des portiers.

Mais la réalité est celle-ci : alors qu'on est simplement 34
porté vers la philosophie comme des estomacs malades le sont
vers une nourriture médiocre – dont ils sont vite dégoûtés – tout
de suite on réclame le sceptre et la royauté. On laisse pousser
ses cheveux, on endosse un manteau grossier en laissant
l'épaule à nu, on se querelle avec les gens qu'on rencontre, et si
l'on aperçoit quelqu'un vêtu d'un habit de voyage [2], on lui
cherche querelle. | Homme, commence par les exercices 35
d'hiver : examine tes propensions, de peur qu'elles ne soient
celles d'un estomac malade ou qu'il ne s'agisse d'envies de
femme enceinte. Aie soin d'abord qu'on ne sache pas qui tu es,
et pratique la philosophie pour toi-même pendant quelque
temps. | C'est ainsi qu'un fruit se développe : il faut que la 36
semence soit enfouie et cachée pour un temps, qu'elle croisse
peu à peu, pour enfin atteindre la maturité. Si le plant porte
l'épi avant la formation du nœud, la maturité est manquée, il
vient d'un jardin d'Adonis [3]. | Tu es toi-même une petite plante 37
de ce genre : tu as fleuri prématurément, et l'hiver te brûlera.
| Vois ce que les cultivateurs disent de leurs semences quand 38

1. *Odyssée*, XI, 529-530.
2. Gros manteau protégeant des intempéries ; signe de mollesse aux yeux
des Cyniques. Pour les exercices d'hiver (phrase suivante), voir I, 2, 32.
3. Petits récipients dans lesquels, aux fêtes d'Adonis (soit en pleine
canicule), on faisait pousser des plantes qui ne duraient pas. Comparer Platon,
Phèdre, 276b.

les chaleurs arrivent avant la saison. Ils craignent que les pousses ne débordent de sève et qu'ensuite une seule offensive
39 du gel suffise à les faire dépérir. | Toi aussi, homme, prends garde : tu débordes de sève, tu t'es précipité sur une petite gloire avant la saison ; tu crois être quelqu'un, et tu es un fou parmi les fous. Tu gèleras, ou plutôt tu es déjà gelé en bas, à la racine ; les parties supérieures fleurissent encore un peu, et pour cette raison tu crois être encore en vie et en pleine
40 luxuriance[1]. | Nous du moins, laisse-nous mûrir conformément à la nature. Pourquoi nous mets-tu à nu, pourquoi nous fais-tu violence ? Nous ne pouvons pas encore supporter le grand air. Laisse croître la racine, laisse ensuite se former le premier nœud, puis le deuxième, puis le troisième ; alors le fruit fera finalement ressortir sa vraie nature, même si je ne le
41 veux pas. | Quel homme en effet, s'il a conçu et porte en lui de si grandes pensées, n'a pas conscience de son propre équipement et ne s'élance pas vers des œuvres qui leur correspon-
42 dent ? | Mais quoi, un taureau n'ignore pas sa propre nature et son équipement à lui quand soudain paraît une bête féroce, et il n'attend pas qu'on le pousse à se battre ; un chien non plus,
43 quand il voit un animal sauvage. | Et moi, si j'ai l'équipement d'un homme de bien, vais-je attendre que tu m'équipes pour accomplir mes œuvres propres ? Pour le moment, cependant, je ne le possède pas encore, crois-moi : pourquoi donc veux-tu que je me dessèche avant la saison, comme tu t'es toi-même fané ?

---

1. La métaphore végétale développée depuis le § 36 trouve ici sa limite : les plantes ne gèlent pas d'abord par la racine. Diverses corrections ont été proposées, mais il est plus vraisemblable qu'Épictète ne se souciait pas de filer la métaphore de façon rigoureuse.

9) À CELUI QUI A VERSÉ DANS L'IMPUDENCE

Quand tu vois quelqu'un exercer une magistrature, mets 1
en regard le fait que toi tu peux te passer de magistrature ;
quand tu vois un homme riche, considère ce que tu possèdes à
la place de la richesse. | Car si tu n'as rien à mettre à la place, tu 2
es malheureux ; mais si tu peux te passer de richesse, sache que
tu possèdes plus que lui, et quelque chose qui a bien plus de
prix. | Un autre a une belle femme, toi tu as la capacité de ne pas 3
éprouver de passion pour une belle femme. Cela te paraît peu
de chose ? À quel prix estimeraient-ils, ces riches, ces magistrats, ceux qui vivent avec de belles femmes, de pouvoir mépriser la richesse, les magistratures et ces mêmes femmes dont ils
sont épris et qu'ils obtiennent ? | Ne sais-tu pas ce qu'est la soif 4
quand on a de la fièvre ? Elle ne ressemble en rien à celle
qu'éprouve un homme bien portant. En buvant, ce dernier
apaise sa soif ; l'autre, après un court moment de plaisir, est
pris de nausée, il change l'eau en bile, il vomit, il a la colique
et sa soif redouble. | Voilà ce que c'est d'avoir la passion de 5
la richesse, des magistratures, le désir passionné de partager
le lit d'une belle femme ; s'y ajoutent la jalousie, la peur de la
privation, les paroles et les pensées honteuses, les actions
indécentes.

– Et qu'est-ce que j'y perds ? dit l'interlocuteur. 6
– Homme, tu étais réservé et maintenant tu ne l'es plus : tu n'as
rien perdu ? Au lieu de Chrysippe et de Zénon, tu lis Aristide et
Événus[1] : tu n'as rien perdu ? Au lieu de Socrate et de Diogène,
tu en es venu à admirer l'homme capable de corrompre et de
séduire le plus grand nombre de femmes. | Tu veux être beau, et 7
comme tu ne l'es pas, tu te pomponnes, tu veux exhiber des

1. Auteurs d'écrits érotiques (on doit au premier, qui vécut probablement
au IIe siècle av. J.C., les célèbres *Contes milésiens*).

habits voyants pour que les femmes se retournent sur toi, et si tu mets la main sur un parfum quelconque, tu crois avoir atteint
8 la félicité. | Auparavant tu ne pensais même pas à ces choses, mais tu veillais à trouver une conversation décente, un homme de mérite, une pensée noble. C'est pourquoi tu dormais comme un homme, tu marchais comme un homme, tu portais des vêtements d'homme, tu tenais des propos qui convenaient à un homme de bien[1]. Et après cela tu viens me dire : « Je n'ai
9 rien perdu » ? | Les humains ne perdent-ils rien d'autre que des pièces de monnaie ? La pudeur ne se perd-elle pas, ni la décence ? Ou alors est-il exclu qu'on subisse un préjudice dans
10 ce genre de perte ? | Peut-être ne crois-tu plus qu'il y ait le moindre préjudice dans ces cas-là ? Il y eut un temps, cependant, où c'était cela seul que tu comptais comme préjudice et dommage, où tu craignais de vaciller et d'être arraché au langage et aux actes <d'un homme de bien>.
11   Or, ce n'est pas par un autre que tu en as été arraché, c'est par toi-même. Engage le combat contre toi-même, retourne
12 toi-même vers la décence, vers la pudeur, vers la liberté. | Si on te parlait de moi en disant que quelqu'un me force à être adultère, à m'habiller comme toi, à me parfumer, n'irais-tu pas
13 tuer de ta main cet homme qui me maltraiterait ainsi ? | Ne veux-tu donc pas à présent te secourir toi-même ? Et combien ce secours est plus facile ! Nul besoin de tuer quiconque, de l'enchaîner, de lui faire violence, d'aller à l'agora, mais ce qu'il faut, c'est te parler à toi-même, à toi qui es l'homme le plus disposé à être persuadé par toi et que personne n'est plus
14 que toi capable de persuader. | Commence par condamner ce qui est arrivé, et une fois cette condamnation prononcée, ne désespère pas de toi-même, et ne réagis pas comme ces

---

1. L'homme, dans cette phrase, est l'être humain masculin (ἀνήρ).

hommes sans courage qui, après avoir cédé à une première
faiblesse, se sont complètement abandonnés et laissé entraîner
comme par un courant. Mets-toi plutôt à l'école des maîtres
de gymnastique. | L'enfant est tombé : «Relève-toi, lui dit le   15
maître, reprends la lutte jusqu'à ce que tu sois devenu fort. »
| Inspire-toi de cette situation ; sache en effet que rien n'est plus   16
facile à diriger qu'une âme humaine. Il faut vouloir, et la chose
est faite, l'âme est redressée ; assoupis-toi de nouveau et elle
est perdue. Car c'est de l'intérieur que viennent la perte et le
secours. | – Et ensuite, quel bien en résultera-t-il pour moi ? –   17
Quel bien plus grand poursuis-tu ? D'impudent tu deviendras
réservé ; de déréglé, décent ; de perfide, digne de foi ; d'intempérant, tempérant. Si tu poursuis des fins supérieures à celles-
là, continue à faire ce que tu fais : même un dieu ne peut
désormais te sauver.

10) CE QU'IL FAUT MÉPRISER
ET CE À QUOI IL FAUT ATTACHER DE L'IMPORTANCE

1   Quand il s'agit des choses extérieures, tous les hommes sont dans l'embarras et éprouvent leur impuissance. « Que ferai-je ? Comment cela va-t-il se passer ? Quel sera le résul-
2 tat ? J'ai peur que ceci ou cela ne m'arrive ! » | Ce langage est celui de gens qui se soucient des choses soustraites à notre choix. Quel homme dit en effet : « Comment faire pour ne pas donner mon assentiment au faux ? Comment faire pour ne pas
3 refuser le vrai ? » | Si un homme est assez doué naturelle-ment pour avoir ce genre d'inquiétude, je lui rappellerai ceci : « Pourquoi es-tu inquiet ? Ces choses dépendent de toi ; sois en sécurité ; ne te presse pas de donner ton assentiment, applique
4 d'abord la règle fournie par la nature. » | Pareillement, s'il a peur que ses désirs restent insatisfaits et n'atteignent pas leur but, s'il a peur de tomber sur les objets de ses aversions,
5 | d'abord je l'embrasserai parce qu'il a rejeté les objets qui effraient les autres ainsi que les craintes qu'ils éprouvent, pour se préoccuper de ses actions propres, là où il est lui-même.
6 | Ensuite je lui dirai : « Si tu ne veux pas échouer dans tes désirs ni tomber sur les objets de ton aversion, ne désire rien de ce qui relève d'autrui, ne cherche à éviter rien de ce qui ne dépend pas de toi. Sinon, nécessairement, tu échoueras et tomberas sur
7 ce que tu veux éviter. » | Quel embarras y a-t-il ici ? Où y a-t-il place pour dire : « Comment cela va-t-il se passer ? », « Quel sera le résultat ? » et « J'ai peur que ceci ou cela ne m'arrive » ?
8   Mais les événements futurs ne sont-ils pas, en réalité, soustraits à notre choix ? – Si. – Or l'essence du bien et du mal se trouve dans les choses offertes à notre choix ? – Oui. – Est-il, oui ou non, en ton pouvoir d'user de tout résultat de manière conforme à la nature ? Personne ne peut t'en
9 empêcher, n'est-ce pas ? – Personne, non. | – Ne me dis donc

plus : « Comment cela va-t-il se passer ? », car, quoi qu'il advienne, tu en feras quelque chose de bon, et le résultat sera pour toi un succès. | Quel homme Héraclès aurait-il été s'il 10 avait dit : « Comment faire pour ne pas voir surgir devant moi un gros lion, un gros sanglier, des hommes sauvages ? » Que t'importe ? Si un gros sanglier se présente, tu combattras pour un plus grand prix ; si ce sont des hommes malfaisants, c'est de malfaisants que tu débarrasseras la terre.

– Mais si je meurs en agissant ainsi ? – Tu mourras en 11 homme de bien, accomplissant une action pleine de noblesse. Puisqu'il faut de toute façon mourir, nécessairement la mort te trouve en train de faire quelque chose : de cultiver la terre, de creuser, de faire du commerce, d'être consul, de mal digérer ou d'avoir la diarrhée. | Dans quelle activité veux-tu que la mort te 12 trouve ? Pour ma part, je voudrais que ce fût dans une action digne d'un homme, une action bienfaisante, utile à la communauté, pleine de noblesse. | Si cependant je ne puis faire que la 13 mort me trouve en train d'accomplir de si belles actions, qu'elle me trouve du moins en train de faire ce qu'on ne peut m'empêcher de faire, ce qu'il m'est donné de faire : en train de me corriger, d'exercer ma faculté d'user des représentations, de travailler à être sans passion, de remplir mes obligations dans mes rapports à autrui ; et si j'ai assez de chance pour cela, en train d'atteindre même le troisième thème des études[1], celui qui concerne la sûreté dans les jugements.

Dans l'hypothèse où la mort me saisirait dans cette 14 situation, je suis satisfait si je peux lever les mains vers le dieu et lui dire : « Les moyens que j'ai reçus de toi pour comprendre ton gouvernement et y conformer ma conduite, je ne les ai pas négligés ; je ne t'ai pas, pour ma part, déshonoré. | Vois 15

---

1. Voir II, 17, 15-16 et III, 2, 1-2.

comment j'ai usé de mes sens, comment j'ai usé de mes prénotions. Est-il jamais arrivé que je te fasse des reproches, que j'aie été mécontent d'un événement ou voulu qu'il fût différent, que j'aie transgressé mes obligations dans mes

16 rapports à autrui ? | Parce que c'est toi qui m'as mis au monde, je te suis reconnaissant pour ce que tu m'as donné ; je suis satisfait du temps qui m'a été accordé pour me servir de tes dons. Reprends-les à présent, et assigne leur la place que tu veux. Car ils étaient tous à toi, et c'est toi qui me les as

17 donnés. » | Ne suffit-il pas d'avoir ces dispositions au moment de partir ? Quelle vie est meilleure ou plus décente que celle de l'homme ainsi disposé, quel genre de dénouement est plus heureux ?

18 Mais pour obtenir ce résultat, il y a des épreuves non négligeables à supporter, et à connaître des échecs qui ne le sont pas non plus. Tu ne peux à la fois vouloir le consulat et la vie que je viens d'évoquer, t'escrimer à posséder des terres et mener cette même vie, te préoccuper de tes petites esclaves et

19 de toi-même. | Si tu veux quelque chose qui relève d'autrui, ce qui est à toi est perdu. Telle est la nature de la chose, rien n'est

20 gratuit. | Qu'y a-t-il là d'étonnant ? Si tu veux être consul, il te faut renoncer au sommeil, courir de tous côtés, baiser des mains, croupir aux portes des autres, proférer et faire bien des choses indignes d'un homme libre, envoyer des cadeaux à beaucoup de gens et, chaque jour, des présents d'hospitalité à

21 quelques-uns. | Et pour quel résultat ? Bénéficier de douze faisceaux de verges[1], siéger trois ou quatre fois sur une tribune, donner des jeux du cirque, offrir à dîner dans des corbeilles.

22 Qu'on me montre ce qu'il y a d'autre ! | Ainsi, pour être exempt

---

1. *Cf.* IV, 1, 57. Portés par des licteurs, ces faisceaux sont les insignes des magistratures supérieures.

de passion et de trouble, pour dormir quand tu dors et être éveillé quand tu es éveillé, pour ne t'effrayer de rien, pour ne rien craindre, tu ne veux rien dépenser, ne te donner aucun mal ? | Mais si, pendant que tu t'occupes de cela, tu perds 23 quelque chose, ou si tu fais une dépense malheureuse, ou si un autre obtient une chose que tu aurais dû obtenir, est-ce que tu vas aussitôt te sentir blessé de ce qui arrive ? | Ne vas-tu pas 24 faire la comparaison avec ce que tu reçois en échange, peser leur valeur respective ? Non, tu veux recevoir gratuitement des choses aussi importantes ? Comment est-ce possible ? Affaire pour affaire [1] ! | Tu ne peux donner tes soins à la fois aux choses 25 extérieures et à ton principe directeur. Si tu veux les premières, laisse le second ; sinon tu échoueras dans l'un et l'autre cas, car tu seras tiraillé des deux côtés. Et si tu veux t'occuper du second, il faut que tu laisses les premières. | Mon huile se 26 répandra, mon petit mobilier sera détruit, mais moi je resterai sans passion. Un incendie se déclarera en mon absence et mes livres seront détruits ; moi j'userai de mes représentations conformément à la nature.

Mais je n'aurai rien à manger ! | Si je suis malheureux à ce 27 point, la mort sera mon havre. Elle est le havre de tous les hommes, la mort, elle est leur refuge. Voilà pourquoi rien n'est difficile dans la vie. Quand tu le veux, tu sors de la maison et tu n'es plus incommodé par la fumée. | Pourquoi donc ces inquié- 28 tudes, pourquoi ces nuits sans sommeil ? Pourquoi ne pas immédiatement raisonner sur le lieu où se trouvent ton bien et ton mal, et te dire : « L'un et l'autre dépendent de moi ; personne ne peut m'enlever le premier ni m'enfermer dans l'autre contre mon gré. | Pourquoi ne pas m'étendre et ronfler ? 29

---

1. Ou bien, si l'on suppose que l'on a ici la formule abrégée de l'expression citée ci-dessus en IV, 6, 30 : « Un travail (ou une affaire) n'est pas compatible avec un autre. »

Mes affaires à moi sont en sûreté ; et pour celles qui ne sont pas
à moi, que celui qui en a la charge s'en occupe, conformément
30 au don que lui a fait celui qui a pouvoir sur elles. | Qui suis-je
pour vouloir que les choses soient telles ou telles ? Est-ce que
par hasard il m'a été donné de choisir entre elles ? Quelqu'un
m'aurait-il institué leur administrateur ? Je suis satisfait de
celles que j'ai en mon pouvoir. Celles-là, il faut que je les
arrange de la manière la plus belle, et que les autres soient
31 comme le veut celui qui en est le maître. » | Si un homme a ces
réflexions devant les yeux, souffre-t-il d'insomnie, « en se
tournant et se retournant dans son sommeil[1] » ? Que veut-il ?
Que regrette-t-il ? Patrocle, Antiloque, Ménélas[2] ? A-t-il
jamais cru qu'un ami pût être immortel ? N'avait-il jamais
devant les yeux qu'il fallait que lui-même ou son ami mourût le
32 jour suivant ou celui d'après ? | « Certes, rétorque-t-il, mais je
pensais qu'il me survivrait et élèverait mon fils. » C'est que tu
étais fou, et prétendais connaître ce qui est caché. Pourquoi ne
te fais-tu pas de reproches à toi-même, et restes-tu assis à
33 pleurer comme les petites filles ? | « Mais il me servait à
manger. » C'est qu'il était vivant, fou que tu es ! Maintenant
il ne peut plus le faire. Mais Automédon[3] te servira, et si
34 Automédon meurt à son tour, tu en trouveras un autre. | Si la
marmite dans laquelle cuisait ta viande se brise, faut-il que tu
meures de faim parce que tu n'as pas ta marmite habituelle ?
N'envoies-tu pas quelqu'un en acheter une nouvelle ?

---

1. Citation de l'*Iliade*, XXIV, 5. Il s'agit d'Achille, au désespoir après la
mort de Patrocle. Tout ce qui suit se réfère implicitement au même Achille.

2. Ménélas figure ici par erreur. Si Patrocle et Antiloque ont bien trouvé la
mort devant Troie, Ménélas n'était pas vraiment, comme les deux autres, un
ami d'Achille, et surtout il n'est pas mort au siège de Troie. C'est pourquoi on a
proposé de remplacer ce nom par celui de Protésilas, qui était un compagnon
d'Achille et fut le premier Grec tué par les Troyens.

3. Cocher et serviteur d'Achille (cf. *Iliade*, IX, 209).

Non, *dit-il,* je ne saurais rien souffrir de pire [1].   35

C'est donc là un mal pour toi ? Si c'est le cas, plutôt que de te débarrasser de ce mal, tu accuses ta mère de ne pas t'avoir prédit ce qui arriverait, pour pouvoir depuis lors continuer à te lamenter ? | Qu'en pensez-vous ? Homère n'a-t-il pas composé 36 ces scènes à dessein pour nous faire comprendre que rien n'empêche les plus nobles, les plus forts, les plus riches, les plus beaux, quand ils n'ont pas les jugements qu'il faut, d'être les plus misérables et les plus infortunés des hommes ?

1. *Iliade*, XIX, 321. C'est toujours Achille qui se lamente sur la mort de Patrocle. La suite fait allusion à la déesse Thétis, mère d'Achille, qui avait annoncé à son fils que le destin lui offrait le choix entre une vie courte mais glorieuse et une existence longue mais inactive (*cf.* notamment *Iliade*, I, 414 *sq.* ; IX, 410 *sq.*).

11) DE LA PROPRETÉ

1   Certains soulèvent une controverse sur l'existence de la sociabilité dans la nature humaine. Pourtant, à ce que je vois, même eux ne contestent pas que la propreté du moins lui appartienne absolument, ni que, s'il y a un trait qui distingue la nature humaine de celle des animaux, ce soit bien celui-là.

2 | Aussi lorsque nous voyons un autre animal se nettoyer, nous sommes surpris, et nous ajoutons ordinairement : « Il se comporte comme un homme ! » Si inversement quelqu'un fait des reproches à un animal, nous avons l'habitude de dire aussitôt pour sa défense : « Ce n'est pas un homme, voyons ! »

3 | Ainsi nous croyons qu'il y a dans l'homme un caractère privilégié, qui nous vient originairement des dieux. En effet, comme ces derniers sont par nature purs et non altérés, autant les hommes se sont rapprochés d'eux par la raison, autant ils

4 s'attachent aussi à la pureté et à la propreté. | Mais comme il est impossible que leur essence soit absolument pure, mélangée qu'elle est à une telle matière[1], la raison dont ils ont été dotés s'efforce de la rendre aussi propre que possible.

5   La première pureté, la plus éminente, c'est celle de l'âme, et il en va de même pour l'impureté. Mais dans l'âme on ne peut trouver le même genre d'impureté que dans le corps ; et comme impureté de l'âme, que pourrait-on trouver d'autre que ce qui la rend malpropre pour l'accomplissement de ses

6 actes à elle ? | Or les actes de l'âme, ce sont les propensions et les rejets, les désirs et les aversions, les dispositions que l'on

7 prend, les projets, l'assentiment. | Et qu'est-ce donc, en ces actes, qui rend l'âme malpropre et impure ? Rien d'autre que

---

1. Et non : « à la matière ». La matière entre dans la constitution de tous les êtres, et donc aussi dans celle de l'âme ou de la raison. Épictète fait allusion ici à la matière grossière qui constitue le corps, comme on voit ci-après phrase 27.

les décisions vicieuses qu'elle prend. | En conséquence, 8
l'impureté de l'âme consiste en jugements mauvais, et sa
purification dans la production des jugements qu'il faut avoir.
Est pure, donc, l'âme qui possède les jugements qu'il faut ;
celle-là seule en effet, dans ses actes à elle, est exempte de
confusion et de souillure.

Il faut, autant que faire se peut, se donner les moyens de 9
réaliser quelque chose de semblable pour le corps également.
Il était impossible que la morve ne coule pas, vu la constitution
de l'homme ; c'est pourquoi la nature a fait des mains, et a fait
les narines elles-mêmes en forme de conduits pour évacuer les
humeurs. Donc, si on renifle sa morve, je prétends qu'on n'agit
pas en homme. | Il était impossible que les pieds ne se couvrent 10
pas de boue, ou simplement évitent de se salir, vu les sols sur
lesquels ils marchent ; c'est pourquoi la nature a mis à notre
disposition l'eau ainsi que les mains. | Il était impossible que 11
mâcher ne laisse pas quelque saleté dans les dents ; c'est
pourquoi la nature nous dit : « Lave-toi les dents ! » Pourquoi ?
Pour être un homme et non une bête sauvage ou un pourceau.
| Il était impossible qu'avec la sueur et des vêtements serrés il 12
ne subsiste pas de crasse sur le corps et qu'il ne faille pas le
nettoyer ; c'est pourquoi existent l'eau, l'huile, les mains, la
serviette, l'étrille, le savon et, à l'occasion, toute sorte d'autres
ustensiles pour le rendre propre. | Mais tu n'es pas d'accord. 13
Pourtant le forgeron va enlever la rouille de son outil en fer,
et il aura des instruments tout prêts pour cette opération ;
toi-même, tu laveras ton assiette quand tu te proposeras
de manger, sauf si tu es absolument crasseux, absolument
malpropre : et ton pauvre corps, tu ne vas pas le laver et le
rendre propre ?

– Pourquoi ? réplique l'interlocuteur. – Je vais te le dire 14
encore une fois : d'abord pour agir en homme, ensuite pour ne
pas incommoder les gens que tu rencontres. | C'est un peu ce 15

que tu fais ici, et tu ne t'en aperçois pas. Tu crois pouvoir te permettre de sentir mauvais. Soit, donne-toi cette permission ! Mais penses-tu que peuvent se le permettre aussi ceux qui sont assis à côté de toi, ceux qui sont couchés près de toi, ceux qui

16 t'embrassent ? | Ou alors retire-toi quelque part dans un endroit désert, tu peux te le permettre, et passe ta vie dans la solitude à te sentir toi-même. Car il est juste que tu jouisses seul de ta malpropreté. Mais se comporter de façon aussi inconsidérée et irréfléchie quand on habite la ville, cela relève de quel genre

17 d'homme, selon toi ? | Si la nature t'avait confié un cheval, le laisserais-tu totalement sans soin ? Eh bien, considère que ton corps t'a été remis comme un cheval : lave-le, essuie-le, fais en

18 sorte que personne ne se détourne et ne s'écarte de toi. | Qui ne s'écarte d'un homme malpropre, malodorant, dont le teint est pire que celui d'un individu couvert de fumier ? Car chez ce dernier l'odeur est extérieure et surajoutée, chez l'autre elle vient de l'intérieur et résulte d'un manque de soin, elle émane pour ainsi dire d'un être en putréfaction.

19   – Pourtant Socrate allait rarement aux bains publics[1]. – Mais son corps était resplendissant, mais il était si rempli de grâce et de charme que les hommes en pleine fleur de l'âge et les plus nobles étaient épris de lui, et désiraient coucher près de lui plutôt que près de ceux dont les traits étaient les plus parfaits[2]. Il pouvait bien, s'il voulait, ne pas prendre de bain ni se laver ; néanmoins, même s'il le faisait rarement, cela

20 produisait son effet[3]. | – Mais Aristophane dit :

> Je parle de ces gens pâles qui vont pieds nus.

---

1. *Cf.* Platon, *Banquet*, 174a.
2. Autre allusion au *Banquet*, 217a *sq.*
3. Comme l'ont fait plusieurs éditeurs, on a déplacé les mots suivants du manuscrit (« fût-ce à l'eau froide… ») pour les ajouter à la phrase 32.

– Certes, il dit aussi que Socrate marchait dans les airs et volait les habits dans la palestre[1]. | Et pourtant tous ceux qui 21 ont écrit sur Socrate apportent un témoignage totalement opposé, disant qu'on avait plaisir non seulement à l'entendre mais aussi à le voir. Diogène à son tour a droit au même traitement chez ceux qui écrivent sur lui. | Le fait est qu'il faut 22 éviter aussi de détourner la multitude de la philosophie en l'effrayant par notre aspect physique ; il faut au contraire, dans le corps comme dans le reste, donner à voir la bonne humeur et l'absence de trouble : | « Voyez, hommes, je ne possède rien et 23 n'ai besoin de rien ; voyez comment, sans famille, sans cité, exilé – si tel est mon sort – vagabond, je mène une existence plus tranquille et plus sereine que tous les patriciens et tous les riches. Et vous constatez que mon pauvre corps lui-même n'est pas meurtri par ce mode de vie austère. » | Mais si quelqu'un 24 me tient ce langage avec le maintien et le visage d'un condamné, quel dieu me persuadera de m'approcher de la philosophie, si du moins elle produit des hommes pareils ? Jamais de la vie ! Je n'en voudrais pas, même si cela devait faire de moi un sage.

Par les dieux, je préfère que le jeune homme qui commence 25 à être attiré par la philosophie vienne à moi avec des cheveux bien coiffés, plutôt que négligé et malpropre. Car en un tel homme se laisse voir une certaine représentation du beau, ainsi qu'un désir de décence. Et là où il se représente que réside la beauté, là il se plaît à la cultiver. | Il ne reste alors 26 qu'à la lui montrer et à lui dire : « Jeune homme, tu cherches le beau et tu fais bien. Sache donc qu'il pousse là où se trouve ta raison. Cherche-le là où sont tes propensions et tes rejets, tes désirs et tes aversions. | Voilà ce que tu possèdes en toi 27

---

1. Voir Aristophane, *Les Nuées*, 103, 225, 179.

d'exceptionnel, ton pauvre corps au contraire est par nature de l'argile. Pourquoi te donner inutilement du mal pour lui ? À défaut d'autre leçon, tu apprendras avec le temps qu'il n'est
28   rien. » | Mais si le jeune homme vient à moi couvert de crasse, malpropre, avec une moustache jusqu'aux genoux, que puis-je
29   lui dire, quelle comparaison utiliser pour l'attirer ? | À quoi s'est-il appliqué, en effet, qui ait quelque ressemblance avec le beau, pour que je puisse changer sa façon de voir en lui expliquant : « Ce n'est pas là que se trouve le beau, mais ici » ? Veux-tu que je lui dise : « Le beau ne réside pas dans le fait d'être couvert de crasse, mais dans la raison » ? A-t-il le désir du beau ? En a-t-il seulement une idée ? Autant expliquer à un pourceau de ne pas se rouler dans la fange !
30   Cela permet de comprendre pourquoi les paroles de Xénocrate ont touché Polémon[1] : c'était en effet un jeune homme qui aimait le beau. Il entra à l'école de Xénocrate, stimulé par son ardeur pour la beauté, mais il la cherchait là où
31   elle n'est pas. | Par ailleurs, même les animaux compagnons de l'homme, la nature ne les a pas faits malpropres. Est-ce qu'un cheval se roule dans la fange, ou un chien de race ? Non pas, mais le porc, les oies, ces bêtes répugnantes, les vers, les araignées, êtres les plus éloignés du commerce des hommes.
32 | Toi qui es un homme, tu ne veux pas même être un de ces animaux compagnons de l'homme, tu préfères être ver ou araignée ? Jamais tu ne prendras de bain, peu importe la manière, jamais tu ne te laveras, fût-ce à l'eau froide si tu ne veux pas d'eau chaude ? Ne te présenteras-tu pas ici bien propre, pour que tes camarades se plaisent avec toi ? Non, mais dans l'état où tu es, tu nous accompagnes jusque dans les

---

1. Voir ci-dessus III, 1, 14.

temples, où il n'est permis ni de cracher ni de se moucher, toi qui es tout entier crachat et morve ?

Mais quoi ? Te demande-t-on de t'embellir ? Jamais de la 33 vie ! À moins qu'il ne s'agisse de ce qui fait notre vraie nature, la raison, les jugements, les actions ; pour le corps, il suffit de faire ce qu'il faut pour le rendre propre et ne pas choquer. | Mais si tu entends dire qu'il ne faut pas porter de vêtement 34 écarlate, va salir ton manteau, ou va le déchirer[1] ! – Mais comment faire pour avoir un beau manteau ? – Homme, tu as de l'eau, lave-le ! | Voici un jeune homme digne d'être aimé, 35 voici un homme âgé qui mérite d'aimer et d'être aimé, à qui quelqu'un peut confier l'éducation de son fils[2], vers qui accourront, qui sait, filles et jeunes gens, et le voilà qui fait cours sur un tas d'ordures ! | Au grand jamais ! Une aberration 36 trouve toujours sa source dans un trait humain, mais celle-ci est bien près de n'être pas humaine.

1. Conseil ironiquement adressé au disciple qui aurait mal interprété l'invitation à éviter les vêtements trop brillants. La réplique suivante indique cependant qu'il n'a pas si mal compris, puisqu'il cherche comment être présentable même en habits ordinaires.

2. En lisant παραδῷ παιδευθησόμενον suggéré par Schenkl.

12) DE L'ATTENTION

1   Lorsque tu relâches un peu ton attention, ne te figure pas que tu la reprendras dès que tu voudras ; mais garde présent à l'esprit que, par suite de la faute commise aujourd'hui, ce sont tes affaires en général qui vont nécessairement plus mal.

2 | D'abord, en effet, s'installe l'habitude la plus fâcheuse de toutes : celle de ne pas faire attention ; et ensuite, celle de repousser son attention à plus tard. Ainsi tu es habitué à remettre sans cesse à plus tard et à plus tard encore la sérénité, la décence, les dispositions et la conduite conformes à la nature.

3 | Or s'il est avantageux de les remettre à plus tard, y renoncer entièrement est encore plus avantageux ; mais si ce n'est pas avantageux, pourquoi ne maintiens-tu pas ton attention de

4   façon continue ? | « Aujourd'hui je veux jouer. » Et qu'est-ce qui t'empêche de le faire avec attention ? « Je veux chanter. » Qu'est-ce qui t'empêche de le faire avec attention ? Y a-t-il une partie de la vie qui fasse exception et à laquelle l'attention ne s'étende pas ? Est-ce que tu agiras plus mal en faisant attention,

5   et mieux en étant inattentif ? | Y a-t-il dans la vie un acte quelconque qui soit mieux réalisé par ceux qui ne font pas attention ? Le menuisier inattentif <travaille-t-il le bois avec plus de précision ? Le pilote inattentif[1]> conduit-il plus sûrement ? Y en a-t-il un autre, parmi les travaux de moindre importance, qui soit mieux exécuté quand on est

6   inattentif ? | Ne te rends-tu pas compte que, lorsque tu laisses aller ta réflexion, il ne dépend plus de toi de la rappeler et de la ramener vers la décence, vers la réserve, vers le calme ? Au contraire, tu fais tout ce qui te vient à l'esprit, tu suis tes impulsions.

---

1. Lacune diversement comblée par les éditeurs, mais le sens général n'est pas douteux.

– À quoi faut-il donc que je fasse attention ? – En premier 7
lieu, à ces principes généraux[1] (il faut que tu les aies présents à
l'esprit et ne t'en sépares ni quand tu te couches ni quand tu te
lèves, ni quand tu bois ni quand tu manges, ni quand tu te mêles
aux autres hommes) : à savoir que personne n'est maître de la
faculté de choix d'autrui, et que c'est en elle seule que se
trouvent le bien et le mal. | Par conséquent, personne n'est 8
maître de me procurer un bien ni de me précipiter dans le mal,
mais je suis seul à disposer de pouvoir sur moi en ce domaine.
| Donc quand ces pensées sont assurées en moi, quel motif ai-je 9
d'être troublé pour ce qui concerne les choses extérieures ?
Quel tyran m'effraie, quelle maladie, quelle sorte de pauvreté,
quel obstacle ? | – Mais j'ai déplu à un tel. – Cet homme est-il 10
mon action ? Est-il mon jugement ? – Non. – Alors pourquoi
m'en préoccuper encore ? – Mais il a l'air d'être quelqu'un
d'important. – | À lui de voir, ainsi qu'à ceux aux yeux de qui il 11
passe pour tel ; pour moi, j'ai quelqu'un à qui il me faut plaire, à
qui il me faut être soumis, à qui il me faut obéir : au dieu, et à
ceux qui viennent après lui[2]. | C'est lui qui m'a recommandé à 12
moi-même, qui a soumis ma faculté de choix à moi seul, me
donnant des règles pour que je m'en serve correctement ;
quand je les suis dans le traitement des syllogismes, je ne tiens
compte d'aucun de ceux qui ont un avis divergent, et s'il s'agit
de raisonnements instables[3], je ne me soucie de personne.
| Pourquoi alors, quand il s'agit de choses plus importantes, la 13
critique m'affecte-t-elle ? Quelle est la cause de ce trouble ? La
seule raison, c'est que je manque d'exercice en ce domaine.
| Toute science, c'est sûr, dédaigne l'ignorance et les ignorants, 14

1. Littéralement : « à ces choses générales ».
2. D'après une correction d'un des manuscrits pour combler une lacune
(« au dieu et après lui … »). Comparer I, 14, 12 et IV, 4, 39.
3. Voir I, 7, 1.

et cela vaut non seulement dans les sciences mais aussi dans les métiers. Prends n'importe quel cordonnier : il se rit de la multitude quand il est question de son travail ; et pareillement le menuisier, n'importe lequel.

15   Voilà donc les idées que l'on doit avant tout avoir à l'esprit ; il ne faut rien faire sans elles, mais avoir l'âme tendue vers ce but : ne rechercher aucune chose extérieure, aucune des choses qui appartiennent à autrui, mais, conformément à l'ordre établi par celui qui détient la puissance, rechercher à tout prix ce qui dépend de notre choix, et le reste, le prendre

16   comme il nous est donné. | Après cela, nous avons à nous rappeler qui nous sommes, quels noms nous portons, et à nous efforcer de régler nos devoirs d'après la signification de nos

17   relations sociales[1] : | quel est le bon moment pour chanter, pour jouer, et en présence de qui ; quelle action risque d'être déplacée ; éviter que nos compagnons nous méprisent et que nous les méprisions ; quand se moquer, de qui rire à l'occasion ; dans quel but et avec qui entrer en relation ; et enfin comment, dans ces relations, préserver ce qui est vraiment

18   nôtre. | Chaque fois qu'on s'écarte d'un de ces principes, la sanction est immédiate, et elle ne vient pas de l'extérieur mais de l'action même.

19   Mais quoi ? Est-il possible d'être irréprochable dès à présent ? Cela n'est pas réalisable, mais ce qui est possible, c'est de tendre continuellement à ne pas commettre de faute. Car nous devons nous estimer satisfaits déjà d'éviter un petit

20   nombre de fautes en ne relâchant jamais notre attention. | Mais

---

1. Le rapprochement avec II, 10 suggère qu'il s'agit ici encore de la détermination des devoirs grâce aux noms désignant nos rapports à autrui (voir aussi IV, 4, 16 ; 6, 26). Mais l'on peut comprendre plus simplement : « … régler nos devoirs d'après les possibilités qui se présentent dans nos rapports sociaux. »

en fait quand tu dis : « Dès demain je ferai attention », sache
que cela revient à dire : « Aujourd'hui je serai impudent,
j'agirai à contretemps, de façon indigne ; il dépendra d'autrui
que je m'afflige ; aujourd'hui je me mettrai en colère, je serai
envieux. » Vois combien de maux tu t'infliges ! | Mais si cela 21
est bon demain, combien meilleur ce l'est aujourd'hui ; si c'est
utile demain, ce l'est bien davantage aujourd'hui : ainsi tu en
seras capable demain aussi et ne le remettras pas encore une
fois au jour suivant.

13) À CEUX QUI SE LAISSENT FACILEMENT ALLER
À RACONTER LEURS AFFAIRES PERSONNELLES

1　　　Quand nous avons le sentiment qu'un homme nous a parlé franchement de ses affaires personnelles, nous sommes en quelque sorte conduits à lui livrer nous aussi nos secrets, et

2　nous y voyons de la franchise : | d'abord parce qu'il nous semble inéquitable d'avoir prêté l'oreille aux confidences de notre prochain sans lui faire part à notre tour de nos affaires ; ensuite parce que nous craignons de donner à ces gens l'impression d'être des hommes manquant de franchise si nous leur

3　taisons nos propres affaires. | Il est vrai qu'on dit souvent : « Je t'ai raconté toutes mes affaires, et tu ne veux rien me dire des

4　tiennes ? Où voit-on ce genre de choses ? » | À cela s'ajoute que nous pensons pouvoir nous confier en toute sécurité à celui qui nous a déjà confié les affaires qui le concernent ; car l'idée nous vient que jamais cet homme ne révèlera les nôtres de peur que nous ne révélions les siennes.

5　　　C'est de cette manière qu'à Rome les soldats attrapent les gens trop enclins à se livrer. Un soldat s'est assis près de toi ; il est en habit civil, et commence à dire du mal de César ; toi alors, prenant comme un gage de confiance le fait qu'il ait pris l'initiative des propos injurieux, tu dis également tout ce que tu

6　penses : te voilà aussitôt enchaîné et conduit en prison. | C'est quelque chose de semblable qui nous arrive généralement. Voici un homme qui m'a confié en toute sécurité ses affaires personnelles ; j'agis de même [1] et je me confie au premier venu.

7　| Mais moi, après l'avoir écouté, je me tais – si du moins je suis

---

1. En gardant, contre Schenkl, le texte des manuscrits (αὐτάρ au lieu de οὐ γάρ).

homme à me taire [1] – alors que lui s'en va raconter à tout le monde ce que je lui ai dit. Ensuite, si j'apprends la chose, et dans l'hypothèse où je lui ressemblerais, je veux me défendre, et je raconte ce qu'il m'a dit de lui : je le confonds et je suis confondu. | Si au contraire je me rappelle qu'un homme ne 8 peut nuire à un autre homme, mais que chacun ne reçoit de dommage ou d'avantage que de ses propres actes, je suis maître de ne pas agir comme lui ; et pourtant j'ai subi ce qui m'est arrivé en raison de mon propre bavardage.

– D'accord. Mais il n'est pas équitable d'écouter les secrets 9 du prochain sans lui faire part en retour de quoi que ce soit. | – T'ai-je incité, homme, à me faire des confidences ? M'as-tu 10 parlé de tes affaires à la condition qu'à ton tour tu entendes les miennes ? | Si tu parles à tort et à travers et crois que tous 11 ceux que tu rencontres sont des amis, veux-tu en outre que je te ressemble ? Quoi ! Si tu as eu raison de me confier tes affaires, mais s'il est impossible que j'aie raison de me confier à toi, veux-tu que je me laisse entraîner inconsidérément ? | C'est comme si j'avais un tonneau étanche et toi un tonneau 12 percé, que tu viennes me livrer ton vin pour que je le verse dans mon tonneau, et qu'ensuite tu t'indignes de ce que je ne te confie pas mon vin à moi : c'est que tu as, toi, un tonneau percé !

En quel sens y a-t-il encore ici équité ? Tu t'es livré à un 13 homme loyal, réservé, à quelqu'un qui considère que seules ses propres actions sont nuisibles et utiles, et qu'aucune chose extérieure ne l'est. | Et tu veux que je me livre à toi, à un homme 14 qui n'accorde aucune valeur à sa faculté de choix, qui veut

---

1. Ce genre d'incise (comme d'ailleurs la suite, phrases 7 et 8), montre bien que, lorsqu'Épictète parle à la première personne, il ne s'agit pas nécessairement de lui-même ; mais il se met volontiers à la place d'un disciple soucieux de suivre la voie enseignée, ce qui le conduit à envisager diverses hypothèses.

obtenir un misérable petit gain, une magistrature, un avancement à la cour – fût-ce, le cas échéant, en égorgeant tes enfants
15 comme Médée ? | Où est ici l'équité ? Montre-moi plutôt que tu
es loyal, réservé, sûr ; montre que tes jugements sont ceux
d'un ami, montre que ton récipient n'est pas percé ; tu verras
alors que je n'attendrai pas que tu me confies tes affaires, mais
que je viendrai de moi-même t'inviter à écouter les miennes.
16 | Qui, en effet, refuse de se servir d'un récipient en bon état ?
Qui n'attache pas de prix à un conseiller bienveillant et loyal ?
Qui n'accueillera volontiers celui qui est prêt à partager ses
difficultés comme on partage un fardeau, et à le soulager
en y prenant part ?
17   – Certes. Mais je me confie à toi, alors que toi tu ne te
confies pas à moi. – D'abord, il n'est pas vrai que tu te confies à
moi, mais tu parles à tort et à travers et c'est pour cela que tu ne
peux rien garder pour toi. S'il en est réellement comme tu dis,
18 c'est à moi seul que tu dois te confier ; | mais en fait, chaque fois
que tu aperçois un individu désœuvré, tu t'assieds près de lui et
tu lui dis : « Mon frère, je n'ai personne qui soit plus bienveillant à mon égard que toi, plus amical envers moi que toi, je
t'en prie, écoute mes confidences », et tu agis ainsi avec des
19 gens que tu ne connais pas le moins du monde. | Toutefois, si
tu te confies à moi, c'est manifestement parce que tu penses
parler à quelqu'un de loyal et de réservé, et non parce que je t'ai
raconté mes propres affaires. Permets donc que je pense la
20 même chose de toi. | Montre-moi que celui qui raconte à
quelqu'un ses propres affaires est lui-même loyal et réservé.
Car dans cette hypothèse, j'irais de tous côtés parler de mes
affaires à tout le monde si je devais par là être loyal et réservé.
Mais il n'en est rien, il faut au contraire, pour être tel, avoir des
jugements, et pas n'importe lesquels.
21   Si donc tu vois quelqu'un donner tous ses soins aux choses
soustraites à notre choix et leur soumettre sa faculté de choix,

sache que les gens qui exercent sur lui une contrainte ou qui lui font obstacle se comptent par milliers. | Nul besoin 22 de poix ou de roue[1] pour lui faire révéler ce qu'il sait, mais le moindre signe de tête d'une jeune esclave, si cela se présente, l'ébranlera, ou encore la bienveillance d'un ami de César, le désir passionné d'une magistrature ou d'un héritage, et des milliers d'autres choses semblables. | Il faut donc, d'une 23 manière générale, se rappeler que les secrets requièrent de la loyauté et des jugements de même qualité. | Mais où trouver 24 cela aisément aujourd'hui ? Ou alors, qu'on me montre l'homme qui soit disposé à dire : « Je ne me préoccupe que de ce qui me concerne, de ce qui est exempt d'empêchement, de ce qui est naturellement libre. C'est là ce que je tiens pour l'essence du bien, et que le reste advienne conformément à ce qui m'est accordé : je ne dispute pas là-dessus. »

1. Comme instruments de torture.

FRAGMENTS ET SENTENCES

NOTE DU TRADUCTEUR

Schenkl a réparti les «Fragments» au sens large en six sections, distinguant ceux qui sont peut-être issus des *Entretiens* perdus[1] ou peuvent en être rapprochés par le ton et le style, et ceux qui appartiennent à la littérature des Florilèges. Pour ces derniers, une distinction supplémentaire permet d'identifier plus précisément la source d'où ils proviennent. On a ainsi :

Sections A et B : Fragments présumés des *Entretiens*, la partie B étant réservée aux fragments douteux ;

Sections C et D : Sentences extraites du Florilège de Stobée, en différenciant celles qu'on lit dans le texte de Stobée que nous connaissons, et celles qu'on y a réintroduites par conjecture (voir ci-après, p. 503, note) ;

Sections E et F : Sentences extraites de deux Florilèges attribués à Moschion.

---

1. Voir Introduction, p. 12 et 14.

A) FRAGMENTS PRÉSUMÉS DES *ENTRETIENS*

I
(Stobée [1], II, 1, 31)

D'Arrien, disciple d'Épictète. À l'homme qui se préoccupait de l'essence <des choses>

Que m'importe, dit Épictète, de savoir si ce qui existe est constitué d'atomes ou de corpuscules sans parties, ou de feu et de terre ? Ne suffit-il pas, en effet, de connaître l'essence du bien et du mal, la juste mesure des désirs et des aversions ainsi que celle des propensions et des rejets, puis de s'en servir comme règle pour gouverner les affaires de notre vie et de laisser tomber les questions qui nous dépassent ? Ces dernières sont peut-être incompréhensibles pour l'esprit humain, et même si on admettait qu'elles sont tout à fait compréhensibles, à quoi servirait-il de les comprendre ? Ne faut-il pas dire qu'ils se tracassent pour rien, ceux qui jugent ces questions nécessaires et par suite leur assignent une place dans le discours du philosophe ?

1. Jean Stobée est l'auteur, au début du ve siècle, d'une vaste anthologie faite d'extraits d'écrivains et de philosophes, et divisée en 4 livres (les deux premiers ont pour titre *Églogues*, les deux suivants *Anthologie* ou *Florilège*, mais dans les références ils sont désignés simplement par les numéros, de I à IV).

Le précepte delphien, le «Connais-toi toi-même[1]», serait-il lui aussi superflu? – Celui-là ne l'est pas, répondit l'autre. – Et que veut-il dire? Si on ordonnait à un membre du chœur de se connaître lui-même, n'est-ce pas en étant attentif à ses collègues du chœur et en veillant à chanter en accord avec eux qu'il se conformerait à cet ordre? – Si. – Et s'il s'agissait d'un marin? D'un soldat? Te semble-t-il, par conséquent, que l'homme soit un être vivant fait pour lui-même ou bien pour la société? – Pour la société. – Qui l'a fait tel? – La nature. – Qu'est cette nature? Comment gouverne-t-elle l'univers? Existe-t-elle ou non? Ne sont-ce pas là les questions dont il est sans cesse nécessaire de se préoccuper?

II
(Stobée, IV, 44, 65)

D'Arrien, disciple d'Épictète

Celui qui est mécontent de son état présent et de ce que la fortune lui accorde est un profane dans l'art de vivre, celui qui au contraire les supporte noblement et fait un usage raisonnable de ce qui en découle mérite d'être considéré comme un homme de bien.

III
(Stobée, IV, 44, 66)

Du même

Toutes choses obéissent au monde et sont à son service, la terre, la mer, le soleil et les autres astres, les plantes et les êtres vivants de la terre. Notre corps aussi lui obéit, quand il est

---

1. Voir ci-dessus, *Entr.*, I, 18, 17.

malade et quand il est en bonne santé, selon la volonté du monde, quand il est jeune et quand il est vieux, ainsi que dans les autres changements par lesquels il passe. Par conséquent il est raisonnable aussi que ce qui dépend de nous, c'est-à-dire notre faculté de juger, ne soit pas la seule chose qui s'oppose au monde. Car le monde est fort, il nous est supérieur, et il a délibéré sur nous mieux que nous-mêmes en nous réunissant sous un même gouvernement, nous et l'univers. En outre, la résistance qu'on lui oppose est non seulement quelque chose d'irrationnel, mais en ne produisant rien de plus que de vains tourments elle nous précipite dans le chagrin et l'affliction.

IV
(Stobée, II, 8, 30)

De Rufus, extrait des propos d'Épictète sur l'amitié[1]

Le dieu a établi que, parmi les choses qui existent, les unes dépendent de nous et que les autres ne dépendent pas de nous. Dépend de nous la plus belle et la plus précieuse, celle à laquelle le dieu lui-même doit son bonheur, à savoir l'usage des représentations. Quand cet usage est correct, en effet, il est liberté, sérénité, contentement, fermeté ; il est aussi justice, loi, tempérance et toutes les vertus réunies. Tout le reste, le dieu ne l'a pas fait dépendre de nous. Nous devons par conséquent ratifier sa décision et, sur la base de cette distinction entre les choses, prendre possession par tous les moyens de ce qui dépend de nous ; quant à ce qui ne dépend pas de nous, il nous

---

1. Ici et dans les fragments suivants, « propos » est mis pour le pluriel neutre indéterminé (« les... d'Épictète ») ; ces « propos » peuvent appartenir à l'un des livres perdus des *Entretiens*. La formule de Stobée signifie vraisemblablement qu'il cite un passage d'Épictète que ce dernier aurait lui-même emprunté à son maître Musonius Rufus.

faut le remettre au monde et le lui céder de bonne grâce, qu'il ait besoin de nos enfants, de notre patrie, de notre corps ou de quoi que ce soit d'autre.

V

(Stobée, III, 19, 13)

De Rufus, extrait des propos d'Épictète sur l'amitié

Qui de nous n'admire ce trait du Lacédémonien Lycurgue ? Un de ses concitoyens lui avait crevé un œil[1] ; quand le peuple lui livra le jeune coupable pour qu'il le punît de la manière qu'il voudrait, il s'abstint de le faire, mais après lui avoir donné une éducation et en avoir fait un homme de bien, il le conduisit au théâtre. Comme les Lacédémoniens s'en étonnaient, il leur déclara : « J'ai reçu de vous un homme emporté et violent, je vous le rends doux et bien disposé envers ses concitoyens. »

VI

(Stobée, III, 20, 60)

De Rufus, extrait des propos d'Épictète sur l'amitié

Plus qu'en toute autre chose, voici en quoi consiste l'œuvre de la nature : lier et harmoniser la propension avec la représentation de ce qui convient et de ce qui est avantageux.

---

1. Au cours d'une manifestation des riches contre l'institution des repas publics. L'anecdote est racontée plus longuement par Plutarque, *Vie de Lycurgue*, 11.

VII
(Stobée, III, 20, 61)

Du même

Croire que nous ne manquerons pas d'être méprisés par autrui si nous n'employons pas tous les moyens pour causer du tort aux premiers ennemis auxquels nous avons affaire, c'est le fait d'hommes d'une grande bassesse et d'une ignorance extrême. Nous disons, il est vrai, que l'on reconnaît l'homme méprisé à son incapacité à causer du tort ; mais il faut bien plutôt dire qu'on le reconnaît à son incapacité à être utile.

VIII
(Stobée, IV, 44, 60)

De Rufus, extrait des propos d'Épictète sur l'amitié

La nature du monde était, est et sera telle qu'elle est, et il n'est pas possible que les événements se produisent autrement que ce n'est le cas actuellement. À ce changement et à cette transformation ne participent pas seulement les hommes et les autres êtres vivants répandus sur la terre, mais encore les êtres divins ; et par Zeus, les quatre éléments eux-mêmes sont changés et transformés vers le haut et vers le bas [1] : la terre devient eau, l'eau devient air et ce dernier à son tour se transforme en éther ; et le même genre de transformation a lieu du haut vers le bas. Celui qui s'emploie à tourner sa pensée vers ces considérations et à se persuader d'accepter de bon gré ce qui doit nécessairement se produire, celui-là mènera une vie pleine de mesure et d'harmonie.

---

1. La terre représentant le bas, l'éther (ou le feu) le haut.

IX
(Aulu-Gelle, XIX, 1)

4   Un philosophe bien connu dans l'école stoïcienne[1]…
14 | tira de ses bagages le 5e livre des *Entretiens* du philosophe
Épictète mis en ordre par Arrien, dont il n'est pas douteux
qu'ils s'accordent avec les écrits de Zénon et de Chrysippe.
15 | Dans ce livre écrit en grec, bien entendu, nous lisons un
passage dont le sens est le suivant :

Les représentations de l'esprit (que les philosophes
appellent φαντασίας) qui frappent l'intellect de l'homme dès
que l'aspect d'un objet atteint son esprit ne dépendent pas de la
volonté ni de la puissance de juger, mais par une force qui
leur est propre elles se projettent vers les hommes pour se
16   faire connaître. | Par contre les assentiments (qu'ils nomment
συγκαταθέσεις), grâce auxquels ces mêmes représentations
sont connues, sont volontaires et dépendent du jugement des
17   hommes[2]. | C'est pourquoi, lorsqu'éclate un bruit effrayant
provenant du ciel ou d'un bâtiment qui s'écroule, ou qu'arrive

---

1. Dans le passage non reproduit ici, Aulu-Gelle – écrivain latin du
IIe siècle, auteur des *Nuits attiques* – expose longuement les circonstances
dans lesquelles le philosophe en question est amené à citer Épictète. Il s'agit
pour lui de se justifier d'avoir pâli et d'avoir eu peur au cours d'une violente
tempête en mer.

2. On reconnaît sans peine la théorie stoïcienne classique, malgré quelques
incertitudes de vocabulaire. Ce texte se présentant comme une traduction ou
une adaptation, on cherche naturellement à retrouver les mots grecs derrière le
latin d'Aulu-Gelle. «Esprit» et «intellect» traduisent *animus* et *mens*, mais
s'il y a effectivement deux mots distincts en grec, il ne peut guère s'agir que
de l'*âme (ou de la raison)* et du *principe directeur*. Dans un texte de Cicéron,
qui tâche lui aussi de trouver des équivalents latins aux termes philosophiques
grecs, φαντασία est rendu par *visum*, comme ici, mais ce sont les *sens*
– prolongements du principe directeur – que «frappent» les représentations,
c'est l'*animus* qui donne son assentiment et la raison (*ratio*) qui saisit les objets
et les connaît (*Seconds Académiques*, I, 11, 40 *sq.* ; Cicéron y expose la théorie
de Zénon).

la nouvelle soudaine de je ne sais quel danger, ou que se produise un autre phénomène de ce genre, il est nécessaire que l'esprit du sage lui aussi soit un petit moment ébranlé, se contracte et que la pâleur le gagne, non qu'il s'attende à un mal quelconque, mais sous l'effet de certains mouvements rapides et irréfléchis qui devancent la fonction de l'intellect et de la raison. | Bien vite cependant notre sage refuse d'acquiescer 18 (c'est-à-dire οὐ συγκατατίθεται οὐδὲ προσεπιδοξάζει, il ne donne pas son assentiment ni son approbation) à ces représentations, τὰς τοιαύτας φαντασίας (c'est-à-dire à ces représentations qui effrayent son esprit) ; il les rejette au contraire, il les repousse et refuse d'y voir quoi que ce soit de redoutable. | Ainsi, selon eux, la différence entre l'esprit de l'insensé et 19 celui du sage réside en ceci : l'insensé pense que les choses qu'il a perçues comme pénibles et rudes quand elles ont initialement frappé son esprit sont vraiment telles qu'elles sont apparues, et une fois qu'il les a perçues, comme si elles méritaient d'être redoutées, il y acquiesce en leur donnant son assentiment et προσεπιδοξάζει, les approuve (c'est ce mot qu'emploient les Stoïciens quand ils traitent cette question[1]) ; le sage de son côté, | après avoir brièvement et légèrement 20 changé de teint et d'expression, οὐ συγκατατίθεται, il ne donne pas son assentiment mais maintient avec force la teneur du jugement qu'il a toujours porté sur ce genre de représentations, à savoir qu'il ne faut pas du tout en avoir peur, qu'elles effrayent seulement par une apparence trompeuse et ne sont qu'un vain épouvantail[2].

Ce sont là, d'après la doctrine stoïcienne, la pensée et les 21 mots du philosophe Épictète, tels que nous les lisons dans le livre que j'ai mentionné.

---

1. Nous ne connaissons pas d'autre emploi de ce terme, en réalité.
2. Traduction suggérée par la comparaison avec *Entr.*, III, 22, 106.

X
(Aulu-Gelle, XVII, 19)

1　　D'après ce que j'ai entendu de la bouche de Favorinus[1], le philosophe Épictète a dit que la plupart de ceux qui passent pour philosopher sont des philosophes ἄνευ τοῦ πράττειν, μέχρι τοῦ λέγειν (ce qui veut dire : sans les actes, en n'allant

2　pas plus loin que les mots). | Mais voici des expressions plus violentes encore qu'il aimait à répéter, selon le témoignage écrit d'Arrien dans les livres qu'il a composés sur les

3　*Entretiens* d'Épictète. | Arrien dit en effet que, lorsqu'Épictète avait remarqué un homme sans pudeur, déréglé dans sa conduite, corrompu dans ses mœurs, effronté, prétentieux, soucieux de tout sauf de son âme, et qu'il avait vu un homme de cette sorte toucher aux études et à la formation de la philosophie, aborder les problèmes physiques, travailler la dialectique, faire des conjectures et des recherches sur un grand nombre de principes théoriques du même genre, il élevait la voix en prenant à témoin les dieux et les hommes, et souvent, au milieu de ses cris, il apostrophait l'individu en ces termes : « Homme, où mets-tu toutes ces choses ? Regarde si le vase est propre. Si tu les mets dans ta suffisance[2], elles sont perdues ; et si elles pourrissent, elles peuvent devenir de l'urine ou du

4　vinaigre ou pire, si ça se trouve[3]. » | Rien assurément n'a plus de poids, rien n'est plus vrai que ces mots du plus grand des philosophes déclarant : lorsque les écrits et les enseignements de la philosophie se déversent dans un homme fourbe et indigne comme dans un vase malpropre et souillé, ils changent d'aspect, se transforment, se corrompent et (comme il dit d'une

---

1. Sophiste et philosophe, un des maîtres d'Aulu-Gelle.
2. Οἴησις, prétention à savoir, comme ci-dessus *Entr.*, II, 11, 6.
3. Le passage entre guillemets est en grec dans le texte d'Aulu-Gelle.

manière passablement cynique) deviennent de l'urine ou, s'il est possible, quelque chose de plus malpropre encore.

Le même Épictète, comme je l'ai encore entendu de notre 5 Favorinus, avait l'habitude de dire qu'il y avait deux vices qui étaient de beaucoup les plus graves et les plus détestables de tous, être incapable d'endurer, et ne pas savoir restreindre ses désirs, lorsque soit nous n'endurons ni ne supportons les injustices qui doivent être supportées, soit nous ne nous abstenons pas des objets et des plaisirs dont nous devons nous abstenir. | « C'est pourquoi, ajoutait-il, si l'on tient gravés dans son 6 esprit les deux mots que je vais dire, si l'on a soin de s'en faire une règle et de s'y plier, on sera généralement incapable de faute et on mènera la vie la plus paisible qui soit. » Les deux mots en question, disait-il, sont : ἀνέχου et ἀπέχου, *supporte* et *abstiens-toi*.

X^A
(Arnobe, *Contre les gentils*, II, 78)

Quand il s'agit du salut de nos âmes et de la considération de nous-mêmes, il faut faire quelque chose, fût-ce sans raison, comme l'a dit Épictète, au témoignage d'Arrien.

XI
(Stobée, IV, 33, 28)

Extrait des Entretiens protreptiques[1] *d'Arrien*
Archélaos ayant mandé Socrate dans l'intention d'en faire un homme riche[2], ce dernier lui transmit en retour le message

---

1. Entretiens ou leçons exhortant à la vertu. Il s'agit vraisemblablement de nos *Entretiens*.
2. *Cf.* Diogène Laërce, II, 25. Archélaos était roi de Macédoine à partir de 413, assassiné en 399.

suivant : « À Athènes, on peut acheter quatre mesures de farine pour une obole, et l'eau coule dans les fontaines. » C'est que, vois-tu, si mes ressources ne sont pas suffisantes pour moi, moi je leur suffis et ainsi elles aussi me suffisent. Ne vois-tu pas que Polos n'a pas interprété le personnage d'Œdipe Roi avec une voix plus harmonieuse ni avec plus de plaisir que celui d'Œdipe à Colone, vagabond et mendiant[1] ? L'homme de noble caractère se montrera-t-il alors inférieur à Polos, et ne jouera-t-il pas honorablement tout rôle que lui aura attribué la divinité ? Ne prendra-t-il pas pour modèle Ulysse, qui ne s'est pas moins distingué en haillons que dans son épais manteau pourpre[2] ?

XII
(Stobée, III, 20, 47)

D'Arrien

Il y a des gens irascibles qui font avec une calme douceur et pour ainsi dire sans passion tout ce que font ceux qui sont emportés par une violente colère. Eh bien, il faut se garder aussi de l'erreur des premiers, parce qu'elle est bien pire qu'une vive exaspération. Car dans ce dernier cas on est vite rassasié de sa vengeance, alors que dans le premier on la tire en longueur, comme font ceux qui sont atteints d'une fièvre légère.

---

1. *Œdipe Roi* et *Œdipe à Colone* sont deux célèbres tragédies de Sophocle. Polos était un acteur renommé du IVe siècle.

2. Termes empruntés à l'*Odyssée*, XVIII, 67 (les haillons) et XIX, 225 (le manteau).

XIII
(Stobée, I, 3, 50)

Extrait des Paroles mémorables d'Épictète[1]

Mais je vois, dit quelqu'un, que les hommes de bien meurent de faim et de froid. – Et ceux qui ne sont pas hommes de bien, ne vois-tu pas qu'ils périssent de mollesse, de vantardise, de vulgarité ? – Mais il est honteux de devoir sa nourriture à autrui. – Malheureux ! qui d'autre que le monde se nourrit de lui-même ? En tout cas, celui qui adresse des reproches à la providence parce que les méchants ne sont pas punis, qu'ils sont puissants et riches, fait comme s'il disait, dans le cas où ils auraient perdu leurs yeux, qu'ils ne sont pas punis parce que leurs ongles sont sains. Et j'affirme, moi, qu'il y a une plus grande différence entre la vertu et le vice[2] qu'entre les yeux et les ongles.

XIV
(Stobée, III, 6, 57)

Extrait des Paroles mémorables[3] *d'Épictète*

…[4] produisant en public ces philosophes chagrins qui sont d'avis que le plaisir n'est pas conforme à la nature, mais qu'il se produit à la suite de ce qui est conforme à la nature, comme la justice, la tempérance, la liberté. Pourquoi donc l'âme se

---

1. Sans doute une autre manière de désigner les *Entretiens*.
2. Avec d'autres, Schenkl juge que ce mot résulte d'une corruption, et il propose de le remplacer par un terme qui s'accorde mieux avec la logique du passage, comme « la richesse », « les possessions ».
3. « Paroles mémorables » est une addition des éditeurs.
4. Lacune, selon Schenkl. D'après ce qui suit, les « philosophes chagrins » (ou ennuyeux, ou bourrus) sont sans doute les Stoïciens tels que les voient leurs adversaires.

réjouit-elle des biens du corps et y trouve-t-elle la sérénité, comme dit Épicure, alors que ces biens sont de peu d'importance, et n'éprouve-t-elle pas de plaisir de ses biens à elle, qui sont très grands ? En vérité, la nature m'a donné aussi la pudeur, et je rougis souvent quand j'ai le sentiment de dire quelque chose de honteux. C'est ce mouvement de l'âme qui ne me permet pas d'affirmer que le plaisir soit un bien et la fin dernière de la vie.

XV
(Stobée, III, 6, 58)

Extrait des Paroles mémorables d'Épictète

À Rome, les femmes ont dans les mains la *République* de Platon parce qu'il y réclame la communauté des femmes. C'est qu'elles s'attachent aux mots et non à la pensée de l'auteur. Car ce n'est pas dans le moment où il prescrit aux gens de se marier et de former la communauté d'un homme et d'une femme qu'il veut que les femmes soient communes, c'est quand il exclut cette forme de mariage et en introduit une autre[1]. Les humains aiment bien, en général, fournir des excuses à leurs fautes ; et en effet, comme dit la philosophie, il convient de ne rien faire au hasard, pas même de tendre le doigt[2] !

---

1. Sur la communauté des femmes, autre commentaire ci-dessus *Entr.*, II, 4, 8 *sq.*

2. Pour cette expression, voir ci-dessus *Entr.*, II, 11, 17. Utilisée ici ironiquement, à l'adresse de ceux qui cherchent de bonnes raisons pour justifier leurs actes.

XVI
(Stobée, III, 29, 84)

Extrait des Paroles mémorables d'Épictète

Il faut savoir qu'il n'est pas facile pour un homme de se former un jugement si, jour après jour, il n'énonce et n'entend pas les mêmes propos, et en même temps ne s'en sert pas pour conduire sa vie.

XVII
(Stobée, III, 4, 91)

D'Épictète

Quand nous avons été invités à un banquet, nous prenons ce qu'on nous présente. Si quelqu'un demandait à son hôte de lui servir des poissons ou des gâteaux, il passerait pour quelqu'un d'extravagant. Mais dans le monde, nous demandons aux dieux ce qu'ils ne nous donnent pas, et ce même s'ils nous comblent de dons.

XVIII
(Stobée, III, 4, 92)

Du même

Ils sont plaisants, dit Épictète, ceux qui s'enorgueillissent de ce qui ne dépend pas de nous. « Je te suis supérieur, dit l'un ; car j'ai de nombreux champs alors que toi tu meurs de faim. » Un autre dit : « Je suis de rang consulaire. » Un autre : « Je suis procurateur. » Un autre encore : « J'ai une belle chevelure bouclée. » Mais un cheval ne dit pas à un autre cheval : « Je te suis supérieur parce que j'ai beaucoup de fourrage, beaucoup d'orge, une bride en or et une selle brodée », mais : « parce que je suis plus rapide que toi. » Tout être vivant est supérieur ou inférieur en fonction de l'excellence et du défaut qui lui sont propres. L'homme est-il donc le seul à ne pas avoir une excellence à lui, et faut-il que nous regardions à ses cheveux, à ses vêtements, à ses aïeux ?

XIX
(Stobée, III, 4, 93)

Les malades supportent mal que leur médecin ne leur donne aucun avis, et croient qu'il désespère d'eux. Pourquoi n'a-t-on pas la même disposition envers le philosophe, et ne croit-on pas que ce dernier, s'il ne vous dit rien d'utile, désespère de vous voir atteindre la sagesse ?

XX
(Stobée, III, 4, 94)

Du même
Les gens qui sont en bonne condition physique endurent patiemment les chaleurs et le froid. Pareillement, ceux dont l'âme est en parfaite condition supportent la colère, le chagrin, la joie extrême ainsi que les autres affections.

XXI
(Stobée, III, 7, 16)

D'Épictète
Il est juste de faire l'éloge d'Agrippinus[1], et ce pour la raison suivante : homme de très grande valeur, il ne faisait jamais son propre éloge, et il allait jusqu'à rougir si quelqu'un

---

1. Sur ce personnage et sur l'anecdote de la fin, voir ci-dessus, *Entr.*, I, 1, 28-30.

d'autre le faisait. Cet homme, dit Épictète, était ainsi fait que, chaque fois qu'un accident déplaisant lui arrivait, il en rédigeait l'éloge : celui de la fièvre s'il était atteint de fièvre, celui du mépris s'il était objet de mépris, celui de l'exil s'il était exilé. Un jour, continua Épictète, il s'apprêtait à dîner quand on vint lui annoncer qu'il devait s'exiler sur ordre de Néron. « Eh bien, dit Agrippinus, nous dînerons à Aricie. »

XXII
(Stobée, IV, 7, 44)

D'Agrippinus[1]

Du temps qu'il était gouverneur, Agrippinus tentait de convaincre les gens condamnés par lui que leur condamnation était la sanction qui convenait. « Ce n'est pas, en effet, comme ennemi ni comme brigand, disait-il, que je rends ce verdict contre eux, mais comme quelqu'un qui prend soin d'eux et les protège, à la manière du médecin qui encourage celui qu'il opère et le persuade de s'en remettre à lui. »

XXIII
(Stobée, IV, 53, 29)

D'Épictète

La nature est merveilleuse et, comme dit Xénophon, elle aime les êtres vivants[2]. Ainsi nous aimons notre corps, la chose la plus déplaisante et la plus malpropre qui soit, et nous en prenons soin. En effet, s'il nous fallait prendre soin, ne serait-ce que cinq jours durant, du corps de notre voisin, nous ne le

---

1. Ce fragment n'est accueilli par Schenkl qu'avec réserve.
2. Voir Xénophon, *Mémorables*, I, 4, 7.

supporterions pas. Considère seulement ce que c'est que de se lever dès l'aurore pour brosser les dents d'un autre et, une fois qu'il a fait ses besoins, de nettoyer les parties concernées. Il est réellement merveilleux d'aimer une chose qui nous impose tant de services jour après jour. Je remplis ce sac, ensuite je le vide : qu'y a-t-il de plus pénible ? Mais il me faut servir le dieu. C'est pour cela que je persiste et que je supporte de laver ce misérable petit corps, de le nourrir, de le couvrir. Quand j'étais jeune, il m'imposait encore autre chose et pourtant je le supportais. Pourquoi donc, quand la nature qui nous a donné notre corps nous l'enlève, ne le supportez-vous pas ? – C'est que je l'aime, dit quelqu'un. – Mais comme je le remarquais à l'instant, n'cst-ce pas la nature qui t'a donné précisément cet amour ? C'est la même nature qui te dit : « Quitte-le maintenant, et ne te tracasse plus. »

XXIV
(Stobée, IV, 53, 30)

Du même

Si un homme doit mourir jeune, il adresse des reproches aux dieux <parce qu'il est arraché à la vie avant le temps. Un homme âgé fait lui aussi des reproches aux dieux [1] > parce qu'il subit les tracas de l'existence alors qu'il devrait déjà avoir trouvé le repos ; pourtant si la mort approche, il veut vivre, il envoie chercher le médecin et lui demande de n'épargner aucun effort, de ne renoncer à aucun soin. Étranges humains, disait Épictète, qui ne veulent ni vivre ni mourir !

---

1. Restitution proposée à titre d'exemple, pour combler une lacune manifeste. La suite semble inspirée de l'*Alceste* d'Euripide (vers 679 *sq.*), *cf.* ci-dessus *Entr.*, II, 22, 11 et III, 20, 7.

XXV
(Stobée, III, 20, 67)

D'Épictète

Quand tu veux t'en prendre à quelqu'un avec brutalité et en le menaçant, souviens-toi de te dire au préalable que tu es un être civilisé. Ainsi tu ne commettras aucune violence, et tu continueras à vivre sans avoir à te repentir, non coupable.

XXVI
(Marc-Aurèle, IV, 41)

Tu n'es qu'une petite âme portant un cadavre, comme disait Épictète.

XXVII
(Marc-Aurèle, XI, 37)

Il affirmait[1] qu'il faut trouver l'art de donner son assentiment et, dans le thème des propensions, qu'il faut veiller à rester attentif, de manière à ce qu'elles comportent une clause d'exception[2], qu'elles soient utiles à la communauté, et conformes à la valeur des choses. Quant au désir, il faut s'en abstenir tout à fait, et n'avoir d'aversion pour aucune des choses qui ne dépendent pas de nous.

---

1. Épictète. Chez Marc-Aurèle, la *Pensée* XI, 37 suit une formule tirée des *Entr.*, III, 22, 105. Sur le sens du mot « thème », voir la Note à la fin de l'Introduction.
2. Sans doute pour les cas où il s'agit de ce qui ne dépend pas de nous.

XXVIII
(Marc-Aurèle, XI, 38)

L'enjeu du combat n'est pas une chose quelconque, disait-il, mais il s'agit d'être fou ou de ne pas l'être.

XXVIII[A]
(Marc-Aurèle, XI, 39)

Socrate disait : « Que voulez-vous ? Avoir des âmes d'êtres doués de raison ou d'êtres privés de raison ? – D'êtres doués de raison. – De quelle sorte d'êtres doués de raison ? Des sains ou des mauvais ? – De ceux qui sont sains. – Pourquoi alors ne cherchez-vous pas à les acquérir ? – Parce que nous les avons. – Dans ce cas, pourquoi vous battre, pourquoi vous disputer ? »

XXVIII[B]
(Marc-Aurèle, IV, 49, 2-6)[1]

2   « Je n'ai vraiment pas de chance que telle chose me soit arrivée. » Pas du tout ! Dis plutôt : « Quelle chance ! Car après ce qui m'est arrivé je reste sans chagrin, sans être brisé par le
3   présent et sans avoir peur de l'avenir. » | Un événement de ce genre, en effet, pouvait arriver à tout le monde, mais tout le monde ne resterait pas ensuite sans chagrin. Pourquoi ceci
4   serait-il plutôt malchance, et cela chance ? | Appelles-tu en somme malchance pour l'homme ce qui <pourtant> n'est pas un échec pour la nature de l'homme ? Considères-tu comme un échec pour la nature de l'homme ce qui n'est pas contraire au

---

1. Fragment absent de l'édition de Schenkl de 1916 ; proposé par H. Fränkel, *Philologus*, 80, 1924.

dessein de sa nature ? | Eh quoi ? Ce dessein, tu le connais pour 5
l'avoir appris. Est-ce que par hasard ce qui t'arrive t'empêche
d'être juste, magnanime, tempérant, avisé, sans précipitation,
véridique, réservé, libre et de posséder les autres vertus dont la
présence permet à la nature de l'homme de recueillir ce qui lui
est propre ?

 Souviens-toi en définitive, à l'occasion de tout motif de 6
chagrin, de faire usage de ce jugement : ce n'est pas là une
malchance, mais supporter la chose noblement est une chance.

B) FRAGMENTS DOUTEUX
ET FRAGMENTS APOCRYPHES

XXIX
(Stobée, III, 35, 10)

Extrait du Manuel d'Épictète[1]
En toute circonstance, veille par-dessus tout à ta sécurité. Il est plus sûr de garder le silence que de parler ; mais s'il est plus sûr de parler, évite de dire des choses insensées et <exposées> au blâme…

XXX
(Stobée, IV, 46, 22)

[D'Épictète]
Il ne faut ni attacher un bateau à une seule petite ancre, ni sa vie à un seul espoir.

---

1. Passage absent du *Manuel* tel que nous le connaissons, et sans doute abusivement attribué à Épictète. La dernière phrase semble lacunaire, et son texte reste incertain (aucune des corrections proposées ne s'impose).

XXXI
(Stobée, IV, 46, 23)

Du même

La longueur de son pas tout comme l'étendue de son espoir, il faut les régler sur le possible.

XXXII
(Stobée, IV, 53, 27)

[D'Épictète]

Il est plus nécessaire de soigner l'âme que le corps ; car il vaut mieux mourir que de vivre de manière déshonorante.

XXXIII
(Stobée, III, 6, 59) [1]

Du même

Parmi les choses agréables, les plus rares sont les plus délicieuses.

XXXIV
(Stobée, III, 6, 60) [2]

Du même

Si on dépasse la mesure, les choses les plus délicieuses peuvent devenir les plus déplaisantes.

---

1. Fragment de Démocrite (B 232), faussement attribué à Épictète par le *Florilegium* cod. Paris. 1168, 500 E.
2. Autre fragment de Démocrite (B 233).

XXXV [1]

Personne n'est libre s'il n'est pas maître de lui.

XXXVI [2]

La vérité est chose immortelle et éternelle ; elle nous offre une beauté que le temps ne flétrit pas et une liberté de parole que la justice ne peut nous enlever, puisqu'au contraire elle exhibe ce qui est juste et conforme à la loi, en le distinguant de ce qui est injuste et en le réfutant.

---

1. D'après le *Florilegium*, cod. Paris. 1168, 501 E ; mais attribué à Pythagore par Stobée, III, 6, 56.
2. Fragment probablement apocryphe, cité dans le florilège dit d'Antonius Melissa, I, 21. Sur ce florilège des Xe-XIe siècles, voir *D. Ph. A.*, I, p. 260.

SENTENCES ATTRIBUÉES À ÉPICTÈTE
ET RECUEILLIES PAR STOBÉE

D) SENTENCES PROVENANT DES LIVRES I ET II [1]

1. *D'Épictète.* Honore les dieux avec une disposition d'esprit juste et mesurée, et garde-toi de les flatter en leur offrant des dons démesurés. Car le dieu ne se réjouit pas de la flatterie, et le flatteur n'honore pas la divinité.

N'offre pas de sacrifices aux dieux quand tu es riche, mais quand tu es dans ton bon sens ; car la richesse se rencontre aussi chez les gens malheureux, mais être dans son bon sens est le propre des gens heureux et d'eux seuls.

2. Ne demande pas sans arrêt aux dieux de jouir de la santé du corps, mais procure-toi sans cesse auprès d'eux une âme bien portante ; ainsi tu ne tomberas pas facilement malade, et si cela arrive, tu ne seras pas contrarié.

3. Ne demande pas aux dieux ce que tu désires passion-nément ; mais d'être affranchi de ce désir même, voilà ce que tu dois leur réclamer. Les dieux t'entendent lorsque ta prière a

---

1. Extraites du manuscrit *Vaticanus graecus* 1144, elles seraient (selon A. Elter, « Neue Bruchstücke des Iohannes Stobaeus », *Rheiniches Museum* 47, 1892, p. 130-137) issues des chapitres manquants des livres I et II de Stobée. – Ces frag. ayant été rajoutés après coup, après la constitution de l'ensemble (C), ils sont désignés par la lettre (D), mais se trouvent placés avant (C) parce qu'ils proviennent des livres I et II de Stobée, ceux de (C) venant des livres III et IV.

pour objet non ce qui est agréable mais ce qui est honnête. Et cela ils te le donneront quand tu te réjouiras non pas du plaisir mais de la vertu.

4. Lorsque tu t'adresses aux grands, souviens-toi de leur demander les grands biens, car ils ne te donneraient pas des biens de peu de valeur. Or rien n'est plus grand ni plus élevé qu'un dieu ; par conséquent, quand tu pries les dieux, demande-leur les biens divins, que n'atteint aucune passion charnelle ni terrestre.

5. *D'Épictète.* Loin de détester l'abeille à cause de son dard, tu en prends soin à cause de ce qu'elle produit : de la même façon, ne te détourne pas de ton ami à cause de ses reproches, mais aime-le à cause de sa bienveillance.

6. Les flatteurs ressemblent aux faux bourdons : ils sont paresseux, n'ont pas de dard, et dissipent le produit du travail d'autrui. Les envieux ressemblent aux guêpes : ils sont agressifs, sans ressources propres, mesquins, inutiles. Les gens honnêtes ressemblent aux abeilles : ils aiment le travail, travaillent de leurs propres mains, sont bons gestionnaires, pleins de ressources, doux, sévères, sociables. Par conséquent, si tu veux passer ta vie en jouissant de l'amitié d'un grand nombre d'amis, imite l'abeille : que ton essaim soit pur de tout mélange avec des faux bourdons et des guêpes.

7. Ceux qui se présentent à toi pour être tes amis, évalue-les non d'après ce qu'ils t'offrent, mais d'après ce à quoi ils prétendent pour eux-mêmes, ce qu'ils aiment, ce qu'ils ont promis, d'après les dispositions de leur esprit.

8. La richesse n'est pas une amie, mais l'ami est une richesse. Jamais la richesse ne peut produire l'amitié, pas plus qu'une terre ne peut produire un dieu ; mais l'amitié est une richesse et elle peut par ailleurs en procurer, tout comme un dieu peut procurer une terre.

C) SENTENCES EXTRAITES DES LIVRES III ET IV

1. *D'Épictète*. La vie prise dans les liens de la fortune ressemble à un fleuve grossi par les pluies ; car elle est trouble, remplie de fange, impraticable, tyrannique, tumultueuse, de courte durée [1].

2. Une âme qui s'adonne à la vertu ressemble à une source intarissable ; elle est chose pure, sans troubles, potable et agréable au goût, à la disposition de tous, riche, inoffensive, sans danger.

3. Si tu veux être un homme bon, commence par croire que tu es méchant.

4. Il vaut mieux être plus souvent sensé en reconnaissant être parfois dans l'erreur, que d'être souvent dans l'erreur en affirmant qu'on se trompe rarement.

5. Refrène tes passions pour ne pas être puni par elles.

6. Ne rougis pas tant de ce qui vient de l'opinion, fuis plutôt ce qui vient de la vérité.

7. Si tu veux qu'on dise du bien de toi, apprends, toi, à dire du bien. Une fois que tu l'auras appris, essaie de bien agir ; ainsi le fruit que tu en recueilleras, c'est qu'on dira du bien de toi.

8. Examine-toi pour savoir si tu veux être riche ou heureux. Si c'est la richesse que tu vises, sache qu'elle n'est pas un bien et qu'elle ne dépend absolument pas de toi. Si c'est le bonheur, sache et qu'il est un bien et qu'il dépend de toi. Car la première est un prêt temporaire de la fortune, alors que le second relève de la faculté de choix [2].

---

1. Les Sentences 1 à 47 figurent dans le livre III, 1, 125-171.
2. En supprimant εὐδαιμονίας avec Hense.

9. Quand tu vois une vipère, un aspic ou un scorpion dans une corbeille d'ivoire ou d'or, le caractère précieux de cette matière ne t'incite pas à les aimer et à te réjouir de leur vue ; au contraire, leur nature nuisible te pousse à t'en détourner avec horreur : de même, quand tu vois le vice loger au milieu de la richesse et d'une profusion de dons de la fortune, ne te laisse pas saisir d'admiration devant l'éclat de la matière, mais méprise la dépravation des mœurs.

10. La richesse ne fait pas partie des biens, le luxe fait partie des maux, la tempérance fait partie des biens. La tempérance invite à la frugalité et à l'acquisition des biens, la richesse, elle, invite au luxe et détourne de la tempérance. Il est donc difficile d'être tempérant quand on est riche, ou d'être riche quand on est tempérant.

11. De même que, si tu avais été conçu ou étais né dans un bateau, tu n'aspirerais pas pour autant à en devenir le timonier,... [1] En effet, dans le premier cas, le bateau n'aura pas de lien naturel avec toi, ni la richesse dans le second ; mais dans tous les cas la raison l'aura, ce lien. Donc ce qui en toi est naturel et inné, la raison, considère-le comme ce qui t'appartient en propre et prends-en soin.

12. Si tu étais né chez les Perses, tu n'aspirerais pas à habiter en Grèce, mais à trouver le bonheur en passant ta vie chez eux ; né pauvre, pourquoi aspires-tu à être riche et non à être heureux en restant dans ton état ?

13. De même qu'il est préférable d'être en bonne santé à l'étroit dans un petit lit plutôt que malade vautré dans une vaste

---

1. Lacune manifeste ; il faut suppléer un membre de phrase dont le sens devrait être : « ... de même, si tu es né riche, tu n'as pas vocation à vivre toujours dans la richesse. »

couche, de même il vaut mieux être vaillant avec de maigres provisions qu'abattu avec des provisions abondantes.

14. Ce n'est pas la pauvreté qui provoque le chagrin, mais le désir passionné ; et ce n'est pas non plus la richesse qui écarte la peur, mais le raisonnement. Une fois que tu auras acquis la pratique du raisonnement, tu ne désireras pas la richesse ni ne te plaindras de la pauvreté.

15. Un cheval ne se vante pas orgueilleusement de sa mangeoire, des ornements de son harnais, de ses couvertures, ni un oiseau de ce qu'il mange ou de son nid, mais, l'un comme l'autre se vantent de leur vélocité, celle des pieds pour l'un et celle des ailes pour l'autre. Ne te glorifie donc pas de ta nourriture ni de tes vêtements, ni en général des avantages qui viennent du dehors, mais de ta bonté et de tes bienfaits.

16. Il y a une différence entre une vie vertueuse et une vie de luxe. La première provient de la tempérance, de l'indépendance [1], du bon ordre, de la décence, de la frugalité ; la seconde du dérèglement, de la mollesse, du désordre, de l'indécence. La louange véritable, enfin, vise la première, le blâme la seconde. Si donc tu veux mener une vie vertueuse, ne cherche pas à être loué en vivant dans le luxe.

17. Prends comme mesure de toute nourriture et de toute boisson la première satisfaction du désir, et que le désir lui-même soit ton aliment et ton plaisir ; ainsi tu ne consommeras pas plus qu'il ne faut, tu ne seras pas en mal de cuisiniers et tu te contenteras de la première boisson venue.

18. Que tes nourritures ne soient pas coûteuses et ternes, mais de belle apparence <quoique> frugales, pour éviter que les âmes ne soient troublées par les phénomènes corporels et que, trompées sur les plaisirs des corps, elles ne négligent <la

---

1. Ou du fait de se suffire à soi-même (αὐτάρκεια).

vertu>, qu'en outre les corps ne subissent des dommages, jouissant dans l'immédiat d'une molle volupté mais tombant malades plus tard[1].

19. Veille à ce que ce ne soient pas les nourritures du ventre qui t'exaltent, mais plutôt la joie de l'âme. Car les premières sont rejetées au-dehors et les louanges qu'on leur donne[2] s'écoulent en même temps qu'elles, tandis que la seconde, même quand l'âme est séparée[3], reste continûment intacte.

20. Dans les repas, souviens-toi que tu reçois deux hôtes, le corps et l'âme, et que tout ce que tu donnes au corps, tu le laisses immédiatement s'écouler, mais que tout ce que tu donnes à l'âme, tu le conserves pour toujours.

21. Quand tu sers tes convives, ne mêle pas la colère aux aliments luxueux. Après que ceux-ci ont envahi le corps, ils s'en séparent à brève échéance, tandis que la colère pénètre dans l'âme et y subsiste très longtemps. Prends soin par conséquent de ne pas te laisser emporter par la colère et de ne pas outrager tes convives tout en les traitant luxueusement, mais veille plutôt à te conduire avec douceur et à leur donner de la joie avec frugalité.

22. Il est honteux d'adoucir sa gorge avec les présents des abeilles et, par le vice, de rendre amer le don des dieux, c'est-à-dire la raison.

---

1. Texte incertain, contenant plusieurs variantes et diversement corrigé. La traduction suit le texte édité par Schenkl, avec la restitution de Wolf.

2. En gardant ὁ ἔπαινος, considéré par d'autres comme une corruption. Mais les corrections proposées ne sont guère plus convaincantes («et s'évacuent sous forme d'excréments», ou : «font disparaître la satiété», ou «l'exaltation»). Voir la Sentence suivante.

3. «Séparée du corps», pour certains ; «séparée des nourritures», pour d'autres.

23. Au cours des repas, prends soin que ceux qui te servent ne soient pas plus nombreux que ceux qui sont servis ; car il est absurde qu'un grand nombre d'âmes soient asservies à un petit nombre de lits.

24. Il serait excellent qu'en mettant la main à la pâte pendant les préparatifs aussi bien qu'à table en mangeant, tu partages les tâches du moment avec les serviteurs. Si, selon les circonstances, la chose était difficile, souviens-toi que lorsque tu es de loisir tu es servi par ceux qui travaillent ; quand tu manges, par ceux qui ne mangent pas ; quand tu bois, par ceux qui ne boivent pas ; quand tu parles, par ceux qui se taisent ; quand tu es détendu, par ceux qui ont ceint leurs reins pour se mettre au travail. Ainsi tu éviteras à la fois d'éprouver toi-même quelque chose d'absurde en te mettant en colère, et d'agir durement envers autrui dans un mouvement de fureur.

25. Les querelles et les rivalités sont déplacées en toutes circonstances, mais elles sont surtout malséantes dans les réunions où l'on se livre à la boisson. Car un homme ivre ne peut rien enseigner à celui qui est sobre, pas plus qu'il ne peut être persuadé par lui. Par suite, si l'on n'a plus pour fin de persuader, c'est en vain que l'on poursuit ses efforts.

26. Les cigales sont musiciennes, les limaçons sont muets. Ces derniers se plaisent à l'humidité, les autres à la chaleur. En outre les uns sortent de leur coquille à l'appel de la rosée, alors que les autres sont réveillées par le soleil au zénith et elles chantent alors en son honneur. Ainsi, si tu veux être un musicien harmonieux, quand dans les réunions de buveurs l'âme est devenue humide sous l'effet de la rosée du vin, ne permets pas qu'elle se salisse en franchissant les limites ; mais quand dans les assemblées elle est enflammée par la raison, commande-lui de prophétiser et de chanter les oracles de la justice.

27. Celui avec qui tu t'entretiens, sonde-le en te posant cette triple question : est-il meilleur que toi, moins bon, ou ton égal ? Si tu t'aperçois qu'il est meilleur, il faut l'écouter et te laisser persuader ; qu'il est moins bon, il faut le persuader ; qu'il est ton égal, il faut être d'accord avec lui. Ainsi jamais tu ne seras convaincu d'être animé par un esprit de rivalité.

28. Il vaut mieux se soumettre à la vérité et triompher de l'opinion, que de se soumettre à l'opinion et d'être défait sur le terrain de la vérité.

29. Si tu cherches la vérité, ce n'est pas le triomphe à tout prix que tu chercheras ; mais si tu la trouves, tu possèderas le moyen de ne pas être vaincu.

30. La vérité triomphe en s'appuyant sur elle-même ; l'opinion, en s'appuyant sur les choses extérieures.

31. La liberté et la servitude, l'une étant le nom de la vertu et l'autre celui du vice, sont toutes deux les œuvres de la faculté de choix. Aucune des deux ne touche ce à quoi la faculté de choix n'a aucune part. La fortune, de son côté, est ordinairement maîtresse du corps, et tout ce qui concerne le corps n'a aucune part à la faculté de choix. De fait, personne n'est esclave s'il est libre dans sa faculté de choix.

32. Ce qui constitue une chaîne fâcheuse pour le corps, c'est la fortune ; pour l'âme, c'est le vice. Car celui dont le corps est délivré de toute chaîne mais dont l'âme est enchaînée est esclave ; inversement, celui dont le corps est enchaîné mais dont l'âme est sans chaînes est libre.

33. La chaîne du corps, c'est aussi bien la nature qui nous en délivre par la mort, que le vice par les richesses[1] ; celle de l'âme, c'est la vertu, par l'étude, l'expérience et l'exercice.

34. Si tu veux vivre sans trouble et de façon agréable, efforce-toi de n'avoir autour de toi que des hommes vertueux. Et tu auras avec toi des hommes vertueux si tu éduques ceux qui le veulent bien et renvoies ceux qui n'y consentent pas[2]. La méchanceté et la servitude tout ensemble s'enfuiront avec ceux qui s'en vont, tandis que la bonté et la liberté resteront en même temps que ceux qui demeurent avec toi.

35. Il vaut mieux être sans peur et libre en vivant avec un seul homme libre que d'être esclave avec beaucoup de gens.

36. Ce que tu as horreur de subir, n'entreprends pas de l'instituer. Tu as horreur de la servitude : veille à ce qu'on ne la subisse pas. Si tu t'y résignes, en effet, tu as l'air d'être déjà esclave toi-même : la vertu n'a rien de commun avec le vice ni la liberté avec la servitude.

37. De même que celui qui est en bonne santé ne voudrait pas être soigné par des malades ni habiter avec des gens malades, de même l'homme libre ne peut supporter d'être servi par des esclaves ou de vivre avec des esclaves.

38. Si tu ne veux pas compter parmi les esclaves, délivre-toi toi-même de la servitude. Or tu seras libre si tu es délivré du désir passionné. Aristide, Épaminondas et Lycurgue, ce n'est pas comme riches et esclaves qu'ils ont été proclamés l'un

---

1. Selon Schweighäuser, on doit entendre : même mauvais, un homme peut grâce à ses richesses se libérer des nécessités du corps. On peut comprendre aussi : c'est un vice d'obtenir cette libération au moyen de ses richesses.

2. En supprimant les mots ἔπειτα κεχειρωμένους («ensuite après les avoir soumis»), qui font difficulté. Certains proposent d'ajouter une négation («puisque tu ne les as pas soumis»), d'autres de les supprimer.

juste, l'autre sauveur et le troisième dieu, mais parce que, tout pauvres qu'ils étaient, ils ont délivré la Grèce de la servitude.

39. Si tu veux que ta maison soit bien administrée, suis l'exemple du Spartiate Lycurgue. Il n'a pas muni la cité de remparts, mais il a fortifié ses habitants par la vertu et gardé la cité libre pour toujours : toi, de même, ne bâtis pas de grande demeure avec une protection tout autour, n'élève pas de hautes tours, mais affermis ceux qui l'habitent par la bienveillance, la loyauté, l'amitié. Ainsi aucun élément nuisible n'y pénètrera, même si la troupe entière du vice se range en bataille pour l'attaquer.

40. N'accroche ni peintures ni dessins tout autour dans ta maison, mais décore-la avec la tempérance. Car les premiers sont chose étrangère et une fascination passagère pour les yeux, mais la seconde est pour la maison un ornement naturel, ineffaçable, perpétuel.

41. Au lieu d'un troupeau de bœufs, efforce-toi de rassembler dans ta maison des troupes d'amis.

42. Comme le loup ressemble au chien, le flatteur, l'adultère et le parasite ressemblent à l'ami. Aussi fais bien attention à ne pas accueillir à ton insu, au lieu de chiens comme gardiens, des loups comme autant de fléaux.

43. S'employer à faire admirer sa maison blanchie à la chaux est le fait de quelqu'un qui manque de goût ; donner de l'éclat à ses mœurs par la qualité de sa sociabilité est le propre de celui qui aime à la fois le beau et les hommes.

44. Si tu admires les petites choses de préférence aux grandes, tu seras méprisé ; mais si tu méprises les petites avec grandeur, tu seras admiré [1].

45. Rien de plus mesquin que l'amour du gain, le goût du plaisir et la vantardise. Rien de plus grand que la magnanimité, la douceur, l'amour des hommes et la bienfaisance.

46. Aucun de ceux qui aiment la richesse, le plaisir ou la gloire n'aime les hommes ; seul aime les hommes celui qui aime le beau.

47. De même que tu ne voudrais pas être englouti, fût-ce en naviguant sur un bateau imposant, finement décoré et couvert d'or, de même ne prends pas le parti d'être exposé aux troubles en te fixant dans une demeure démesurément grande et luxueuse.

48. *D'Épictète.* De même qu'une balance exacte n'est ni corrigée par référence à une balance exacte ni jugée par une balance fausse, de même un juge juste n'est ni corrigé par des justes ni soumis au jugement des injustes [2].

49. De même que ce qui est droit n'a pas besoin du droit, de même ce qui est juste n'a pas besoin du juste [3].

50. Ne juge pas dans un autre tribunal avant d'avoir été toi-même soumis au jugement de la justice.

51. Si tu veux rendre des jugements justes, ne fais connaissance avec aucun de ceux qui sont jugés ni avec aucun de leurs défenseurs, mais connais la justice elle-même.

---

1. Sens incertain. C'est la loi du genre que les sentences soient énoncées de façon lapidaire, mais il arrive alors que, comme ici, plusieurs constructions soient possibles.

2. Sentences n° 48 à 56 = Stobée, III, 9, 37-43 ; 47 ; 45.

3. Comparer ci-après n° 56 et Sénèque, *Lettres à Lucilius*, 66, 8 : « Tu ne trouveras rien de plus droit que le droit. »

52. Tu ne feras aucun faux pas dans tes jugements si tu parcours ta vie entière sans faux pas.

53. Il vaut mieux juger avec justice et essuyer les reproches injustes de celui qui aura été condamné, que de juger en manquant à la justice et de recevoir de la nature des blâmes justifiés.

54. La pierre qui sert à éprouver l'or n'est pas elle-même éprouvée par l'or ; il en va de même pour celui qui possède le critère.

55. Il est honteux pour le juge d'être jugé par d'autres.

56. Tout comme rien n'est plus droit que le droit, ainsi rien n'est plus juste que le juste.

57. *D'Épictète.* Les fanaux qui sont dans les ports, en produisant une grande flamme avec une faible quantité de bois, apportent un secours efficace aux navires errant sur la mer : de la même façon, dans une cité remplie de troubles, un homme brillant qui se contente de peu fait beaucoup de bien à ses concitoyens. (Stobée, IV, 4, 19)

58. *D'Épictète.* De même que si tu entreprenais de gouverner un navire, tu voudrais du moins apprendre sérieusement l'art du timonier… [1] Car tu pourras, dans le premier cas, gouverner n'importe quel navire et pareillement, dans le second, gouverner n'importe quelle cité. (Stobée, IV, 5, 79)

59. *Du même.* Si tu as projeté d'orner ta cité avec des offrandes aux dieux, fais-toi d'abord à toi-même l'offrande la plus belle, celle de la douceur, de la justice et de la bienfaisance. (Stobée, IV, 5, 80)

60. *Du même.* Tu doteras ta cité des bienfaits les plus grands non pas en augmentant la hauteur des toits, mais en

---

1. Lacune. Il faut sans doute entendre : « … de même, si tu entreprends de gouverner une cité, tu dois en apprendre sérieusement l'art. »

suscitant la grandeur d'âme. Car il vaut mieux que de grandes âmes habitent dans de petits logements que de voir de vils esclaves se tapir dans de grandes maisons. (Stobée, IV, 5, 81)

61. *Du même.* Ne cherche pas à varier la décoration des murs du bâtiment avec des pierres venues d'Eubée et de Sparte[1], mais orne le cœur des citoyens et des dirigeants avec l'éducation venue de Grèce. Car c'est par les opinions des hommes que les cités sont bien gouvernées, non par des pierres et du bois. (Stobée, IV, 5, 82)

62. *Du même.* Si tu voulais élever des lions, tu ne te soucierais pas de la magnificence des cages, mais du comportement des lions. De la même manière, si tu essaies de te mettre à la tête des citoyens, ne te préoccupe pas tant de la magnificence des constructions, aie soin plutôt de la vaillance de ceux qui y vivent. (Stobée, IV, 5, 83)

63. *Du même.* Le dompteur de chevaux compétent ne nourrit pas les bons poulains en laissant mourir de faim ceux qui sont difficiles à maîtriser, mais il nourrit les deux groupes de façon égale, et châtie davantage l'un des deux en le forçant à égaler l'autre. De la même manière, un homme plein de sollicitude et instruit dans l'art politique, dans ses rapports avec les citoyens, entreprend de rendre les uns bienveillants mais ne laisse pas à l'inverse les autres se corrompre entièrement et définitivement ; au contraire, il ne refuse en aucune manière d'élever les uns et les autres, mais il éduque et talonne plus fortement celui qui s'oppose à la raison et à la loi. (Stobée, IV, 5, 84)

---

1. Allusion au marbre de Karystos en Eubée et au marbre noir du promontoire du Ténare en Laconie.

64. *Du même.* Tout comme une oie n'est pas effrayée par un cacardement ni un mouton par un bêlement, ne te laisse pas alarmer par la voix d'une multitude stupide. (Stobée, IV, 5, 85)

65. *Du même.* De même que tu ne cèdes pas aux demandes importunes d'une foule te réclamant inconsidérément une chose qui t'appartient, de même ne te laisse pas décontenancer par une multitude qui t'importune par des demandes injustes. (Stobée, IV, 5, 86)

66. *Du même.* Ce qui est dû à la cité, prends les devants pour le lui verser ; ainsi jamais on ne te réclamera ce qui n'est pas dû. (Stobée, IV, 5, 87)

67. *Du même.* De même que le soleil n'attend pas les prières et les incantations pour se lever, mais brille spontanément et est accueilli par tous avec joie[1], toi de même n'attends pas les applaudissements, les manifestations bruyantes, les louanges pour être bienfaisant, mais fais le bien de ton propre mouvement et tu seras aimé à l'égal du soleil. (Stobée, IV, 5, 88).

---

1. Si le verbe ἀσπάζομαι peut être passif, comme la fin du frag. invite à le comprendre ; sinon, traduire : « et il adresse son salut à tous. »

SENTENCES ATTRIBUÉES À ÉPICTÈTE TIRÉES DES RECUEILS DE MOSCHION

E) EXTRAITS DES *GNÔMAI* DE MOSCHION [1]

1. et **2.** = *Stobée ci-dessus (C) 4 et 7*

3. Appelle ami celui qui t'aime toi et non l'état de tes affaires.

4. Il vaut mieux avoir perdu de grandes richesses et acquis un unique ami, que d'avoir perdu un unique ami et acquis de grandes richesses.

5. = *Stobée (D) 8*

6. Dépenser pour un ingrat est ruineux, ne pas dépenser pour un homme reconnaissant est dommageable.

7. = *Stobée (C) 36, 1*re* phrase*

8. L'homme tempérant n'est pas celui qui s'abstient de ce qu'il ne peut atteindre, mais celui qui use avec ménagement de ce qui lui est accordé.

9. = *Stobée (C) 13, fin (depuis « de même il vaut mieux... »)*

10. et **11.** = *Stobée (C) 15 et 27*

12. = *Stobée (D) 5*

---

1. Personnage inconnu par ailleurs, auquel sont rapportés deux recueils de sentences en prose, sous les noms de *Gnômai* (*Sentences, Maximes*) et d'*Hypothêkai* (*Règles de vie, Préceptes*). Voir *D. Ph. A.*, IV, p. 553.

13. Fais le choix de perdre toutes les choses mortelles et terrestres pour en acquérir une seule, mais immortelle et céleste.

14. Celui qui fournit des ressources à un homme riche ne diffère en rien de celui qui verse de l'eau dans la mer.

15. = *Stobée (C) 53*

16. Être accusé par un grand nombre de méchants ne contient pas de vérité et ne cause aucun préjudice, mais être blâmé par un seul homme vertueux est à la fois conforme à la vérité et utile.

17. À un commencement fondé sur une mauvaise base succède bientôt une fin de même nature.

18. Quand les maladies nous atteignent les unes après les autres, la mort elle-même ne tarde pas à survenir.

19. Celui qui subit les avanies de la fortune reçoit des coups même de la part des gens pacifiques.

20. Dans les choses où tu as l'intention de blesser autrui, attends-toi à subir un dommage plus grand.

21. Celui qui s'est retiré <de la vie > pour échapper à ses tourments regarde cette perte comme un gain.

22. Les choses pénibles suivent ordinairement les plaisirs.

23. L'homme tempérant qui honore la pauvreté par sa patience et sa noblesse d'âme montre qu'elle est plus honorable que la richesse.

24. Celui qui veut badiner avec un jeune garçon récoltera des outrages infamants et des blâmes.

25. J'ai vu beaucoup de chauves ; mais celui-ci a perdu aussi la cervelle.

F) EXTRAITS DES *HYPOTHÊKAI*

1. Durant toute ta vie, prends bien garde à toi pour éviter qu'à ton insu une représentation imprévue n'exerce sa séduction et te saisisse de peur, te charme par le plaisir, te trompe par le désir, te change sous le coup du chagrin, te mette en fureur par la colère, te transporte hors de toi sous l'effet de la gloire.

2. Ensuite elle te forcera à faire des choses que tu entreprends sans en avoir pleinement conscience et dont tu te repens quand tu y mets fin, dans lesquelles tu es le plus souvent troublé sans jamais trouver le repos, à la manière d'un navire sans pilote voguant sur des vagues tempétueuses, ou secoué par des vents contraires dans l'obscurité.

3. Au contraire, comme si tu étais en guerre, sers-toi de la raison en guise d'arme contre le vice et, les yeux fixés sur l'honnête et te retranchant derrière cet abri, passe ta vie en restant ferme dans ton caractère, en étant fort dans ton jugement, sérieux dans ta raison, plein de décence dans tes actions ; et aussi grave dans ton aspect, affable dans tes relations, poli dans tes manières, prudent dans ta pensée, obligeant dans ton mode de vie ; non pas arrogant ni irascible, mais résolu et doux.

4. Car ce n'est pas celui qui frappe et jette par terre les gens qui est courageux, mais celui qui se résigne et reste absolument ferme dans sa pensée.

5. Et ce n'est pas celui qui s'abstient des choses absentes, mais celui qui ne s'attache pas aux choses présentes qui est maître de lui.

6. = *Moschion (E) 8*

7. Est juste non pas celui qui fait les partages selon l'opinion, mais celui qui le fait selon la vérité.

8. Est sensé non celui qui agit au hasard, mais celui qui agit par choix réfléchi[1].

9. Pour ne pas être esclave de la gloire, pour être libre à l'égard de la fortune et inexpugnable face au vice, n'accueille pas les propos <des philosophes> comme des trésors que tu mets en réserve, mais sers-toi d'eux comme d'une force propre à écarter les maux, et avance-toi vers les portes de la vertu : tu seras heureux alors.

10. Ne te fie pas à la fortune, et c'est au dieu que tu te fieras.

11. 12. et **13.** = *Stobée (C) 1, 2 et 3*

14. Tes fautes, ne tente pas de les dissimuler par des raisonnements, essaie plutôt de leur porter remède en apportant la preuve qu'elles sont des fautes.

15. Commettre des fautes n'est pas aussi insupportable que de ne pas convaincre de sa faute celui qui les commet.

15ª. De même qu'une souffrance corporelle ne guérit pas si elle est cachée et encouragée, de même une âme ne peut être soignée si elle est mal gardée et mal défendue.

16. = *Stobée (C) 7*

17. Ne fuis pas la pauvreté, mais l'injustice. Car personne n'est mort parce qu'il était pauvre, mais bien parce qu'il était injuste. Ce n'est donc pas parce que tu mènes une vie de riche que tu es digne d'éloge, mais parce que tu vis en homme juste.

18. = *Stobée (C) 8*

---

1. Par la προαίρεσις, mot traduit par «faculté de choix» dans les *Entretiens*.

BIBLIOGRAPHIE

ÉPICTÈTE : TEXTES ET TRADUCTIONS

ARRIEN, *Manuel d'Épictète*, Introd., trad. et notes de P. Hadot, Paris, Librairie Générale Française, Le Livre de Poche, 2000.

DOBBIN R. F., *Epictetus, Discourses Book I*, transl. with an Introd. and Comment., Oxford, Clarendon Press, 1998.

ÉPICTÈTE, *Dissertationes ab Arriano digestae, Fragmenta, Enchiridion, Gnomologiorum Epicteteorum Reliquiae*, par H. Schenkl, 1916, rééd. Stuttgart, Teubner, 1965.

– *Epicteteae philosophiae monumenta*, tomes I-IV, par J. Schweighäuser, Lipsiae, 1799, réimpr. Hildesheim-New York, Olms, 1977.

– *The Discourses as reported by Arrian. Fragments. Encheiridion*, with an english translation by W. A. Oldfather, Cambridge (Mass.)-London, Harvard University Press (Loeb Classical Library), 2 vol. 1925 et 1928, réimpr. 1979 et 1985.

– *The Encheiridion of Epictetus and its three christian Adaptations*, éd. critique et trad. anglaise par G. Boter, Leiden, 1999.

– *Entretiens*, texte et trad. de J. Souilhé (avec la collab. d'A. Jagu), 4 vol., Paris, Les Belles Lettres, Coll. des Universités de France, 1943 et 1975, 1949, 1963, 1965 ; 2002 et 2003.

– *Entretiens*, trad. par E. Bréhier, revue par P. Aubenque ; *Manuel*, trad par J. Pépin, dans *Les Stoïciens*, textes trad. par É. Bréhier et éd. sous la dir. de P.-M. Schuhl, « Bibliothèque de la Pléiade », Paris, Gallimard, 1962 ; rééd. Tel-Gallimard, 2 vol., 1997.

– *Manuel,* trad. M. Meunier, à la suite de Marc-Aurèle, *Pensées pour moi-même,* Paris, 1930, rééd. Garnier-Flammarion, 1964.

– *Sentences et fragments,* trad., présentation et notes O. D'Jeranian, Paris, Manucius, 2014.

– *Tutte le opere,* texte grec et trad. italienne, par G. Reale, C. Cassanmagnago, R. Radice, G. Girgenti, Milano, Bompiani, 2009.

GONDICAS M., *Épictète, Ce qui dépend de nous.* Manuel *et* Entretiens [extraits], Paris, Arléa, 1991.

GOURINAT J.-B., *Premières leçons sur le* Manuel d'Épictète, Paris, P.U.F., 1998.

AUTRES TEXTES ANCIENS

ARNIM, J. von, *Stoicorum Veterum Fragmenta,* 3 vol., Leipzig, 1905, 1903, 1902, suivis en 1924 d'un vol. d'index et de tables ; plusieurs fois rééd. à Stuttgart par Teubner (textes originaux uniquement, grecs et latins).

AULU-GELLE, *Les Nuits attiques,* 4 vol., Paris, Les Belles Lettres, C.U.F, 1967-1998 ; 2002.

CICÉRON : la plupart des œuvres disponibles aux éditions des Belles Lettres (Paris), C.U.F. (texte et trad.).

– trad. des *Œuvres philosophiques* par Ch. Appuhn, Paris, Garnier (1932-1938) et Garnier-Flammarion.

– *Les Académiques,* trad. de J. Kany-Turpin, Paris, Garnier-Flammarion, 2010.

– *La nature des dieux,* trad. de C. Auvray-Assayas, « La roue à livres », Paris, Les Belles Lettres, 2002.

DIELS H. et KRANZ W., *Die Fragmente der Vorsokratiker,* 1903 ; réimpr. Dublin-Zurich, Weidmann, 1972-1974.

DIOGÈNE LAËRCE, *Vies et doctrines des philosophes illustres,* texte et trad. anglaise de R. D. Hicks, The Loeb Classical Library, London, W. Heinemann et Cambridge-Mass., Harvard Univ. Press, 1925, régulièrement rééd. ; trad. fr. sous la dir. de

M.-O. Goulet-Cazé, Paris, Librairie Générale Française, Le Livre de Poche, 1999.

LONG A.A. & SEDLEY D.N., *The Hellenistic philosophers,* Cambridge, Cambr. Univers. Press, 2 vol., 1987 (une sélection de frag., de Zénon à Marc-Aurèle ; le vol. II contient les textes originaux, le vol. I une trad. angl. et un commentaire) ; trad. fr. par J. Brunschwig et P. Pellegrin, 3 vol., Paris, Garnier-Flammarion, 2001 (vol. II : *Les Stoïciens*).

MARC-AURÈLE, *Pensées*, texte et trad. d'A. I. Trannoy, Paris, Les Belles Lettres, C.U.F, 1925 ; 1964.

– *Ecrits pour lui-même*, texte et trad. P. Hadot, tome I (Introd. gén. et Livre I), Paris, Les Belles Lettres, C.U.F, 1998 ; 2002.

– *Soliloques*, trad. L.-L. Grateloup, Paris, Librairie Générale Française, Le Livre de Poche, 1998.

– *A soi-même. Pensées*, trad. P. Maréchaux, Paris, Payot et Rivages, 2003.

[Mégariques :] DÖRING, K., *Die Megariker, Kommentierte Sammlung der Testimonien*, Amsterdam, Grüner, 1972.

MULLER R., *Les Mégariques, Fragments et témoignages*, Paris, Vrin, 1985.

NAUCK A., *Tragicorum graecorum fragmenta*, Leipzig, 2e éd., 1889 ; réimpr., Hildesheim, Olms, 1964 (avec un *Supplément* de B. Snell).

ORIGÈNE, *Contre Celse*, texte et trad. de M. Borret, Paris, Cerf, 5 vol., 1967-1976.

SIMPLICIUS, *Commentaire sur le "Manuel" d'Épictète*, texte et trad. I. Hadot, Paris, Les Belles Lettres, C.U.F, 2001 ; 2003.

STOBÉE J., *Anthologium*, 1884 (*Eclogues* I et II, *Florilège* I et II), 5 vol. ; réimpr. 1974, puis Zürich-Hildesheim, Weidmann, 1999.

STOÏCIENS (LES), *Passions et vertus. Fragments*, trad. P. Maréchaux, Paris, Payot et Rivages, 2003 (correspond aux chap. *Ethica* V et VII du vol. III de von Arnim).

TÉLÈS et MUSONIUS, *Prédications*, trad. A. J Festugière, Paris, Vrin, 1978.

AUTEURS MODERNES SUR ÉPICTÈTE ET ARRIEN

ALAIN, « Les *Entretiens d'Épictète* et les *Pensées de Marc Aurèle...* »,
dans *Propos*, II, « Bibliothèque de la Pléiade », Paris, Gallimard,
1970, p. 539.

BONHÖFFER A., *Epictet und die Stoa*, Stuttgart, F. Enke, 1890.

– *Die Ethik des Stoikers Epictet*, Stuttgart, 1894 ; rééd. Stuttgart-Bad
Cannstatt, Fromman, 1968.

COLARDEAU Th., *Étude sur Épictète*, Paris, 1903 ; rééd. Paris, Encre
marine, 2004.

DUHOT J.-J., *Épictète et la sagesse stoïcienne*, Paris, Bayard, 1996 ;
rééd. A. Michel, 2003.

FOLLET S., « Arrien » dans R. GOULET (dir.), *Dictionnaire des
philosophes antiques*, I, Paris, C.N.R.S., 1989, p. 597-604.

FUENTES GONZALEZ P. P., « Épictète », dans R. GOULET (dir.),
Dictionnaire des philosophes antiques, III, Paris, C.N.R.S., 2000,
p. 106-151.

– *Les diatribes de Télès*, Paris, Vrin, 1998.

GERMAIN G., *Épictète et la spiritualité stoïcienne*, Paris, Seuil, 1964.

GOLDSCHMIDT V., *Écrits, I. Études de philosophie ancienne*, Paris,
Vrin, 1984 (cinq articles sur le Stoïcisme, dont un sur Épictète).

MICHEL A., « La philosophie en Grèce et à Rome de –130 à 250 »,
dans *Histoire de la philosophie*, I, « Encyclopédie de la Pléiade »,
Paris, Gallimard, 1969, p. 773-885 (Épictète : p. 851-859).

NESTLE D., *Eleutheria. Studien zum Wesen der Freiheit bei den
Griechen und im Neuen Testament*, I. *Die Griechen*, Tübingen,
Mohr, 1967 (chap. VII, p. 120-138 : sur la liberté chez Épictète).

POHLENZ M., *Die Stoa. Geschichte einer geistigen Bewegung*, 2 vol.,
Göttingen, 1948-1949, 4ᵉ éd. 1970-1972 I (Épictète : p. 327 *sq.*).

– *Griechische Freiheit*, Heidelberg, Quelle und Meyer, 1955 ;
trad. fr. J. Goffinet, *La liberté grecque*, Paris, Payot (Épictète :
p. 187-195).

AUTRES ÉTUDES

BÉNATOUÏL T., *Faire usage : la pratique du stoïcisme*, Paris, Vrin, 2006.

– *Les Stoïciens III, Musonius, Épictète, Marc-Aurèle*, Paris, Les Belles Lettres, 2009.

BOBZIEN S., *Determinism and Freedom in Stoic Philosophy*, Oxford, Clarendon, 1998.

BODSON A., *La morale sociale des derniers Stoïciens, Sénèque, Épictète et Marc-Aurèle*, Paris, Les Belles Lettres, 1967.

BRIDOUX A., *Le stoïcisme et son influence*, Paris, Vrin, 1965.

BRUNSCHWIG J., « Les Stoïciens », dans *Philosophie grecque*, M. Canto-Sperber (dir.), Paris, P.U.F., 1997, p. 511-562.

COULOUBARITSIS L., *Histoire de la philosophie ancienne et médiévale. Figures illustres*, Paris, Grasset, 1998.

GOLDSCHMIDT V., *Le système stoïcien et l'idée de temps*, Paris, Vrin, 1953, 1969².

GOULET R. (dir.), *Dictionnaire des philosophes antiques*, Paris, CNRS, 1989 *sq.*

GOULET-CAZÉ M.-O. (dir.), *Études sur la théorie stoïcienne de l'action*, Paris, Vrin, 2011.

GOURINAT J.-B., *Les Stoïciens et l'âme*, Paris, P.U.F., 1996.

– *La dialectique des Stoïciens*, Paris, Vrin, 2000.

HADOT P., *Qu'est-ce que la philosophie antique ?*, 2ᵉ éd., Paris, Gallimard, 1999.

– *Exercices spirituels et philosophie antique*, 2ᵉ éd., Paris, Études Augustiniennes, 1987.

ILDEFONSE F., *Les Stoïciens I*, Paris, Les Belles Lettres, 2000.

MARROU H.-I., *Histoire de l'éducation dans l'Antiquité*, I, *Le monde grec*, Paris, Seuil, 1948 ; rééd. 1964.

MULLER R., « Signification historique et philosophique de l'argument Souverain de Diodore », *Revue de philosophie ancienne*, II, 1, 1984, p. 3-37.

– *Introduction à la pensée des Mégariques*, Paris-Bruxelles, Vrin-Ousia, 1988.

– *Les Stoïciens*, Paris, Vrin, 2006 ; rééd. 2012.

RODIS-LEWIS G., *La morale stoïcienne*, Paris, P.U.F., 1970.

SPANNEUT M., *Permanence du Stoïcisme, de Zénon à Malraux*, Gembloux, Duculot, 1973.

VOELKE A.-J., *L'idée de volonté dans le stoïcisme*, Paris, P.U.F., 1973.

INDEX DES NOMS PROPRES D'HOMMES OU DE DIVINITÉS [1]

1. Les noms mentionnés dans l'Introduction et dans le texte d'Épictète (à l'exclusion des notes). Les parenthèses signifient que le nom est implicite.

TABLE DES MATIÈRES

FRAGMENTS ET SENTENCES

Achevé d'imprimer en janvier 2022
sur les presses de
La Manufacture - Imprimeur – 52200 Langres
Tél. : (33) 325 845 892

N° imprimeur : 211378 - Dépôt légal : septembre 2015
Imprimé en France